ЭКСМО
издательство

Коммерсант

В ИЗДАТЕЛЬСТВЕ «ЭКСМО»
ВЫШЛИ КНИГИ
Андрея КОЛЕСНИКОВА

Я ПУТИНА видел!

Меня ПУТИН видел!

Андрей КОЛЕСНИКОВ

Я Путина видел!

МОСКВА. «ЭКСМО». 2005

УДК 82-4
ББК 66.3(2Рос)8
К 60

Автор благодарен Николаю Алешину,
который потребовал от него, чтобы вышла эта книга

Оформление художника М. Левыкина

В книге использованы фотографии
С. Величкина, А. Панова, В. Родионова, Д. Азарова,
И. Питалёва, Д. Духанина, С. Шахиджаняна, Д. Лебедева.

Четвертая сторонка переплета — фото ИТАР-ТАСС
(В.В. Путин и А. Колесников)

Колесников А. И.
К 60 Я Путина видел!: — М.: Изд-во Эксмо, 2005. — 480 с., ил.
ISBN 5-699-08721-4

«Я Путина видел!» — книга Андрея Колесникова, ведущего политического обозревателя ИД «КоммерсантЪ».

В виде иронических «зарисовок с натуры» автор показывает историю зарождения и развития «великой взаимной любви» власти и народа. Как выглядит чиновничья элита страны на фоне президента и президент на фоне «лучших людей страны», какие замысловатые интриги выстраиваются в угоду президенту, ради президента, под знаменем президента, — все это не укрылось от острого глаза журналиста кремлевского пула.

УДК 82-4
ББК 66.3(2Рос)8

ISBN 5-699-08721-4

ПРАВДА ОБ АНДРЕЕ КОЛЕСНИКОВЕ

Когда Колесникова стали систематически пускать в Кремль, я понял, что такое кремлевский корреспондент. Кроме меня это поняли и читатели «Ъ», и писатели «Ъ», и даже — не побоюсь этого слова — пресс-секретарь президента России Алексей Алексеевич Громов.

А до этого они ничего не понимали. Потому что читали Елену Трегубову. По итогам ее работы в Кремле про эту кремлевскую диггершу у меня, ее бывшего любимого руководителя, спрашивали только одно: «А правда, что ли, красивая бабца?» Причем не придурки какие-нибудь спрашивали, а серьезные, влиятельные люди.

Ну что я им мог ответить? Сиськи — во! Попа — во! Ну, еще ростом повыше меня. И все. Больше вопросов по книге не имеется. А про Колесникова меня никто не спрашивает, как он выглядит. А спрашивают, наоборот, почему его еще не выгнали из Спасских ворот. Причем опять же не придурки спрашивают, а серьезные, влиятельные люди. Ну что я им могу ответить? Путину, говорю, очень нравится.

А Трегубова там никому не нравилась. Даже, несмотря на ее утверждения, тогдашнему главе администрации президента России Александру Стальевичу Волошину. Я сам ходил к нему жаловаться на травлю ее со стороны — не побоюсь этого слова — Алексея Алексеевича Громова. Не помог ей Волошин — даже не пообещал помочь.

Теперь вы меня спросите: а что же ты защищал-то Трегубову? А защищал я ее, потому что не имеет права кремлевская администрация диктовать главному редактору, кого ему

делегировать в «кремлевский пул». Война эта длилась, с переменным успехом, больше года и очень Трегубовой нравилась. Там были и открытые письма тому же Волошину, и бойкоты президентских визитов, и даже победы были. Хотя победы мне тоже большой радости не приносили. Отправишь девушку в какой-нибудь Башкортостан с президентом — и жди весточек с полей. То она с ФСО подерется, то с коллегами по пулу поскандалит, то нахамит самому — не побоюсь этого слова — Алексею Алексеевичу Громову. А главное — каждый раз ждешь ее заметок с нехорошим предчувствием: вдруг наврет в фактуре? И предчувствия частенько не обманывали...

При этом — понты были дикие. Классический пример. Приходит ко мне такая гордая и заявляет: «Все, я на Суркова обиделась. Больше с ним не разговариваю». Я ей: «Деточка! Тебе за это зарплату платят, чтобы ты с ним разговаривала. А вот на танцы — я не настаиваю — можешь его не приглашать».

В общем, устал я как собака. Позвал Лену в кафе «Джек Рэббит слимз» и говорю: «Лен, ну что это за журналистика: из кабинета Владислава Юрьевича Суркова — в кабинет Алексея Алексеевича Громова, от Алексея Алексеевича Громова — к Александру Стальевичу Волошину. Тем более что они тебе давно уже ничего не говорят. Оглянись, мир более многообразен и увлекателен...» Короче, прогнал такую пургу, девушка поплакала, взяла месяц внепланового отпуска за счет редакции и согласилась.

Вот тут начинается самое интересное: кого на ее место?

Сразу скажу, Колесников посмотрел на меня, как на идиота. Он в тот момент работал штатным гением «Коммерсанта», получал бешеные деньги, писал какие-то путевые заметки размером с полосу и в Кремле был считаные разы — когда они с Путиным писали книгу про Путина. Что с такого возьмешь?

Но я взял. Опять же прогнал телегу про зачатие жанра «кремлевского» репортажа, про то, что надо показать класс этим; про то, что если он не согласится, то я вообще с Путиным никого посылать не буду — только зря деньги тратить... Он и повелся. И было это три года назад.

Нынешний главный редактор «Коммерсанта» Саша Стукалин теперь, конечно, меня за тот кадровый ход проклинает. Во-первых, Колесников всегда диктует поздно. Типография уже на ночь закрывается, а он все диктует. Во-вторых, он диктует много. Пообещает, например, 230 строк надиктовать, а надиктовывает 370. И куда, спрашивается, эти лишние строки девать, когда номер уже сверстан, а типография (см. выше) закрывается? В-третьих, он, когда его тексты сокращают, скандалит, как баба. В-четвертых, он жалуется на меня — не побоюсь этого слова — Алексею Алексеевичу Громову... В общем, я думаю, вам все понятно.

С другой стороны (уговариваю я главного редактора Сашу Стукалина), он ведь работает в антисанитарных условиях — пишет где-то по пути в аэропорт на коленке, добывает информацию, которой в околопутинских кругах никто давно уже ни с кем не делится, разбирается в подоплеке каждого путинского визита, да еще и в фактах не врет. И главное (уговариваю я Сашу Стукалина), он ведь, черт, интересно пишет. Представляешь, про Путина — и интересно!

И вот мне в результате удалось донести до читателей «Коммерсанта» две очень важные истины.

Первая: теперь всем абсолютно ясно, как именно следует писать о президенте России Владимире Путине.

Вторая: кроме Колесникова писать о президенте России Владимире Путине так, чтобы про это можно было читать, никто не умеет.

Андрей Васильев,
генеральный директор ИД «Коммерсантъ»

ПОГОНЯ ЗА ПУТИНЫМ

Наверное, и в самом деле люди, три года назад предложившие мне поработать в «кремлевском пуле», будут теперь до конца жизни говорить, что хотели как лучше (см. предисловие Андрея Васильева). Не нужно оправдываться. Кому нужны теперь их оправдания? Кто их будет слушать? Да что мы, в конце концов, в детском саду, что ли? Они хотели этого, и они это получили.

Да, действительно, в какой-то момент жизни мне было предложено поработать в «кремлевском пуле», о котором я имел тогда довольно смутное представление. Более того, я, пока эту фразу писал, вспомнил: я же не имел о нем вообще никакого представления. Я знал, что избранные сотрудники газеты «Коммерсантъ» время от времени ездят с президентом страны на какие-то сборы, а потом возвращаются усталые, но довольные, и ходят по редакции такие, что про них сразу ясно: да, эти видели жизнь.

Я старался тогда не думать о политике. Зачем? Только расстраиваться. Вокруг была настоящая жизнь, во всей ее широте и долготе. Я отдавал себе отчет вообще-то, что в мире есть политика, и даже время от времени, работая в ежедневной газете, вынужден был думать и даже писать про нее, но по касательной, по касательной. Меня это устраивало.

Я был нормальным, обычным человеком, которому не было никакого дела до тайных пружин власти. Правда, осведомленные доброжелатели сразу могут сказать, что ведь к этому времени мною и двумя моими подружками, Наташей Геворкян и Наташей Тимаковой, была уже изготовлена книга «От первого лица. Разговоры с Владимиром Путиным». Но она не перепахала меня, можете мне поверить. То есть можно даже сказать, что вообще никак не задела. Не оставила, слава богу, рубца на сердце или какой-нибудь черной метки в душе. Сборник диалогов с будущим президентом России не следует переоценивать. Да, разговаривали. Ну да, довольно много. И правда, в общей сложности больше суток. Я думаю, ни с одним моим другом я бы не смог больше суток практически подряд разговаривать о его жизни. Только тяжелая производственная необходимость могла заставить меня это сделать.

Уверен, что никакого следа эта работа не оставила и в душе героя этой книги. Для него это была такая же работа и производственная необходимость, как и для нас. Иногда мы, конечно, немного увлекались, и тогда эта работа нравилась. Но спросите меня, перечитал ли я хоть раз эту книжку? Не возникло желания. Как говорил и герой, он тоже никогда не открывал ее.

Почему так происходило? Наверное, мы все понимали, что на самом-то деле, сколько бы мы ни разговаривали, Владимир Путин останется для нас абсолютно закрытым человеком. Да, были там эпизоды, из которых при желании можно было делать далеко идущие выводы. Но можно было и не делать. А из других эпизодов можно было делать противоположные выводы. Это была универсальная книжка. Потому что она была правдивая. На этом я буду настаивать, если что.

Когда она вышла, я довольно быстро забыл об этом проекте. Я писал, как и раньше, про жизнь людей, а не политиков. Но время от времени стал неожиданно пересекаться со своим бывшим героем. Когда случилась катастрофа «Курска», я поехал в Видяево и, прожив там два дня на корабле с семьями погибших подводников, увиделся с Владимиром Путиным, который приехал в Видяево, чтобы встретиться с родственниками моряков. Там не было журналистов «кремлевского пула». Их просто не взяли. Им объяснили, что тема слишком деликатная. Так оно и было.

Я тогда очень внимательно слушал президента. Я буквально старался не пропустить ни слова. И я был просто по-

глощен происходящим. Передо мной на сцене ДК сидел совершенно не тот человек, с которым мы встречались, когда писали книжку про него. Многое стало понятнее после буквально одной вот этой встречи, хотя я не задал тогда ни одного вопроса. Да у меня их и не было.

Потом я встретил его на празднике Хануки. И я опять очень удивился. Мне снова было очень интересно. Я увидел еще одного Путина. А на татарском Сабантуе — третьего. Я мог заподозрить, что вижу двойников, — настолько все эти люди отличались от человека, с которым мы каких-нибудь полгода назад так, казалось, подробно разговаривали о его жизни.

Я не работал тогда в «кремлевском пуле» и на всех этих мероприятиях оказывался практически случайно. И каждый раз было не скучно. И каждый раз я честно писал о том, что видел. На этом я тоже, если что, буду настаивать.

И когда главный редактор предложил мне поработать в «кремлевском пуле», я на самом деле довольно быстро согласился. Мне казалось, правда, что нужно не так уж много времени, чтобы во всем разобраться окончательно.

Как говорится, прошли три года. Чуть не каждый день я видел президента не по телевизору. Правда, метров с тридцати, как правило, и стоя за красным бархатным канатиком. Видел ли я что-нибудь оттуда, чего не видели остальные? Да видел, видел, конечно. Хотя что-то и по телевизору, наверное, было виднее.

Понял ли я хоть что-нибудь с тех пор про Владимира Путина? Вооружен ли я каким-нибудь тайным, сокровенным знанием, которого нет больше ни у кого?

Что-то, безусловно, прояснилось. Но еще больше — запуталось. Мне кажется, что, наблюдая практически в ежедневном режиме за Владимиром Путиным, я пустился в странную погоню за этим человеком. Догнать в этой ситуации означает понять. И время от времени у меня появляется ощущение (и это видно по книжке), что все, дело сделано. Накрыл. И тогда мне самому сразу становится скучно. Или наступает разочарование. Но потом выясняется, что я, кажется, в который раз промахнулся. А он, значит, ушел от погони. И погоня продолжается.

Я предоставляю вам возможность наблюдать за этой погоней и самим делать, если не лень, выводы.

Я не стал почти ничего трогать в своих статьях, опубликованных за эти три года в «Коммерсанте». В результате можно наблюдать плавное течение публичной стороны жизни Владимира Путина практически без изъятий и ограничений. Более того, я решил, что надо восстановить многие куски, которые не вошли в газетные публикации. И восстановил.

Возникнет вопрос: а чего же они сокращались? Да нет, ничего личного — ни у главного редактора, ни у кого-нибудь еще. Постоянная изнурительная борьба за объем статей при кажущейся (ну да, именно кажущейся!) ограниченности газетной площади иногда приводила к тому, что побеждал противник (см. предисловие Андрея Васильева) и статья сокращалась. Это было, впрочем, довольно редко. И когда я писал не на коленке, не на обороте справки об особенностях территориального положения Ханты-Мансийского автономного округа и потом не диктовал, смятенно всматриваясь в собственные каракули, по телефону (а это, вообще-то, не меньше половины от опубликованного в книжке), а потом не избавлялся, с облегчением, от этого балласта, а писал статью в тиши кабинета или гостиничного номера (тоже ведь, впрочем, в страшной спешке), то, конечно, можете не сомневаться, восстанавливал затем статью в полном виде.

В результате все получилось довольно объемно и даже не поместилось в одну книжку. И это правильно. Логично было разделить эту работу на две части. За отчетный период изменился не только главный герой. Менялся и я тоже, и мое отношение к нему. К тому же невозможно было работать столько времени на одном дыхании. И в какой-то момент, я считаю, у меня открылось второе. Это зафиксировано разделением всей истории на две части. И она вообще-то, хочу сказать, продолжается, и мне кажется, интереснее, чем начиналась.

У вас изучение этой истории займет гораздо меньше вре-

мени, чем заняло у меня. Предупреждаю: вы, как и я, будете иметь дело с непростым игроком. Будьте бдительней. Не верьте всему, что вам говорят. Очень много подводных камней. Иногда герой сам бьется о них. Это чувствуется. Он не любит прямых столкновений, но иногда идет на них. Впрочем, все это я уже не должен говорить. Разобраться в происходящем с этим человеком вам должно быть интересно и самим. Иначе смысла никакого нет читать все это.

Андрей Колесников

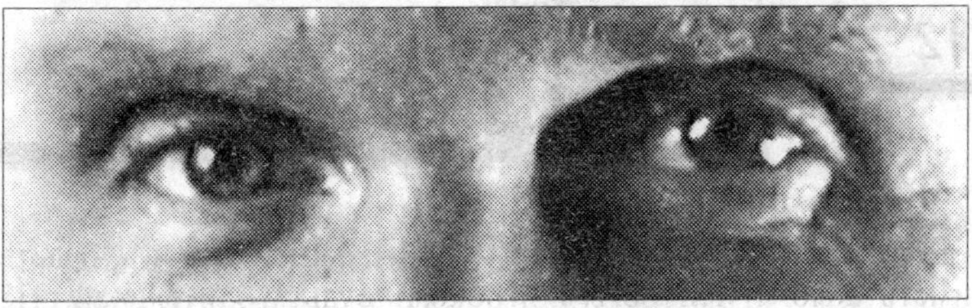

ПУТИН ПОЯВИЛСЯ В ПОЛНОЧЬ

7 мая 2000 года в Андреевском зале Государственного Кремлевского дворца состоялась церемония инаугурации Владимира Путина.

Инициативная группа из ближайшего окружения первого президента России две недели назад убедила всех заинтересованных лиц, что церемония должна состояться не в Государственном Кремлевском дворце, больше известном съездами КПСС, а в Большом Кремлевском дворце, еще больше известном торжествами по случаю коронаций царствующих особ. Перенос церемонии из ГКД в БКД, безусловно, соответствовал масштабу предстоящего события.

Председателю Центризбиркома Александру Вешнякову запретили отдавать удостоверение президента Владимиру Путину прямо в Андреевском зале. Тогда господин Вешняков исхитрился сделать это вообще на день раньше инаугурации, пока это еще хоть кого-то интересовало.

Была проведена работа и с патриархом Московским и всея Руси Алексием II. Он несколько последних дней перед инаугурацией не скрывал своего твердого намерения тоже принять посильное участие в церемонии, мотивируя это свое намерение тем, что в прошлый раз, четыре года назад, он ведь уже участвовал, и ничего страшного не случилось. Патриарху в конце концов прямо сказали, что тогда надо приглашать муфтия и всех остальных. Он сразу согласился, что это явный перебор. Таким образом, и эта проблема была разрешена.

Накануне инаугурации весь кремлевский полк получил трое суток увольнения. Бойцы, говорят, долго не верили; думали, их заставят маршировать на плацу до последней секунды, а уж в последнюю секунду тем более. Но их отпустили вплоть до утра 7 мая.

Все остальные тренировались без выходных. Последняя репетиция состоялась перед самой церемонией. В ней приняли участие все главные действующие лица, кроме Владимира Путина и Бориса Ельцина. Массовкой размером в полторы тысячи приглашенных стал полк специального назначения, подъехавший из ближайшего Подмосковья.

Собственно говоря, на этот раз его миссия состояла в одном: проверить, сколько же человек вмещают три зала Большого Кремлевского дворца и сколько гостей смогут уместиться на полутора метрах по обе стороны ковровой дорожки, по которой пройдет Владимир Путин.

Эксперимент показал, что если не толкаться локтями и не наступать друг другу на пятки, то полторы тысячи человек с комфортом продемонстрируют свое уважение без пяти минут президенту России. Правда, дисциплинированные бойцы полка специального назначения стояли, выдохнув раз и навсегда, вдоль этой самой дорожки, доведя тем самым вместимость Георгиевского, Александровского и Андреевского залов до абсолютных значений. А на гражданских надежды не было никакой. Но это был, пожалуй, первый и последний неизбежный риск. В остальном церемонию просчитали с необычайной тщательностью.

Генеральная репетиция прошла хорошо. Единственное замечание в тактичной форме сделали только председателю Конституционного суда Марату Баглаю, длинная речь которого привела в нехорошее замешательство организаторов. Господину Баглаю посоветовали подумать, как сократить выступление в несколько раз, но так, чтобы оно не утратило первоначального смысла. Для убедительности ему показали секундомер, который в этой церемонии по важности мог сравниться разве что с Конституцией РФ.

На фоне Марата Баглая хорошо смотрелся отсутствующий Председатель Центризбиркома. Речь, которую прочитали за него, была ограничена несколькими рублеными фразами, из которых лишний раз следовала неизбежность прихода к власти нового президента Владимира Путина. Вешнякову передали «спасибо» и особо поблагодарили за отсутствие в речи цифр использованного на выборах электората. Таким образом, генеральная репетиция, можно считать, удалась.

Когда все было кончено, близко к полуночи в малоосвещенных залах Большого Кремлевского дворца, никому заранее не сказавшись, появился сам Владимир Путин. В полной тишине он прошел тот путь по ковровой дорожке, который ему предстоял и следующим утром. Показанный результат удовлетворил Владимира Путина. Все было правильно.

По словам очевидцев, спал в эту ночь Владимир Путин, как обычно, хорошо.

Борис Ельцин утром 7 мая встал на час раньше, чем обычно, около пяти. Его дочь Татьяна Дьяченко рассказала, что он очень волновался и что сам был немного удивлен этим. Борис Николаевич уединился в своем кабинете и несколько раз внимательно перечитал сценарий церемонии. Позавтракав, он долго вместе с дочерью выбирал галстук и костюм. Сначала речь шла о черном костюме, но через некоторое время остановились на темно-синем, черный показался чересчур грустным. Первый президент России был готов к отъезду на 15 минут раньше срока и всех поторапливал.

Его волнение передалось и остальным. Тех, кто говорил, что волноваться нечего, Борис Ельцин тут же одергивал: «Как это нечего?» Провожали его и Наину Иосифовну всем домом до самых ворот: дочери, внуки Глеб и Ваня...

Церемония инаугурации заняла всего 30 минут.

Самые страшные опасения организаторов оказались напрасными. Приглашенные на инаугурацию вели себя не хуже военных, тем более что среди самих приглашенных гражданских было не так уж и много. От генеральских звезд на погонах веяло как минимум Днем Победы. Некоторым недоразумением на их фоне выглядел новоизбранный депутат Госду-

мы из Екатеринбурга Николай Овчинников в мундире полковника.

Владимир Путин вошел в Георгиевский зал как положено, ни раньше, ни позже. Люди, хоть чуть-чуть знающие его, понимают, чего ему это стоило.

Он шел по Георгиевской дорожке очень прямо, размахивая левой рукой и не глядя ни на кого из присутствующих. Многие сочли это за чудовищное волнение, однако Владимир Путин действовал строго по сценарию, в котором его взгляду не отводилось никакой роли.

Он, видимо, и сам хорошо понимал, что стоит ему на кого-нибудь посмотреть, как наверняка придется здороваться, хотя бы кивком головы... и так полторы тысячи раз. Нет, он прошел сквозь строй, не задев никого своим взглядом. Полторы тысячи человек — политики, военные, актеры, музыканты, журналисты — прильнули, аплодируя, к бархатным канатам, отделявшим их от него, и не дождались.

В стороне от всех у самой стены сидел только один приглашенный — бывший шеф Комитета государственной безопасности Владимир Крючков. Старенький человек маленького роста с трудом мог стоять и поднялся, пожалуй, только один раз, когда заиграли музыку Гимна России. Видно было, что и это дается ему с большим трудом, но он достоял до окончания музыки. После этого он привставал еще несколько раз, чтобы посмотреть на большом телемониторе, что же все-таки происходит, но за спинами гостей ему ничего не было видно.

В Андреевском зале началась тем временем самая торжественная часть. Молодцом показал себя Марат Баглай, своим выступлением заслуживший политическую реабилитацию при жизни, так как речь его была на этот раз неумолимо коротка, но столь же прекрасна, как на генеральной репетиции.

Однако преподнес сюрприз Александр Вешняков, который, наоборот, по сравнению с генеральным прогоном решил внести дополнительную ясность в работу Центризбиркома и с такой холодной страстью и так долго перечислял заслуги своего ведомства в победе Владимира Путина, что поневоле закрадывалось сомнение, а не слишком ли они велики.

Первому президенту России Борису Ельцину пришлось начать свое выступление фактически с импровизации, так как два телесуфлера, которыми должны были пользоваться выступавшие, стояли так неудачно, что на них падали блики от яркого света софитов, из-за которых было совершенно невозможно разглядеть текст на экране.

Борис Николаевич, у которого накануне не было задачи заучивать свою речь наизусть, попал, безусловно, в трудное положение, но вышел из него. После двух минут импровизации он отступил на несколько десятков сантиметров и нашел такое положение, при котором текст на телесуфлере был хоть как-то виден.

Уж не знаю, успел ли он шепнуть об этой проблеме своему преемнику, но тот не растерялся и сделал все четко.

Впрочем, неприятная неожиданность Путина подстерегла на обратном пути — из Андреевского в Георгиевский зал. Неожиданность имела вид телохранителя, которому накануне сказали, что он должен неотлучно находиться рядом с президентом после того, как тот примет присягу.

Телохранитель решил не задавать начальнику лишних вопросов, решив, что и сам в состоянии разобраться в деталях. И, как только президент закончил процедуру приема власти и пошел по живому коридору на выход, он начал его охранять. Хорошо еще, что никто не стал ему препятствовать в этот момент в исполнении долга, а то и вовсе неизвестно, чем дело бы закончилось. И можно ли осуждать его за это?

Так они и прошли через все три зала, сопровождаемые аплодисментами элиты нации, от которой телохранитель надежно уберег своего президента.

Возможно, стоит добавить, что ни до, ни после церемонии Владимир Путин не выглядел особенно веселым или хотя бы радостным. Кажется, он начал понимать, что произошло.

Сразу после церемонии передачи под командование Путину кремлевского полка Борис Николаевич и Владимир

Владимирович с женами тут же, в Кремле, уединились пить чай. Рассказывают, что Ельцин сказал Путину чрезвычайно красивые слова, смысл которых был такой, что он, Борис Николаевич, не ошибся в выборе преемника.

Вечером в банкетном зале Большого Кремлевского дворца Владимир Путин давал прием в честь своей инаугурации. Опять было очень много гостей. Я не сразу разглядел в толпе первого и последнего президента Советского Союза Михаила Горбачева. Его тоже пригласили, и он тоже пришел и стоял в вестибюле бывшего Кремлевского Дворца съездов, с которым у него столько связано.

В огромном вестибюле было тесно от настоящего и будущего России, а он стоял один и ни с кем не заговаривал, и с ним почему-то тоже никто, я хотел подойти к нему, о чем-то спросить, да раздумал.

А чего говорить? И так все ясно.

УРАГАННЫЙ ВИЗИТ ВЛАДИМИРА ПУТИНА, ИЛИ КАК ПРЕЗИДЕНТ ЧУТЬ НЕ ПОПАЛ В ЧРЕЗВЫЧАЙНУЮ СИТУАЦИЮ

В прошлую пятницу довольно поздним вечером Владимир Путин прилетел в Татарстан, чтобы на следующий день поучаствовать в татарском национальном празднике Сабантуй. Там он подарил татарскому народу несколько сюрпризов и одну легенду.

Владимир Путин прибыл в Казань и тут же поехал в татарский кремль, чтобы принять участие в совещании по проблемам ликвидации последствий урагана, обрушившегося на республику 19 июня.

Вообще-то ураган был не такой уж и сильный. И в Татарстане не очень понимали, зачем оно нужно, совещание, ведь татары могли бы и сами справиться, тем более что от урагана пострадали и другие регионы страны.

Но говорят, что на этом совещании очень настаивал министр МЧС Сергей Шойгу. Наверное, он хотел показать себя Путину в деле. И добился своего.

В совещании участвовали, кроме Путина и Шаймиева, президент Башкортостана Муртаза Рахимов, полномочный представитель президента РФ в Приволжском федеральном округе Сергей Кириенко. Это — президиум. В зале сидело в основном правительство Татарстана.

Президент Татарстана, как всегда, хорошо подумал, прежде чем сказать.

— Конечно, ураган нас задел, — наконец заметил он. — Но ведь зато и дожди в результате прошли, что редко бывает в 20-х числах июня!

Генерал-майор Власов из МЧС доложил обстановку и попросил показать документальный фильм про ураган. Ключевой в фильме была фраза: «Спасатели смогли пробиться туда, куда не мог пробиться никто». Внимательный зритель при этом мог заметить, что для этого им пришлось спилить дерево.

В следующем кадре это дерево несла на плече домой жительница республики. Если бы президент Татарстана раньше посмотрел этот фильм, у него была бы возможность сказать, что, хотя ураган повалил много деревьев и линий электропередачи, многие обеспечили себя дровами на всю зиму.

Генерал Власов добавил, что первый день урагана стал последним днем 50-летней женщины, а общий ущерб составил 244,7 млн рублей. Впрочем, сказал он, уже роздано 2000 листов шифера и 2050 кг гвоздей.

— А вот вы сказали — 244,7 млн рублей. Как вы считали этот ущерб? — спросил его Владимир Путин.

— Предварительно, товарищ президент! — уверенно ответил генерал.

— Это ваша оценка или по данным из районов? — спросил господин Путин.

— Из районов... — отчего-то сник генерал.

— И?

— 18,2 млн рублей потрачено по временной схеме... — пробормотал генерал упавшим голосом.

Вслед за генералом докладывал министр сельского хозяйства республики:

— Трудности для товаропроизводителей начались еще зимой. С выпадением снега в сельском хозяйстве начались непредвиденные события.

Сейчас, по его словам, ситуация до предела обострилась.

— Наблюдается массовое появление саранчовых вредителей. Потребуется обработка 125 тыс. га. Конечно, были выделены некоторые материальные средства, но их явно недостаточно.

Он посмотрел на президента.

— Но ведь саранча не относится к стихийным бедствиям? — спросил тот.

— На сегодня нет, — с сожалением согласился министр.

После такого же выступления министра энергетики докладывать начал Сергей Шойгу:

— Республика Татарстан идет впереди федерального законодательства о чрезвычайных ситуациях.

— Идет впереди? — перебил его Минтимер Шаймиев. — Ну что ж, вот приведем в соответствие — и вернемся назад!

Сергей Шойгу хотел что-то сказать, но ему не дал Владимир Путин.

— Сергей Вадимович... ой, Владиленович! — обратился он к Кириенко. — Вот видите, какая ситуация! Некоторое надо приводить в соответствие с федеральным законодательством, а некоторое — наоборот! Творчески надо подходить к этому!

— Конечно! Комиссии создавать... — горячо поддержал его Минтимер Шаймиев.

— Разрешите, я закончу? — вступил Сергей Шойгу.

В его голосе, мне показалось, прозвучала угроза.

— Кириенко мне в самолете так и сказал, — продолжил господин Путин, — оформит и будет выходить с предложениями.

Все молчали.

— Я вам искренне говорю! — разволновался президент.

— Да я уже заканчиваю... — опять вступил Сергей Шойгу.

— Быстро отреагировали — минимум потеряли! — настаивал президент.

— Вот, собственно, и все, что я хотел сказать, — закончил наконец Шойгу.

Потом наступила ночь, и все пошли спать. Следующий день обещал необыкновенное. В Казани наступал Сабантуй, праздник всех татар. Ельцин на Сабантуе, как известно, разбил горшок.

Путин должен был встречать Сабантуй в Советском районе. Там есть березовая роща, так вот, в ней все и происходило.

Чтобы попасть на майдан, на главный праздник, надо было метров семьсот пройти через всю эту рощу по неширокой асфальтированной дорожке.

Это был извилистый путь. Из кустов то и дело выглядывали картонные мишени медведей и зайцев в натуральную величину. Между березами висели татарские поговорки на русском языке: «Пока ленивый подпоясался, усердный уже кончил!» Тут же, у дорожки, расположился партизанский отряд со скромной табличкой: «Хозяйство Бородина». Самого Пал Палыча видно не было.

На майдане — большой поляне, готовой к веселью, — уже разминались батыры. Им предстояло бороться на кушаках, лупить друга друга мешками с травой, ползать по гладкому столбу, врытому в землю, и купаться в кислом молоке.

Вокруг майдана поставили скамейки человек на 150. Было солнечно и почти жарко. Рядом переговаривалась немолодая пара. По виду женщина была русской, а мужчина заслуженным татарином с медалями и орденами.

— Касимовские татары сильно отличаются, чтоб ты знала, от вологодских татар, — объяснял он ей. — И особенно от ярославских.

— В лучшую сторону? — доверчиво переспрашивала она. — А от рязанских?

— От рязанских меньше, но тоже отличаются в лучшую сторону.

— Вы, наверное, касимовский татарин? — не выдержал я.

— Да, — сказал он. — А вы русский?

Я не стал спорить.

— Балет у нас все равно лучше, чем у вас, — внезапно заявил он. — Билеты за месяц не купишь.

— Сцена только не очень, — бросилась сглаживать неловкость его жена. — Неровная, некоторые жалуются. У вас, наверное, ровнее?

— А в концертном зале у нас был? — опять повернулся ко мне ее муж. — Шикарный!

— Зато, — сказал я, — наш Ельцин ваш горшок разбил, когда на Сабантуй приезжал.

Тут уж они не стали спорить.

— Да, разбил. Мало кто разбивает. Как разбил? Никто не знает. Может, подсказали ему. Может, платок просвечивал. А может, и сам разбил. Ведь он очень медленно палку на горшок опускал.

— Но ведь так еще труднее, — заметил я.

— Он ведь сильный был. Теннисом занимался, — резонно ответили мне.

— А вообще, — зачем-то добавил татарин, — в татарском народе национализма нет.

— Как нет? — удивился я.

— Нет, так-то, конечно, есть, — легко согласился он, — но в основном в Набережных Челнах.

Тут по громкоговорителю кто-то тревожно сказал: «Готовность ноль!» Сотни людей замолчали. Через минуту на майдан вступил Путин.

Был он в бежевой маечке и брюках чуть светлее.

— А вам мы просто радоваться будем, Владимир Владимирович Путин! — сказал по громкоговорителю тот же голос, что и объявил готовность ноль. — Наш народ ликует!

Тут бы и начаться празднику, но выступил Альберт Ковалеев, глава администрации Советского района. Он заявил, что в научно-исследовательских институтах республики неуклонно сокращается путь от изобретения до внедрения новейших разработок.

— Поэтому, — волнуясь, добавил он, — результаты скоро

будут ощутены, и все наше общество встанет на путь исправления для блага родного Татарстана.

Короткое слово взял президент Шаймиев. Я его не узнал. Вчера на совещании по урагану этот человек виртуозно излагал свои непростые мысли хорошим русским языком, а тут, перед своим народом, он вдруг словно нарочно забыл его.

— Ваш приезд в наш народ, — сказал он, как будто еще и пародируя предыдущего оратора, — она отзовется добрые пожелания вашей деятельности, направленная на улучшение условий населения.

Вот так он сказал, и тут было о чем задуматься.

Потом несколько слов произнес Владимир Путин.

— Никогда, — говорит, — не подозревал, что это настолько широкий праздник.

Может, с Масленицей перепутал.

— Уважаемые женщины и мужчины, желающие принять участие в армрестлинге! — объявили по громкоговорителю...

Как и следовало ожидать, под навесом в стороне от майдана Владимир Путин оставался недолго. На столе для армрестлинга он легко и безжалостно победил начинающую спортсменку Юлю Деганову. Чемпионка мира и Европы по армрестлингу Марина Павлова, которая стояла рядом, пожала плечами.

Потом Путин долго, сидя у самого ковра вместе с Минтимером Шаймиевым, наблюдал за борьбой на кушаках и, мне показалось, тоже рвался в бой, но удержался, видимо, потому, что ответственные люди в администрации очень просили его на всякий случай не делать этого, и уж не проигрыша ли они опасались?

Не выдержал он у глубокой миски с катыком — татарским кислым молоком. Национальная забава состоит в том, чтобы найти в этой миске монету. Нашел — молодец. Кто-то спросит: а зачем это? Не скажите. Ведь любая национальная забава и отличается прежде всего своей полной бессмысленностью.

Вот и президент нашей страны стащил футболку, бесстрашно обнажив торс, на него надели белый халат, очень

напоминающий смирительную рубашку, и он нырнул с головой в катык.

Его не было долго. Так долго, что я испугался. Вынырнул он с монеткой в зубах. Да, теперь будет так: Ельцин разбил горшок, а Путин нашел денежку в катыке. И этой истории теперь суждена долгая самостоятельная жизнь, ибо через несколько минут я уже слышал от одного татарина, что монетку эту ему выдали гораздо раньше и все это время он держал ее за щекой... а с ним спорили, что Путин не такой и что, если надо, мог и пять минут в катыке провести, потому что таких легких нет ни у одного президента в мире...

Потом Путин долго смотрел скачки и вручал «Оку» победителю на рысаке «Гордый Джо», долго обедал, затем брал на руки перепуганного насмерть татарского мальчика и все спрашивал, не жарко ли тому, а мальчик, у которого в глазах стояли слезы, не знал, что надо отвечать этому великому человеку, а потом Путин долго шел в толпе к соревнованиям по борьбе, и был момент, когда эта толпа от свалившегося на нее счастья чуть не задавила его, но все в конце концов обошлось...

А меня мучил один вопрос. И я его в конце концов задал.

— Владимир Владимирович, вот эта монетка...

— Что? — спросил он.

— Ведь вы бы не вынырнули из катыка, пока не достали ее, так?

— Нет, ни за что не вынырнул бы. — Он еще немного подумал. — Ни за что.

— А если бы так и не нашли?

Он беспечно засмеялся.

А зря. Мог ведь и утонуть.

ЛУЧШАЯ В МИРЕ ЛИТЕРАТУРА ПРО ВЛАДИМИРА ПУТИНА

18 июля 2000 г. в Москве появился свежий номер газеты «Любимый президент». Эта газета, по словам ее издателя и единственного автора Владимира Нестерова, выходит уже

второй год. Всего создано восемь номеров. Последний полностью посвящен Владимиру Путину.

Газета формата А3 состоит из четырех полос с минимумом иллюстративного материала и носит целиком стихотворный характер. Вся она о президенте Путине. В первых же строках автор не оставляет никаких сомнений в своих поэтических пристрастиях: «В Путина я верю, в Россию я верю, чрез них я мир этот познал, Христос меня здесь вдохновлял». И дальше с небывалой, как сам признается, силой развивает эту мысль.

«Инаугурация торжественно идет, Владимир Путин за собою всех зовет, он самый лучший, самый светлый гений», — рифмует Владимир Нестеров. От его внимания не ускользнуло ни одно событие последнего времени: «Вы все сказали нам в Послании своем! Владимир Путин, вам почет и слава! Гордится вами вся наша держава!..»

Поэт чутко реагирует на самые острые проблемы власти: «Совету Федерации пора прислушаться к совету Президента! Владимир Путин — всенародный гений, и у него — все полномочия, права, на Путина равняется сегодня вся планета!»

От Владимира Нестерова, впрочем, досталось не одному Владимиру Путину. «Мы рады за Касьянова сегодня. Он утвержден парламентом народным, с ним экономика уверенно растет».

На четвертой полосе газеты поэту удалось создать совершенно особую атмосферу слова — и вот оно уже становится не только памятником настроению и боли эпохи, но и редчайшим стихотворным жанром со своим кругом тем, героями, своим поэтическим пространством, психологически острым и парадоксально естественным. «Мы восхищаемся Владимиром Борисовичем Рушайло... Процессия торжественно идет, Владимир Борисович интервью дает: «Победа наша непременно будет».

Ну и, конечно, картина жизни была бы не полной без «Шойгу с Рушайло! Верны президенту и к победе нас ведут».

Владимир Нестеров демонстрирует свой особый взгляд на творчество как на культово-обрядовый акт, уделяя особое

внимание музыкально-импрессионистской стихии в своем словесном искусстве: «И я, России современный Пушкин, свой светлый гений посвящаю Путину... Наш светоч он в сиянье всех божественных огней».

Обостренное нравственное чутье, свойственное поэту, и активная гражданская позиция не позволяют ему спокойно наблюдать за самыми трагическими событиями в жизни страны. «Терактом нас не испугать, Россия терактов не боится. Пусть террористам будет сниться их собственный теракт».

Справедливости ради надо сказать, что поэта, возможно, иногда чересчур далеко заводит как его неугомонная рифма, так и ее отсутствие. Вот он пишет: «Большое счастье жить сейчас в России...»

Единственные нерифмованные и не принадлежащие перу Владимира Нестерова строчки в газете написаны абхазским поэтом и писателем Фазилем Искандером. Он подробно анализирует творчество поэта и замечает, что «много раз читал стихи Владимира Нестерова» и что «его патриотический талант, а также талантливый патриотизм заслуживают всяческого внимания. К тому же переводит и абхазских писателей».

А что же сам Владимир Нестеров? Я дозвонился до поэта в его московской квартире. Он согласился дать мне короткое, но емкое интервью:

— Вот уже два года я распространяю свою газету на Международной книжной выставке на ВДНХ. Я дарю ее не всем людям, а самым ответственным представителям.

Владимир Нестеров пишет стихи с пяти лет. Свое первое стихотворение, которое начиналось словами: «Яблоки и груши не несут копуши...» — он отправил в журнал «Мурзилка» и уже через несколько дней получил сочувственную рецензию. Правда, Володю удивило то, что стихи журнал не напечатал. Видимо, уже тогда в его светлой детской голове родилась мысль, что если самому зарегистрировать в Минпечати собственное издание, то там можно будет напечатать все, что угодно, а то и самому написать сочувственную рецензию на чье-то творчество. Так он, когда немного подрос, и сделал. Газета «Любимый президент» зарегистрирована в Минпечати под регистрационным номером А-1235, с адресом для писем: Москва, Анадырский проезд, д. 41, кв. 66, а отпечатана в Мытищинской межрайонной типографии тиражом 2000 экземпляров.

Газета Владимира Нестерова заканчивается словами: «Вы смысл наш самый главный, Ваш рейтинг на века возрос!» Между тем предыдущие ее номера были посвящены действовавшему до Путина президенту Борису Ельцину, но остались незаметны широкому кругу читающей публики. Владимир Нестеров надеется, что с этим номером такого не произойдет, потому что поэт разослал его лично в Кутафью башню Путину, а также Куренкову для Касьянова. Должны были получить ее, кроме того, Шойгу, Рушайло, Грызлов, Лесин и Михайлов.

— Легко ли пишутся стихи про президента?

— Так же, как стихи Ахматовой и Мандельштама, — ответил поэт. — Моя схема полностью совпадает с их.

— То есть?

— По велению Господа Бога! — уверенно закончил Нестеров. — Читайте мои стихи. Уверяю вас, это лучшая в мире литература про Владимира Путина!

Не очень пока везет президенту с авторами.

КАК ПУТИН ВЗЯЛ ВИДЯЕВО

Поездка Владимира Путина 24 августа в Видяево оставила больше вопросов, чем ответов. Как его там встретили? Как проводили? Как он там себя чувствовал? Почему почти ничего не показали по телевизору? На что реально могут рассчитывать родственники подводников? Почему, наконец, там отменили траурный митинг?

В аэропорту Мурманска самолет встречали несколько военных и гражданских. Они посадили людей в три автобуса

и повезли в Видяево. Я, зная об ажиотаже вокруг этого рейса, удивился было, что возле трапа ни одной телекамеры, но стоило выехать за ворота аэропорта, как увидел их десятки. Самих журналистов, наверное, была не одна сотня. Их просто, как и обычно в эти дни, никуда не пустили. На КПП у въезда в Видяево у нас два раза проверили документы. Впрочем, подробные списки пассажиров салонов были составлены еще раньше. Военные искренне интересовались, нет ли в автобусах журналистов.

Автобусы остановились на площади перед гарнизонным Домом офицеров. Это центр жизни поселка Видяево. Здесь все собираются и ждут. Ждали и нас. К тому времени в Видяево уже приехали около двухсот родственников экипажа. Приехавшие вышли из автобуса. Многие встретились впервые за много лет.

Попросили зарегистрироваться, потом тех, кому негде было остановиться в Видяево у родственников, повезли на плавучий госпиталь «Свирь», на рейд подлодок. Была уже поздняя ночь. Курить разрешали только на корме, на вертолетной площадке. Там после ужина собрались человек пятнадцать. Рядом стояла подлодка «Тамбов» с нарисованным на рубке волчьим оскалом. Благодаря этому в темноте лодка казалась нарядной. Ее плавные хищные очертания внушали отчетливый оптимизм.

На вертолетной площадке среди родственников экипажа царило странное оживление. Капитан «Свири» обсуждал с ними происшедшее на «Курске».

— Что случилось? — переспрашивал он. — Взрыв, наверное. Такой большой силы... никакая торпеда изнутри не смогла бы так разорвать корпус этой лодки. Поверьте бывшему подводнику, она с кем-то столкнулась — а уж потом взрыв.

— И даже, я слышал, там, рядом, нашли части какого-то другого объекта, — добавил подошедший капитан второго ранга.

— Какого объекта? — переспросил его кто-то из родственников с непонятной надеждой.

— Так ведь никто не знает.

— Они все погибли. Там нет ни одного живого! — громко сказала одна женщина.

Она очень хотела, чтобы ей возразили.

— А может быть, и есть, — неохотно ответил капитан. — Может, норвеги поднимут. Все-таки водолазы.

— А может, и лодку поднимут? — спросила эта женщина.

— Нет, не поднимут, — уверенно ответил капитан. — Нет таких средств на флоте.

— А Клебанов сказал...

— Это он теоретически сказал. Правда, говорят, что заводы скоро получат заказы.

— Господи! — воскликнул кто-то в темноте. — Что же они нас так мучают! А трупы они будут поднимать, не знаете?

— Как вы смеете! — закричала девушка лет двадцати. — Какие трупы?! Не знаю, конечно, как ваш там, а мой брат жив!

— Зачем мы здесь? — спросил еще кто-то. — Привезли, жрачки дали, распихали по каютам... Зачем?

— Странный вопрос, — обиженно возразил капитан и ушел.

Но прислал помощника, который скомандовал:

— Сейчас я поставлю перед вами задачу — выспаться.

— Какой же тут может быть сон? — удивленно переспросили его. — Мы уже несколько суток не спим.

— Так! — Мне показалось, помощник даже обрадовался. — Если кому для сна нужны специальные препараты, пожалуйста!

— Боюсь, не помогут.

— У нас не помогут? У нас помогут!

Ушел и помощник. Его, правда, тут же сменил еще один капитан второго ранга. Каждый работал с родственниками по десять минут. По ним можно было сверять часы.

— А может, и жив кто-то в этих отсеках, с первого по четвертый? Почему их не обследуют?

— Нет-нет, — поспешно добавил кавторанг. — Сегодня уже и министр выступал, и командующий флотом Попов.

— Что? Что они сказали? — закричали ему.

— Не помню, — смутился он. — Я сам не слышал, не уполномочен, не знаю... Но что-то такое говорили.

— Да знаю я, — устало сказала девушка. — Попов опять наврал, что живых там нет.

Утро началось с того, что по «Маяку», единственному на судне источнику информации, передали песню «Как прекрасен этот мир, посмотри!». Я посмотрел. Было хмуро, холодно и тоскливо. Я подумал, каково сейчас просыпаться тем из них, кто все-таки заснул. Несколько человек опять курили на вертолетной площадке.

— У Сереги, моего шурина, два друга там были. «Золотой», так Димку Колесникова из Нижнего зовут, и Рашид откуда-то. Всем по двадцать с небольшим было, женились чуть не перед учениями, а жен видели не больше двух недель.

— Повезло им, не все успели жениться, теперь вдовам пособие дадут.

На «Свири» все родственники делились на две, мне показалось, равные части: тех, кто считал, что экипаж «Курска» давно погиб, и уверенных, что их ребенок, муж, брат жив и ждет, когда его вытащат.

Утром на «Свири» распоряжался контр-адмирал Кузнецов, командир дивизии подводных лодок. Он говорил, что для всех желающих будет организована экскурсия на «Воронеж», напоминал, что пожилым людям не рекомендуется подниматься по крутым трапам лодки, и приказывал выделить группу медобеспечения для этой экскурсии.

Я спросил, что, по его мнению, случилось с лодкой. Адмирал сказал, что не спит пятые сутки, и добавил, что лодка, конечно, с кем-то столкнулась:

— Это 110 процентов. Но с кем? Не знаю. А зачем американцы заказывали док в Норвегии для своей лодки? А англичане приехали к нам не их ли железки со дна собрать? Но меня не это беспокоит, — добавил контр-адмирал. — Люди, которые приехали, что с ними делать?

— А что? — удивился я.

— Они что, теперь жить тут будут? Не вижу смысла. Свозим их в море, наберут водички — и домой. Но поедут ли? Контр-адмирала все-таки мучили сомнения.

— А ведь еще подъезжают. Ну как им объяснить, что живых на лодке нет и что достать мы их не можем? У меня самого там друзья... — Он подумал и добавил: — Были. Извини, главком приезжает, мне надо ехать встречать.

Возле Дома офицеров утром этого дня, как всегда, было много людей. Уточнялись списки погибших, составлялись списки на материальную помощь, на возврат денег за проезд в Видяево. Родственники подписывались под письмом президенту России. В нем был пункт о немедленном подъеме лодки, об оставлении ее в списках дивизии, о дислокации в Видяево, о переименовании дивизии отчего-то в «Русь», о передаче магазина «Мебель» под церковь и об отстранении от должности маршала Сергеева, главкома ВМФ Куроедова, командующего Северным флотом Попова и начальника штаба ВМФ Моцака. Решались, а чаще не решались тысячи мелких вопросов. Но большинство людей пришли к Дому офицеров просто потому, что больше некуда.

На трех этажах распоряжался заместитель комдива по воспитательной работе Иван Иваныч Нидзиев. В кабинете оргтодела шло производственное совещание.

— Отставить на время всю работу с семьями, понятно? — командовал он.

— Но мы же не можем...

— Можете. Работать только по направлениям, которые укажу.

И он указывал.

— Где бирка «Центр психологической разгрузки»? Ее нет! А вы знаете, что приезжает главком? И скотчем, скотчем приклеить ее по краям, я уже устал это повторять. А вы метите дорожки, метите, не останавливайтесь! Вымели? Еще раз метите!

Его растерянно слушались.

Тем временем подъехал главком Куроедов. С ним были

губернатор Мурманской области Евдокимов и вице-премьер Клебанов. Тут же, на улице, их остановили люди.

— Мы всех достанем, — повторял Клебанов, пытаясь пробиться через толпу. — Нет, оттуда никто не ушел, водолазы работают, мы всех достанем.

Они наконец прорвались через толпу и быстро поднялись на третий этаж. Только кто-то уцепился за рукав губернатора:

— Товарищ губернатор, там такая ситуация... У шестерых подводников... Ну, в общем, они были не расписаны, а некоторые даже с бывшими женами не развелись, и как теперь вдовам-то быть, у них ведь есть дети...

Губернатор машинально кивал. Было видно, что он очень не хочет опаздывать на совещание. Возможно, просто не привык.

Возле кабинета за закрытыми дверями стояла депутат Госдумы Вера Лекарева. Она прибыла полчаса назад и уже попыталась взять ситуацию под контроль. Это был настоящий депутат Государственной думы в полном смысле этого слова. Она привела нескольких родственников экипажа в актовый зал, рассказала, что она в своей жизни много работала с разными семьями и делала это блестяще, как и все остальное.

— Неужели мы и с вашей бедой не справимся? — задавала она риторический вопрос. — Вот, говорят, приехали большие начальники, я к ним сама пойду и все решу. Ну, я пошла!

Но к начальникам ее не пустила охрана из военных моряков, и она стояла, с двумя помощниками, и спрашивала у пожилого капитан-лейтенанта:

— Почему? Я же депутат. Вот вы пускаете священника, я вижу! Вот, пустили. Чем же я хуже?

— Чем депутат хуже священника? Сами подумайте.

Лекарева вернулась и заявила родственникам, которых к тому времени собралось уже человек восемьдесят:

— Не волнуйтесь! Найдем средства на оздоровление детей.

— Да их спасать надо! — закричали ей.

— Это я и хотела в целом сказать, — немного смутилась Лекарева.

— Их же специально топят!

— Ничего, напишем депутатский запрос, я взяла бланки.

Микрофон у нее забрал полковник Сидоров, главный редактор журнала «Ориентир». Так он представился. Сидоров сказал, что вчера вернулся с крейсера «Петр Великий».

— Вы так хотели слышать слова очевидца, — сказал он. — Так вот, слушайте. Место катастрофы там — чистое море. Кто хочет туда, не советую ехать. Мне сказали, что у вас есть желание пойти туда на «Свири», но ведь это тихоходный корабль, 12 километров в час... А метровые волны... Не стоит!

Он уверенно посмотрел в зал.

— Вот вы говорите про командующего Северным флотом Попова, что и он в чем-то виноват... Так вот. Вчера на «Петр Великий» приезжал представитель английских ВМФ, они долго разговаривали, что делать, потом представитель улетел. Был разговор с норвегами: сказали, что ничего не могут сделать.

В зале заплакали.

— Но это еще не все! После этого разговора Попов всех отогнал, встал на корме, сорвал галстук, достал сигарету и долго плакал! Я Попова знаю давно, а теперь убедился, что он достойнейший человек!

— Нам его слезы не помогут, — сказала пожилая женщина.

— И еще я скажу. Там очень трудно работать. Наш матрос упал за борт с катера, но его вытащили. Один спуск норвежского водолаза стоит десять тысяч долларов, об этом тоже надо помнить.

— Да что он нас укачивает! — возмутился кто-то.

— Офицеры на «Петре» без сил! Они работали 12 суток и спят там, где их оставляют эти силы. Два наших офицера чудом остались живы в спускаемом аппарате. Ой, девочки, как это сложно! Я четыре дня назад был в Чечне...

— Не надо сравнивать! У нас уже не держава, а похоронное бюро!

— Я переживаю, сочувствую, мое выступление спонтанно. Но надо знать Попова...

Полковник Сидоров наконец снова отдал микрофон Ле-

2 Зак. 3746

каревой. Ей стали жаловаться, что в городке Видяево живут полуголодные люди, а в домах нет горячей воды, унитазов...

— И с соседями я переругалась! — в отчаянии добавила одна женщина.

— Ничего, помирим! — обрадовалась Лекарева. — Я считаю, давно надо поднимать проблему федерального закона о защите прав военнослужащих.

Тут в зал вошли Попов, Куроедов и Евдокимов. Попов сразу приступил к делу:

— Вчера, — сказал он, — мы вскрыли девятый отсек. Видимости там нет. Лопнула масляная цистерна. Видеокамера ничего не видит. Думаем, как опустить туда человека.

— А человек увидит? — с сомнением спросили его.

— Надеемся, что муть осядет, — твердо сказал Куроедов.

— А почему воду не откачиваете из отсека?

— Очень хороший вопрос, — оживился он. — Мы, как выяснилось, шесть дней качали, как говорится, из моря в море. Потом нашли трещину, из которой утекала вода.

— Как же вы смогли довести аварийно-спасательную службу до такого состояния? Это же идет с 83-го года! — поднялся с места отец одного из ребят.

Он повторял это уже не первый день в разных местах, и его не очень, честно говоря, слушали. Всех смущал этот 83-й год: слишком уж давно.

— Вот вы говорите 83-й. А я признал состояние флота закритическим три года назад, когда принял его, — заявил Куроедов. — Но вернемся к лодке. Проект, над которым работают ученые, будет доложен мне уже в начале ноября.

— Как в начале ноября? — опять застонали в зале. — Начнутся шторма... Что же вы делаете? И как можно было объявлять в стране траур, когда наши мальчики живы?

— Давайте перейдем к другому вопросу. От вас, я слышал, было предложение выйти в точку катастрофы. Если вы подтверждаете, я дам корабль. Вот проведем завтра митинг памяти экипажа — и вперед!

Зал просто взвыл.

— Да что вы их все хороните! — кричали одни. — Заживо!

— Достаньте сначала хотя бы один труп!

— Достать? Хороший вопрос, — опять одобрил Куроедов.

— Ломайте лодку пополам и тащите ребят!

— Не смейте! — плакала девушка за моей спиной. — Водяные пузыри... Живы они, живы...

— Кто принял решение, что люди мертвы?

— Вы командующему Северным флотом не верите? — неожиданно резко спросил Куроедов.

— Конечно, нет! Ответьте!

— Тогда я вам технически объясню. Когда открыли люк и ничего не увидели, опустили камеру, она тоже ничего не увидела. Вот осядет масло...

— Да масло не может осесть! Оно легче воды!

— Действительно. Значит, поднимется.

Было полное впечатление, что он просто издевается над людьми, которые сидели в этом зале. Но ведь этот человек, я уверен, оскорбился бы, если бы ему это сказали. Он пытался им объяснить, насколько все сложно в деле, в котором они ни черта не понимают, зато берутся о нем судить, и только забывал иногда, что масло легче воды.

— Вы верите, что ребята живы? — спросили его.

И знаете, что он сказал?

— Хороший вопрос! Я отвечу на него так же прямо, как вы спросили. Я до сих пор верю, что мой папа, который умер в 91-м году, жив.

Тогда ему задали еще вопрос. Тоже, наверное, хороший:

— Почему вы сразу не обратились за иностранной помощью?

— Я вижу, — ответил он, — что вы больше смотрите четвертый канал, чем второй.

— Когда вы сообщили наверх, что спассредств не хватает?

— Три года назад, — невозмутимо доложил он.

Я думал, кто-нибудь даст ему по физиономии. Но они, наоборот, как-то сникли и потеряли интерес к этому разговору. Им стало просто не до него.

И ему, впрочем, не до них. Он сунул микрофон вице-

премьеру Клебанову. Тому задали единственный вопрос, который всех только и интересовал:

— Когда вы их вытащите оттуда?

— Может быть, через несколько месяцев. Может быть, через год. Не знаю точно.

Он сказал это почти беззаботно. Люди взревели от физической боли, которую причинял им этот человек. У людей, оказалось, еще остались силы. Невысокая женщина в мохеровой кофте и длинной, до пят, юбке подбежала к нему, схватила за грудки и стала трясти:

— Ты, сволочь, иди туда и спасай их!

Сразу несколько полковников бросились к ней оттаскивать. Это оказалось нелегко. Она вцепилась в Клебанова и кричала:

— Вы такие подонки... подонки...

Клебанов долго поправлял галстук. Лицо его стало каменным. Было такое впечатление, что он обиделся. Он перестал отвечать на вопросы и только вдруг выпалил:

— Получите вы своих сыновей!

Ему мгновенно простили тон.

— Когда? — хором спросил зал.

— Спасательная операция будет продолжаться.

После этого он словно испарился. Через пять минут ушел и Куроедов.

Одна активистка из группы психологической помощи сказала, что собирает подписи за то, чтобы разрезать лодку, потому что живых там явно нет. Он говорила, что тоже мать и что для нее это было трудное решение, но ведь она его приняла. «Хоть похороним по-человечески», — говорила она, и голос ее звучал ультимативно. Она добивала зал этим своим предложением. И конечно, ей, как и Клебанову, и полковнику Сидорову, и Попову с Куроедовым, сразу несколько человек сказали, что мальчики живы и что водолазы еще найдут их и вытащат.

В переговорном пункте на втором этаже Дома офицеров я застал семейную пару из Брянска. Они звонили домой, чтобы сказать, что возвращаются. После этой встречи они решили ехать домой. Они были первыми.

— Может, останетесь? — спросил я. — Завтра будет корабль, отвезут вас на это место, если, конечно, не обманут.

— А могут? — спросили они.

— Могут, — ответил я, вспомнив свой разговор с контрадмиралом Кузнецовым.

— Нет, — спокойно сказали они, — мы уж лучше поедем.

Они ушли, а я обратил внимание, что рядом два полковника тихо, надо отдать им должное, совещаются, кому вручить для ознакомления проект указа президента «Об увековечении памяти экипажа АПЛ «Курск».

А еще через час два матроса на задах Дома офицеров закончили сколачивать из свежих досок невысокую трибуну для Владимира Путина. Президент, сказали они, наверняка будет выступать в актовом зале, но надо подготовиться к любому повороту событий. Это было разумно.

Люди начали ждать президента часов с пяти вечера. Приехал он почти в девять, но никто даже не подумал возмущаться, потому что все это было не главное и потому что он все-таки приехал. И теперь они готовились сказать ему все.

— Ну и самоубийца! — легко удивилась пожилая женщина на крыльце Дома офицеров. — Приехал все-таки. Да мы же сейчас его на куски порвем!

Путин был в черной рубашке и черном костюме, прошел в зал. Около полутысячи человек заполнили все места и единственный проход. Адмиралы негромко распоряжались убрать из зала прессу, которой и так практически тут не было. Я не увидел даже съемочной группы РТР, которая прибыла за час до приезда президента. Никто из посторонних не мешал диалогу президента с его народом.

— У нас планировалась встреча в штабе флота в Североморске, — начал Путин.

— Непонятный разговор! — сразу перебили его.

— Я буду говорить громче, — ответил президент. — Слова соболезнования, извинения...

— Немедленно отмените траур! — опять возмущенно перебили его из другого конца зала.

Начало, как и ожидалось, не предвещало ничего хорошего.

— Траур? — переспросил Путин. — Я так же, как и вы, надеялся и надеюсь до последнего хотя бы на чудо. Но есть точно установленный факт: люди погибли.

— Замолчите! — крикнули ему.

— Я говорю о людях, которые погибли точно. Такие в лодке, безусловно, есть. По ним этот траур. Вот и все.

Ему хотели что-то возразить, но он не дал.

— Послушайте меня, послушайте, что я скажу. Да послушайте! Трагедии в море были всегда, в том числе и тогда, когда нам казалось, что мы живем в очень успешной стране. Трагедии были всегда. Но того, что все у нас находится именно в таком состоянии, я не ожидал.

Он сказал, что страна и армия теперь должны жить по средствам, иметь меньшую армию и меньше подводных лодок.

— Да бросьте вы, — сказали ему. — Вы хоть знаете, что экипаж «Курска» на этот рейс формировался из двух экипажей? У нас вообще нет флота.

— Надо сформировать его не из двух, а, может быть, из десяти и на этом закончить. Чтобы не было таких трагедий.

— А вы считаете, что экипаж виноват в этой трагедии? — с неприязнью спросила его женщина из первого ряда.

Нет, сказал президент, он так, конечно, не считает. А кто виноват? Опытные политики предлагают ему немедленно расправиться с военным руководством, отдать под суд. Но, может быть, подумал он, надо сначала разобраться?

Путин говорил спокойно, иногда даже тихо, извиняющимся тоном, потом вдруг начинал атаковать зал. Впрочем, перемена тактики мало помогала ему.

— Почему в седьмом и восьмом отсеке прекращены работы?

— Каждые три-четыре часа я задаю этот вопрос. Я спрашиваю военных: «Вы можете доказать, что там все кончено?» Доказать! Мне отвечают: «Все наши и иностранные специалисты говорят, что это так». Я разговаривал со своим старшим товарищем, академиком Спасским, ему за 70, он был главным конструктором подводных лодок, я знаю его много лет. «Игорь Дмитриевич, — спрашиваю я его, — все, конец?» — «Чтобы подтвердить это, — говорит он, — мы должны разрезать лодку». — «А если там есть какие-нибудь воздушные пузыри?» — спрашиваю я...

Его опять перебивают, хотя я вижу, как кто-то в зале вздыхает с облегчением.

— Почему вы медлили с иностранной помощью? — спрашивает девушка.

На лодке был ее брат. Путин долго подробно объясняет. Он говорит, что лодку начали конструировать в конце 70-х годов вместе со средствами спасения и что Северный флот ими располагал. Он вспоминает, что Сергеев позвонил ему 13-го в семь утра, а до этого времени Путин ничего не знал. Сергеев рассказал, что развернули спасательные работы, а Путин его сразу спросил, нужно ли что-нибудь еще от него лично, от страны, от других стран.

— Ответ, — сказал Путин, — был понятный. Они полагали, что у них есть все средства спасения.

Иностранные спасатели, по его словам, официально предложили свою помощь 15 августа. Ее сразу приняли. Только на шестой день они залезли в девятый отсек.

— А если бы мы попросили 13-го? Залезли бы в лодку 19-го. Вряд ли бы что-то изменилось.

— Да что же, у нас нет таких водолазов? — крикнул кто-то в отчаянии.

— Да нет в стране ни шиша! — рассердился президент страны.

Он добавил, что и у правительства Норвегии нет. Контракт на спасение экипажа «Курска» был заключен с коммерческой фирмой, которая специализируется на работах на морских буровых вышках. Теперь водолазы считают, что спа-

сать некого, а значит, нужен новый контракт — на поднятие тел погибших моряков. Между тем у этой фирмы нет даже лицензии на такие работы. Путин дал задание МИДу договориться с норвежским правительством, чтобы фирма как можно скорее получила такой контракт, и вроде бы согласие получено. Кроме того, фирма поставила еще два условия: сменить водолазов и оборудование. Пока все это не произойдет, работы не продолжатся.

Люди внимательно и напряженно слушали его. Никто уже не перебивал Путина. Наконец-то за столько суток они услышали то, что было понятно, что не вызывало возражений.

— Сколько же мне ждать сына? — спросила тут одна женщина без злости. Действительно хотела узнать, сколько.

— Я понимаю, — ответил Путин. — И уехать невозможно, и сидеть тут нет сил.

— Да и денег нет, — добавила она в сердцах.

Путин буквально ухватился за ее слова.

— Я расскажу про деньги.

— Не надо про деньги! — попросили сразу несколько человек из зала.

— Я понимаю. Да если бы я мог, я бы сам туда залез!

Следующий час Путин рассказывал про деньги. Он пожаловался, что у нас много запутанных законов, которые загоняют в угол любую проблему, и пообещал в этом случае обойти их все.

— Одна женщина, жена механика с «Курска», подошла ко мне и сказала, что десять лет зарабатывала сыну на ученье. И вот муж погиб. И спросила, а нельзя ли получить зарплату мужа за десять лет вперед, чтобы выучить сына. Я подумал, что это будет справедливо. Каждому из погибших будет выплачено среднее жалованье офицера за десять лет вперед.

Зал просто присмирел. Люди стали шевелить губами, пытаясь прикинуть, сколько же это будет. Потом долго спорили, сколько это — среднее жалованье. Путин сначала сказал, что три тысячи в месяц, а потом заглянул в свои бумажки и извинился: шесть. Зал принялся было спорить и убеждать президента, что его обманули и офицеры столько не получают, но когда Путин объяснил им, что если принять его цифру, то семьи получат гораздо больше, возражать не стал.

Тон выступлений с мест категорически изменился. Встала женщина из Дагестана, объяснила, что ее сын был гражданским специалистом, а деньги пообещали только членам экипажа, и вспомнила Путину, как он признавался в любви к дагестанцам после чеченского вторжения.

— Конечно, — сказал Путин, — приравняем вашего сына к членам экипажа.

Другая женщина попросила квартиру в Питере для себя и родителей. Ей дал, а им отказал и долго объяснял, что не может расселить на основании этой трагедии весь почему-то Североморск. Но сказал, что квартира в центральной части страны гарантирована каждой семье отдельно от тех денег. На вопрос, что такое центральная часть, он ответил, что это, по его мнению, Москва и Питер. Какой-то женщине стало плохо, и ее на руках над головами вынесли из прохода.

На следующий вопрос, уже не про деньги, а про состояние страны, Путин отвечал:

— На вопросы за мои сто дней я готов ответить, а за те 15 лет я готов сесть с вами на скамейку и задавать их другим.

Наконец встала та самая женщина в мохеровой кофте, которая несколько часов назад с ненавистью бросилась на Клебанова. Я замер. Ее слова многое значили.

— Мы с Украины, — сказала она, — а те деньги, которые вы обещали, обложат такими налогами, что страшно.

— Дадим здесь наличными, — сдержанно улыбнулся Путин. — Через один из негосударственных фондов.

— А сейчас?

— Я с собой-то не привез.

И зал рассмеялся.

Потом было еще много вопросов. Предложили дать Видяеву статус ЗАТО.

— Ну зачем же? — спросил Путин. — Одни жулики у вас соберутся, ну в лучшем случае подмандят внешний вид пары зданий. Женщины меня простят за такое выражение?

Женщины простили. Президент полностью овладел залом. Этот зал принял даже его ответ на самый тяжелый вопрос: почему он так поздно приехал?

— Первое желание такое и было, — признался Путин. — Приехать сразу. Но потом подумал: один слух, что я приеду, что бы тут произвел? А сколько людей я бы привез? Да мы бы вам не дали работать. А как было бы просто. Я бы легко прикрыл себе одно место. Команды бы раздал, кто-то не выполнил — получите!

И наконец:

— Нам сегодня сказали страшную правду, что мальчиков достанут не раньше, чем через год.

— Нет! Нет! Нет! Нет! В течение нескольких недель, я вам обещаю.

Встреча продолжалась два часа сорок минут. Он ушел президентом этого народа, который до этой встречи готов был разорвать его. На следующий день все родственники уже писали заявления с просьбой о материальной ссуде в размере среднего оклада офицера за десять лет. Митинг памяти, вызвавший столько ярости, когда о нем сказал Куроедов, Путин по просьбе родственников отменил. По кораблю «Свирь» ходят вежливые офицеры и предлагают родственникам помочь купить билеты домой. Те соглашаются. Все теперь тихо в городке Видяево.

КАК ВЛАДИМИР ПУТИН ПОЗДРАВИЛ ВСЕХ НАШИХ С ПРАЗДНИКОМ ХАНУКИ

Ночью 22 декабря в Еврейском общинном центре сливки еврейского общества справляли Хануку.

Владимира Путина на праздник Хануки ждали около полутора часов. Гости начинали было неуверенно веселиться без него, кто-то даже принимался виновато плясать, но тут же и замирал под мрачными взглядами коллег.

Стол, за которым Владимир Путин должен был случайно

встретиться с бывшим премьер-министром Израиля Биньямином Нетаньяху, стоял чуть правее центра зала.

Ханука была двенадцатым по счету мероприятием в расписании этого дня президента. Одиннадцатым, из-за которого он и опаздывал, стояла встреча с президентом Украины Кучмой. Журналисты в кулуарах еврейского центра, куда их вытеснили до приезда Путина, вспоминали про недавний саммит в Минске, когда президент России, говорят, кричал на Кучму, требуя украинской собственности в обмен на российский газ, и строили неутешительные прогнозы насчет явления господина Путина на Хануке.

Тут он и приехал. Объявили: «Президент Российской Федерации...» Евреи, сидевшие за столами, нашарили разбросанные по стульям кипы, надели их, встали с мест и зааплодировали. Ханука началась.

— Уважаемые товарищи! — сказал ведущий. — Позвольте открыть торжественный прием по случаю нашего национального праздника! Для начала разрешите вам напомнить, по какому, собственно, поводу мы все тут собрались. Во-первых, нашему празднику, в отличие от многих других, уже более двух тысяч лет...

Ведущий вкратце напомнил тем, кто не знал, что такое Ханука, историю и содержание праздника и дал слово президенту России. Господин Путин в свою очередь ушел в недавнюю историю и вспомнил, что еще десять лет назад далеко не все конфессии могли свободно излагать свою позицию по интересующим их вопросам.

— Да и были ли десять лет назад такие конфессии, которые могли свободно существовать и эффективно работать? — спросил Владимир Путин евреев, и те энергично отрицательно покачали головами.

Путин заявил, что целый миллион людей, уехавших из бывшего СССР в Израиль, — это огромный потенциал и что он сам убедился в этом лично, когда семь лет назад приезжал в Иерусалим.

— Я что-то говорю переводчику, а официантка мне отвечает: «Продолжайте, пожалуйста, сами по-русски».

Но не это удивило Владимира Путина, а то, что на его вопрос, давно ли она в Израиле, симпатичная девушка, говорившая по-русски безо всякого акцента, ответила, что родилась тут, в Иерусалиме.

Владимир Путин закончил свою речь довольно неожиданно.

— Я хочу пожелать счастья и успеха всему нашему народу! — сказал он, к изумлению и большой радости собравшихся в зале евреев, окинув их взглядом.

Ведущий дал слово главному раввину России Берл Лазару. Тот сказал, что Владимир Путин давно интересовался у него, как празднуется Ханука, но он толком не мог ответить и вот наконец подготовился.

— Евреи собираются, — сказал он, — зажигают свечи... А помните, как мы, еврейские дети, получали от взрослых ханукальные деньги? Такое ведь, согласитесь, не забывается никогда...

Ведущий объявил, что первую ханукальную свечу зажгут Владимир Путин и Берл Лазар. Берл Лазар протянул было руку за этой свечой, но реакция у нашего президента оказалась лучше. Он взял свечу, зажег ее и хотел было отойти к столу, но тут запели ханукальную песню, и он вернулся к микрофону. Пока исполнялась песня, из строя гостей аккуратно вывели пожилую еврейку, которая стояла рядом с Владимиром Путиным с тяжелой позолоченной статуэткой в руках. Статуэтку у нее забрали на экспертизу, а ее саму вернули на место.

Владимиру Путину вручили другой, проверенный ФСО подарок — ханукальный подсвечник — менору. Расхрабрившийся, видимо, от последних слов Путина ведущий сказал:

— Для евреев менора — символ чуда. Иерусалимскую менору столько раз пытались завоевать враги и не смогли. Ну какой подарок мы можем преподнести нашему любимому президенту? Кремль должна освящать такая же менора, как и

Иерусалим! И не надо ее завоевывать! Мы ее сами даем тем, кто заслуживает!

Владимир Путин ответил не раздумывая (хотя, может, и следовало):

— Хочу вас, друзья, заверить, что тот свет и добро, которое она несет, обязательно будут освещать Кремль!

— Освещать или освящать? — озабоченно переспросил меня еврей в сюртуке и кипе, лихорадочно записывавший слова Путина.

Слово предоставили Биньямину Нетаньяху.

— Би-би! Би-би! — начал скандировать зал, предвкушая хорошую предвыборную речь самого вероятного кандидата на пост премьер-министра Израиля.

— Тенкью, дир френдз! — не подвел он зал.

После этого господин Нетаньяху на английском расстроенно признался, что очень хотел бы говорить на русском языке, но не может, только потому, что не знает его.

Ко мне подошел русскоговорящий помощник Нетаньяху Бени Брискин и спросил, не в курсе ли я, понимает Путин английский язык или нет.

— Откуда этот переводчик? — озабоченно и нервно шептал он. — Нетаньяху говорит, что Россия и Израиль похожи тем, что и там, и здесь есть террористы, только у нас они на расстоянии 250 метров, а у вас — две с половиной тысячи километров. А этот, слышь, переводит, что не две с половиной тысячи, а всего двадцать пять километров! Биби не так поймут! Что-то надо делать!

Но было поздно что-то делать. Нетаньяху уже заканчивал:

— Посмотрите, что произошло: президент России зажег ханукальную свечу! Это ли не свидетельство перемен в России к лучшему!

Наконец речи закончились, и гости расселись за столы. Путин и Нетаньяху принялись оживленно разговаривать, правда, опять через того же переводчика. А я побеседовал с одним из гостей, предпринимателем из Москвы. Он был чрезвычайно взбудоражен.

— Очень опасаюсь, что Путину крайне не понравилась речь Биби! — горячо говорил он. — Очень! Биби ходил по лезвию ножа. Вполне возможно, что теперь арабы будут жечь не только американские флаги, но и российские. Россия должна быть к этому готова.

— У них и без речи Биби за сегодняшний вечер появилось много поводов жечь российские флаги, — добавил его сосед по столу.

— И все-таки боюсь, Путину не понравилось, — нервничал предприниматель.

Тем временем начались песни. Гости подносили друг другу рюмочки. Все еще никто не решался начать танцы. На скрипке заиграл Саша Фельдман, представленный как «золотая скрипка Америки, России и Болгарии». Он показывал чудеса акробатики, играя сначала у себя за спиной, потом у себя на голове, а потом у себя между ног, крепко зажав смычок бедрами. Путин прервал разговор с Нетаньяху и не отрываясь смотрел на акробата. После этого президент снова подошел к микрофону.

— Про ваш конфликт с палестинцами... Есть вещи, которые я не могу позволить себе как президент в своем сегодняшнем положении, — сказал он и на мгновение замолчал. — Не обо всем я могу говорить...

Зал замер. Стало очень тихо.

— Но — разделяю! Разделяю...

Зал взорвался овацией и криками.

— Я был не прав, — сказал стоявший рядом со мной предприниматель. — Путину все очень понравилось.

Закончив тем, что Россия занимает уникальное место в мире и что в последнее время у нас сильно поменялись многие акценты, только не все это пока понимают, но понимание еще обязательно придет, Владимир Путин вышел из зала. Вслед за ним удалился господин Нетаньяху. Говорят, что они разговаривали потом наедине еще полтора часа.

— Друзья! — объявил ведущий в зале сразу после их ухода. — Ханука начинается!

2001 ГОД

ПРЕЗИДЕНТСКИЙ ЭСКОРТ ЧУТЬ НЕ ВЗЛЕТЕЛ

26 сентября в Берлине на аэродроме Tegel едва не потерпел катастрофу один из самолетов президентского эскорта. Причем некоторые члены российской делегации усмотрели в этом попытку покушения на главу Российского государства.

Рано утром президент встретился с премьер-министром Италии Сильвио Берлускони. У главы итальянского правительства встреча с федеральным канцлером Германии Герхардом Шредером была назначена на день позже, но, когда господин Берлускони узнал, что в Берлине будет господин Путин, приехал раньше, чтобы позавтракать с ним и обсудить, как жить в изменившемся мире.

Обсуждение затянулось, и Владимир Путин заметно опоздал на встречу с главными редакторами немецких изданий. Эта встреча продолжалась два часа, но главные события дня происходили в это время не там, а в военной зоне аэродрома Tegel, где готовились к отлету в Дюссельдорф самолет президента и «передовой» самолет. В «передовом», который обычно вылетает минут за 40 до президентского, была личная охрана Владимира Путина, немецкие переводчики, министр экономического развития Герман Греф и его помощники, а также несколько журналистов, в том числе и я.

С этим самолетом и случилась беда. Он вырулил на взлетно-посадочную полосу, получил разрешение на взлет и начал набирать скорость. Когда он разогнался настолько, чтобы уже оторваться от земли, я увидел в окно иллюминатора, что на ту же самую полосу садится другой самолет, размером с наш «Ту-134». Он словно догонял нас. Его хвост был разрисован в цвета немецкого флага. Я еще успел удивиться, как это мы с ним собираемся разминуться. В ту же секунду наш пилот, видимо, изо всех сил ударил по тормозам. Они буквально застонали и завыли, а самолет начал аварийное торможение со скорости в 300 км/ч. В принципе это очень простая дорожная ситуация. В такой обстановке уже ничего

нельзя сделать, только сидишь и ждешь, будет после визга тормозов удар или не будет. Удара не было.

Самолет затормозил и остановился, а через несколько минут вернулся на исходную позицию, к президентскому «Ил-96». Стюардесса успокоила нас: мол, ничего страшного не случилось, небольшая ошибка диспетчера, и через несколько минут мы продолжим полет, а пожарные машины собрались только для того, чтобы остудить тормоза нашего самолета. Они и начали остужать, от колес повалил пар. Экипаж повторял, что все будет хорошо.

Через несколько минут мы и вправду опять стали выруливать на взлет. По дороге пилот пробовал тормоза. Они были явно не в порядке: когда летчик нажимал на тормоз, самолет просто трясся. Так бывает, когда совершенно стерты тормозные колодки. Стало ясно, что если самолет с такими тормозами и взлетит, то сядет вряд ли.

В итоге наш лайнер опять отогнали к президентскому, а потом объявили, что вылет откладывается, потому что, оказывается, надо менять колеса, которые хотя и выдержали торможение, но больше ни на что уже не годны. И хорошо еще, что в аэропорту нашлись подходящие.

Причина случившегося, по словам заметно нервничавших пилотов, была в немецком диспетчере. Как он допустил такую грубую ошибку, никто не мог понять. Один аналитик из команды министра Грефа сразу сказал, что ошибка пилота наверняка была не в том, что он решил посадить немецкий самолет на наш, а в том, что он принял «передовой» самолет за основной, президентский. Тут же пришло косвенное подтверждение этой версии: коллеги из Москвы сообщили, что талибы подожгли американское посольство в Кабуле. Многим в нашем самолете стало ясно, что вчерашнее выступление Владимира Путина в рейхстаге, когда он сказал, что террористов надо морально, материально и идеологически задавить, сегодняшнее происшествие с «передовым» самолетом и разгром американского посольства — звенья одной цепи.

Промахнувшийся по самолету президента диспетчер вызвал бурю возмущения и у немцев, сидевших в нашем самолете. Две немки заявили мне, что от имени Германии приносят извинения за случившееся.

Между тем президент России уже приехал в аэропорт со встречи с главными редакторами немецких газет и терпеливо дожидался развязки. Но его не торопились поднимать в воздух. Во-первых, было очевидно, что надо усиливать меры безопасности, и без того беспрецедентные. Во-вторых, надо было разобраться, что делать с охраной, переводчиками, Грефом и с нами.

Отлаженная немецкая машина по организации госвизита сломалась, и какое-то время всем было непонятно, что же будет дальше. Один немецкий переводчик, бледный как полотно, сидя в кресле и ломая пальцы, боролся с мучившей его истерикой.

Потом все кое-как устроилось. Для всех, кто был в салоне (кроме журналистов), прямо к трапу подогнали вертолеты бундесвера, и они улетели в Дюссельдорф. Через некоторое время улетел и президент России.

А мы остались чинить машину. Дело это ведь небыстрое. Экипаж никому не доверил смену колес. И хотя к нему присоединился второй, резервный экипаж, тоже летевший в нашем самолете, взлетели мы только часа через четыре. Стоит сказать, что немцы, забрав у нас «черный ящик», чтобы провести расследование на месте, долгое время по какой-то непонятной причине отказывались вернуть его. Потребовалось вмешательство высоких российских чиновников. Отдали все-таки в конце концов.

ПРЕЗИДЕНТ ОТВЕДАЛ ХОЛОДНОГО БЕЛЬГИЙСКОГО ПРИЕМА

После восторженного приема, который 3 октября оказали Владимиру Путину немцы, встреча, устроенная нашему президенту в столице Европы Брюсселе, кажется довольно холодной. На первый взгляд у нас с Бельгией все довольно хорошо. Товарооборот за прошлый год — $2,5 млрд. К тому

же у России положительное сальдо в этой торговле — $60 млн. Да и вообще, что нам с Бельгией-то делить?

Между тем к моменту начала встречи на высшем уровне и саммита Россия — ЕС не было согласовано ни одного общего документа. Это, мягко говоря, неожиданно для мероприятий такого уровня. Неужели же все дело только в том, что Владимир Путин не знает французского языка и никогда не работал разведчиком в Бельгии?

Так, например, известно, что даже по самому легкому проекту заявления — о терроризме — возникли проблемы. Российская сторона предлагала согласовать его первым; как сказал один из членов нашей делегации — «для смазки». Но не вышло. Бельгийцы не отвечали ни «да», ни «нет», предлагали большое количество формулировок и сами же браковали их. А главная идея бельгийской стороны (она все-таки была) сводилась к тому, что мировой терроризм начался 11 сентября этого года и на днях, судя по всему, закончится. Российские переговорщики были не согласны с этим, вспоминая про Чечню и Палестину.

Очевидцы этих переговоров рассказывают, что российские участники задавали прямые вопросы бельгийцам: ну что же, в конце концов, не так? Вы, наверное, хотите поговорить с нами о Чечне, о нарушениях прав человека в этом субъекте Федерации? О Чечне бельгийцы соглашались говорить с удовольствием, но конкретных вопросов не задавали. Ну, может быть, прокуратура заводит мало уголовных дел по фактам этих нарушений, намекали им. Да, не очень много, отвечали бельгийцы. Ну так мы сейчас вызовем прокуроров и вместе с вами спросим, в чем корни такого безобразия, предлагали им россияне. Хорошо бы, мечтательно отвечали бельгийцы. Но дальше этих мечтаний у них не шло. Текст заявления по терроризму так и не был составлен. Бельгийцы предложили вписать его в общую политическую декларацию по итогам визита, а это, конечно, совсем не то в тот момент, когда весь мир ждет ударов возмездия по Афганистану.

Те же самые проблемы возникли и при обсуждении текстов по антидемпинговому контролю, по вступлению в ВТО, по расширению ЕС, по переводу расчетов в евро... Ну а поскольку задача подписывать совместные заявления любой ценой не ставилась, то ничего так и не согласовали. Сегодня в Брюсселе состоится встреча Россия — ЕС, в ней примет участие Владимир Путин, и до сих пор толком не ясно, что же будут обсуждать. Ясно только, что ЕС ужесточает свои экономические позиции по отношению к Москве. Члены нашей делегации, правда, не теряют оптимизма и говорят, что это, безусловно, связано с улучшением экономической ситуации в России.

Вчера утром, пока президент России посещал мэрию Брюсселя, осматривал городскую ратушу и завтракал с королем Бельгии Альбертом Вторым и королевой Паолой, в отеле «Шератон тауэр» прошла конференция с отчаянным названием «Инвестируй в Россию!», организованная Европейским бизнес-клубом и агентством «Интерфакс». В этой конференции принимали участие высокие эсовские чиновники и несколько членов российской делегации, так что все, о чем журналистам накануне говорили не для печати, можно было услышать от первых лиц.

Владимир Путин встречался в этот день, кроме бельгийских короля и королевы, с представителями деловых кругов страны. Впрочем, их настроение, как мне показалось, не сильно отличалось от настроения на конференции «Инвестируй в Россию!».

Так, председатель этого собрания господин Ги де Воклеруа уже во вступительном слове четко и цинично сформулировал бельгийский интерес к России:

— Представители деловых кругов Бельгии высоко ценят обилие ваших природных ресурсов, вашу рабочую силу и ваш обширный рынок.

Эти слова, видимо, разгорячили нашего президента. Сначала он, чтобы успокоиться, практически дословно повторил слова Грефа на утренней конференции об успехах последнего времени в российской экономике, а потом как следует высказался и по другим вопросам.

— До вступления во Всемирную торговую организацию

(ВТО) от нас требуют привести в соответствие с ее правилами все наши законы. Если политика заключается в том, чтобы выставить перед нами непреодолимые преграды, это очень хороший способ (не принимать Россию. — *А.К.*). Такие требования не применялись нигде и никогда ни к кому! Ведь мы еще не вступили! А если мы изменим наши законы и по каким-то причинам так и не вступим? Нам их что, менять обратно?

Каждый вопрос бельгийских бизнесменов Владимир Путин использовал, чтобы высказаться по поводу действий чиновников ЕС по отношению к России.

— Продолжаются антидемпинговые расследования, российская экономика не признается рыночной, почему? — спросил президент России бельгийцев.

Они деликатно промолчали.

— Экономика прибалтийских государств в начале 90-х годов была, значит, признана рыночной, а наша, которая, поверьте мне, не хуже, нет. Почему? — опять задал он этот вопрос.

Опять молчание.

— Ведь посмотрите, что мы сделали! — воскликнул президент. — Приняли Кодекс законов о труде. А вы представляете, что это такое... Земельный кодекс... Ввели частную собственность на землю. Это вообще эпохальное... Будем проводить пенсионную реформу, судебную, военную начали...

Весь вид нашего президента говорил: «Ну что вам еще надо?!» Бельгийская деловая элита сидела за большим круглым столом, склонив головы. Она должна была понимать, что очень провинилась перед Россией, которая так много сделала для них.

— В два раза увеличиваем зарплату бюджетникам! — продолжал Владимир Путин таким тоном, как будто он в два раза увеличивает зарплату сидящим за этим столом. — Представляете, какие риски! Да если бы любое европейское правительство две-три реформы такого рода провело, уже считалось бы успешным. А мы уже около десяти!

И что же он услышал вместо благодарности?

— Хотелось бы поздравить вас с достижением стабильности в такие сжатые сроки, — сказал председатель пивоваренной компании «Интербрю» Пьер Эверарт (делает, между прочим, пиво «Толстяк» и «Клинское»). Правда, поняв, что перебрал, он поправился: — Мы очень рады, что вложили 350 миллионов в Россию.

А другой бизнесмен, который предпочел не называть себя, спросил о том, что действительно беспокоило присутствующих:

— Лично я за безопасность наших людей... Когда мы посылаем людей в Россию, мы надеемся, что они вернутся живыми. Что их не ограбят, не убьют...

Так вот в чем все дело! Господи, всего и делов-то!

— Деловые люди меня поймут, — сказал Владимир Путин. — После того как начались трагические, но понятные события в Чечне, уровень преступности у нас значительно снизился, это очевидный факт.

На этой ноте встреча и закончилась. Президент России уехал, а деловая элита еще долго не расходилась, перешептываясь у лифтов на 27-м этаже отеля «Хилтон». И ничего хорошего нам этот шепот, я уверен, не сулил.

К НИМ ПРИЕХАЛ, К НИМ ПРИЕХАЛ ВЛАДИМИР ВЛАДИМИРЫЧ ДОРОГОЙ!

Встреча нашего президента с американской элитой, а также с элитой России, живущей и работающей в Америке. состоялась в российском посольстве 15 ноября. Владимир Путин в самом начале своего выступления отметил, что встреча проходит в зале, который является, как ему сказал посол, гордостью нашего посольства.

— Такого зала в Вашингтоне больше нет, — сказал российский президент.

Это, безусловно, правда. И если бы у Владимира Путина

было время оглянуться по сторонам, прежде чем сказать эти слова, он, может быть, и промолчал бы. Беда в том, что зал представляет собой просторное помещение с высокими потолками, которые щедро украшены росписями. Так, привлекает внимание фигура сеятеля, словно сошедшего с известного полотна Остапа Бендера, а также сталевара, на фоне которого меркнет и сам сеятель. Кроме того, потолки расписаны гербами городов Золотого кольца.

Тема Золотого кольца, к сожалению, продолжается и на стенах. Здесь представлена в основном сложная техника росписи по металлу, автором которой является Зураб Церетели. На многометровом панно его работы можно рассмотреть площади большого количества городов России с памятниками, которые имеются пока только в воображении автора, если, конечно, не считать улучшенные рукой Зураба Церетели копии рабочего и колхозницы в самом центре панно. В одном углу висит огромных размеров икона Божьей Матери, появившаяся здесь, говорят, во времена посла Юлия Воронцова.

Речь Владимира Путина была посвящена природе российско-американских отношений и их перспективам.

— Они (Россия и Америка. — *А.К.*) были вместе на заре американской независимости, когда русская императрица Екатерина II вежливо, но собственноручно и решительно отказала королю Георгу III в просьбе прислать русских солдат для участия в подавлении восстания в американских колониях. Император Александр II и президент Авраам Линкольн примерно в одно и то же время отменили рабство, — подчеркнул также Владимир Путин, — и оба погибли, кстати говоря, от рук террористов. Символично и то, что Россия внесла свой финансовый вклад в создание статуи Свободы в Нью-Йорке, которая сейчас является символом свободы во всем мире.

Из специальной справки можно было узнать, что российский император Александр III и правда помог профинансировать строительство статуи, когда французу Бартольди понадобились для этого довольно большие, прямо скажем, деньги. Никто, кроме русских, на эту авантюру французу, конечно, не дал бы и гроша. А так построили статую.

После чтения речи президент России начал принимать гостей. Это происходило в соседнем зале и заняло не один час. Среди гостей числились американские бизнесмены, руководители американских и российских еврейских организаций, российские деятели культуры и науки, живущие в Америке, а также спортсмены. Все они тут же образовали живую очередь, и первыми в ней стояли еврейские лидеры. Их встреча с президентом продолжалась минут 40. Вышедшие наконец из-за закрытых дверей евреи были в полном восторге.

— О чем вы столько времени говорили? — спросил я главного раввина России Берла Лазара.

— Об Иране, Ираке, о Ближнем Востоке и Европе. Мы обошли вокруг всего мира! Глаза американских еврейских лидеров открылись! Они горят! Они не верили, что в России теперь есть такой человек — Владимир Путин! Они не предполагали даже, что появление такого человека возможно! Я скажу больше. Россия никогда не относилась к евреям так хорошо, как сейчас!

— Никогда?

— Ну, почти никогда, — Берл Лазар почувствовал в моем вопросе подвох, которого не было. — Действительно, в 1948 году Иосиф Сталин поддержал создание еврейского государства...

— Вы специально приехали на эту встречу из Москвы?

— Нет. Честно говоря, я приехал несколькими днями раньше для встречи с сенаторами и конгрессменами, чтобы убедить их согласиться на отмену поправки Джексона — Вэника (поправка ограничивает режим наибольшего благоприятствования в торговле России и Америки, ставя его в зависимость от положения евреев в нашей стране. — *А.К.*).

— Ну и как?

— Наши усилия принесли плоды. Во многом благодаря им американцы серьезно задумались об отмене поправки.

— Вам-то зачем нужно ее отменять?

— Вот американцы тоже все время спрашивали об этом. Я объяснял им, что евреи очень заинтересованы в развитии экономики России, что это будет им лучшим подарком.

— А не боитесь, что поправку отменят, а евреев опять начнут преследовать? Что тогда будете делать?

— Владимир Путин никогда не допустит этого!

— А кто-нибудь другой?

— Я вам скажу сейчас очень важную вещь. Сегодня Путин изменил взгляд на евреев не только у властей. Он изменил взгляд россиян на евреев! И теперь его взгляд — это и взгляд всей страны! А мы-то с вами знаем, что это почти невозможно сделать в такой стране, как Россия! А он сделал! Так что нам теперь нечего бояться!

Таким образом, Владимир Путин закрыл еще один вопрос, на этот раз еврейский. В заключение Берл Лазар рассказал, что у него во время такого успешного для всех евреев визита Владимира Путина в Америку родилась дочь. Это десятый ребенок в семье. Девочку назвали Сарой. А если бы родился мальчик, его, видимо, пришлось бы назвать Вовой.

Тем временем в холле дожидались своей очереди и другие достойные люди страны. Среди них был писатель Василий Аксенов. Он стоял немного в сторонке.

— Наверное, не попаду сегодня к президенту, — поделился он своими проблемами. — Там такая толкотня...

Василию Аксенову очень понравилась речь президента.

— Он вообще очень сильно вырос. Я помню, как год назад он встречался с этим Ким Чен Иром... Потом в эту Ливию ездил...

— Да он не ездил...

— Ну все равно, хотел, наверное, поехать... Направленность во внешней политике была совсем другая. А теперь! За год он что-то понял.

— Что, по-вашему?

— Что нет альтернативы Америке. Сближению с ней.

— До какой степени?

— До максимальной.

— До слияния, что ли?

— Не исключаю. И даже скорее всего.

— В общем, нравится вам наш президент?

— Да, не буду этого скрывать. Ведь мог бы и полоснуть... А не полоснул...

— Вы что имеете в виду? Кого мог полоснуть?

— Я всех имею в виду.

Вместе с братьями Буре дожидался своей очереди к президенту и тренер клуба New Jersey Devils и олимпийской сборной России по хоккею Вячеслав Фетисов. Он комментировал речь Владимира Путина без всякой просьбы:

— Потрясающе! Здорово! Огромное впечатление! Какая речь! Я сидел и слушал! Сколько мыслей! Особенно про то, что надо объединяться всем... Наш президент все растет и растет! Вообще-то у меня сегодня игра, но я сказал, что мне нужно в Вашингтон, и президент моей команды сказал: «Путин? Езжай!» И дал свой самолет!

После этого Вячеслав Фетисов остановился на планах российской сборной на зимней Олимпиаде в Солт-Лейк-Сити. Они вкратце таковы: сборная, состоящая из легионеров, любящих свою Родину, не подведет своего президента. Тут дверь, возле которой он стоял, приоткрылась, и его попросили зайти.

— Извините, но меня зовет президент! — воскликнул хоккеист и вместе с братьями Буре скрылся за заветной дверью.

Поблизости объяснялся в любви к президенту Путину известный ученый Роальд Сагдеев. Он женился на внучке Эйзенхауэра, давно живет в Америке, преподает в Мэрилендском университете и несколько минут назад уже встретился с Владимиром Путиным.

— Когда в выступлении нашего президента прозвучала тема общего врага, я вспомнил одну важнейшую вещь. Я вспомнил, как Рейган в свое время говорил, что если бы у нас с Советским Союзом был один общий враг, например

марсиане... Как было бы хорошо! Мы бы с русскими объединились...

Роальд Сагдеев, впрочем, не был до конца уверен, что Рональд Рейган когда-нибудь говорил такое, и поэтому решил уточнить у бывшего посла США в СССР Джона Мэтлока, тоже ждущего аудиенции с Путиным.

— Да, Рейган любил это говаривать, — с удовольствием подтвердил господин Мэтлок.

И как только Владимир Путин подошел к Роальду Сагдееву, ученый сказал, что в результате теракта осуществилась мечта Рональда Рейгана. Мы и американцы объединились против общего врага.

— И что же вам ответил президент? — спросил я.

— Он ответил: «К сожалению, да...»

Напоследок академик Сагдеев пожелал счастья и выразил уверенность в том, что в России все стремительно меняется к лучшему, в том числе и наука.

— Так, может быть, вернетесь на родину? — спросил я.

— Да, я там бываю время от времени, — осторожно ответил академик.

— А на ПМЖ?

— Да как-то... Жена у меня здесь работает... А у самого у меня такой период жизни сейчас, когда пора много размышлять...

Конечно, родина будет отвлекать Роальда Сагдеева от размышлений, тут не поспоришь.

В конце концов жирную черту под событиями этого дня подвел Эрнст Неизвестный, тоже всласть наговорившийся с Владимиром Путиным:

— Он мне очень понравился. Очень!

— Вы же, насколько известно, не любите КГБ, в котором он работал.

— Но он же не из тех, кто сажал Сахарова и преследовал меня. Он из других, и он мне очень понравился.

— Что-то он всем сегодня понравился.

— А мне он понравился еще до того, как всем понравился!

ВЛАДИМИР ПУТИН ПРИШЕЛ В ГРЕКИ

6 декабря в Грецию прибыл президент России Владимир Путин.

За день до президента России в Греции начал высаживаться десант российских журналистов. Они прилетали несколькими рейсами. Один из этих рейсов, с 26 журналистами на борту, запросил в итоге экстренную посадку в Салониках.

Российские журналисты утверждают, что греки с самого начала стали хамить им. Грекам не понравилось, что журналисты телекомпании НТВ везут с собой слишком много аппаратуры. Бортпроводницы сделали журналистам замечание в грубой форме. Журналисты ответили как умели.

У греков другая версия. Они утверждают, что наши парни напились, как только авиалайнер взмыл в небо, и стали задирать пассажиров рейса и бортпроводниц, одну из них больно ущипнули, а потом стали раскачивать самолет. Тогда-то командир лайнера, оценив масштабы грозящей пассажирам опасности, и запросил экстренную посадку в Салониках.

Когда самолет все-таки каким-то чудом приземлился в Афинах, телеоператора НТВ арестовали и посадили в тюрьму. Уже глубокой ночью посольские добились, чтобы журналиста выпустили под подписку о невыезде.

Утром состоялся суд. Расправа была скорой. Оператор телекомпании осужден на 15 месяцев лишения свободы условно. На самом деле оператору, говорят, за угрозу жизни пассажира грозило не меньше пяти лет, но было решено, что скандал в день приезда российского президента никому не нужен.

Между тем скандал состоялся. Все следующее утро греческое телевидение показывало сюжеты про эту историю в выпусках новостей. Критическая ситуация, сложившаяся в салоне авиалайнера, была смоделирована на компьютере, и телезрители могли увидеть, как именно тележурналисты раскачивали самолет.

А ведь надо понимать, что к визиту президента в Грецию

готовилось межгосударственное соглашение о воздушном сообщении.

Адвокат тележурналистов утверждает, что все происшедшее — заранее спланированная провокация, и что бортпроводница с самого начала вступила в сговор с командиром экипажа, и что они были намерены получить комиссионные, если бы суд приговорил журналистов к штрафу.

Появление президента России в аэропорту Афин тоже не осталось незамеченным.

Но с бóльшим интересом журналисты обсуждали трудную судьбу коллеги, оператора НТВ. Эта история тут же обросла огромным количеством подробностей. Так, оказалось, что, по требованию греческих бортпроводниц, в протокол задержания записали, что телеоператор начал хулиганить, будучи совершенно трезвым (такое обстоятельство, говорят, по греческим законам усугубляет вину, а не как у нас). Между тем это, как утверждает российская сторона, наглая ложь.

В суде оператору стало плохо. Он практически не помнит, что было в приговоре, который он подписал, тем более что приговор-то был на греческом языке. Но потом выяснилось, что приговор, который вынесли оператору, — промежуточный. Через полгода состоится новый суд. Журналисту со всех сторон советуют рвать когти в Россию и там залечь на дно, а он, расстроенный и отстраненный от освещения визита президента, потерянно кивает, но ясно, что рвать когти он не в состоянии.

2002 ГОД

ДОГОВОРНЫЕ ИГРЫ

15 февраля 2002 г. Этот день начался с того, что в одном из физкультурных залов Дворца спорта «Лужники» элита канадского бизнеса встретилась с элитой российского бизнеса. Из зала убрали все, что могло бы напоминать присутствую-

щим о спорте, кроме наглухо привинченных к стенам деревянных лестниц, и задрапировали зал в черное.

Премьер-министр Канады Жан Кретьен и премьер-министр России Михаил Касьянов вышли к элите и сказали несколько дежурных слов. После этого бизнесмены не мешкая стали фотографироваться со своими премьер-министрами.

Фотография с премьер-министром стоила между тем недешево: для того чтобы молодая рыхлая канадка, личный фотограф господина Кретьена, сделала снимок канадского бизнесмена с руководителем его страны, этот бизнесмен должен был заключить какой-нибудь контракт с российским бизнесменом. Правда, некоторые умудрялись сфотографироваться, ограничившись заявлением о взаимопонимании. Но справедливости ради надо сказать, что таких были единицы.

Для фотографирования кроме премьер-министров пригласили двух солдат канадской армии, одетых в красные камзолы и обутых в высокие, хорошо начищенные коричневые сапоги. Солдаты с каменными лицами стояли по краям фотографирующейся группы и реагировали только на жесты фотографа, постоянно требовавшей от солдат то подойти к ней поближе, то вообще выйти из кадра.

Того же самого, впрочем, она требовала и от своего шефа. Господин Кретьен, надо сказать, очень старался и подчинялся этой девушке даже с большей готовностью, чем солдаты, все время вопросительно глядя на нее и уточняя, правильно ли он все делает. Она в ответ за всю церемонию три раза показала ему большой палец. И всякий раз премьер-министр, кажется, был по-настоящему счастлив. Наш премьер-министр господин Касьянов при этом без устали улыбался своей знаменитой голливудской улыбкой всем, с кем встречался взглядом, и нареканий девушки-фотографа ни разу не вызвал.

Церемония продолжалась больше часа. Объявленные за это время соглашения охватывали, без преувеличения, все стороны жизни России и Канады. После фотографирования все, включая журналистов, спустились на этаж ниже, в партер ледовой арены «Лужников», на завтрак с участием пре-

зидента России. Зал был украшен национальными знаменами России и Канады, а также четырьмя огромными проекционными экранами, на которых сияла реклама фирмы Bombardier, спонсора завтрака. Кроме бизнес-элиты на завтраке присутствовали несколько хоккеистов сборных Канады и СССР образца 1972 года — ровно 30 лет назад канадские профессионалы приехали в Москву, чтобы сыграть первую в истории наших стран серию матчей, и выиграли ее, однако были сломлены морально.

Таким образом, все в зале в этот день напоминало ту незабываемую атмосферу 30-летней давности. Даже деревянные сиденья спортивной арены, судя по всему, не менялись с того самого времени. Господин Кретьен по праву назвал эту арену домом самого захватывающего хоккея всех времен и народов и несколько раз подчеркнул, что сборная Канады-2002 сохраняет преемственность и традиции той сборной.

Президент России рассказал, что мы многому научились у Канады, и пояснил, чему именно. Кто бы мог подумать, например, что мы, воюя в Чечне, перенимали у канадцев опыт федерализма. К тому же, подчеркнул Владимир Путин, стоит присмотреться к канадскому опыту сырьевого экспорта (они его резко сократили).

Кое-что из канадского опыта, впрочем, не нравится Владимиру Путину. Так, он с неодобрением относится к тому, что канадцы препятствуют поставкам российской стали в свою страну.

Президент России и премьер-министр Канады обменялись майками с номером 02, по которому при желании можно вызвать милицию, и принялись завтракать. Таким образом, можно считать, что в результате этой встречи сборных России и Канады победила дружба. Или что важна не победа, а участие. Ведь, как было сказано в киноролике, показанном участникам завтрака по всем четырем экранам, мы, русские, «и при всех победах, и при всех поражениях остаемся чемпионами».

В этом абсурде и кроется залог наших будущих побед.

ПРЕЗИДЕНТ ПОПАЛ В ГАЗЕТУ

13 марта в газету «Известия», которой в эти дни исполнилось 85 лет, приехал президент России Владимир Путин.

Владимир Путин, по его словам, уже был в редакции «Известий», но никто из нынешнего руководства газеты об этом, похоже, не знал. Во всяком случае, все удивились и кто-то даже переспросил президента, когда же это случилось. Президент сказал, что лет, наверное, пять назад. Только главный редактор Михаил Кожокин заметил, что Анатолий Собчак, да, любил сюда заезжать в свое время.

Владимир Путин начал с осмотра выставки фотографий, сделанных в разные годы корреспондентами «Известий». Президент заинтересовался той, на которой была изображена нефть, добытая в 1954 году (автор фото Виктор Ахломов с удовольствием дал пояснения), а также снимком принцессы Дианы в окне автомобиля.

— Очень красивая, — отметил президент.

Он некоторое время простоял и у снимков почти восьмидесятилетней давности, которые демонстрировались впервые. На них изображены ответственные лица советского государства. Некоторые из этих лиц (например, Блюхера, идущего рядом со Сталиным) цензура расцарапала или просто соскоблила по своим соображениям. От этого историческая ценность снимков возросла.

В кабинете главного редактора президента ждали члены редколлегии газеты. Михаил Кожокин начал встречу с амбициозного замечания, что в стране должна быть одна серьезная респектабельная газета.

Кажется, было ясно, какую газету он имеет в виду. Понял это и Владимир Путин. Он поздравил читателей и журналистов с праздником и заметил, что в нынешних условиях достаточно просто обеспечить выживаемость любого издания.

— Для этого надо прильнуть к денежному мешку, и выживаемость обеспечена, — посоветовал он.

Тогда господин Кожокин стал рассказывать, что его газе-

та по деньгам уже вот-вот выходит в ноль. Особенно его радуют пятничные тиражи с тематическими страницами «Наука». Эти тиражи все время растут.

— А когда вы пришли в газету, какие тиражи были? — спросил президент.

— Вообще-то больше, чем сейчас, — признался Михаил Кожокин.

— На сколько? — уточнил Путин.

— Процентов на 25—30... Тогда все тиражи падали, да и раскол редакции сыграл свою роль... Но сейчас все меняется, приходит молодежь, вот она и здесь сидит... — Главный редактор показал на ответственного секретаря Семена Новопрудского. — Четыре года бились за то, чтобы предоставить ему российское гражданство взамен узбекского.

— Конечно, это не должно быть как блины печь — российское гражданство, — одобрительно кивнул президент.

ВЛАДИМИР ПУТИН ЗНАЕТ, КАК ПОДНЯТЬ КАПИТАЛИЗАЦИЮ

Вечером 23 мая президент России Владимир Путин встретился с представителями Российского союза промышленников и предпринимателей.

Беседа происходила, как и обычно, в Екатерининском зале Кремля. Первыми за большим круглым столом расселись промышленники и предприниматели. Потом вошел глава президентской администрации Александр Волошин и принялся с ними здороваться. Сразу за ним пошел здороваться его заместитель Дмитрий Медведев. Олигархи с грохотом отставляли стулья и приветствовали господина Волошина, который, впрочем, вскоре остановился и увлекся разговором с господином Миллером. Дмитрий Медведев затормозить не смог. Он так и шел по кругу, приветствуя гостей с разной степенью учтивости. Кого-то он похлопал по спине, а с кем-то, как с тем же Миллером, и поцеловался.

Тем временем с противоположной стороны навстречу ему против часовой стрелки начал движение Михаил Касьянов со своей знаменитой улыбкой. В конце концов он неизбежно должен был столкнуться нос к носу с Медведевым. Так и произошло.

Хождения прекратились с появлением президента. Он, впрочем, тоже поздоровался в начале встречи с каждым за руку. Президент сообщил предпринимателям, что их встречи с ним носят регулярный характер и затрагивают почти все существующие в стране проблемы. По всем направлениям, которые обсуждались, по мнению президента, есть движение вперед. Например, были претензии к работе арбитражных судов — так вот, они учтены. Правда, президент не пояснил, что же теперь будет. Кроме того, господину Путину стало откуда-то известно, какие проблемы собираются поднять предприниматели на этой встрече: банкротство и налогообложение. И президент, видимо, решил предупредить все возможные претензии, заявив:

— Мы процедуру банкротства умудрились просто изуродовать!

Теперь олигархи могли что-либо только дополнить по поводу этой обеспокоенности.

Президент посвятил олигархов в подробности российско-американских отношений. Тут главное, чего надо добиваться, — чтобы США дали России статус страны с рыночной экономикой. А ведь они не спешат. Странное, по словам президента, решение принял американский сенат, когда отложил отмену поправки Джексона — Вэника.

Президент РСПП Аркадий Вольский доложил президенту, что все это время в полном соответствии с его поручением активно развивал вместе с коллегами российско-американский диалог. Конечно, не по всем вопросам удалось достичь согласия. Аркадий Вольский с возмущением рассказал о том, как беспардонно на днях был прерван этот диалог, когда в Нью-Йорке при попытке пересечь границу США задержали сидящего теперь по этой причине рядом с ним вице-президента РСПП Игоря Юргенса.

3 Зак. 3746

— Не смог, имея визу и паспорт! — с досадой воскликнул господин Вольский.

И добавил, что будет полезно сказать Бушу при встрече: экономическое сотрудничество России и ЕС развивается намного продуктивнее.

Так, в Европу пустили делегацию РСПП, которую возглавлял Анатолий Чубайс. Но на президента эти истории не произвели ровно никакого впечатления. Он сказал, что такая оптимистическая оценка деятельности ЕС звучит потому, что, видимо, никто из присутствующих в этом зале не занимается сельским хозяйством.

— Последнее решение ЕС по зерну... Ведь что сделали: ввели запретительную пошлину на экспорт зерна! Так что за ними внимательно надо смотреть, и за теми, и за другими... — остудил Путин горячие головы олигархов.

Аркадий Вольский дал слово Владимиру Потанину, который стал говорить о темпах роста экономики, которые в последнее время так дороги президенту России. Господин Потанин, явно пытаясь использовать это, предупредил, что темпы ни за что не повысятся, если не сделать несколько вещей. Прежде всего надо либерализовать валютное законодательство. Также частный капитал должен участвовать в пенсионной реформе. Правда, об этом уже говорили на прошлых встречах.

— Но разве что-нибудь сделано! — в сердцах воскликнул господин Потанин. — Вот если бы с вашего разрешения Михал Михалыч мог внести ясность в эту ситуацию...

Затем господин Потанин заявил, что нужно снижать налоговую нагрузку на малый, средний и новый бизнес. А также вся наша страна засекречена.

— Секретим, сколько у нас нефти и газа, и все остальное... Если у нас большие запасы, то этим надо, наоборот, гордиться!

Кроме того, олигарх пожаловался на завышенные мобилизационные мощности предприятий, которые надо привести в соответствие со здравым смыслом.

Президент ответил по всем пунктам. Мобилизационные

мощности нужны. Налоговая нагрузка снижается. Что касается режима секретности, то тут все, оказывается, интересно:

— Если предприятие открывает по каким-то причинам информацию о себе, которая была до сих пор секретной, то ведь это может привести к резкому росту его капитализации. Только одним росчерком пера государство может поднять капитализацию! Надо доплатить государству за эту услугу! — воскликнул президент. — Подумайте об этом вместе с правительством.

Ведь не взятки же чиновникам он имел в виду.

ВЛАДИМИРУ ПУТИНУ НЕ НРАВИТСЯ ЗАРЯЖЕННОЕ ОРУЖИЕ

24 мая в Москве гостил президент США Джордж Буш.

С утра он начал переговоры с президентом России — сначала в узком, а потом в расширенном составе. Судя по виду господина Буша, появившегося в Андреевском зале Кремля на подписании договора о сокращении стратегических наступательных потенциалов, ему все понравилось. Можно было бы сказать, что и президент Путин выглядел удовлетворенным, но разве по нему поймешь?

Андреевский зал Большого Кремлевского дворца под самый потолок был декорирован огромным балдахином из пары сотен, кажется, еще живых горностаев (так живо смотрелись). Под ним должен был бы, по идее, располагаться царский трон с тех еще времен, но трона не было. Либо его задрапировали (и было похоже на это), либо вообще вынесли, чтобы журналисты не склонялись к метафорам. Зато бросался в глаза частокол российских и американских флагов. Любовь американцев к своему знамени общеизвестна, а вот наши обнаружили свои чувства так открыто, кажется, впервые.

Президенты поставили свои подписи под договором и подошли к микрофонам. Сначала выступил Джордж Буш. Суть такова: то, что хорошо для Америки, хорошо и для Рос-

сии. Правда, и наоборот тоже. Говоря про договор, Джордж Буш все время отвлекался, чтобы похвалить Владимира Путина сначала за его способности как лидера нации, завершившего период конфронтации между двумя странами, потом как лидера нации, стимулировавшего рост предпринимательской активности, а потом и просто за то, что есть такой парень.

Владимир Путин в ответном слове ни разу господина Буша так же откровенно не хвалил, а перечислил все, что подписали, лишний раз одобрил идею «двадцатки» Россия — НАТО и указал на то, что конгресс США не отменил поправку Джексона — Вэника.

Когда американский журналист спросил, почему бы не ликвидировать все ракеты вместо того, чтобы складировать их, оба президента оживились.

— Мы начали с 6 тысяч боеголовок, до 1200 произошло снижение за очень короткий срок, — пожал плечами Джордж Буш. — Оружие не направлено друг против друга. Но кто знает, что произойдет через десять лет, что решат новые лидеры стран?

— Мы считали более целесообразной ликвидацию боеголовок, — произнес Владимир Путин. — Вместе с тем хочу обратить внимание на одно обстоятельство. Любой, кто хоть раз держал в руках оружие, даже охотничье, знает, что безопаснее держать его в разряженном виде и вдали от людей, а не заряженным, в руках и с пальцем на спусковом крючке.

После ленча и короткой прогулки по Соборной площади президенты ненадолго расстались. Куда поехал Владимир Путин, я не знаю, а Джордж Буш поехал в резиденцию американского посла Спасо-Хаус, чтобы встретиться с лучшими, по версии американцев, представителями российской общественности.

Лучшими оказались примерно 80 человек. В Концертном зале Спасо-Хауса, из которого убрали огромный рояль (так же, как из Андреевского трон), сидели председатель Центризбиркома Александр Вешняков, диссидент Глеб Якунин, отказник Сергей Григорянц, депутаты Думы Ирина Хакамада, Григорий Явлинский, Елена Мизулина, Владимир Рыжков, президент Фонда защиты гласности Алексей Симонов, главный редактор «Московских новостей» Виктор Лошак... В изобилии были представлены религиозные конфессии. И не было ни одного сотрудника Кремля. Я даже спросил, отчего так получилось, у советника по вопросам печати американского посольства Анны Чермак.

— Так ведь никто из них не успел бы с подписания договора на эту встречу, — заметила она.

Не знаю, не знаю. Я вот, например, успел.

Перед самым началом встречи через наушники можно было прослушать разговор двух американских переводчиков.

Один, местный, вводил в курс другого, приезжего, которому предстояло переводить господина Буша:

— Настроились? Он войдет в зал минут через десять.

— А русские будут задавать какие-нибудь вопросы?

— Что вы, никаких вопросов!

— Почему?

— Так решили. Будет только выступление Буша.

— И сколько?

— Минут сорок.

— О, сорок минут! А потом он, я слышал, будет здороваться с русскими? Может быть, им переводить то, что он будет им говорить?

— Мы, наверное, вас попросим сопроводить его. Но не нужно стараться переводить то, что будет говорить он, и особенно то, что будут говорить ему. Только если будет очень нужно... Ну вы поймете...

Сначала появилась миссис Буш, потом госпожа Райс и господин Пауэлл. Наконец вошел президент США. Он, не заглядывая в бумажки, лежащие перед ним, произнес примерно двадцатиминутную речь.

Он рассказал, уже далеко не в первый раз, как познакомился со своей женой, служившей библиотекаршей. Девушка тогда очень не любила политиков. Но одного полюбила, и вон что вышло. Сказал, что у него и в администрации неплохая команда. Похвалил Спасо-Хаус, убежище свободы.

— Для меня честь прокомментировать здесь кой-чего, — заявил Джордж Буш (так транслировал уже знакомый переводчик. — *А.К.*). — В этом здании встречались союзники после Второй мировой войны, находили теплый прием отказники... Лучшее сотрудничество основано на общих целях и интересах. Мы верим в Декларацию независимости, верим, что у всех людей есть неоспоримые права, которыми их наделил Творец, универсальный Творец.

Слова были простые, а как брали за душу! Или, может, интонация у него была особенная. С такой интонацией он и президентские выборы выиграл.

— Я аплодирую вашему патриотизму, — продолжил президент, — свободной России нужны сильные граждане... Россия находится на пути к демократии, и необходимо, чтобы она приняла ценности, часть этой демократии.

Затем президент, как и было запланировано, начал обход гостей. Постоял с муфтием, потом с главным раввином России Берл Лазаром, перешел к католику Тадеушу Кондрусевичу... Протянул руку Евгению Киселеву, Григорию Явлинскому, поздоровался с Виктором Лошаком. Было слышно, что почти к каждому он обращается с одним-единственным вопросом, зато каким!

— Я могу вас знать? — вежливо интересовался президент Соединенных Штатов.

Ему отвечали безоговорочно утвердительно. Но повезло не всем. Президент прошел мимо Бориса Немцова, Татьяны Митковой, Сергей Ковалева... Взял под локоть, как старого знакомого, Глеба Павловского, но не сказал ему ни слова. А еще через несколько минут уехал в Ново-Огарево, к Путиным.

Оставшиеся гости испытывали воодушевление и расходиться не торопились. Они с удовольствием давали интервью журналистам, которые все это время ждали их на улице.

— У президентов, видимо, не принято извиняться за полуторачасовое опоздание, — раздраженно говорил Алексей Симонов. — Да, я спросил его, знает ли он такую фамилию, как Пасько... Что он сказал? Ну, что... он знает...

— Что я сказал президенту Америки? — переспрашивал Михаил Маргелов, возглавляющий комитет по международным делам в Совете Федерации. — О, мы прекрасно поговорили. Вспомнили подробности его инаугурации, он ведь приглашал меня тогда в Вашингтон.

Странно, что господин Маргелов не рассказал, как они хорошо посидели с Бушем в Концертном зале. Если бы я не видел своими глазами, как господин Буш прошел мимо господина Маргелова, я бы ему, конечно, поверил так же безоговорочно, как и журналисты, стоящие на улице.

— Вам не показалось, что господин Буш подверг критике антитеррористическую операцию в Чечне? — спросили Ирину Хакамаду.

— Нет, не показалось. Скорее наоборот.

Тот же вопрос задали и журналистке Анне Политковской, которая тоже была на встрече.

— Да, конечно, показалось, — ответила она. — Ну мы же с вами все понимаем.

И только умный еврей Берл Лазар, когда я спросил его, о чем он говорил с президентом (а ведь он-то действительно говорил), пожал плечами:

— Видите, солнце зашло? Все, суббота началась. Так что хватит работать!

Хоть кто-то еще понимает, что ответ на вопрос — это серьезная работа.

ВЛАДИМИРУ ПУТИНУ ВЕРИТ ТОЛЬКО ДЖОРДЖ БУШ

24 и 25 мая президенты США и России провели в Петербурге. Прощаясь, они целовались в нарушение этикета. Накануне отъезда в Петербург президент США был в гостях у президента России в подмосковном Ново-Огареве. Расстались они после полуночи, а рано утром уже надо было лететь в Петербург.

Петербург в этот день отмечал сразу несколько событий. Во-первых, был День города. Во-вторых, последний звонок. В-третьих, начались белые ночи. Но и они померкли на фоне саммита.

А началось-то очень тихо, с посещения Пискаревского кладбища. Президенты возложили венки к монументу матери-Родины. Было заметно, что на американского президента произвела впечатление эта церемония. Он, привыкший к аскетизму Арлингтонского кладбища, был, казалось, подавлен величием комплекса. Выглядел очень искренним. Хотя можно ведь и ошибиться. Президент Америки же. Не Рейган, конечно, но все равно актер хороший.

С кладбища господа Буш и Путин поехали в Эрмитаж. В экскурсии по музею их сопровождал директор Эрмитажа Михаил Пиотровский.

Президенты по протоколу должны были подняться по главной, Теребеневской лестнице нового Эрмитажа. Раньше высокие гости, которые часто приезжали в музей, поднимались по другой, Советской, не такой, по общему мнению, удобной. Английская королева, по рассказам смотрительниц, то и дело спотыкалась на ней.

Новую лестницу открыл Владимир Путин. Только при нем Теребеневская ожила. Смотрительницы предполагают, что Путин давно обратил внимание на эту лестницу, наверняка еще при Собчаке, а то и раньше. Он своих гостей водит только по ней. Лестница широкая и прямая, 69 ступенек. На них постелили красную ковровую дорожку, по которой запретили ходить, чтобы не оставлять следов. Одна эрмитажная смотрительница рассказала, что жена Буша уже поднималась по этой лестнице. Это событие случилось еще года два назад, когда она приезжала сюда без мужа, который был тогда сенатором.

— Лорочка даже купила несколько книг у нас. — Она благодарно кивнула в ту сторону, откуда должна была появиться чета Бушей.

Говорят, что главным требованием американской службы безопасности было полное отсутствие посетителей в этот день. Но американцам было отказано. Эрмитаж закрыли только до трех часов дня. Музей не может позволить себе роскоши так долго не брать денег с туристов, за счет которых живет и ремонтируется голландскими строительными бригадами.

Недавно в Эрмитаже открыли, пока только для служебного просмотра, так называемые золотые кладовые, алмазный фонд Эрмитажа.

— Мы оттуда вышли, а глаза до сих пор сверкают, — рассказала смотрительница. — А теперь Лорочка и Людмила Александровна туда пойдут.

На самом деле они уже выходили оттуда. На лестнице началось движение. Ко входу в музей подъехал автомобиль президента России. Владимир Путин зашел в холл, поздоровался с директором Пиотровским и стал ждать президента Америки, который тоже ехал с Пискаревского кладбища, но почему-то задерживался. Владимир Путин переминался с ноги на ногу, что-то резкое говорил окружающим. Ему явно не нравилось стоять и ждать. Наконец появился и американский президент. Они поздоровались и стали подниматься. Впереди по обеим сторонам от ковровой дорожки буквально бежали, не наступая на нее, Кондолиза Райс и Колин Пауэлл. Президенты с женами поднялись довольно быстро. Американская пара шла, держась друг за друга, наши поднялись самостоятельно. Академик Пиотровский начал знакомить их с экспозицией.

Они довольно долго ходили по залам старого и нового Эрмитажа, пока не дошли до позолоченной кареты Екатерины II. Тут произошло непротокольное событие. Американские журналисты очень хотели задать вопросы своему президенту. Вопросов накопилось, видимо, много. Момент для этого они выбрали подходящий. Расслабленные музейной атмосферой, президенты явно не отказали бы. А протокол запрещал задавать вопросы в это время и в этом месте.

Президенты, как нарочно, остановились именно возле журналистов. Буш с огромным удивлением рассматривал семиметровую коронационную карету, предмет особой гордости Эрмитажа. Американские журналисты закричали: «Мис-

тер президент! Мистер президент!» Крик стоял страшный. Российскую журналистику на этом пятачке представлял только корреспондент «Интерфакса» Борис Грищенко. Но он, как выяснилось, стоил всех остальных. Он всего-навсего внятно произнес: «Владимир Владимирович!» Этого оказалось достаточно, чтобы президенты подошли именно к нему. Американцы, стоявшие в другом углу, оказались ни с чем. Их телевизионные «удочки» не доставали до ньюсмейкеров. Это была огромная победа всей не то что российской, а и европейской журналистики над американской, которая все эти три дня, и в Москве, и в Петербурге, вела себя, по общему мнению, настолько вызывающе, что безусловно заслужила это унижение в Фельдмаршальском зале Зимнего дворца русского музея Эрмитажа.

О чем же спросил корреспондент «Интерфакса»? Это было, конечно, уже совершенно неважно. Но все-таки.

— Я слышал, что господин Буш давно хотел провести семейный вечер с четой Путиных. Наконец это удалось. Какие впечатления?

— Я действительно давно хотел провести вечер в этой семье, — сказал Буш. — Этот вечер мне много дал. Я понял шкалу ценностей президента и его супруги. Главное в ней — воспитание очаровательных дочек, которые растут умными, хорошо воспитанными леди. Я к тому же получил релаксацию, о которой просто мечтал все время этих переговоров в Москве.

А Владимир Путин добавил, что считает президента Америки интеллигентным и порядочным человеком. Каждое слово тут имело смысл. Ведь далеко не все в Америке считают так же, особенно после того, что, по рассказам, господин Буш заранее знал, оказывается, о готовящемся теракте 11 сентября.

Владимир Путин иллюстрировал эту мысль свежим примером. Он угощал американского президента русской икрой и между прочим рассказал, как эта икра нынче добывается. Оказывается, рыбе разрезают брюхо, достают черную икру и выпускают обратно в Волгу.

— Я рассказываю это. Все смеются. Колин Пауэлл смеется... Кондолиза Райс... — Владимир Путин загибал пальцы на руке. — Жены президентов... И только один человек совершенно не смеялся. Это был президент Соединенных Штатов Америки.

Владимир Путин показал на Буша. В этот момент Буш очень смеялся.

— Он воспринял это, между прочим, и как заботу об экологии. И это правда! Рыба остается жить! Правда!

Такие рассказы, конечно, чаще можно услышать в питерском «Клубе рыбаков» или даже скорее в телепрограмме «Блеф-клуб», где как раз и выигрывает тот, кто скажет «верю» или «не верю». Выигрывает тот, кто угадал, а не тот, кто поверил. А Буш поверил и выиграл. И ведь это действительно правдивая история, хотя, конечно, люди до сих пор смеются, пересказывая ее. А пусть лучше вспомнят, что недавно Путин почти три дня гостил в Астрахани, где и знакомился с новейшими технологиями добычи черной икры из осетров. Но есть в этой истории и минусы. Ведь верит нашему президенту, получается, только один человек. Да и тот президент США.

В этот день, кроме Эрмитажа, президенты побывали в университете (была трансляция в прямом эфире), сходили в театр на балет «Щелкунчик» и покатались на катере (без свидетелей). Владимир Путин еще успел съездить на открытие Кубка дзюдо, где русские сражались с немцами и победили.

На следующее утро Владимир Путин и Джордж Буш встретились только в Русском музее. Но американский президент, в отличие от нашего, до этого успел еще побывать в Казанском соборе и в хоральной синагоге. О том, что он поедет в синагогу, Буш, по его словам, честно предупредил Путина накануне вечером. Наш президент компании ему не составил, но и не возражал. Ведь они же сами говорят, что доверяют друг другу.

Синагога только что отремонтирована. Над воротами надпись в камне на английском: «Синагога Эдмонда Сафры».

Господин Сафра — это человек, который дал деньги на реставрацию.

Было ясно, что на этот раз американские журналисты твердо решили взять реванш за вчерашний позор в Эрмитаже. Путин не участвовал в этом мероприятии, и американцы считали его полностью своим. Чужих у входа в синагогу, если не считать меня, не было. Господин Буш провел в здании гораздо больше времени, чем планировалось по протоколу. Потом выяснилось, что он вообще первый раз в жизни был в синагоге. Сначала у выхода появилась его улыбающаяся жена, а потом он сам. Господин Буш подошел к журналистам, не дожидаясь их криков. Но они все равно начали кричать, перебивая друг друга. Буш поморщился и попросил говорить по одному. Но ничего не вышло. Тогда американский президент просто сказал то, что считал нужным. Он заявил, что у людей в России, и в том числе у евреев, по его наблюдениям, есть свобода в выборе религии, что он доволен тем, как дети усваивают эту религию, что он все-таки добьется отмены поправки Джексона — Вэника...

Закончив говорить, он выжидательно посмотрел на журналистов. Один, долговязый, спросил его с высоты своего роста про Индию и Пакистан, который опять провел испытание ракет. Было видно, что после синагоги Бушу неинтересно отвечать на такие вопросы. Он бы, наверное, с большим удовольствием лишний раз напомнил о пользе чтения Торы. Но он, конечно, ответил про конфликт — то же, что говорил и вчера, и позавчера. Это было так скучно, что даже долговязый журналист не дослушал и перебил своего президента вопросом про Ближний Восток. Буш очень удивился, что ему не дают договорить, но ответил и про Ближний Восток. Он сказал, что Ясиру Арафату и Палестине в целом не хватает демократии, чтобы договориться с израильтянами. Тот же журналист опять умудрился перебить своего президента и еще одну журналистку, которая только начинала задавать свой вопрос. И тогда Буш вскипел и вступился — и за себя, и за бедную женщину. Он так накричал на этого парня, что я на его месте подумал бы да и сменил профессию на более мирную.

Евреи, стоящие на крыльце синагоги, проводили президента громкими аплодисментами, чтобы в последний раз обратить на себя его внимание. Он приветливо помахал им рукой, ведь они не задавали ему никаких вопросов про Пакистан.

— Как вошел американский президент в нашу синагогу, так и не хотел потом уходить из нее, — сказал главный раввин России Берл Лазар.

— То есть как?

— Да, так понравилось. Сами представьте, первый раз в жизни человек приходит в синагогу... Вы молодцы, говорит, просто молодцы! Такая синагога у вас! Я его понимаю. Когда я Путину показал фотографию после реконструкции, он не верил, что это та же синагога, которую он видел в детстве.

— А что вы сказали американскому президенту?

— А я приветствовал его от имени миллионов российских евреев и сказал, что сегодня уже нельзя не оценить то, что за последние два года сделано в России в отношении евреев. Ощущается большая поддержка президента России в нашем вопросе. Как раньше, сказал я, Америка могла критиковать Советский Союз в этом деле, так сейчас надо показать, что Америка ценит перемены.

— То есть отменить поправку Джексона — Вэника?

— Конечно, — как-то сразу устало сказал Берл Лазар, который является одним из самых последовательных борцов за отмену этой несчастной поправки. — Буш обещал поговорить с конгрессменом Томом Лантосом, он у них там главный насчет этого... Сказал, что специально поедет к нему и договорится... А я добавил: «Передайте от еврея Берл Лазара еврею Тому Лантосу, что у нас в России еврейского вопроса больше нет!»

Кроме того, Джордж Буш в интимной обстановке синагоги раздраженно заявил, что все было бы уже давно решено, если бы не запрет на ввоз куриных окорочков, введенный недавно российскими санитарными службами. «Между мной

и конгрессом в вопросе поправки прошли куры!» — пожаловался американский президент российским евреям. «О, тут нет никакой проблемы. Я знаю, что делать! — воскликнул Берл Лазар. — Вы просто привезите в Россию кошерных кур. Ведь все дело в санитарных нормах. А кошерные куры — это самые чистые куры в мире!»

Говорят, что Буш чуть не упал со смеху. Евреи решили, что в целом он производит впечатление человека, который вообще не говорит неправды, потому что просто не умеет лгать. Буш рассказал хозяевам синагоги, что был неприятно удивлен тем, что хотя в Европе был холокост, там сейчас поднимает голову антисемитизм, а здесь, в России, где раньше антисемитизм чувствовал себя как дома, наоборот, опускает. Интересная позиция у американского президента, оказывается, по Ближнему Востоку. Он сказал российским евреям, что премьер-министр Израиля Ариэль Шарон — его настоящий друг, прекрасный генерал, который говорит то, что думает, и думает то, что говорит, а единственная проблема Израиля — это избыток демократии (ср. с проблемой Палестины). А они его попросили сказать то же самое в Израиле, но он, видимо, не скажет. И конечно, Буш близко к сердцу воспринял еврейскую молитву, которую прочитал петербургский раввин.

— Мы видели, как она вошла в его душу! — сказал Берл Лазар.

— И что же теперь будет?

— Не волнуйтесь, ничего страшного. Он сказал, что теперь за ним в синагогу придут и другие, потому что он всем расскажет, как здесь хорошо.

Уравновешивая баланс между впечатлениями этого утра, господин Буш сразу после синагоги, прежде чем покинуть Россию, поехал в Русский музей и долго не отрываясь глядел там на русские иконы, стараясь хорошенько их запомнить. Наверное, он и сам понимал, что будет неправильно, если главным его впечатлением от посещения России останется хоральная синагога Петербурга.

ВЛАДИМИР ПУТИН НЕ ДАЛ СЕБЯ РАСЦЕЛОВАТЬ

28 мая под Римом в городке Пратика-ди-Маре был создан новый орган, Совет Россия — НАТО. На итальянскую авиабазу Mario de Bernardi прилетели лидеры 20 стран, и в том числе президент России Владимир Путин.

Вместе с Владимиром Путиным прилетела не очень многочисленная делегация. В ней были кроме дипломатов начальник Генерального штаба Анатолий Квашнин, председатель международного комитета Совета Федерации Михаил Маргелов и заместитель председателя Государственной думы Любовь Слиска. Позже господин Маргелов пояснил, что в кулуарах саммита такой состав делегации наблюдатели оценили более чем высоко и характеризовали его как системный подход России к участию в Совете Россия — НАТО. Тем самым господин Маргелов явно оправдал свое, а также госпожи Слиски присутствие на саммите.

Лидеры долго съезжались к зданию для переговоров. Это здание было, как выяснилось, предметом особой гордости премьер-министра Италии Сильвио Берлускони. 6 тыс. итальянских строителей за две недели возвели на авиабазе целый городок: триумфальные арки, амфитеатры и даже ацтекскую пирамиду. Были и настоящие мраморные бюсты, и статуи, которые господин Берлускони позаимствовал из археологического музея в Неаполе.

Первым на небольшой скорости проехал Герхард Шредер и приветливо помахал рукой журналистам. Тони Блэр появился, откуда его никто не ждал, и промчался мимо, даже не глянув на телекамеры. Кортеж Джорджа Буша растянулся метров на 150, его сопровождал американский спецназ в машинах с открытыми дверями. Кортеж неторопливо остановился возле журналистов, и господин Буш некоторое время внимательно разглядывал их. Удовлетворив свое любопытство, американский президент поехал дальше, в объятия Сильвио Берлускони, который ведь еще и целовался с каждым из

подъехавших. Удалось избежать поцелуев только президенту России, который мало того что приехал в машине с наглухо закрытыми черными шторками, но еще и продемонстрировал итальянцу свою равноудаленность от всех членов НАТО.

Праздничное заседание НАТО, посвященное созданию нового Совета Россия — НАТО, открыл генеральный секретарь НАТО Джордж Робертсон. У него было очень хорошее настроение, которое он еще и всячески демонстрировал. Господин Робертсон сказал столько приятных слов в адрес России и ее лидера, что, право, оно того не стоило.

Вслед за ним выступил господин Берлускони. Его распирало от масштабов проделанной им работы. Он рассказал про строителей, которые сначала трудились в три смены, чтобы построить этот городок, а завтра с таким же энтузиазмом сотрут его с лица земли. Он заявил, что авиабаза Mario de Bernardi — колыбель демократии и, чтобы никто не сомневался, сообщил, что именно в этом месте античный герой Эней основал город Лавиниум после разгрома Трои, потом здесь же активно действовали Ромул и Рем, которые сделали для развития демократии, как я понял из слов господина Берлускони, по крайней мере не меньше, чем любой из присутствующих на саммите.

Речь господина Берлускони произвела большое впечатление на его гостей. Большинство смеялись. На лице Владимира Путина не дрогнул ни один мускул. Он выступал следующим. Господин Путин заявил, что представляет себе, насколько сложно было в такие короткие сроки сделать то, что они все тут увидели. Сильвио Берлускони издали знаками показал, что еще как сложно!

Президент России в своем выступлении постарался соединить два события: 11 сентября в США и 9 мая в Каспийске.

— В день великой победы над фашизмом террористы не пощадили ни женщин, ни стариков, ни детей. Они надругались и над памятью тех, кто дал миру свободу и надежду.

Всем теперь, по словам Владимира Путина, надо пройти тест на востребованность и адекватность новым вызовам... Президент Буш напряженно слушал российского президента.

Если до начала его выступления он демонстративно жевал жвачку, то теперь он ее куда-то спрятал. Господин Берлускони, улыбаясь, кому-то махал рукой, явно еще находясь под впечатлением собственного выступления. С осторожной приветливостью улыбался испанский премьер-министр Хосе Мариа Аснар Лопес, ему еще предстояло лететь вечером с этого саммита вместе с Владимиром Путиным в Москву, на другой саммит, Россия — ЕС. Во все стороны, не поворачивая головы, стрелял глазами польский президент Александр Квасьневский.

— Без доброй воли, без понимания важности того, что происходит, сегодняшней встречи бы не было, — заявил Владимир Путин.

Неожиданно Джордж Буш едва заметно, но совершенно отчетливо подмигнул ему.

— Я хочу вас заверить, что Россия свой уровень ответственности понимает, — с подъемом закончил президент России.

— Спасибо большой! — по-русски растроганно поблагодарил его генеральный секретарь НАТО господин Робертсон.

Выступил господин Буш. Его речь была полна благодушия по поводу предстоящего участия России в работе НАТО.

— Мы обогащаемся участием России в нашей организации, — заметил он. — Но надо делать все шаг за шагом, ничего не форсируя, как предлагают некоторые горячие головы, но и не останавливаясь.

Выступил президент Чехии. Он говорил на английском языке, который был ужасен. Американский президент морщился и от усердия понять хоть что-то вспотел и даже надел очки.

Господин Гавел не мог, видимо, не припомнить России всего, что сделал для его родины Советский Союз. Он поблагодарил всех присутствующих за то, что с их помощью закончилась холодная война, начавшаяся при Сталине.

При упоминании про Сталина Буш удивленно поднял голову. Но господина Гавела поддержал и господин Квасьневский. Русские, по его словам, раньше подавляли зачатки демократии в Чехии и слава богу, если этот период закончился.

Выступили главы всех 20 государств. Больше никто не вспоминал ни Сталина, ни Советский Союз. Началось подписание итоговой декларации. Перед этим Владимир Путин заявил только 19 лидерам, что он сейчас пошутит.

— Теперь заседания Совета Россия — НАТО будут происходить в Брюсселе. Предлагаю переименовать здание, в котором будут происходить заседания, в Дом советов.

Кое-кто улыбнулся. Господин Робертсон заявил, что тоже объявляет это шуткой. Тут уж все совсем приуныли.

Такое историческое событие, как подписание декларации, прошло без сучка без задоринки. Стоит, может быть, отметить лишь то, что Сильвио Берлускони так долго расписывался под документом, что показалось, будто он успел вписать туда еще пару абзацев. Затем лидеры сфотографировались. По пути на фотографирование каждый старался хотя бы парой слов перекинуться с Владимиром Путиным, который, впрочем, говорил с Джорджем Бушем. Правда, потом, когда все построились, наш президент оказался рядом с президентом Франции, который развернул его к себе и начал что-то горячо объяснять, отчаянно жестикулируя. Наш президент сначала внимательно слушал его и кивал (разговор, видимо, происходил на английском языке), потом пытался что-то возражать, даже дергая Жака Ширака за рукав, чтобы привлечь его внимание, а потом оставил эти попытки и опять начал кивать. Это продолжалось минут семь, пока фотографирование наконец не началось.

Потом состоялся рабочий завтрак — единственное мероприятие, где лидеры могли поговорить без журналистов. Пока лидеры завтракали, остальные работали. Российским журналистам давал пресс-конференцию министр иностранных дел России Игорь Иванов. Эта пресс-конференция запомнилась нервными вопросами латвийского тележурналиста, которые он к тому же никак не мог сформулировать. Чувствовалось, что хотел обидеть. В конце концов министр Иванов ответил ему, что если Латвия приведет законы в соответствие с международными стандартами и русскоязычное население получит такие же права, как и латышское, то это будет очень хорошо. Этот ответ, безусловно, удовлетворил журналиста.

Еще через полтора часа прошла пресс-конференция Джорджа Робертсона, Сильвио Берлускони и Владимира Путина. На ней господин Берлускони опять рассказывал о себе.

— Когда Владимир Путин объяснил мне суть проблем Российской Федерации, которые могут произойти от расширения НАТО на Балканы, я понял, что до того, как произойдет это расширение, надо достичь сегодняшних договоренностей.

Стало ясно, кому мы обязаны нашим нынешним счастьем. Господин Берлускони сделал реверанс и в сторону западных партнеров, объяснив, что он не мог поступить иначе:

— Ведь Россия является частью Европы. Ну, она таковой является, — сказал он только что не с досадой.

После этого он лишний раз отозвался о Владимире Путине как о либерально-демократическом человеке западного образа мыслей. А господин Робертсон, говоря об индо-пакистанском кризисе, заявил, что на следующей неделе господин Путин встретится с лидерами двух этих стран, и отметил, что президента России будет сопровождать добрая воля всей «двадцатки». То есть они уже хотят примазаться к нашему успеху, которого, может, еще и не будет.

А нам, интересно, от них какая польза?

В АЛМА-АТЕ ПРОПАЛА ЕДА

Поздним вечером 3 июня в Алма-Ату прилетели все участники азиатского саммита. Последним прибыл российский президент Владимир Путин.

В саммите участвуют 15 государств: Азербайджан, Афганистан, Египет, Индия, Иран, Израиль, Казахстан, Китай, Киргизия, Монголия, Пакистан, Россия, Таджикистан, Тур-

ция, а также Палестинская национальная администрация. Казахстанская пресс-служба с удовлетворением констатирует, что общая площадь государств-участников 390 млн км^2 с населением 2,8 млрд человек. Это около половины населения планеты.

До последнего момента представительность форума была под вопросом. Долго думали, ехать ли им, китайцы. В итоге самолет председателя КНР Цзян Цзэминя приземлился в Алма-Ате одним из первых. А к расписанию работы президента Путина добавилась встреча с лидером Афганистана Хамидом Карзаем.

Были сомнения и насчет Индии с Пакистаном. Но приехали все. Позавчера даже должен был состояться совместный ужин индийской и пакистанской подготовительных групп, а также журналистов этих двух стран в ресторане гостиницы «Казахстан». Официанты накрывали столы на 150 человек: 100 пакистанцев и 50 индийцев. За официантов было боязно; те, кто был в курсе, советовали им беречь себя, официанты туманно отвечали, что уже обо всем позаботились. Ужин должен был состояться поздним вечером. Наутро официанты на тревожные вопросы членов других заинтересованных делегаций, все ли обошлось, отвечали, что да, потому что пакистанцы не пришли. А индийцы были все 50 как штык и выиграли таким образом свою маленькую войну. Ели, говорят, за троих. Но все равно много еды пропало.

ПРЕЗИДЕНТ ПУТИН ОБЕСПЕЧИЛ ЯВКУ, НО ПРОВАЛИЛ ГЛАВНОЕ ЗАДАНИЕ

4 июня в Алма-Ате состоялся саммит стран — участниц Совещания по взаимодействию и мерам доверия в Азии, на котором Владимиру Путину не удалось главное, из-за чего, собственно, все в мире так заинтересовались этим в общем-то малоувлекательным мероприятием: президенты Индии и Пакистана между собой говорить не стали.

Организатор саммита, как известно, — президент Казахстана Нурсултан Назарбаев. Его заслуга в том, что в Алма-Ату вообще приехало столько азиатских лидеров. Господин Назарбаев встречал каждого у входа в гостиницу «Анкара».

Было видно, как напряженно о чем-то думает, ожидая, когда ему сделают знак выходить из машины, президент Киргизии Аскар Акаев. Открыв дверцу, он, впрочем, сделал широчайшую улыбку и тепло обнялся с хозяином саммита. Так он и ходил с этой улыбкой до самого начала совещания. Был демонстративно мрачен президент Таджикистана Эмомали Рахмонов. Тяжело вышел из машины председатель КНР Цзян Цзэминь, президент Казахстана подхватил его под локоть и не отпускал, пока тот не сел за стол переговоров. Одним из первых приехал глава временной администрации Афганистана Хамид Карзай, вокруг него все время крутились какие-то девушки. Нервно в одиночестве прохаживался вокруг стола президент Пакистана Первез Мушарраф. Последним появился российский президент.

С самого начала все в принципе было ясно. Текст Алма-Атинского акта был согласован. Никаких возражений не вызывал и текст Декларации по искоренению терроризма и развитию диалога цивилизаций. (Позже, правда, Пакистан записал особое мнение по пункту 8 Акта, гласящему, что участники саммита рассматривают глобализацию в качестве вызова современности.)

Все ждали выступлений лидеров Индии и Пакистана. Это была, конечно, основная и, пожалуй, единственная интрига встречи.

Президент Казахстана вел саммит уверенно, как в свое время, видимо, партсобрание:

— Работаем согласно утвержденному регламенту... Надо утвердить повестку дня... Прошу поднять руки, если кто-нибудь против... Воздержавшиеся... Нет. Принято единогласно.

В своем выступлении господин Назарбаев особо подчеркнул, что 10 лет назад участники сессии Генеральной ассамблеи ООН с пониманием и одобрением отнеслись к его пред-

ложению о созыве этого совещания. И вот прошли эти 10 лет. Саммит состоялся.

На цифру 10 обратил внимание и председатель КНР:

— 10 лет назад, когда Республика Казахстан была только что провозглашена...

Господин Назарбаев, показалось, с неодобрением посмотрел на председателя КНР. Зачем лишний раз напоминать, кому тут сколько лет? Но Цзян Цзэминь уже перешел к конфликту между Индией и Пакистаном, продемонстрировав, впрочем, некоторое легкомыслие в этом вопросе:

— Мы искренне надеемся, — сказал он, — что стороны, вовлеченные в локальный конфликт, как можно скорее урегулируют споры мирным путем и рука об руку приступят к строительству общего дома.

После этого китайский лидер сосредоточился на своих проблемах.

— Сепаратистские силы так называемого Восточного Туркестана являются не чем иным, как стопроцентными террористическими силами. Они спровоцировали кровавые акты не только в Китае, но и в других странах. Борьба с этим злом — неотъемлемая составляющая международной антитеррористической борьбы...

Следующим выступал президент России Владимир Путин.

— Международный терроризм не имеет ни национальности, ни территории... — начал он. Президент Пакистана жадно пил холодную воду.

Владимир Путин рассказал, в чем, собственно говоря, кроются истоки терроризма. Дело, оказывается, в бедности и отсталости, в растущем разрыве между развитыми и развивающимися странами. Все сразу стали мучиться, что же он имел в виду. Ведь возможно же, что Россию и Чечню (входит в состав России). Но учитывая, что на саммите о терроризме говорят в основном в связи с Индией и Пакистаном, то, может быть, искать надо здесь? Что же все-таки он хотел сказать, выступив с таких последовательных антиглобалистских позиций? Ведь не так называемый Восточный Туркестан же, в конце концов!

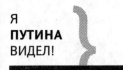

Выступление господина Мушаррафа началось с размышления, в чем корни конфликта его страны с Индией:

— Внезапно получилось какое-то нарушение той ситуации, которая уже сложилась, или это был терроризм сам по себе в одном из его проявлений?

Некоторая сумбурность объяснялась тем, что господин Мушарраф выступал, почти не заглядывая в свои бумажки.

— Причины страданий людей в мире лежат гораздо глубже, чем мы можем себе представить... Они не могут терпеть ситуацию, когда определенные государства занимают чужие территории и лишают свободы людей. Экспансионистские амбиции таких государств должны быть остановлены.

Индийский премьер Ваджпаи слушал Мушаррафа, казалось, совершенно равнодушно, без тени интереса.

— Унижения, а не что-либо иное, являются корнями терроризма...

Все-таки пакистанский президент принял слова Путина про бедность на свой счет.

— Государственный терроризм приносит массовые страдания людям на занятых территориях. Мы должны устранить основу несправедливости...

То есть, получается, Индию. Все-таки речь у них идет о ядерной войне.

— Мы не хотим начинать войну, но она нам навязывается, и мы будем защищать себя решительно и самоотверженно.

Побряцав оружием, президент Пакистана внезапно успокоился:

— Мы хотели бы организовать диалог, но если нам не будет предоставлена такая возможность, все может закончиться очень плохо... В век информации мы должны делиться нашими болями и радостями, и поэтому продолжение диалога между цивилизованными странами очень важно...

Эти его слова позже истолковали как готовность к переговорам с Индией безо всяких условий.

— Благодарю вас за эту замечательную речь, — сказал председательствующий Назарбаев.

До этого он ни разу не прокомментировал слова кого-ли-

бо из ораторов, даже из вежливости, присущей обычно председательствующим на таких форумах. Значит, выступление пакистанского лидера и правда понравилось президенту Назарбаеву. Что же замечательного было в речи президента Мушаррафа? Обвинения в государственном терроризме, которые он предъявил Индии? Готовность № 1 к ядерной войне?

Индийский лидер был по-прежнему спокоен. Он явно выбрал другую тактику. Во время своего длительного выступления он рассуждал о перспективах экономического сотрудничества, которые открываются на этом форуме, о взаимодействии и взаимопонимании, о поэзии, наконец. Он вспомнил казахского поэта Абая и даже процитировал его четверостишие, смысл которого в том, что человек, произнося какие-то слова, должен задумываться над тем, что они означают и какие последствия могут повлечь. Наконец, пожав плечами, он закончил:

— Я понимаю, что нам предстоит тяжелая борьба, и полон надежд на победу! Победу добра над злом...

В общем, и с ним все ясно. Выступили и остальные лидеры. Они говорили в основном о своих проблемах. Премьер-министр Азербайджана — об Армении, которая «упорно отказывается выходить с занятых территорий, хотя очевидно, кто тут агрессор, а кто нет». Хамид Карзай — о Кабуле, который он «хотел бы показать всем, чтобы продемонстрировать зло войны». Министр израильского правительства Натан Щаранский — о людях, которые «каждый день гибнут в троллейбусах, магазинах и барах». Представитель палестинской администрации — о том, что «будет создано независимое палестинское государство со столицей в Иерусалиме».

Заканчивая этот разговор, слова попросил Владимир Путин. Он сказал, что услышал от индийского и пакистанского лидера идеи, которые его обнадежили. Ему понравилось, что господин Мушарраф заверил всех, будто на территории Пакистана больше не будет террористов, а господин Ваджпаи упомянул про необходимость принять резолюцию о неприменении первым ядерного оружия.

Понятна попытка помирить эти две страны, но стоит ли ради этого выдавать желаемое за действительное?

Приготовились было подписывать акт и декларацию, но в происходящее вмешался Натан Щаранский. Он был чрезвычайно взволнован речью палестинского представителя. От волнения господин Щаранский с русского языка, на котором он произносил свою протокольную речь за несколько минут до того, перешел на английский. У этого языка тоже оказалось много выразительных средств. Натан Щаранский использовал почти все. Он заявил, что президент Египта уже предлагал года полтора тому назад палестинцам независимое государство со столицей в Иерусалиме, но не получил от них никакого ответа. Он добавил, что израильтяне ведут борьбу за жизнь, а палестинцы мешают им. Он заявил, что сочувствует палестинскому народу, выражает соболезнования тем палестинцам, которые находятся в лагерях, где их учат убивать. Видимо, он имел в виду, что израильская армия все равно убьет всех этих людей.

— Ну что же, очень хорошо, что у нас сложилось единое мнение по широкому кругу интересующих нас вопросов, — подвел итог Нурсултан Назарбаев. — Теперь, наконец, и документы можно подписать.

ВЛАДИМИР ПУТИН НЕ ДАЛ ПОХОРОНИТЬ СНГ

7 июня в Санкт-Петербурге состоялось совещание государств — участников Шанхайской организации сотрудничества (ШОС).

Участники совещания собрались в Петербурге накануне. Целый день в городе провел, читая вслух стихи Пушкина на русском языке, председатель КНР Цзян Цзэминь. Остальные подъехали вечером. Их встречал мэр Петербурга Владимир Яковлев. Церемония заняла у него несколько часов.

То же самое время в пробках потратили петербуржцы. Они таким образом стремительно приобщаются к прелестям

столичной жизни. Правда, если Москва может и не обратить внимание на несколько перекрытых трасс, то в Петербурге жизнь автомобилистов превращается в настоящий кошмар. За это они должны прежде всего благодарить своих гаишников, которые под любым благовидным предлогом перекрывают на всякий случай весь город.

Утром пошел дождь. Лидеры шести стран встретились в Петродворце. Перед переговорами должны были пожать друг другу руки. Сначала пришли президент Казахстана и России. Они что-то тихо обсуждали, понимая, что работают микрофоны и журналисты могут расслышать лишнее. Рядом переминался с ноги на ногу президент Киргизии Аскар Акаев. Он приветливо улыбался господам Назарбаеву и Путину, но те его как-то не замечали. От этого улыбка господина Акаева становилась все более растерянной: в какой-то момент стала и просто бессмысленной. Тут к этой группе подвели председателя КНР. Он поздоровался со всеми, но его рассеянным вниманием всецело завладел президент Киргизии.

— Как спалось? — спросил он китайского председателя. — Доехали как?

Цзян Цзэминь кивнул.

— Да, мы, конечно, должны были собраться в Петербурге. Очень хорошая мысль! — заявил Акаев.

(Он, безусловно, знал, что эта мысль принадлежит китайцу. На этом все время настаивал и Владимир Путин, как будто оправдываясь, что на ближайшую неделю перевез в этот город всю российскую и даже где-то международную политику.)

Председатель КНР опять кивнул. Но было видно, что гораздо больше его интересует, о чем говорят Путин с Назарбаевым. Он даже явно прислушивался.

— А в следующий раз в другом месте соберемся! — не удержавшись, мечтательно добавил господин Акаев.

Видимо, Бишкек имел в виду.

После долгожданного рукопожатия лидеры шести стран должны были прогуляться, посмотреть фонтаны Петергофа и сфотографироваться. Дождь усилился. Владимир Путин, однако, демонстративно пренебрег зонтиком. Нурсултан Назарбаев мокнуть не захотел, но не разрешил держать зонтик над собой сопровождающим, держал сам. Самый маленький зонтик был над головой китайского председателя, и, как ни старались сопровождающие, Цзян Цзэминь откровенно промок. Зато Аскар Акаев спрятался под огромным зонтом, который сначала намеревался держать раскрытым и во время фотографирования, но потом, увидев, что зонт заслоняет всех остальных президентов, опомнился и спрятал.

Сфотографировавшись и проведя короткие переговоры в узком составе, лидеры в микроавтобусе поехали к пристани и там пересели на теплоход «Россия». Им предстояло плыть не куда-нибудь, а на переговоры в расширенном составе. Как потом объясняли организаторы встречи, принимая такое решение, они стремились уменьшить количество пробок на автодорогах.

В Мраморном дворце Петербурга, в Белом зале, который архитектор Ринальди спроектировал в свое время как зал для игры в мяч, лидеры поговорили. Выйдя затем к журналистам, они зачитали свои заявления для прессы. Президенты утверждали, что принятые резолюции (хартия ШОС, декларация и резолюция «О создании региональной антитеррористической структуры») имеют системообразующий и фундаментальный смысл. Отметили, что нет таких стран, с которыми не могла бы сотрудничать ШОС. Господин Назарбаев заявил, что значение таких встреч нельзя переоценить, в доказательство, правда, привел не ШОС, а состоявшийся на прошлой неделе саммит в Алма-Ате.

— За одним столом сидели Индия и Пакистан, Израиль и Палестина. Все говорили, что они не хотят войны, что будут решать все вопросы миром! Эти страны подписали и декларацию о борьбе с терроризмом! — воскликнул господин Назарбаев.

Правда, он ничего не сказал о том, что пару дней спустя арабские террористы взорвали израильский автобус, а израильская армия опять ввела войска в Дженин и расстреляла резиденцию Арафата в Рамалле.

Последние акценты расставил председатель КНР:

— Уважаемые друзья прессы! Чтобы вы получили образное представление о нашей встрече, хотел бы обратить ваше внимание на три важности...

Образы председателя такие. Во-первых, прошел год с момента создания ШОС. Во-вторых, можно подвести первые итоги. В-третьих, утвердить основные направления развития.

Действительно интересным следует признать выступление Ислама Каримова. Он говорил не по бумажке, как все остальные, и довольно резкие вещи.

— ШОС сможет стать существенным фактом мировой политики, — заявил он, — только если учтет изменения, произошедшие в мире после 11 сентября.

И, не удержавшись, искоса посмотрел на председателя КНР. Тот, конечно, сохранил спокойствие, хотя было ясно, что эти слова не могли ему понравиться. Президент Узбекистана и раньше высказывал свое особое мнение. Он, например, призвал не спешить с созданием антитеррористической структуры ШОС со столицей в Бишкеке и с секретариатом ШОС в Пекине. А теперь открыто заявил о том, что участникам совещания не стоит ничего предпринимать, не посоветовавшись с США.

Президент России поглядывал на лепнину Мраморного зала на потолке. Президент Казахстана стал делать какие-то лихорадочные записи в блокноте, который лежал перед ним. Можно было подумать, что он готовится ответить. Но когда все закончилось и он оставил свой блокнот на столе, а журналисты взяли его просто посмотреть (этот прием используется против президента Казахстана уже не первый раз), то оказалось, что господин Назарбаев просто рисовал присутствующих в зале. Над одним из них он написал «журналист». Хотел, наверное, и правда нарисовать журналиста, а получился то ли поэт Пушкин, то ли писатель Толстой.

В заключение Владимир Путин авансом поблагодарил журналистов за объективное освещение саммита.

А через полтора часа президенты Казахстана и России снова вышли к журналистам. На этот раз дело было в пресс-центре в Таврическом дворце. Журналисты выслушали, как президенты отчитались о подписанных правительственных соглашениях в экономической сфере. Оба называли их революционными и сенсационными, говорили, что за два последних месяца страны прошли более серьезный путь, чем за предыдущие десять лет. Создается совместное предприятие в газовой сфере. Россия гарантирует Казахстану прокачку нефти по своей территории. Окончательно урегулированы вопросы по Каспию, Россия и Казахстан будут разрабатывать три нефтяных месторождения с 50-процентным участием каждой стороны, а срединная линия будет равноудалена от берегов двух стран. На выходе, заявил президент Казахстана, подписание соглашения об Экибастузской ГРЭС-2 и соглашение о железнодорожном транспорте.

Наконец, дождавшись, пока экономическая тема будет исчерпана, испанская журналистка задала провокационный вопрос, который интересовал всех. Она спросила, не кажется ли президентам, что сегодня на ШОС незримо присутствовали США? (Видимо, они использовали для этого тело Ислама Каримова.)

Оба президента не согласились с этим. Президент России заявил, что ничего не знает о желании США вступить в ШОС. А президент Назарбаев чуть позже заявил, что в уставе ШОС есть пункт, в соответствии с которым участники организации могут исключить одного из своих членов за систематическое невыполнение решений «шестерки».

Больше про ШОС не говорили. Зато поговорили про СНГ.

— Я критически относился к СНГ, потому что, наверное, возлагал на него слишком большие надежды. И были у меня разочарования... — сказал господин Назарбаев. — Вообще, слава богу, что было СНГ. Когда президенты встречались и разговаривали... Вспомните Югославию. В СССР могло быть гораздо круче...

Когда пресс-конференция закончилась, президент России поблагодарил журналистов, поздравил всех с 50-летием факультета журналистики МГУ и спросил, есть ли в зале вы-

пускники этого факультета. Все промолчали, и тогда мне пришлось сказать, что да, есть. Тогда Владимир Путин в качестве поощрения предложил мне задать ему дополнительный вопрос. Ничего хорошего из этого не получилось. Я спросил, правильно ли понял, что Нурсултан Абишевич сегодня при нас похоронил СНГ.

— Как это так? Нет! — поспешно ответил президент Казахстана.

— Но вы же сами сказали: слава богу, что было СНГ...

— И что вам не нравится СНГ? — горячо ответил президент Казахстана.

— Мне не нравится?

— Встречаются президенты, неплохо проводят время... Надо же высказаться время от времени... Поговорим, поговорим и что-то сварим в конце концов...

В общем, мои худшие опасения он подтвердил. А президент Путин добавил:

— Кажется, Зощенко говорил, что слово не воробей, вылетит — не поймаешь. А у нас журналисты догонят, поймают и посадят. Вам почти удалось поймать президента Казахстана на слове, но не думаю, что СНГ закончилось. Я бы так не интерпретировал.

Ну ладно, не буду.

В ДЕНЬ РОССИИ НАЦИЯ РА́СКОЛОЛАСЬ

12 июня в Кремле для празднования Дня России собралась, как обычно, элита нации.

Элиту в этот день разделили на две половины. Прекрасная половина (интеллигенция) получала награды в Екатерининском зале Кремля. Вторая половина была приглашена на прием в Большой Кремлевский дворец (БКД).

В БКД мероприятие прошло чинно. Пригласили членов Федерального собрания и губернаторов, которые до отказа заполнили Андреевский, Александровский и Георгиевский залы. Столы были накрыты для фуршета. Внимание было приковано по понятным причинам к Борису Ельцину и Владимиру Путину. Первый президент России был единственным, кто появился на приеме с женой. К обоим президентам довольно скоро выстроились живые очереди из желающих чокнуться и поговорить. Трудно сказать, к кому очередь была длиннее. Знакомых и у того, и у другого тут хватало. Борис Ельцин уехал часа через полтора, а Владимир Путин через два часа перешел в Екатерининский зал Кремля, чтобы вручить интеллигенции заработанные ею в 2001 году Госпремии.

Да и не вся интеллигенция была представлена в Екатерининском зале, а только та, которой, по словам президента России, под силу возрождение вечных идеалов. Та, которую «природа наградила даром видеть прекрасное и отличать истинное от ложного». А также та, которой «удалось пройти испытание рынком и избежать показа пороков, как бы этот показ дорого ни стоил».

Хотелось бы, конечно, всех поименно назвать. Но ведь 106 человек. Первым получил цветы и собственно премию поэт Константин Ваншенкин. По его словам, те, кто присуждал премию, продемонстрировали неплохой уровень понимания. С этим, судя по аплодисментам, были согласны все сидевшие в зале. Константин Ваншенкин прочитал стихи (ведь он поэт). В стихах были строки о заждавшейся ране, которая наконец открылась.

Довольно долго лауреаты получали из рук президента премию и цветы и садились на место, не говоря ни слова. Церемония двигалась довольно бойко. Это, без сомнения, объяснялось тем, что сначала награждали реставраторов, архитекторов и ландшафтных дизайнеров. Ну что они могли сказать? Эти люди делают свое дело молча.

Молча прошли и художники с серией живописных полотен «Деревенский цикл» и «Мой XX век». С некоторой опаской я лично ждал деятелей киноискусства. Александр Митта, впрочем, тоже не подошел к микрофону с ответным словом, а предпочел что-то сказать президенту на ухо. Зато вслух выступил режиссер Александр Сокуров. Он благодарил госу-

дарство за заботу о нем, добавил, что горд, хотя и сквозь слезы (ничего не получил на последнем Каннском фестивале?). Оглядел зал и с сожалением сказал, что талантливых людей мало. Но, с другой стороны, разве их может быть много? Рассказал, как ему жаль, что не поздравили такого человека, как Мозговой (актер, сыгравший заглавную роль в фильме «Телец»), заявил, что в долгу перед ним, и даже с некоторым сомнением посмотрел на коробочку и грамоту, которые ему дал президент, словно собираясь сказать, что он решил отдать их Мозговому, но, видимо, раздумал и сел на место.

Актриса Мария Аронова ничего не сказала, зато от души поцеловала президента в щеку (до сих пор ни один лауреат не рискнул этого сделать). Еще одна актриса, Кларина Шадько, получившая премию за игру в спектаклях Ульяновского театра драмы, поцеловать президента не решилась, зато послала чудный воздушный поцелуй министру культуры Михаилу Швыдкому, сидевшему в первом ряду. Ничего удивительного; говорят, министр культуры был едва ли не единственным человеком из Москвы, который видел спектакли Ульяновского театра драмы.

Алексей Костанян, главный редактор издательства «Вагриус» (премия за развитие лучших традиций российского книгоиздания), подойдя к микрофону, заметил, что премия означает: государство видит в «Вагриусе» своего помощника, а издательство в свою очередь будет теперь считать, что занимается государственным делом. То есть станут, видимо, претендовать не меньше чем на строку в бюджете.

Михаил Жванецкий, от которого все ждали остроты, произнес ее. Острота была подобострастная, поэтому я ее, конечно, приведу здесь полностью:

— Раньше читать было интереснее, чем жить. Теперь жить интереснее, чем читать. Поэтому живем сейчас, а читаем то же, что и раньше.

Владимир Путин тоже выступил с ответным словом. Он предпочел дистанцироваться от лауреатов, заявив, что любит не только их, а и все 145 миллионов россиян, которые за короткое время стали ему просто близкими людьми. Он вспомнил слова Сокурова о том, что талантливых людей немного, и поправил его, сказав, что талантливых гораздо больше, только не все сейчас в этом зале, и сообщил, что это недоработка правительства.

То есть в следующем году список станет еще длиннее.

ПРЕСС-КОНФЕРЕНЦИЯ ВЛАДИМИРА ПУТИНА БУДЕТ ЕЩЕ БОЛЬШЕ ПРОШЛОГОДНЕЙ

Две недели назад в Санкт-Петербурге Владимир Путин пришел в международный пресс-центр и дал пресс-конференцию на двоих с президентом Казахстана Нурсултаном Назарбаевым. Иностранная журналистка спросила тогда президента России, не собирается ли он поговорить с журналистами так же, как и год назад (тогда в Кремль пришли примерно полтысячи журналистов). Владимир Путин оглядел зал и озабоченно спросил, сколько тут сейчас журналистов. Ему ответили, что человек 300.

— Ну вот вам и пресс-конференция. Разве мало? Спрашивайте.

Журналистке, похоже, не понравился этот ответ, потому что свой вопрос она уже задала. Сделав паузу, Владимир Путин добавил:

— Ну если надо, тогда, конечно, проведем.

Между тем подготовка к пресс-конференции в Кремле в это время уже завершалась. На этот раз журналистов будет еще больше — около 700 человек, а пресс-конференция, как запланировано, продлится полтора часа (год назад она должна была продлиться час, но и в итоге едва уложились в полтора). Первый заместитель начальника управления пресс-службы президента России Наталья Тимакова сообщила, что в этом году решено обратить внимание прежде всего на региональных журналистов, которые будут преобладать на пресс-конференции. Можно с большой долей вероятности предположить, заявила она в коротком, но емком интер-

вью, что именно эти журналисты и захотят прежде всего задать вопросы президенту. Также очень и очень много шансов, что они получат слово. Спрашивать эти люди будут о том, что, по мнению кремлевских специалистов, больше всего волнует людей в глубинке: о пенсиях, зарплатах, о здоровье и об образовании. Вряд ли на этот раз американская журналистка Труди Рубин поинтересуется у президента: «Who is Mr Putin?» (она задает этот вопрос при каждом удобном случае уже не первый год). Похоже, даже ей теперь это более или менее ясно.

Хотя, конечно, будет и пара вопросов о внешней политике. Это актуально перед саммитом «восьмерки» в Канаде. Всего будет задано около 30 вопросов (в прошлом году президент успел ответить на 22). Мероприятие по многочисленным просьбам трудящихся будет транслироваться в прямом эфире ОРТ. По сравнению с прошлым годом изменилось убранство зала, в котором пройдет пресс-конференция: на этот раз он будет выдержан не в трагических темно-коричневых, а в оптимистичных светло-голубых тонах. Кроме того, в зале появились два экрана, по которым участники пресс-конференции смогут посмотреть на себя в прямом эфире, и десять Интернет-линий, по которым региональные журналисты смогут передать ответы президента на их вопросы.

И президент, и журналисты готовились к пресс-конференции. Президент работал с документами, а журналисты из российской глубинки снова и снова заучивали наизусть свои вопросы к нему в гостинице «Россия». А вдруг им повезет и они на всю страну спросят Владимира Путина о чем-то самом важном? Например, когда Россия снова станет великой державой? И кто наконец будет главным тренером нашей футбольной сборной?

На следующий день в Кремле прошла пресс-конференция Владимира Путина. Последний раз большая пресс-конференция президента состоялась около полугода назад, тоже в Кремле. Тогда Путин общался со своим народом через Интернет. Теперь — через журналистов.

Впрочем, пришли не все журналисты, которые прислали

в Кремль заявки на аккредитацию. Заявок было на 740 человек (и все были удовлетворены), а в зале собралось не больше 500. Вряд ли это можно расценить как падение интереса к президенту за прошедшие две недели. Но, с другой стороны, и не дождь же повлиял на посещаемость.

— Рекламы было мало, — пожал плечами один сотрудник кремлевской пресс-службы.

Зато у каждого из тех, кто пришел, было много вопросов. Журналисты подходили к пресс-секретарю и делились с ним самым сокровенным — своими визитными карточками.

— Мы можем рассчитывать, что зададим вопрос? — спрашивали они.

Все понимали, что без подготовительной работы ничего у них не выйдет.

— Конечно, — с готовностью отвечал пресс-секретарь, — можете.

— А какие у нас шансы?

— Очень высокие.

Подошел журналист из Калининграда и заявил, что он обязан задать вопрос от имени своего города.

— По известной проблеме? — уточнил Алексей Громов.

— Да. Насчет ВТО.

— А вы знаете, когда мы вступим в ВТО? Может быть, этот вопрос преждевременный?

— Да, — кивнул журналист. — Я знаю, когда мы вступим. Это будет нескоро. Но думать об этом надо уже сегодня.

В конце концов его еле уговорили спросить про свободное передвижение граждан области по территории РФ.

— А у меня вопрос от Татьяны Митковой, — сказал корреспондент НТВ.

— А о чем? — не удержался пресс-секретарь и на этот раз.

— Я задам, а вы и узнаете, — ответил самоуверенный столичный журналист.

И ведь задал.

Доступ в зал прекратили за полчаса до начала пресс-конференции. Президент пришел вовремя. Пресс-конференцию транслировали в прямом эфире. Никаких сенсаций не было.

Сам президент оживился только к концу, когда сам стал выбирать журналистов, которые могли бы задать вопрос. При этом он явно искал в зале новые лица.

По окончании пресс-конференции журналистов долго не выпускали из зала, так что один из них даже начал жаловаться на клаустрофобию.

Хотя сотрудники кремлевской пресс-службы не раз заявляли о том, что необходимость пресс-конференции едва ли не в первую очередь вызвана грядущим 27 июня 2002 года саммитом «восьмерки» в Канаде, ни одного вопроса про этот саммит не прозвучало.

А знаете почему? Потому что на самом деле это никому не интересно.

ГРИЗЛИ ПОПЛАТИЛСЯ ЖИЗНЬЮ ЗА ИНТЕРЕС К ПОЛИТИКЕ

27 июня в первый день саммита в Канаде лидеры «восьмерки» весь день работали. Решили, в частности, помочь России избавиться от советского оружейного наследия, пообещали ей на это дело $20 млрд. А вот самого ожидаемого заявления так и не выработали. Сначала была история со шляпами. Каждому из прилетавших лидеров мэр Калгари дарил белую фетровую ковбойскую шляпу. Ее полагалось надеть и сказать что-нибудь в духе лучших канадских вестернов. Всех президентов предупредили об этом.

Премьер-министр Японии Дзюнъитиро Коидзуми, выйдя из самолета и получив шляпу, повертел ее в руках, надел и как-то обреченно вздохнул. Прекрасно справился с задачей американский президент. Надев шляпу, он долго позировал перед камерами. Президент Франции внимательно посмотрел на шляпу и отвернулся от нее. Канцлер Германии надел ее на голову мэра Калгари. Владимир Путин взял шляпу, рассеянно кивнул и отдал ее помощнику.

Международный пресс-центр находится в Калгари, примерно в 100 км от Кананаскиса. Журналистов там почти нет, их завозят в Кананаскис небольшими партиями. Мне вчера удалось провести в этом городке целый день.

Дорога на горный курорт Кананаскис — очень серьезное предприятие. Она охраняется государством, и так, как никакая другая в Канаде. Вооруженные силы Канады насчитывают 50 тыс. человек. 20 тыс. из них охраняют дорогу и Кананаскис. На время отозваны миротворческие контингенты из Боснии и Афганистана. Их боевой опыт, посчитали организаторы саммита, будет здесь незаменим. Вдоль трассы стоят бронетранспортеры, скорострельные пушки. Круглосуточно барражируют вертолеты. Контролируется каждый метр «зеленки». Двенадцать блокпостов, и каждый — может отразить террористическую атаку «Аль-Каиды» и нанести адекватный ответный удар.

Впрочем, на самом деле военные не могут напугать даже медведей гризли, которым Кананаскис — родной дом. Обычно против них применяют свистки, которые раздают всем туристам. Туристам объясняют, что, как только они увидят или услышат, что приближается гризли, — сразу свистеть. Туристы так и делают. В результате леса вокруг Кананаскиса просто загажены медвежьими экскрементами: гризли пугаются свиста.

Один гризли пошел посмотреть на лидеров «восьмерки» и наткнулся на итальянского премьера Берлускони. Встреча с итальянцем стоила медведю жизни. Его застрелили. Американским журналистам удалось снять убийство медведя. Я видел эту съемку. Бедное животное, которое совершенно не сторонилось человека, расстреляли в упор, потом сняли ошейник, который повесили каждому гризли перед саммитом, чтобы знать все о его намерениях, и долго с удовольствием взвешивали его на каком-то суку. Премьер Берлускони выступил по телевидению и попытался изложить свою версию событий. По ней, медведь просто забрел в охраняемую от антиглобалистов зону, и охранники решили его усыпить, но одна игла попала в сердце медведя, и бедняга скончался на месте.

Лично я во все эти сказки ни секунды не верю. Гризли

хотели убить и хладнокровно убили. Это было ясно по телекадрам. И на чьей совести его жизнь, решать каждому из лидеров «восьмерки» для себя лично.

Несмотря на убийство, лидеры, как один, утверждают, что чувствуют себя в Кананаскисе превосходно. Владимир Путин и вовсе заявил в конце первого рабочего дня, что все его собеседники — люди очень приятные. А уж о здешней природе вообще говорить не приходится. У нас такая есть только в Северной Осетии.

Гостиничный комплекс, где живут и работают лидеры, состоит из трех невысоких строений. В одном они работают, в другом живут, в третьем живут и работают члены делегаций. Центр композиции — мелкий пруд без рыбы.

После первого дня работы саммита лидеры должны были принять заявление о борьбе с терроризмом. Известно, что в нем было шесть пунктов. Заявлению придавали большое значение, потому что «восьмерка» собиралась в первый раз после событий 11 сентября. Заявление было готово, оставалось уточнить мелочи. Это собирались сделать на рабочем совещании «восьмерки» вчера утром.

Я видел, как начиналось это совещание. Комната, где встречается «восьмерка», находится в «красной-красной» зоне. Более запретной зоны нет во всей Канаде. По идее сюда вообще не должна ступать нога человека, тем более журналиста. Там работают только президенты и шерпы. Протокольная съемка — полминуты. Впрочем, что-то можно разглядеть и за это время. Владимир Путин, сев за стол, сразу надевает наушники. Он хочет поработать. Американский президент начинает демонстративно раскачиваться на стуле, давая, видимо, понять, что у него все очень хорошо и что ему торопиться некуда. Лидеры с обеих сторон стола льнут к Джорджу Бушу. Увидев это, Владимир Путин снимает наушники. К нему подходит помощник Андрей Илларионов и что-то шепчет. Наш президент начинает исподлобья оглядывать коллег за столом. Он явно готовился к серьезному разговору и теперь, кажется, недоумевает.

После этого разговора к журналистам должен был выйти

президент Канады, чтобы зачитать заявление по терроризму. Но ничего такого не происходит. Заявления, как и самого Кретьена, нет. Появляется другая информация: в 2006 году «восьмерку» примет Москва. Это, безусловно, неожиданность, которая некоторое время скрывается, потому что уточняются подробности. Пока это самое громкое событие саммита. Говорят, господин Путин настаивал, чтобы Россия приняла «восьмерку» уже в 2003 году, но Франция своим местом не поступилась. Не отдал своего и Джордж Буш (США будут принимать «восьмерку» в 2004 году). Пожертвовала России вроде бы Германия.

Следом появляются заявления о транспортной безопасности, а также заявление с тезисами «восьмерки» об обязательном начальном образовании в мире к 2015 году. Складывается впечатление, что вся эта активность вызвана необходимостью прикрыть отсутствие заявления по терроризму. Рабочее совещание заканчивается, а заявления нет.

Начинаются двусторонние встречи лидеров. Владимир Путин утром уже встречался с Тони Блэром, вспоминал чудную встречу в прошлом году в загородной резиденции под Лондоном. Теперь господин Путин разговаривает с Жаком Шираком. Журналисты сидят в это время под навесом у пруда. Очень жарко, за 30°. Чтобы мы посмотрели на президентов, нас проводят в переговорную комнату через кухню. У каждого повара в кармане белого фартука — рация. Приходится долго ждать среди поварешек и кастрюль. Наконец нам показывают господ Путина и Ширака.

— Спасибо за приглашение, — говорит президент Франции. — Мне очень нравится Москва, но я еще не был в Сочи. С удовольствием приеду.

— Ждем, — говорит Путин и озабоченно глядит на нас.

Похоже, эти слова не предназначались для посторонних ушей. Но Ширак не замечает этой неловкости.

— И что, — спрашивает, — там уже все готово? Организовано?

Его озабоченность можно понять.

— Организовано, — успокаивает его Путин.

Ширак тоже наконец понимает, что подробности лучше обсудить наедине. Повисает неловкая пауза. Журналисты никуда не уходят. Ширак беспомощно оглядывается в поисках своего пресс-секретаря. Наконец пресс-секретарь Путина выводит посторонних. Позже удается зачем-то выяснить, что встреча в Сочи состоится в июле.

Следующая встреча — с премьер-министром Канады Жаном Кретьеном. Мы попадаем на нее опять через кухню.

— Мы просто в восторге от этого места! — говорит Кретьену Путин.

Встреча продолжается минут 40. А журналисты все ждут, что вот-вот появится это несчастное заявление. Оно, получается, — единственная интрига этого дня. Хотя уже вечер, прохладнее в горах отчего-то не становится.

Наконец к нам на свежий воздух выходит и Владимир Путин. Видно, что он устал за этот день. Разговор происходит на крыльце дома, где он живет. Наш президент говорит, что ужс не может понять, день сейчас или ночь. Говорит, что неплохо поработали. Благодарит за честь принимать «восьмерку» в 2006 году. Рассказывает, что напомнил лидерам всех стран, что раньше договаривались провести в Москве конференцию об изменении климата. Ни слова о заявлении по терроризму. Только как бы вскользь обмолвился, что можно найти общее решение, даже если есть разные подходы. Пресс-конференция очень короткая. Отойдя от журналистов, Путин озабоченно говорит своему помощнику:

— Пойдем ко мне, посмотрим еще...

Через час у лидеров поздний рабочий ужин, на котором они и будут обсуждать, видимо, опять это заявление и, возможно, о чем-то все же договорятся.

Путин ушел работать, а мы, хотя уже стемнело, долго еще не могли выбраться из Кананаскиса, потому что по единственной дороге со скоростью 20 км/ч двигался кортеж американского президента. Джордж Буш поехал любоваться горными красотами. А о борьбе с террористами не ест, не спит, а думает, похоже, только Владимир Путин.

Так что пусть господин Буш на себя потом и обижается.

«ВОСЬМЕРКЕ» ПРИДЕТСЯ ЗАПЛАТИТЬ РОССИЙСКОЙ ТАМОЖНЕ

28 июня в канадском городке Кананаскисе лидеры «восьмерки» завершили свою встречу, которую многие африканские наблюдатели назвали исторической, потому что им пообещали довольно много денег. Впрочем, Россия получила еще больше.

У Владимира Путина этот день начался в 7.45 со встречи с Джорджем Бушем. Накануне российский президент, по его словам, получил очередное письмо от американского (видимо, такие письма приходят ему довольно часто) на одну, как он выразился, из актуальных тем. Это письмо они и обсуждали рано утром.

Российский президент не захотел говорить, о чем это письмо. Но, по некоторым данным, речь в нем шла о судьбе председателя Арафата. Президент Путин категорически настаивает на том, что вести переговоры о ближневосточном урегулировании можно только с ним. Более того, Владимир Путин заявил, что и Джордж Буш никогда не утверждал, что Ясира Арафата надо устранить с политической арены, хотя администрация США критически оценивает последние усилия палестинской администрации в мирном процессе.

Разговор с американским президентом был, по признанию российского президента, трудным. Это бросалось в глаза, когда они вместе вышли к журналистам. Владимир Путин выглядел уставшим. Утомлен был и Джордж Буш. Было известно, что они ответят журналистам на два вопроса. Джордж Буш дал слово американскому журналисту, которого назвал Алексом. Тот спросил своего президента, что он думает о скандале с телекоммуникационной компанией WorldCom. Американский президент ответил и хотел перейти ко второму вопросу, но тут пожелал высказаться и наш президент. Джордж Буш, не скрывая удивления, дал ему слово и попросил перевести ответ для американских журналистов. Владимир Путин заявил, что у этого скандала есть положительная

сторона: он свидетельствует о большой открытости американского рынка ценных бумаг.

Президент США начал расточать комплименты Владимиру Путину. С ним, как выяснилось, нет и не может быть никаких разногласий, ведь президент Путин — человек, который на себе почувствовал угрозу террористов, сказал американский президент. Он из тех людей, которые знают цену своим словам, и ему, Джорджу Бушу, приятно, что такой человек на его стороне в деле борьбы с терроризмом. Какие тут могут быть разногласия!

В это же время канадский президент Жан Кретьен на своей пресс-конференции рассказывал, что до последнего момента не было никакой уверенности в том, что декларация о глобальном партнерстве будет подписана: слишком серьезными казались разногласия между Владимиром Путиным и остальными членами «восьмерки». «Теперь русские должны поступить в соответствии с нашими руководящими указаниями, которые являются предметом вашей договоренности», — сказал этот человек, имея в виду господина Буша.

Американский президент тем временем решил закончить пресс-конференцию и объявил об этом. В зале тут же погасили свет. Но Владимир Путин сказал, что он хочет добавить пару слов. Свет опять включили, и наш президент вернул комплименты Джорджу Бушу. Американский президент — это человек, который, по его мнению, может искоренить зло, именуемое терроризмом.

Только после этого в зале опять погас свет, и оба лидера удалились на совещание с участием четырех лидеров африканских стран. Итогом его стали сразу два заявления. Появилось наконец долгожданное «Глобальное партнерство», в котором кроме всего прочего изложены обещанные еще позавчера шесть принципов борьбы с терроризмом. И лидеры «восьмерки» заявили, что выделяют на борьбу с бедностью в Африке $6 млрд.

Президент Нигерии в своей длинной (в два раза длиннее положенного по протоколу) речи так страстно благодарил «восьмерку» за доброту, и слова его были так музыкальны, что все это вместе (плюс, конечно, его внешние данные) производило впечатление хорошо сколоченного рэпа. Потом должен был выступить еще канадский премьер-министр, но, видимо, сил у него уже не было, и он жестами дал понять, что отказывается от последнего слова. Нигерийский лидер, похоже, всерьез на это обиделся.

После этого «восьмерка» начала разъезжаться. Вернее, почти все улетели из Кананаскиса в Калгари на вертолетах. Только африканские лидеры покинули курорт на автомобилях. Их кортежи были очень скромными, а государственные флажки зачехлены.

«Глобальное партнерство» оказалось довольно конкретным документом. В нем предусмотрен механизм контроля за ядерным, химическим, радиологическим и биологическим оружием, «меры физической защиты, включая эшелонированную оборону, в отношении объектов, на которых хранятся эти предметы».

Кстати, именно пункт об уничтожении химического оружия вызвал самые острые дискуссии. «Восьмерка» пыталась вписать в декларацию уничтожение не химического оружия, а биологического. В конце концов Владимиру Путину, по признанию французского президента, удалось отстоять свою точку зрения, а про биологическое оружие теперь есть только фраза, что его необходимо сокращать.

Решено «оказать помощь государствам, не имеющим достаточных ресурсов, мер обеспечения защиты собственных объектов. Предстоит разработать и осуществлять эффективные меры пограничного контроля, деятельность в правоохранительной области и в области международного сотрудничества с целью обнаружения, недопущения и запрещения случаев незаконного оборота таких предметов, например путем установки систем обнаружения, подготовки служащих таможенных и правоохранительных органов и развития сотрудничества в отслеживании таких предметов; оказать помощь государствам, не имеющим достаточного опыта или ресурсов, в укреплении их потенциала в области обнаружения, недопу-

щения и запрещения в случаях незаконного оборота таких предметов».

Вот тут, конечно, с Россией будет заминка. Представляю себе, как «восьмерка» будет оказывать помощь шереметьевским таможенникам, не имеющим достаточного опыта и ресурсов.

Но так или иначе «Глобальное партнерство» даже превзошло многие ожидания. Что с ним будет дальше, сказать трудно. Например, помощник российского президента Андрей Илларионов на вопрос, что бы он выделил в «Глобальном партнерстве» из того, к чему он лично приложил руку, отвечал, потупившись:

— Чем можно гордиться? К чему я приложил руку? Трудно выделить, честное слово. Ко всему приложил. Так уж получилось, господа.

ВЛАДИМИР ПУТИН И ЖАК ШИРАК СОГЛАСИЛИСЬ, ЧТО ПРОБЛЕМУ КАЛИНИНГРАДА НАДО РЕШАТЬ

19 июня президент России Владимир Путин в своей сочинской резиденции «Бочаров ручей» принял президента Франции Жака Ширака.

По каким причинам эта встреча произошла именно в Сочи? Почему не в Москве или в Петербурге? Администрация президента России настаивает на том, что о таком формате попросил французский президент. Договорились об этом давно. В канадском городе Кананаскис Жак Ширак сам напомнил Владимиру Путину, что скоро они встретятся в Сочи.

— В Москве я был... — сказал французский президент и задумался, явно желая продолжить, где еще он был в России, но ведь нигде больше не был. — Теперь надо побывать и в Сочи.

Скорее всего стремление увидеть нашу здравницу появилось у Жака Ширака не после того, как этот город выдвинул было себя кандидатом на проведение зимних Олимпийских игр, а после того как в мае в Сочи съездил итальянский премьер Сильвио Берлускони.

Тем временем в Сочи разгар курортного сезона. Температура воздуха — 29°, температура воды — 26°, атмосферное давление, не хочу никого расстраивать, в норме. В некоторых отелях и пансионатах уже нет свободных мест. Вряд ли повлияло известие о приезде Ширака. Это известие как раз могло кого-то и отпугнуть. Все очень боялись, что сочинская милиция слишком серьезно отнесется к этому визиту и по городским улицам, и так до предела загруженным, будет вообще не проехать. Опасения эти между тем подтвердились. Вчера было не только не проехать по улицам, но и не проплыть по морю. Море бороздило огромное количество военных кораблей и катеров. Говорят, что меры безопасности резко усилили по просьбе французов, в День взятия Бастилии переживших покушение на своего президента.

Люди на пляжах, как ни странно, обсуждают эту встречу. Например, на пляже в оздоровительном комплексе «Дагомыс» я встретил двух таких людей. Сын одного из них, Костян, мальчик лет пяти, потерял шлепанцы, и отец был от этого в заметном раздражении. Он сказал своему сыну, что Путин, который отдыхает поблизости, никогда бы не потерял своих шлепанцев.

— А Ширак, — спросил его приятель, — Ширак может взять и потерять шлепанцы?

Судя по загару, они отдыхали давно, и все остальные темы для разговоров были исчерпаны.

— Даже Ширак не потерял бы, — резко ответил отец Костяна.

Мальчик тем временем нашел свои шлепанцы. Я хотел было подойти к этим симпатичным людям и спросить их, чего они ждут от предстоящей встречи двух лидеров, но потом, конечно, раздумал.

Приехав в резиденцию, президент Франции за двадцать минут переоделся в темно-синий костюм и вышел на набережную прогуляться с Владимиром Путиным. Было начало

пятого, и на набережной стояла страшная жара. Владимир Путин был в светлом костюме, но это его, похоже, не спасало. Потом он даже сказал французскому президенту, что жарко, конечно, но ведь и в Париже сейчас тоже, по его данным, жарко. Журналисты снимали Путина и Ширака всего несколько минут, но за это время промокли до нитки от пота. Кондиционеры были, но не справлялись. Пока Путин говорил Шираку, что россияне озабочены покушением на французского президента и что это лишний раз доказывает опасность левацких и ультраправых группировок (эти группировки во Франции, правда, категорически отказываются, что покушавшийся молодой человек имел к ним какое-нибудь отношение), французский президент страдал от жары. По его шее струйками за воротник рубашки стекал пот. Но Ширак нашел все же в себе силы ответить, что Россия очень быстрыми, по его мнению, темпами восстанавливает свое место в мире, и уточнил, что это место великой нации.

Французские журналисты, кстати, были удивлены тем, что первый свой зарубежный визит после выборов их президент нанес в Сочи. Уже много десятилетий есть традиция: французский президент сразу после выборов едет в Германию. Они даже хотели на пресс-конференции спросить, почему Жак Ширак нарушил традицию, не им придуманную, ради российского президента. Но их пресс-секретарь попросила не делать этого. И свободные французские журналисты с поразительной готовностью откликнулись на просьбу, а этот вопрос задал российский журналист. После этого не очень убедительной показалась история, рассказанная еще одной французской журналисткой. Она говорила, что сразу после покушения на встрече в Тулузе журналистов попросили не спрашивать президента про это покушение, потому что Ширак и так слишком близко к сердцу принял случившееся с ним. И они не стали этого делать. А когда я попросил французскую журналистку прокомментировать это, она заявила, что ничего подобного не было, что если французского журналиста попросить не задавать вопрос, он задаст его тогда пять раз подряд. А покушение — это для Ширака то же, что для слона дробина (она так и сказала, пользуясь хорошим знанием русских поговорок).

Когда журналисты выходили из переговорной комнаты, Владимир Путин достал носовой платок, попользовался им, а потом не удержался и из лучших, несомненно, побуждений предложил его Шираку. Ширак с благодарностью отказался, показав, что у него тоже есть носовой платок.

Пресс-конференция началась с большим опозданием. Первый же вопрос французские журналисты задали про Чечню. А один из них заявил, что, по словам спецпредставителя российского президента в Чечне, ситуация с зачистками там сейчас хуже, чем при Берии.

Президент, пока журналистка задавала вопрос, все время кивал и отвечал минут десять. Теперь уже кивала француженка. Путин заявил, что ведь это он назначил недавно своим представителем чеченца, и дал понять, что нисколько об этом не жалеет. «Любой вид насильственных действий связан с жертвами среди мирного населения, и подтверждением этому могут служить наши действия в Афганистане», — сказал он, имея в виду, конечно, американские действия. Путин добавил, что зачистки надо прекращать и это произойдет до конца года, когда будут укреплены силовые структуры Чечни.

Следующим вопросом с российской стороны должен был стать вопрос о поступательном развитии двухсторонних отношений. Но раз началась игра без правил, то российский журналист в довольно оскорбительной форме спросил Ширака, почему в демократической Франции состоялось покушение на ее президента. Ширак сказал, что по понятным причинам не будет отвечать на этот вопрос.

В общем, обстановка на пресс-конференции была напряженная. Только по проблеме Калининграда было высказано полное единодушие. Оба заявили, что проблему надо решать.

Правда, потом наш президент решил еще добавить:

— Я не думаю, что лучшим было бы возведение новых стен в Европе. Я исхожу из того, что ни у кого нет желания делить суверенитет России, так же как нет желания пересматривать

итоги войны. А если есть, давайте пообсуждаем эту проблему. Почему надо за счет России? — раздраженно буркнул Путин.

Пресс-конференция продолжалась полтора часа и закончилась вместе с дискотекой в соседнем пансионате «Салют». Музыка с этой дискотеки сопровождала все выступления президента в течение этих полутора часов.

Жители пансионата потанцевали и легли спать, а Путин с Шираком только приступили к ужину.

ВЛАДИМИР ПУТИН ПРОВОДИЛ ЖАКА ШИРАКА ДО ГОСТИНИЦЫ

В минувшую субботу 20 июля, позавтракав в обществе президента РФ Владимира Путина в резиденции «Бочаров ручей», президент Франции Жак Ширак покинул Сочи и улетел в Женеву, чтобы встретиться с президентом Объединенных Арабских Эмиратов шейхом Заидом бен Султаном аль-Нахайаном. Накануне вечером Жак Ширак и Владимир Путин долго не могли расстаться. Ночь с пятницы на субботу французский президент решил провести в гостинице «Рэдиссон-Лазурная», хотя Владимир Путин предлагал ему гостевой домик в «Бочаровом ручье». Ужин в резиденции, за которым президенты продолжили переговоры, закончился в полночь. Французский президент за едой послушал русский фольклорный ансамбль и остался доволен. Он ведь очень любит все русское и даже понимает наш язык (хотя и не показывает этого). Только вот говорить не может.

Уже прощаясь с Жаком Шираком, Владимир Путин неожиданно сказал, что хочет проводить его до «Лазурной». Действительно, мало ли что... Господин Ширак сначала отговаривал его, но потом, видимо, понял, что президент России поедет до конца, и согласился. В одной машине они доехали до «Лазурной». Там их, конечно, ждали. Русские девушки вручили Жаку Шираку цветы. Владимиру Путину цветов даже не предложили (на этом настоял протокол, которому хорошо известно, что российский президент принимает цветы из рук девушек, только когда другого выхода у него нет, то есть во время государственных и официальных визитов).

Президент России хотел было на этом и закончить, но тут уж президент Франции стал настаивать на продолжении банкета. Они зашли в одно из кафе отеля. Посетители были, говорят, случайными. Тех, кто уже сидел, выгонять не стали, но больше никого не пустили. Правда, через несколько минут в дверях появились французские журналисты, которые стали делать вид, что давно зарезервировали столики. Служба безопасности президента России не хотела их пускать, но потом пресс-секретарь российского президента сделал широкий жест доброй воли. Тогда сразу же попросились еще три французских журналиста. У них шансов уже не было... Да и те, что вошли, мало что увидели. Впрочем, им лучше было и не видеть того, что происходило за президентским столиком.

Жак Ширак пил водку, категорически отказавшись от французского вина, которое ему сразу предложили (кафе было французским, шеф-повар тоже француз), и запивал ее мексиканским пивом «Корона». Не сказать, чтобы он выпил много водки, но и не сказать, чтобы мало пива. Наш президент поддержал француза. Так они просидели минут сорок. Высокопоставленный источник в Кремле позже квалифицировал все это как четвертый раунд российско-французских переговоров.

Но все хорошее когда-нибудь, как известно, кончается. Закончился и этот день в Сочи. Провожать нашего президента в «Бочаров ручей» Жак Ширак не стал.

Они снова встретились ранним утром в «Бочаровом ручье» и позавтракали. Возможно, кто-то позже назовет это п
тым раундом переговоров. Переговоры были легкими: по
доры, огурцы, два вида сыра. Господин Ширак затор
из-за стола: он опаздывал в Женеву на встречу с пре
Объединенных Арабских Эмиратов Заидом бен
аль-Нахайаном.

Владимир Путин никуда не опаздывал.
он сел на небольшой кораблик и попроси

Черному морю. Прогулка была долгой. Кораблик сопровождали два военных катера. Поскольку двигались они малым ходом, то страшно чадили, и отдыхающие на берегу немного испуганно смотрели на эту процессию, ожидая каких-то неприятностей и, может быть, даже взрыва. Но ничего страшного не происходило. Просто это президент России обдумывал итоги плодотворных пятираундовых переговоров с французским президентом Жаком Шираком.

ИСТИННОЕ ЛИЦО ЛАУРЕАТОВ ГОСУДАРСТВЕННОЙ ПРЕМИИ

6 августа президент России Владимир Путин подписал указ «О присуждении Государственных премий Российской Федерации 2001 года в области науки и техники». Еще во второй половине дня в комиссии по присуждению Госпремий в области науки и техники ничего не знали о том, какой список утвердил Владимир Путин. Ученый секретарь комиссии Владимир Журавлев поинтересовался у меня, сколько в нем позиций? Позиций было 29.

— Значит, все в порядке, — облегченно вздохнул господин Журавлев. — Плюс четыре молодых ученых?

Я сверился со списком в Интернете:

— Да.

— Ну, слава богу. Так и должно быть.

Премии получили представители разнообразного человеческого знания. Группа ученых стала лауреатами за «создание «Атласа снежно-ледовых ресурсов мира». Лауреату Нобелевской премии Жоресу Алферову тоже теперь есть чем гордиться: он и еще семь соавторов — лауреаты Государственной премии за «фундаментальные исследования процессов ...ирования и свойств гетероструктур с квантовыми точ... создание лазеров на их основе». Георгий Бюшгенс и ...еловек получили премию за «комплекс исследова... ...о аэродинамике, устойчивости, управляемости магистральных самолетов нового поколения» (хоть эти-то будут устойчивыми и управляемыми). Хирургу Ренату Акчурину, телеведущему Якову Бранду и еще шестерым ученым, имена которых неизвестны широкому кругу телезрителей, — за работу «Хирургическое лечение сочетанных сердечно-сосудистых и онкологических заболеваний»...

— Все очень серьезно, — подчеркнул Владимир Журавлев и рассказал, как, собственно говоря, присуждаются Государственные премии.

Процесс это изнурительный, требующий полной самоотдачи от всех его участников. Конкурс проходит в три этапа. На первом этапе работают секции (их десять — «аграрии», «математики», «строители», «медики»...), которые предлагают работы президиуму комиссии. В президиум входят лучшие, по замечанию господина Журавлева, люди страны. Они принимают решение о допуске работ претендентов ко второму туру. Несмотря на то что люди лучшие, к ним возникает огромное количество претензий.

— Когда претендентов вычеркивают, они поступают порой самым неожиданным образом, — пожаловался господин Журавлев.

— То есть?

— Даже в суд подают!

— Что же тут неожиданного?

— Да как же так? Ну как может, представьте себе, стать лауреатом конкурса Чайковского человек, который не умеет играть на скрипке? А у нас на каждом шагу встречаются такие люди, которые уверены, что могут и должны. Подают и подают свои работы, да еще хотят остаться в списке... Но президиум и комиссия, как я выражаюсь, всегда показывают свой мерзкий характер, — с удовольствием подчеркнул ученый секретарь.

Второй тур предусматривает широкое общественное обсуждение работ уцелевших претендентов. Краткое изложение этих работ публикуется в «Российской газете», и каждый человек (в том числе тот, чью работу забраковали на первом этапе) может высказать свое мнение о них. И каких только

писем не получает комиссия по присуждению премий! Впрочем, никакого смысла в этом обсуждении нет, потому что все равно работы для третьего тура отбирает тайным голосованием она — комиссия. Пройти в третий тур могут только те работы, которые набрали не меньше двух третей голосов членов комиссии. Из-за этого возникает постоянный недобор лауреатов. Есть лимит — в списке, представляемом президенту, не должно быть больше 30 позиций.

— В этом году не выбрали лимита, — сообщил Владимир Журавлев. — После второго тура осталось 29 претендентов. И это еще хороший результат! Бывает и меньше.

Впрочем, и в результате президентской проверки список, случается, уменьшается.

— Конечно, могут кого-то и вычеркнуть, — сообщил ученый секретарь.

— Неужели были и такие случаи? Там, в администрации президента, что, эксперты лучше, чем у вас? Или более придирчивые?

— Ну, там вычеркивают не по научным соображениям, — не очень охотно поделился ценной информацией господин Журавлев. — Был, например, один военный, не очень, кажется, хороший... в личной жизни, что ли... У них же там кадры тоже смотрят... Вот и вычеркнули. Мы-то не можем со своей стороны всех обстоятельств знать.

Но даже после того, как выясняется, что претенденты ведут достойный лауреата Госпремии РФ образ жизни и президент России утверждает список, комиссия не гарантирована от неприятностей.

— Был один лауреат из Мичуринска. Дали ему и еще троим премию. Хорошая была работа — дичкам хорошие карликовые сорта придумали прививать... Пока присудили премию, он и второй лауреат из Мичуринска ушли в мир иной. Дело ведь это долгое, хлопотное, всю жизнь люди к этому идут, ну я вам рассказывал... Но пришла на вручение жена с тремя детьми, получили премию, стали пользоваться... И тут старший сын стал везде писать, что одному лауреату, то есть директору их института, не надо было давать. А ведь директор из одной компании с его отцом, только жив остался, вот и вся его вина... Сам сын живет в общежитии, не платит за него, выселить не могут, потому что он все время пишет письма на имя президента и всех остальных... Уже больше двухсот писем написал и все пишет... Не в себе, конечно, человек. Но, видимо, неглупый.

О материальной стороне премии ученый секретарь говорил не так охотно. Но удалось выяснить, что она составляет 3000 минимальных окладов, то есть примерно $9000 (МРОТ берется по его состоянию на конец 2001 года) на каждую позицию. Учитывая, что за одну работу премию получают, как правило, не меньше восьми человек (но и ни в коем случае не больше), выходит около тысячи на человека. Молодые ученые получают по 700 минимальных окладов. Но зато у них короче список соавторов. Кроме того, с недавних пор пенсионеры-лауреаты, живущие в Москве, получают по решению московского правительства пенсию в двойном размере наравне с Героями Советского Союза.

— Да и вообще, — заключил ученый секретарь комиссии, — хоть мы и не являемся правопреемниками Ленинских и Сталинских премий, но методично, год за годом, по всем показателям выходим на их уровень. Так что пока нам стыдиться нечего.

АЛЕКСАНДР ГРИГОРЬЕВИЧ МЕНЯЕТ ПРОФЕССИЮ

14 августа в Москву с коротким визитом прибыл президент Белоруссии Александр Лукашенко. Теперь он уже, наверное, жалеет, что вообще не отменил его.

Александр Лукашенко прибыл в Кремль с десятиминутным опозданием, потому что давал интервью в аэропорту. В интервью он говорил о том, что в политике надо как можно больше думать о простых и конкретных людях, и о том, как же сделать так, чтобы принести им как можно больше пользы.

Такую причину опоздания следовало признать уважительной.

В Кремле российский президент сказал, что он посмотрел телевизор и слышал эти слова Александра Григорьевича.

Все это время оба лидера улыбались, демонстрируя, как им приятно после длительной разлуки видеть друг друга, несмотря на разногласия, которые грозили вот-вот стать непреодолимыми. Идиллия закончилась, как только они начали говорить. Александр Лукашенко, все еще по инерции улыбаясь, заявил, что их с Владимиром Путиным совершенно невозможно поссорить, потому что они слишком ответственные люди.

— Хотя и были попытки создать атмосферу недоверия — вплоть до отката назад, — добавил он.

— Ничего удивительного, что у нас такой напряженный процесс, — успокоил его господин Путин. — Мы создаем союз из такого материала, из которого никто ничего подобного ранее не делал.

Планировалось, что переговоры продлятся один час или даже чуть меньше. Вместо этого президенты разговаривали почти три часа. Когда они вышли к журналистам, началось самое интересное — в том числе, видимо, и для них самих.

Сначала Владимир Путин зачитал заявление, то и дело, впрочем, отвлекаясь от бумажки. Он рассказал, что закончилась первая часть переговоров. В первую очередь обсуждали экономическое сотрудничество и процессы, связанные с созданием союзного государства. Были вопросы, подлежавшие обсуждению, как выразился российский президент, в императивном порядке. Скорее всего он имел в виду единые железнодорожные тарифы, которые Россия односторонне ввела и теперь, видимо, жалеет об этом, потому что Белоруссия, несмотря на договоренности, не сделала того же самого.

— Уважаемые товарищи! — выступил и Александр Лукашенко. — Мне мало что можно добавить. Как ни не хотели мы влазить в экономическую конкретику, но 40 минут посвятили ей. Что касается политических вопросов, впервые за последние годы стало ясно, на какие три-четыре модели... да нет, наверное, на три... о которых мы, конечно, не будем говорить...

Он выразительно посмотрел на Владимира Путина. Тот не среагировал.

— На какие модели можно ориентироваться в деле создания союзного государства... И хочу подчеркнуть, что белорусы всегда придерживались порядочной линии в отношении Российского государства, — закончил белорусский президент.

Он как будто уговаривал своего российского коллегу также придерживаться порядочной линии. Эта линия в данный момент состояла, видимо, в том, чтобы не говорить ни о каких моделях. Но господин Путин, очевидно, решил для себя совершенно другое. Он сказал, что за последние годы было так много сделано для создания союзного государства, что можно было бы уже перейти и к конкретным шагам.

— Момент такой удобный, — пояснил господин Путин. — И народы наши хотят этого, и в национальных элитах есть понимание.

То есть верхи не могут, а низы не желают жить по-старому. Когда-то такой удобный момент назывался революционной ситуацией. Еще пара минут господину Путину потребовалась на то, чтобы сделать безобидную и мирную ситуацию на пресс-конференции революционной.

Он рассказал, что, по его мнению, было бы движением к созданию в полном смысле единого государства. Уже в мае следующего года следует провести по этому поводу референдум в обеих странах. В декабре должны пройти выборы в единый парламент. А в мае 2004 года — выборы единого главы единого государства.

Таким образом, российский президент сделал именно то, от чего его так отговаривал белорусский коллега. Он начал неумолимо озвучивать варианты союзного государства, которые они обсуждали последние три часа. Более того, господин Путин сформулировал свой вариант вопроса, вынесенного на референдум:

— Мы с Александром Григорьевичем говорили об этом, и я решил сформулировать...

В одном вопросе будут, по версии Владимира Путина, три позиции: согласны ли граждане, что Россия и Белоруссия объединятся на основе обеспечения равенства прав и свобод, на основе равенства регионов и на основе создания единого органа власти, в основе которого, в свою очередь, будет Конституция России. Господин Путин пояснил, что никаких претензий к белорусской Конституции не имеет, просто российская лучше.

— Это первый вариант. Он конкретный и ясный, — добавил господин Путин и дал таким образом понять, что именно этот вариант люб ему лично. Но рассказал и о другом варианте: — Что-то похожее на объединительные процессы в рамках Евросоюза.

Про третий он не стал говорить.

— Нам еще, конечно, я согласен с Александром Григорьевичем, нужно процессы сегодняшнего дня активизировать, — попытался он приободрить белорусского коллегу. Того, безусловно, застали врасплох. Российский президент сказал еще несколько слов о том, что и введение в качестве единой расчетной единицы рубля на территории двух стран он бы перенес с 1 января 2005 года на 1 января 2004 года.

Пресс-секретарь Александра Лукашенко дала слово белорусской журналистке. Та задала вопрос.

— Что вы говорите? — даже не понял ее белорусский президент. — Как? А, насчет международной части...

Он нехотя пробормотал что-то насчет сотрудничества с НАТО и ОБСЕ. Бросалось в глаза, что он полностью поглощен осмыслением того, что сейчас сделал его российский коллега. В планы господина Лукашенко совсем не входило рассказывать гражданам обеих стран, что российская сторона решила радикально перехватить у него инициативу в нелегком деле создания единого государства.

Очевидно, что на это рассчитывают и авторы этого проекта в Кремле. «Сам же хотел, чтобы было единое государство? Ну так вот, получи его!» — как будто говорят ему. Названы даже сроки, и такие, которые, как потом сказал российский президент, потребуют усилий со стороны белорусских коллег.

Очевидно, что никакой импровизации на пресс-конференции не было. Слова Путина стали неожиданностью только для белорусского президента. Только вот кто кого в этой ситуации загоняет в угол? Ведь, казалось бы, Александр Лукашенко тоже может упереться и пойти до конца. Концом для него станут выборы единого президента. В Белоруссии живет меньше электората, чем в России, и исход таких выборов очевиден. А значит, белорусский президент никак не сможет согласиться на пакетное предложение российского. Таким образом, получится, что это он против создания союзного государства.

Нельзя, конечно, теоретически исключить вариант, при котором Александр Лукашенко возьмет и пойдет на эти выборы, чтобы пожертвовать собой ради воссоединения двух наших народов. Ну и что в этом, в конце концов, плохого?

ВЛАДИМИР ПУТИН МЕДЛЕННО ПРОЛЕТЕЛ НАД ГИБРАЛТАРОМ НА НОВОМ САМОЛЕТЕ ОКБ СУХОГО

16 августа президент России Владимир Путин посетил ОКБ Сухого и даже полетал на одном из новейших самолетов. Правда, неизвестно какой модели и почему-то очень медленно.

Визит был приурочен к Дню военно-воздушного флота. В планы президента входила экскурсия по опытному заводу и совещание с руководством отрасли. В связи с тем, что президент приехал с сорокаминутным опозданием, задержавшись на переговорах в Ново-Огареве, экскурсия по цехам была довольно беглой.

Я прошел по пути президента примерно за час до него. На одном столе рабочие старательно скручивали проводки. Я спросил, зачем они это делают.

— А это жгут вооружений, — охотно пояснил Валентин Медведев, рабочий. — На этом плазе отрабатываются системы вооружения огнем современных самолетов.

За большим столом (плазом) сидели кроме Валентина Медведева еще три женщины и так же, как он, скручивали проводки, доводя до совершенства систему вооружения огнем истребителя «Су-27».

Зато в следующем зале, где идет отработка бортового радиоэлектронного оборудования истребителя «Су-30МКИ», висела плазменная панель Pioneer. Она исполняла роль экрана компьютера.

— Давно у вас на вооружении такие технические средства? — спросил я одного из руководителей завода.

Он переглянулся со своими коллегами и не моргнув глазом ответил:

— Очень... Уже много лет.

В стендовом зале можно было поуправлять истребителем. На многометровом экране моделируется полет. В кабине все так же, как в реальности. В кабине сидел герой России Евгений Фролов. Он поднял самолет с борта авианосца и начал кружить над холмистой местностью.

— Где летим? — спросил я начальника отдела Дмитрия Левина.

— Юг, — уклончиво ответил он. — Ну, юг Испании. В общем, Гибралтар. Но картинка условная, вглядываться нет смысла. Например, вот этого аэродрома на самом деле нет.

Летчик начал заходить на посадку.

— Похоже на компьютерную игру, — поделился я с Дмитрием Левиным.

— Это у них похоже на нас, — недовольно ответил он. — А у нас все по-настоящему.

— А когда самолет разобьется, взрыв будет?

— Не будет. В этом никто не заинтересован.

Летчик-испытатель Фролов вылез из кабины.

— Ручка на упоре на себя недорабатывает, — сказал он Дмитрию Левину. — И вообще, много, конечно, всего. Запишите мой мобильный телефон. Невооруженным глазом — вопросы и вопросы...

Евгений Фролов сидел в этой кабине первый раз. Стенд был изготовлен к прошлогоднему авиасалону МАКС в Жуковском, обошелся недешево, и было решено поставить его в ОКБ Сухого, чтобы добро не пропадало. Как я понял, особой популярностью стенд не пользуется.

— А почему именно вы сегодня в кабине? — спросил я летчика. — Выиграли тендер?

— Да нет, — ответил он. — У нас, честно говоря, и летчиков-то не так уж много. Героев России среди них еще меньше. А те, кто есть, по командировкам разъехались. Один я остался.

Евгений Фролов был скромен. Все говорят, что он лучший. Есть даже специальная фигура высшего пилотажа «чакра Фролова». Ее, как пояснил сам Фролов, выполняют всего два человека в мире. Сделать ее можно только на самолете «Су-37», обладающем изменяемым вектором тяги. Подробности опускаю, потому что сам не в курсе.

— Вам за «чакру» Героя России дали?

— Нет. За испытания. Все мои самолеты — на земле, и все целы, — ответил летчик. — Кстати, а что это за самолет? — кивнул он на кабину, обращаясь уже к сотрудникам за компьютером.

— Точного аналога, боюсь, не подберем, — уклончиво ответил один из них.

Через несколько минут в стендовый зал вошел президент Путин и вместе с ним еще несколько человек, в том числе генеральный директор комплекса «Сухой» Михаил Погосян, который и стал рассказывать, что происходит в этой комнате.

— Ну что, взлетаем? — нетерпеливо спросил его и президента Евгений Фролов.

Ему хотелось в небо.

— Сейчас вы увидите, как можно поражать вертикальные цели, а также наземные, — рассказал господин Погосян президенту, предвкушая триумф системы вооружений «Сухого».

Президент смотрел на экран не без интереса.

— Взлетели, летим, цель... бух — и все! — увлеченно комментировал господин Погосян. — Вот еще одна цель... Бух!

— Нравится вам? — спросил Владимир Путин Евгения Фролова.

— Конечно, нравится! — ответил тот.

— Спасибо, — сказал президент, пожал летчику руку и хотел идти дальше.

Но пилот не спешил прощаться с президентом и не выпускал его руку из своей.

— Хотите сами попробовать? — спросил он Владимира Путина.

Все это фиксировали несколько телекамер. Отказаться президент не мог. Но было такое впечатление, что ему не очень хочется пробовать. Он залез в кабину. Евгений Фролов нагнулся к нему и положил свою руку на руку президента:

— Так, отпускаем тормоза и не трогаем ручку скорости... Разгоняемся...

— Вправо, вправо... — прошептал Погосян.

Но было поздно. Самолет, не успев разогнаться, съехал с палубы авианосца в море.

— Еще раз! — бодрым голосом произнес Фролов. — Прямо, прямо... Взлетели!

Самолет президента был в воздухе.

— Убираем шасси... Высота маловата... — Летчику Фролову что-то не нравилось. — Попробуем подняться... Выводим в горизонт... Чуть-чуть разгонимся и будем бочки делать... Что-то не можем разогнаться... Ну ладно...

Президент сидел в кабине и послушно делал все, что велел ему Евгений Фролов. Никакой самостоятельности он не проявлял.

— Ручку вправо! — Рука Фролова лежала на руке президента. — Пошли бочки!

Это был день Фролова.

— Да, скорость маловата... — расстраивался он. — Не можем разогнать... Сейчас сделаем петлю... Прижмем от себя...

— Садиться будем? — спросил его президент.

Стало ясно, что ему все это надоело.

— Попробуем, — без энтузиазма ответил Фролов. — Все равно скорость не идет. Силуэтик на горизонт поставьте... Пройдем по прямой... Чуть-чуть на себя...

Оказавшись на земле, Владимир Путин быстро попрощался с Евгением Фроловым и пошел на совещание, где долго обсуждал с руководством отрасли, как нам догнать и перегнать Америку и Европу в деле строительства истребителя пятого поколения.

— Что с самолетом? — гневно спросил летчик Фролов, как только ушел президент, сотрудников стендового зала, которые сидели за компьютером. — Почему не шла скорость?

— Так вы же с президентом парашют выпустили! — ответил один.

— То есть? — не понял Фролов.

— Да мы сами удивились. Сразу, как взлетели. Вы же все это время с парашютом летели! Он и тормозил самолет. Там же лампочка горела!

— Да я как-то не обратил внимания, — ошарашенно ответил Евгений Фролов. — Не я же в кабине сидел...

Он еще долго не мог прийти в себя. Он посадил столько машин в своей жизни, и ни одна из них не разбилась. За это он получил Героя России. И вот в одном из самых главных полетов в своей жизни так он с президентом летал над Гибралтаром с тормозным парашютом.

ВОСТОК – ДЕЛО ДАЛЬНЕЕ

23 августа президент России Владимир Путин и Председатель государственного комитета обороны КНДР Ким Чен Ир развернули бурную деятельность во Владивостоке. Пути их пересеклись только в конце дня, поэтому журналистам пришлось выбирать, к кому присоединяться.

Владимир Путин прилетел во Владивосток с двухчасовым опозданием. И хорошо: до его приезда сотрудникам федеральных структур удалось расчистить улицы города от плака-

тов «В будущее — с Владимиром Путиным!» и «Владимир Путин — наш президент!», которые появились во Владивостоке по инициативе губернатора Приморского края Сергея Дарькина.

Встречным курсом во Владивосток для знакомства с традициями и обычаями русского народа, населяющего этот край, прибыл лидер Северной Кореи Ким Чен Ир. Впрочем, народа этого во Владивостоке осталось не так уж много. За десять лет десятимиллионное население края сократилось на миллион. Но эту потерю компенсировали китайцы, которые давно заполонили все владивостокские гостиницы, магазины и улицы. Ким Чен Ир об этой рокировке, впрочем, не узнал: и в мэрии города, и в пекарне, куда его завели, он встречал только родные русские лица. Из Китая же во Владивосток подъехала большая группа министров российского правительства, сопровождавшая Михаила Касьянова в Шанхай. Министр железнодорожного транспорта Геннадий Фадеев рассказал, что Ким Чен Ир никому не помешал. Зато движение автомобильного транспорта было почти парализовано. Огромной длины кортеж корейского лидера носился по всему городу. Все остальные стояли.

Владимир Путин вел себя поскромнее и весь вчерашний день провел на окраине города, в «доме переговоров», построенном в свое время для встречи Леонида Брежнева и Джеральда Форда. Он начал этот день с совещания по социально-экономическим проблемам Приморского края. На совещании были главы 11 субъектов Федерации, входящих в округ, министры правительства и их замы, председатель госкомитета по рыболовству Евгений Наздратенко, председатель РАО ЕЭС Анатолий Чубайс, депутат Госдумы Светлана Горячева, заявившая в эксклюзивном интервью «Ъ», что приехала показаться своей маме после аварии, случившейся с ней, Светланой Горячевой, накануне. В общем, людей, участвовавших в совещании, было много.

Еще больше было людей, посмотревших его. Впервые совещание такого рода транслировалось на территорию всего Дальневосточного округа. Это потребовало определенных усилий. Телесигнал из Владивостока шел на Москву и уже оттуда — на Дальневосточный регион. Во Владивостоке в связи с этим несколько дней работала большая бригада ВГТРК во главе с несколькими топ-менеджерами компании. Но звука в самом начале трансляции все равно не было.

Еще до совещания Владимир Путин на несколько минут встретился с губернатором Сергеем Дарькиным. Встреча была закрытой для прессы. Но пресс-секретарь президента России Алексей Громов тут же откровенно рассказал, о чем шла речь: «Отмечалось, что в последнее время в регионе определились некоторые тенденции в решении к лучшему ряда задач».

На совещании Владимир Путин в коротком вступительном слове (он отказался от предложенной помощниками речи и написал текст сам, от руки) заявил, что федеральные власти «должны продемонстрировать людям, которые живут в регионе, перспективу». Очевидно, отдавая себе отчет в том, насколько это нелегкая задача, президент подчеркнул: «Несмотря на существенное сокращение многих федеральных программ, мы сохранили программу развития Дальнего Востока».

Президент говорил про то, что пора принимать стратегические для края решения. Он перечислил несколько решений, предоставив участникам совещания самим решать, какие из них считать стратегическими. Увеличивать темпы жилищного строительства? Модернизировать морские порты? Устранять зависимость от привозного топлива? Про это теми же самыми словами говорили и все его предшественники, которые приезжали в край, включая и Леонида Брежнева, мысли которого об увеличении плотности движения по приморским железным дорогам хорошо помнят стены «дома переговоров».

Вице-премьер Виктор Христенко заявил, что работать надо там, где это будет эффективно, а жить там, где комфортно, и дал понять, что во Владивостоке к этому принципу многие годы относились откровенно наплевательски. То есть работали, где приказывали, а жили там, где работали. Мимо-

ходом господин Христенко упомянул про синдром отложенных побед и отсутствие сценария приоритетности, чем, несомненно, внес в работу совещания ноту драматизма. Владимир Путин между тем счел нужным внести поправку, заявив, что где кому служить, он, как верховный главнокомандующий, определит сам.

Президент также обратил внимание, что для развития края довольно много сделала специально созданная для этой цели правительственная комиссия. Выступивший после него губернатор Хабаровского края Виктор Ишаев заявил, что совершенно согласен с президентом:

— Да, комиссия сделала очень много, но она уже несколько лет не работает.

Он с максимальной осторожностью обратил внимание на то, что нужно совершенствовать политику государства по отношению к региональным программам. Президент среагировал:

— Да, есть такая проблема. К сожалению, это результат тезиса, что суверенитета нужно брать, кто сколько сможет. В итоге некоторые республики почти не отчисляли налоги в федеральный бюджет. По сути, они не являлись субъектами Федерации. Строго говоря, у нас не было единой страны. Полтора года назад мы не заметно ни для кого вернули их в правовое поле.

Таким образом Владимир Путин нашел повод поговорить на совещании и о своем непосредственном предшественнике. На это все, конечно, обратили внимание. Зато нынешнюю федеральную власть ругал губернатор Камчатской области Михаил Машковцев. Сидя на этом совещании, он всей душой был, безусловно, на вылове рыбы нерки, которой в этом году настолько много, что если бы губернатор, не дожидаясь распоряжения президента об увеличении квот на вылов нерки, не разрешил бы ловить нерку своим собственным распоряжением, то эта нерка давно, по его словам, передавила бы друг дружку, как это с ней уже случилось в 1983 году.

Владимир Путин не стал оправдываться и даже сказал,

что губернатор получил-таки это распоряжение только потому, что президент «перед поездкой во Владивосток начал всех трясти, выполнены ли договоренности с губернаторами Дальневосточного округа, которых им удалось достичь со мной». Если бы не это, самоуправство Машковцева так и осталось бы самоуправством. Но самое главное — удалось спасти нерку, выловив ее и не дав тем самым ей ни малейшего шанса подавить саму себя.

Тем временем президент наконец заговорил о том, что, видимо, и понимал под стратегическими для края решениями. Он заявил, что необходимо восстановить движение по Транскорейской железнодорожной магистрали и соединить ее с Транссибирской. Он развеял опасения, что в результате такого шага будут обескровлены соседние дальневосточные порты, и предупредил, что если не сделать этого, то «наш горячо любимый сосед, Китайская Народная Республика, сделает это обязательно, они подсоединятся к Транссибу, только в другом месте». Только Россия к этому не будет иметь уже никакого отношения. Про отношения с великим китайским соседом он вообще рассказал много интересного:

— За наш газ китайцы хотят платить 30 долларов за тысячу кубов. Это, конечно, запросная позиция наших коллег и друзей. По такой цене мы поставляли газ только в Республику Беларусь. На союзное государство КНР пока не тянет... («Поставляли», а «не поставляем». Прошедшее время, видимо, связано с последними высказываниями господина Лукашенко по поводу известной совместной пресс-конференции двух лидеров в Москве.)

Таким образом, на совещании от президента досталось кому угодно, только не его участникам.

Затем наконец-то пересеклись пути лидера Северной Кореи и России. Ким Чен Ир в серой куртке на молнии и в восхитительных сапогах-казаках троекратно обнялся с Владимиром Путиным и сказал, что он не просто доволен увиденным за эти дни в России, а доволен на тысячу процентов. Два лидера провели полуторачасовые переговоры, а потом еще столько же времени ужинали. Владимир Путин, информи-

5 Зак. 3746

руя, о чем говорили (Ким Чен Ир выходить к прессе не стал, только демонстративно на большом расстоянии прошелся бок о бок со своим российским коллегой два раза перед телекамерами), опять сделал главный акцент на соединении Транссибирской и Транскорейской магистралей, упомянув, что он обсудил с Ким Чен Иром все нюансы проекта. Видимо, дело это практически решенное. Закончил он словами о диалоге Северной Кореи и Южной:

— Значител... определенный позитив в этом диалоге присутствует.

После этого оба лидера отправились наконец отдыхать. Владимир Путин остался в резиденции, а Ким Чен Ир поехал спать на вокзал. Там на запасном пути стоит его бронепоезд.

ПРЕЗИДЕНТ И ЛЮДИ

Рано утром 24 августа президент России Владимир Путин неожиданно для всех встретился с лидером моряков, разбивших палаточный лагерь на дороге в аэропорт Владивостока в знак протеста против банкротства своего предприятия. Днем я встретился с этим человеком и выяснил все детали технологии организации неожиданных встреч с президентом России.

ЗВЕЗДНЫЙ ЧАС СОРОКА НЕБРИТЫХ МУЖЧИН

Встреча эта была для всех большим сюрпризом. Правда, накануне на совещании по социально-экономическим проблемам региона один из участников совещания вспомнил про этот палаточный лагерь и даже сказал, что лидеры протестующих моряков хотят встретиться с президентом. Владимир Путин кивнул. Оказалось, что в знак согласия.

Информации об этой встрече не было. Стало, правда, известно, что Владимир Путин сначала хотел поговорить с группой из пяти-шести человек, но они как будто бы отказались. Остался один желающий, и Владимир Путин не отказал ему. Источник, рассказавший об этом, заслуживает доверия.

Разговаривали они минут двадцать. А уже через час лагерь стал сворачиваться, да еще с какой-то лихорадочной быстротой. Я едва успел туда. От лагеря остался уже только большой навес из синего полиэтилена и флагшток с российским триколором.

Несколько дней и ночей шел дождь, и все подходы к лагерю были залиты водой. В самом лагере, который находился на некотором возвышении, было сухо. Под навесом бродили, играли в шашки, резали хлеб к обеду немолодые, давно не брившиеся люди. Было их человек, может быть, сорок. Они выглядели очень довольными, а некоторые просто счастливыми. Они сделали то, во что никто, включая и их самих, ни на секунду не верил. Их лидер только что увиделся с президентом страны и поговорил с ним. Встреча продолжалась 22 минуты 34 секунды. Более того, президент оставил свой автограф на обращении, которое они адресовали ему. Он даже поставил дату: 24.08.2002 г.

— Сегодня наш день, — сказали мне старички, сидевшие под навесом.

Старички были в форме гражданских моряков. Форма им шла.

— Сегодня День шахтера, — попробовал я пошутить.

— Нет, теперь это наш день. Можете нам поверить.

Почему и не поверить этим милым людям? Я поговорил с ними. Они, конечно, до сих пор испытывали большое возбуждение от происшедшего. Их лидер Адам Михайлович Имадаев отлучился и вот-вот должен был подъехать. Пока его не было, они рассказывали, каково им тут пришлось. Палаточный лагерь они поставили десять дней назад. Сначала собирались в знак протеста против искусственного, как они считают, банкротства своего предприятия «Востоктрансфлот» идти пешком на Москву и рассказывать всем по дороге, какая беда с ними приключилась, несколько раз откладывали, изыскивая различные поводы остаться, главным из которых был дождь, который, к счастью, нет-нет да и накрапывал. На

самом деле, конечно, идти пешком так далеко никому не хотелось. Потом, как назло, дожди прекратились. И тут они узнали, что президент сам едет к ним в город. Это был сам по себе очень хороший сигнал. Они обратились к властям Владивостока с просьбой разрешить пикет. Мэр Копылов не очень обрадовался такой просьбе. Еще меньше энтузиазма проявил губернатор Дарькин. В конце концов пикетчики умно разбили лагерь на границе Владивостока и Артема. Власти задумались, что делать с этими людьми.

Сами люди очень старались, чтобы к ним не могло быть никаких претензий. У них была хорошая дисциплина. Каждый день все делали зарядку. После завтрака час отводился на политинформацию, которую читал первый секретарь Первомайского райкома КПРФ. Было не очень понятно, по какой причине присоединился к ним этот человек. Ему ведь очень не нравилось все происходившее. Прежде всего его не устраивал российский флаг, развевавшийся над лагерем. Он считал, что флаг сопротивления — красного цвета. В своих политинформациях он придерживался партийных позиций, беспощадно критиковал Владимира Путина, поэтому после него вскоре стал выступать Адам Имадаев, который защищал президента России.

«ГОРЕ ОТ УМА» И ГРОБЫ С ПОДСВЕТКОЙ

Каждый день к ним приезжали гости. Как-то появилась ведьма из соседнего, как они рассказали, леса и заявила, что она видит будущее, в котором лидеру пикетчиков Адаму Имадаеву отведена откровенно большая роль. За это ведьму накормили обедом, и она, сытая, ушла обратно в лес.

Перед приездом Путина появился и губернатор Сергей Дарькин. Он осмотрелся в лагере и спросил, чего хотят эти люди. «Встретиться с президентом», — ответили они. Господин Дарькин кивнул и уехал. Зато остались люди в погонах, приехавшие с ним. Они стали настаивать, чтобы пикетчики немедленно освободили территорию от палаток.

— И вот подходит ко мне полковник, — рассказывает преподаватель университета и бывший моряк Александр Шумаков, — и говорит: «Как вы можете верить такому прохвосту, как ваш Адам? Ведь он же обманывает вас!» А лицо у полковника неинтеллигентное. Он осматривается и говорит: «Это что такое у вас?» — «Кухня». А у нас полевая кухня 1941 года. «А почему тогда, — говорит, — у поваров фартуков нет? Раз это кухня, должны быть фартуки! Если нет фартуков, сворачивайтесь!» — «А почему они должны быть?» — «Да я о вашем здоровье забочусь, чудаки! А это что, палатки? Зачем?» — «Хороший, — говорю, — русский обычай — встречать гостя за околицей». И тут он срывается: «Да какие могут быть палатки, какие обычаи, когда враг у ворот!» Мы, конечно, удивлены: «Что вы имеете в виду?» — «Я?! Ведь рядом граница, и на ней стоят китайские дивизии. Эти палатки могут насторожить. Представляете, что начнется, если у них сдадут нервы?!» И тут я ему отвечаю: «Полковник, вы упустили прекрасную возможность промолчать».

Тут полковник, конечно, рот-то закрыл и в следующий раз открыл его только через четверть часа, чтобы спросить, кто это с ним так разговаривал. Ему не без гордости ответили, что преподаватель университета. И тут полковник, по словам преподавателя, предпринял новое наступление: «Университета? А вы Грибоедова читали «Горе от ума»? Он там что говорил? Чтоб зло пресечь, надо всех преподавателей сжечь». — «Но это не он говорит, а его лирический герой Скалозуб, — парировал преподаватель. — А сам Грибоедов показал Скалозуба в целом отрицательным персонажем». — «Ни черта вы тут в литературе не понимаете», — закончил разговор полковник и уехал.

Через несколько часов приехали другие. Так продолжалось до самого приезда Владимира Путина. Пикетчики знали примерное время прилета президентского самолета. У них действовал штаб, главной целью работы которого была встреча с президентом. Важнейшей промежуточной целью было обратить на себя внимание во время проезда президентского кортежа из аэропорта в город. Задача осложнялась тем, что,

как стало известно, кортеж должен был проехать глубокой ночью. План был разработан в мельчайших деталях. Я видел строго засекреченную до наступления часа «икс» схему расположения лагерного транспорта, который должен был сыграть свою роль в решающую минуту, а также план поджога палаток в случае, если милиция в последний момент решит эвакуировать лагерь силовыми методами.

Милиция, впрочем, не стала эвакуировать лагерь. Лишний шум был никому не нужен. Между лагерем и дорогой просто встали несколько сотрудников, чтобы обеспечить безопасность кортежа. Пошел сильный дождь. Пикетчики зажгли костры. Милиционеры не возражали: с дороги костров почти не было видно. Тем более не было видно плакатов и больших деревянных гробов, на которых моряки написали названия насильно обанкроченных и проданных на торгах за 1 доллар кораблей, гордости рефрижераторного флота России: «Василий Полищук», «Антон Гурин», «Берег надежды», «Берег мечты»...

Самолет опаздывал. На час, на два... В лагере подумали, что он вообще уже, видимо, не прилетит. В 3.30 самолет приземлился. Через несколько минут разведка сообщила в штаб по мобильному, что кортеж выезжает из аэропорта. Следующий дозор был выставлен километрах в трех от лагеря. Вскоре оттуда также доложили, что кортеж только что промчался мимо.

В штабе решили: через две минуты пора. И ровно через две минуты включился дальний свет фар всех восьми автомобилей, казалось, беспорядочно расставленных по всему периметру лагеря. На самом деле штаб долго ломал голову над расположением каждой машины. Надо было осветить каждую палатку, каждый плакат, каждый гроб.

И лагерь засиял. Не заметить его с дороги было просто невозможно. Милиционеры совершенно растерялись. Едва ли не лучше всего оказались подсвеченными именно они. Это, конечно, не входило в их планы, и один даже бросился было в спасительную темноту, но потом вернулся, потому что бросать пост ему никто не разрешал. Бороться со светом было поздно. Через несколько секунд показался кортеж. Из кортежа, наверное, увидели неожиданную вспышку на обочине и тоже не очень хорошо представляли, что с ней делать. Сотрудники службы безопасности, видимо, вытерли пот со лба, когда поняли, что это не взрыв атомной бомбы. Кортеж даже на мгновение притормозил возле лагеря. Видимо, президент читал плакаты и рассматривал гробы.

Таким образом полдела было сделано. Но главная цель еще не была достигнута. Штабу нужна была встреча с президентом. Наутро стало известно, что сработало еще одно звено в цепи их плана. Президенту доложили, что с ним хотят встретиться пикетчики, мимо которых он проезжал ночью. Президент, и так явно заинтересованный ночным происшествием, сразу согласился и на совещании по социально-экономическим проблемам Дальневосточного округа, где один из губернаторов еще раз вспомнил про палаточный лагерь, подтвердил свое согласие.

В лагерь снова начали ездить полковники, но теперь уже из других служб. Уточнялось, кто пойдет на встречу с президентом. Владимир Путин заявил, что ему будет удобно, если придут человек пять. Эту цифру и стали обсуждать. Сотрудники президентской администрации начали настаивать, что на встрече должны присутствовать и люди из, так сказать, другого лагеря — те, кто банкротит предприятия. Это совершенно не устраивало пикетчиков. Они заявили, что в этом случае никакого разговора с президентом не будет, а будет очередная свара между участниками многолетнего спора. В штабе пикетчиков понимали, что сила на короткое время на их стороне. Так что они в состоянии диктовать свои условия. Это понимали и в администрации президента. Так и договорились: с президентом встречаются только пикетчики.

Теперь штабу предстояло принять еще одно непростое решение: состав участников. Дело не в том, что пойти хотели все. В лагере царила железная дисциплина, и любой подчинился бы решению высшего руководства. Больше всего в

штабе теперь опасались, что если на встречу пойдут несколько участников, то их лидера Адама Имадаева могут в последний момент под каким-нибудь предлогом изолировать, отвести на минутку в сторонку, и группа будет обезглавлена. Только Адам мог внятно объяснить президенту, что происходит.

«ПРЕЗИДЕНТ – ЭТО ДВА В ОДНОМ»

Через два часа после встречи с президентом Адам Имадаев объяснял это и мне. «Востоктрансфлот» был крупнейшим в мире рефрижераторным флотом России. В нем было 120 судов. Банкротить его начали несколько лет назад, когда чеченец Адам Имадаев (вторая фамилия Ковалев), родившийся во Владивостоке, уже баллотировался на пост президента Чечни, прослужил семь дней советником губернатора Приморского края (назначил его Евгений Наздратенко, а ушел Имадаев сам, разобравшись, по его словам, за неделю, с какими жуликами ему тут придется иметь дело), захватил в результате силовой акции офис «Востоктрансфлота» (и с тех пор называет себя гендиректором этого предприятия, хотя даже после захвата, который, говорят, прикрывал все тот же Евгений Наздратенко, считался только заместителем генерального) и поехал в Чечню заниматься поиском и освобождением российских военных. За это время он, конечно, лишился должности управляющего, а когда вернулся во Владивосток, начал бороться за конфискованные по решению арбитражного суда корабли «Востоктрансфлота». Адам Имадаев считает, что все равно вернет суда, потому что правда на его стороне. Лагерь на обочине трассы, по его словам, не жест отчаяния, а один из спланированных этапов борьбы.

На самом деле разобраться, на чьей стороне правда, крайне затруднительно. Более того, известно, что президенты и его администрация часто говорят о том, что принципиально не вмешиваются в споры хозяйствующих субъектов. Тем удивительнее, что Владимир Путин принял в конце концов Адама Имадаева. Видимо, затея с пикетом и вспышки дальнего света фар восьми автомобилей в поле на обочине была не напрасной.

Адаму Имадаеву сорок с чем-то. У него очень цепкий взгляд. Он сидит передо мной, окруженный двумя десятками пожилых пикетчиков, и под их одобрительный гул рассказывает о своих впечатлениях на встрече с президентом.

— Меня поразило, что президент понимает, о чем речь! — восклицает он. — Я ему рассказываю, что истец и ответчик в этом деле выступают в одном лице, и он понимает! А это даже тем, кто профессионально занимается арбитражными судами, надо объяснять! То есть президент — это два в одном!

— В смысле?

— Ну, не только умный, но и мудрый! И то, что он поставил подпись на этой бумаге... Это вообще!

Адам Имадаев показывает бумагу. Это обращение к президенту. Да, стоит подпись Путина.

— Ну и что, — спрашиваю, — что поставил подпись?

— Да вы что?! — Имадаев ошарашен и похож на обиженного ребенка. — Вы понимаете, что говорите? Вы сейчас не меня и не президента... Вы всем этим людям вокруг нас сейчас такое сказали... Вы хоть сами понимаете?!

— Да ведь он же не написал «разобраться» или «решить вопрос». Подписал, что ознакомлен.

Старики вокруг нас возмущенно гудят.

— Вот именно! — Имадаев не сводит с меня своего цепкого, даже хищного взгляда. — То, что президент поставил подпись на этой бумаге, — гарантийное письмо, что он знаком с беззаконием в крае!

— Правильно! Молодец! — кричат вокруг нас.

— В крае нет ни одного предприятия, которое либо не обанкротили, либо не банкротят сейчас, либо не обанкротят в ближайшее время, чтобы затем купить его по бросовой цене и через год-другой продать по реальной рыночной, — громко объясняет он мне. — Есть же технологии. Есть мафия. А президента изолируют. Эти спецслужбы... — он мнется, подбирая деликатное выражение, — пассивные импотенты... Поэтому взялись мы. Народ!

Народ вокруг нас торжествует. Старички аплодируют Адаму Имадаеву. Я думаю, что это он и научил их аплодировать. Я понимаю, что он сейчас работает даже больше на них, чем на меня. У него трудная задача. Ему надо все время держать этих людей в тонусе. Поэтому они у него и делают зарядку. Поэтому и развевается над лагерем российский государственный флаг. Ведь, как объясняет Имадаев своим старичкам, они собрались, чтобы защитить президента от мафии. И попутно помочь Имадаеву вернуть рефрижераторный флот.

— Президент вам что-нибудь пообещал?

— Прислать следственную комиссию... Посмотрим. Если не пришлют, уеду жить в деревню. У меня там родня.

— Ведь уедет, — шепчет из-за спины старичок в морской форме, — этот может! Такого человека страна потеряет!

— Да мы с ним за эти 22 минуты 34 секунды обо всем поговорили! — оживляется Имадаев. — И о Чечне тоже. Он, правда, сначала не хотел. Но я сказал ему, что я единственный, кто может навести там порядок. Там нужен бунт: изнутри, из населения. Все произойдет естественным путем.

Имадаева начинает заносить. Старички беспокойно шепчутся. Они, видимо, знают за ним эту особенность и понимают, что их лидера может быстро зашкалить.

— Построиться! — кричит Имадаев. — К спуску флага!

Он выводит свою армию из-под навеса и выстраивает ее перед флагом. На флаг в день траура по погибшим в вертолете в Чечне Имадаев распорядился прикрепить траурную ленточку.

— Я скажу два слова! — кричит он. — Товарищи! Сегодня ни у кого в России нет сомнений в том, что у России есть президент! Он и умный, и мудрый...

— И красивый! — кричит из строя какая-то старушка.

— То есть не два в одном, а три в одном! — подхватывает Адам Имадаев. — И этот президент... и мы все...

Он пытается сказать речь, но путается в словах и чувствах.

— Спустить флаг! — командует он. — Мы доверяем сделать это Николаю Ивановичу.

Выходит еще один старый моряк и проворно спускает флаг. Но Имадаев все-таки не может, видимо, совладать с собой.

— Послушайте! — кричит он. — Он одинок, наш президент! Он совсем один! Он так одинок! Но президент с нами! И мы его не подведем!

— От всех коллективов Дальнего Востока продолжайте, Адам Михайлович, ваше дело с президентом страны Владимиром Владимировичем Путиным! — кричит и Николай Иванович.

«Врагу не сдается наш гордый «Варяг», — нестройно, с огромным чувством вступает хор пожилых тетушек из шеренги.

— Все пойте! — неожиданно спокойно командует Имадаев.

ПРЕЗИДЕНТА РОССИИ ЗАТАСКАЛИ ПО СУДАМ ТИХООКЕАНСКОГО ФЛОТА

Вчерашний день 26 августа, как и предыдущие два, президент России Владимир Путин провел на воде, все время пересаживаясь с одного судна на другое.

Уже три дня российский президент путешествует вдоль приморского берега, время от времени причаливая к нему. С катера он пересаживается на парусник «Надежда», меняет его на яхту, потом появляется на круизном лайнере «Русь», где уже которые сутки его дожидается ансамбль песни и пляски, выловивший уже, кажется, всех кальмаров в бухте Средняя и в полном составе получивший острую белковую передозировку.

Внимание президента привлекают отдельные бухты морского заповедника, которые он выбирает по советам бывалых моряков (в том числе и военных) и по своему усмотрению.

Из обязательных для посещения в программе стоял НПК «ООО «Нереида», комплекс по выращиванию морских гребешков, трепангов и ламинарии в 7 км от границы с Северной Кореей. Директор этого комплекса, еще год назад убыточного, закупил в Китае 10 тыс. садков и начал выращивать в них морских гадов. Теперь предприятие чувствует себя настолько уверенно, что гадов решились показать президенту. Они произвели на Владимира Путина прекрасное впечатление.

У него вообще мало претензий в этой поездке к кому бы то ни было. Президент встречается с пикетчиками, принимает письма от населения и журналистов, совещание с его участием транслируется в прямом эфире на территорию огромного федерального округа... Все это дает повод говорить о том, что президент уже начал свою предвыборную кампанию. После того как в прямом эфире он подчеркнул, что никаких политических событий в ближайшее время не ожидается (всем было ясно, что он имеет в виду: президентские выборы только через два года) и поэтому он тут, — впечатление это, конечно, усилилось. И даже то, что президент в этой поездке не пожимает руки горожанам на улицах, а вообще сторонится их, предпочитая морские прогулки наземным, можно истолковать именно как стремление убрать любые аналогии с предвыборной поездкой.

Визит на противолодочный крейсер «Маршал Шапошников» также заслуживал внимания с этой точки зрения. Тихоокеанский флот — единственный, где еще не был президент Путин. Он однажды приезжал во Владивосток, но как премьер-министр.

Почетный караул в ожидании президента репетировал его прибытие. Оркестр играл Встречный марш. В боевой рубке решали, что делать с водолазами, исследующими пространство вокруг корабля.

— Они хотят всплыть. Что будем делать?

— Рано. Пусть плавают, пока президент на борту.

— А есть гарантия, что их потом заберут?

— Есть уверенность.

— Тогда надо бы для них трап спустить. Как это нет? Надо же решать проблему с людьми...

На вертолетной площадке готовились вручать президенту подарок. На вопрос, что же именно получит президент, один из офицеров уклончиво ответил:

— Традиционный морской сувенир.

— Кортик?

— Нет. Душу моряка.

— То есть?

— Да тельняшку, тельняшку мы ему дадим!

Пока моряки на вертолетной площадке в очередной раз отрабатывали приветствие президенту, к «Маршалу Шапошникову» стал причаливать катер Владимира Путина. Катер назывался нерусским именем Zipangu. За стеклом кают-компании можно было разглядеть чью-то соломенную шляпку и свежесорванный букет подсолнухов. Катер очень сильно раскачивало на волнах, и моряки долго швартовались. Когда они уже почти сделали свое дело, один упустил в воду конец каната, и все началось сначала: заиграл приветственный марш, матросы на «Маршале Шапошникове» ловили канат, а матросы с катера участливо кричали им: «Приманайте с полметра, не больше, придурки...» Потом долго решали, на какой высоте оставить трап с крейсера, чтобы не повредить борт катера. У некоторых офицеров крейсера были большие сомнения, что президент сможет высоко поднять ногу, чтобы подняться на трап.

Наконец эта мучительная процедура счастливо завершилась, и президент ступил на борт противолодочного корабля (ногу поднял легко). Он поздоровался с моряками, и ему стали показывать достоинства корабля. Так, оказалось, что в чреве «Маршала Шапошникова» скрыты два вертолета, один из которых долго выезжал на радость всем на верхнюю палубу, а потом так же долго возвращался на свое место. В общем, было, конечно, чем порадовать президента России.

Посмотрев корабль, Владимир Путин пришел в офицерскую кают-компанию, где его ждали моряки, выпившие в

ожидании президента по нескольку стаканов газированной воды, которую им на больших подносах разносили офицеры. Матросы с непривычки так опились, что, когда за две минуты до прихода президента перед ними поставили по стакану яблочного сока, они и смотреть-то на него не могли. Чего, очевидно, и добивались организаторы акции. Стаканы с соком все полчаса, пока продолжался диалог, оставались нетронутыми. А что, такие у нас моряки. Что они, яблочного сока не видели, что ли?

Президент рассказал морякам о важности Тихоокеанского флота — для страны и для них самих. Он довел до их сведения, что в стране принята морская доктрина. Владимир Путин предложил морякам задавать вопросы. Вопросы моряки явно репетировали даже дольше, чем приветный марш. Командир отряда торпедистов поинтересовался, будут ли корабли ТОФа ходить в дальние походы. Президент ответил, что будут. Тут настала очередь задавать вопрос старшему писарю. Он посетовал на то, что они, моряки, за отведенное им время не успевают освоить все тонкости военно-морского дела, и спросил, нельзя ли увеличить срок службы на флоте, чтобы эти тонкости все же попытаться постичь. Президент не удержался и спросил, подготовили ли моряка к этому вопросу командиры. Писарь не счел нужным реагировать на эту провокацию. Тогда президент сказал, что речь идет, скорее, о сокращении срока службы. Так что надеяться писарю теперь вообще не на что.

Поступил вопрос, нельзя ли на ленточках бесок (бескозырок. — *А.К.*) писать не «Тихоокеанский флот», а названия кораблей. Путин ничего не имел против. Тут заготовленные вопросы, видимо, закончились, а президент не собирался прощаться с матросами. Тогда один в порядке инициативы предложил президенту посетить, когда тот приедет в Казань, местный кремль. И пояснил, что сам родился в Казани и плохого не посоветует. Путин ответил, что уже был, спасибо.

Конечно, прозвучал вопрос, тяжело ли работать президентом, и ответ, что на флоте служить тоже нелегко. Потом матросы стали интересоваться контрактной службой. Президент объяснил, что вопрос это непростой:

— Знаете, как бывает: нос вытащили — хвост завяз, хвост вытащили — нос в грязи утопили... Контрактную службу надо сделать по уму. Это касается и жилья для контрактников. Оно необходимо, но требует материальных ресурсов...

И он еще долго рассказывал им про эти ресурсы.

На этом вопросы к президенту кончились, и все участники беседы, кажется, вздохнули с большим облегчением. Президент ушел, а матросы напоследок все-таки выдули весь яблочный сок. И верно, не пропадать же ему.

На верхней палубе президенту вручили тельняшку, и он отправился на круизный лайнер «Русь», который до сих пор ходил как паром в Японию, а через некоторое время будет перевозить граждан России из проблемного Калининграда в Санкт-Петербург.

— Полундра! — крикнул капитан первого ранга, командир «Руси» Иван Зуев. — Президент идет к нам!

Как только Владимир Путин появился на борту корабля, подняли президентский штандарт. Президенту рассказали, что приписка корабля в скором времени изменится. Путин спросил, не пострадают ли жители Приморского края. Его заверили, что им остается другой лайнер, «Михаил Шолохов».

— Точно? — переспросил президент.

— Так точно!

Президент для чего-то поинтересовался, сколько на этом лайнере идти до Японии. Ему ответили, что часов 19, и вопросительно посмотрели, напряженно ожидая следующего вопроса. Команда была готова к любому повороту событий. В Японию так в Японию. Но президент не пошел в Японию. Он остался на «Руси». Поздним вечером тут состоялся банкет с участием всего военно-морского командования страны и министра транспорта господина Франка. А ансамбль песни и пляски вспомнил наконец, зачем его сюда завезли несколько дней назад в полном составе.

ПРЕЗИДЕНТ ПООБЩАЛСЯ С ПРИРОДОЙ

Накануне 28 августа президент России Владимир Путин излагал академикам-океанологам свою экологическую доктрину, они ему — свою, а инспекторы кордона бухты Спасения изложили специальному корреспонденту «Ъ» АНДРЕЮ КОЛЕСНИКОВУ свою доктрину.

Совещание с учеными-экологами во главе с академиком Лаверовым Владимиру Путину предложили провести прямо в бухте Средняя, на территории Дальневосточного морского заповедника. В этой бухте уже три дня стоит круизный лайнер «Русь», на котором ночует президент.

В бухту Средняя можно попасть и с земли, и с моря. Морской путь гораздо короче и удобнее. Если идти из Владивостока на небольшом скоростном катере, дорога займет пару часов. Добраться до бухты Средняя по земле труднее. Ехать надо часов семь-восемь, и все равно никакой гарантии, что доберешься, нет, потому что несколько последних километров дорога отсутствует, и даже джипы перед этим обстоятельством бессильны.

Между тем мне пришлось выбрать именно автомобиль, а не катер, потому что море было закрыто. В конце концов после всяких приключений я оказался не в бухте Средняя, а в соседней, бухте Спасения, из которой открывался чудесный вид на «Русь» и парусник «Надежда», а также на несколько военных кораблей, и становилось совершенно ясно, что своими силами до Средней в течение часа, который оставался в запасе до совещания, никак не добраться.

Отсюда, впрочем, уже через несколько минут оказалось совершенно невозможно и выбраться обратно, потому что пошел дождь, вмиг размывший и без того ненадежные дороги, в которых наш микроавтобус пару часов назад и безо всякого дождя надежно застревал посреди огромных илистых луж.

Бухта Спасения, где я оказался, — часть государственного морского заповедника. Здесь так же, как и в Средней, есть свой кордон с инспекторами, которые охраняют заповедник от браконьеров, которые обожают эти места. Браконы, как их для удобства называют инспекторы, в аквалангах собирают здесь трепангов и, увидев инспекторов, неторопливо собираются и без хлопот уходят от них на своих двухсотсильных лодках. У инспекторов таких лодок до сих пор не было.

Меня без особой радости встретил начальник кордона Андрей Геннадьевич. Он потребовал документы и был неприятно удивлен, что нет разрешения на посещение заповедника. Еще больше он был удивлен, как мы миновали все посты, пограничные и некоторые другие. Я объяснял ему, что мы делали это не специально и даже искали эти посты, потому что пропуск на нас теоретически у кого-то из них был.

— Кого-то почему-то очень быстро задерживают, — подозрительно сказал мне начальник кордона и кивнул на проходившую мимо молодую женщину в фиолетовом свитере и длинной юбке. Женщина эта шла вдоль берега и чему-то загадочно, спокойно и, я бы даже сказал, многообещающе улыбалась. Оказалось, что это была арестованная женщина.

Звали ее Люба. В свое время она окончила институт радиоэлектроники. Последние шесть лет жила у мамы в Питере, и два месяца назад, как она сама рассказывает, ее страшно потянуло на родину, во Владивосток, откуда родом ее папа. Раньше, приезжая в Приморье, она рано или поздно оказывалась в бухте Средняя. Так всегда получалось. В одной скале у нее даже был схрон с одеждой и книгами, который пролежал нетронутым последние шесть лет. Она знала, что обязательно вернется сюда.

Эти книги она и решила забрать в нынешний приезд. Дело в том, что это были книги по йоге и она должна была их сжечь.

— Какое-то время тому назад я покаялась батюшке, что раньше большое значение придавала йоге, она заменяла мне православную веру, я тогда не была крещеной. Я рассказала батюшке про книги в скалах, он ничего не ответил, но я видела, что ему это очень не понравилось. С тех пор эти книги не давали мне спокойно и честно жить. Я должна была добраться до Средней и сжечь их! — объясняет она, жадно жуя

кусок хлеба, который, подумав, дала ей сотрудница Института биологии моря, работающая на кордоне.

Уже несколько дней Люба питается только свежими грибами, ягодами и плодами шиповника.

— За шиповник могу и голову оторвать, — осуждающе говорит начальник кордона, услышав эти слова.

Люба кивает и улыбается. Позавчера она отравилась грибами, но, похоже, последствия уже в прошлом. Люба все время улыбается. Ей хорошо. Она только что около часа молилась на крест на пригорке. Этот крест остался после сгоревшей часовни. Инспекторы, к вере относящиеся спокойно, сначала хотели распилить этот крест, но потом решили все-таки вкопать в землю, потому что это было проще.

Она дошла до Средней, легкомысленно миновав, как и мы, все дозоры, перекрывшие бухту в связи с приездом президента. В поселке Зарубино, через который она проходила, ей, правда, сказали, что в Среднюю не попасть из-за спецмероприятий. Попав, она нашла скалу со схроном и сожгла книги. Дым от костра, очевидно, и увидели сотрудники ФСО. Любу задержали. Документов у нее не было. А если бы и были, то выяснилось бы, что нет регистрации, потому что от мамы она выписалась и никуда не прописалась. А ей некуда.

Произошло все это глубокой ночью. На борту теплохода «Русь», который стоял на рейде в пяти сотнях метров от берега, был в разгаре капитанский коктейль с участием президента и командиров всех судов, обеспечивавших его безопасность. Но вот не уберегли.

Когда Любу спросили, какой была главная цель ее визита, она сразу ответила: «Шла на встречу с президентом». Хотя ведь могла честно сказать, что шла жечь книги про йогу. Правда, она потом рассказывала мне, что, пока шла от Зарубина до Средней и ночевала на каком-то мосту, поев грибов и накрывшись спальником, поняла, что и в самом деле должна встретиться с Путиным, чтобы кое-что объяснить ему. Ведь он, уверена она, понимает далеко не все, что должен. Прежде всего про православную веру. Есть скрытые вещи, которые можно увидеть, только покончив с книгами про йогу. Так что, с точки зрения спецслужб, задержание Любы — дело и правда нужное.

Правда, сделав его, сотрудники ФСО расслабились. Они доставили арестованную на кордон бухты Спасения (на катере идти семь минут) к Андрею Геннадьевичу и наказали ему ночью, не смыкая глаз, охранять Любу. Им всем надо было продержаться до следующего утра, до совещания с экологами, после которого президент должен был покинуть Среднюю, и что будет с Любой дальше, сотрудников спецслужб не интересовало. Они, правда, приказали начальнику кордона сразу после отъезда президента сдать женщину зарубинским милиционерам. Но Андрей Геннадьевич с самого начала понимал, что дело это совершенно невозможное, потому что еще ни разу за много лет милиционеры так и не смогли доехать до него: вязли, опрокидывались, ломались...

Между тем Андрей Геннадьевич, будучи полным хозяином на море, на земле был никем, то есть не имел вообще никаких прав. В том числе он не мог и никого задерживать. Это не положено инспектору заповедника. Ему, правда, достаточно, по его словам, и морской власти. Только вчера он обнаружил на своем участке лодку с браконами, которые, как обычно, не спеша уложились, увидев приближающуюся лодку с инспекторами, и пошли от них по направлению ко Владивостоку. Но тут наперехват им вышла такая же двухсотсильная лодка (только что поступила на вооружение) с инспекторами из другого кордона, с которым успел связаться Андрей Геннадьевич.

Позавчера я, идя на катере с борта «Руси» во Владивосток, случайно стал свидетелем этой погони. Мы тогда не поняли, почему две лодки пронеслись перед самым нашим носом. Мы не поняли даже, что одна из них — с браконьерами, и решили, что это охрана заповедника катается с ветерком. Браконьеров задержали недалеко от Владивостока.

Инспекторов больше всего поражает, что браконьеров не останавливает даже огромное количество пограничных кораблей и катеров, которые, как считается, полностью кон-

тролируют и бухту Среднюю, и все соседние, и весь этот участок Японского моря, и Тихого океана тоже.

Андрей Геннадьевич не очень представлял себе, что будет делать с Любой. Сам-то он как раз, скорее, недооценивал степень ее опасности для президента и надеялся через некоторое время отпустить женщину на все четыре стороны, справедливо рассчитав, что даже если она опять станет пробираться в Среднюю, до которой три с половиной часа хода пешком, то Путина она там уже не застанет. Но до конца он не был уверен и в этом своем шаге и теперь медлил, предпочитая постоянно держать Любу в поле зрения.

Дождь все это время лил в полную силу, и дорогу, ведущую из бухты Спасения, окончательно размыло. Немногочисленные обитатели кордона готовились затопить печь. Среди них были две женщины, которые только поздно ночью тоже вернулись из Средней. Они были сотрудницами Института биологии моря и помогали готовить небольшой домик в Средней к совещанию президента с экологами. Еще один инспектор, Геннадий Иванович, рассказывал им поучительную историю про то, как один бездельник, не желая топить печку дровами, время от времени кидал в нее телогрейки, которые могли несколько дней подряд тлеть и сильно дымили, но тепла не давали.

Женщины с наслаждением слушали эту историю. Они признавались, что отдыхают душой в бухте Спасения, переволновавшись за эти дни в Средней. Женщины в основном делали уборку в домике. Как только домик становился, по их мнению, чистым и начинал соответствовать уровню президента, приходила какая-нибудь комиссия, из ФСО, или из санэпидстанции, или для проверки продуктов. Члены комиссии топтали полы, и женщины начинали все заново. Они отгладили все занавески, хотели даже покрасить плинтусы и готовы были покрыть лаком полы, но им категорически запретили, мотивируя тем, что президент не должен чувствовать искусственных запахов в таком месте, как единственный в России морской заповедник. Тогда они ограничились тем, что принесли и воткнули в розетку фумигатор, чтобы президента не съели комары. Это им разрешили. Но в целом женщины чувствовали себя очень скованно и напряженно и, как только представился повод, ночью накануне совещания с облегчением съехали на кордон бухты Спасения, мотивировав тем, что, если они останутся в доме на Средней, многочисленным сотрудникам ФСО придется спать на улице.

Тем временем президент заканчивал объезд заповедника на катере. Ему явно было невероятно интересно. Потом, на совещании, он даже не стал отрицать, что однажды на вопрос кого-то из журналистов, кем бы он был, если бы не стал президентом, ответил, что экологом.

Путина сопровождали несколько академиков. Еще трое дожидались в домике на Средней. Сюда для совещания накануне завезли роскошный овальный стол красного, похоже, дерева и черные кожаные кресла. Обещали оставить это богатство на кордоне. Ну и кто будет за этим столом в этих креслах сидеть?

Президент, появившись наконец в домике, был очень оживлен. (Я в конце концов тоже попал на совещание в Среднюю: меня забрал катер, пришедший с «Руси».) Семеро академиков тоже, похоже, испытывали эмоциональный подъем. Встреча, рассчитанная на один час, продолжалась два с половиной. Президент пил зеленый чай и с удовольствием слушал рассказы океанологов про то, что как только в связи с его приездом на территории морского заповедника в изобилии появились пограничные катера, то сразу полностью исчезли браконьеры. Путин поддержал эту тему, сказав, что обязательно поговорит с директором ФПС господином Тоцким, как бы усилить и без того существующее тесное взаимодействие между пограничниками и инспекторами.

Президент предложил обсудить еще более серьезные проблемы. Так, он сказал, что в планах нефтяников проложить по территории заповедника нефтяную трубу и заложить для нее обширную инфраструктуру, и упомянул, что хочет посоветоваться с академиками, в каком именно месте удобнее будет это сделать. (Надо ли это делать вообще, президент обсуждать даже не предлагал.)

Но академики предпочитали говорить с президентом о своем. Они пожаловались, что в стране нет порядка в авторском праве. Вот посылают они свои работы в западные журналы, но те не спешат печатать их работы, а отсылают своим специалистам, которые, пользуясь результатами работ русских ученых, раньше них публикуют свои.

— Вот Жорес умеет все нормально организовать, — сказал академик Лаверов, — а другие, не менее достойные Нобелевской премии, не умеют.

Президента знакомили с обитателями заповедника, которых он еще не смог потрогать руками сам (а таких за эти три дня почти не осталось). Так, директор Института биологии моря Владимир Касьянов познакомил Владимира Путина с медузой цианеей на картинке, со вздохом заметив, какая же она все-таки красивая.

— Иногда, конечно, входит в контакт с людьми. Смертельных случаев среди людей, к сожалению, не было, — зафиксировал господин Касьянов.

— Как? — переспросил президент.

— Чем больше людей в заповеднике, тем хуже, — пояснил директор Института биологии моря. — И наоборот.

— Поэтому он и сказал, что, к сожалению, не было смертельных случаев... — сказал, обращаясь к остальным академикам, Путин.

— А вы, Владимир Владимирович, нерпу видели? — попытался уйти от скользкой темы Касьянов. — Посмотрите, какая красивая нерпа на этом фото!

— Да, видел, еще позавчера! — отозвался президент.

— Да, есть у нас нерпы, и их становится все больше. Последнее время размножаются в непосредственной близости от Владивостока, — с осуждением отметил Владимир Касьянов. — А вот на фото марикультурные плантации. Получаем агар-агар, который нужен и для вооружения, и для косметики...

— Ага, — оживился и президент, — я знаю, из него зефир делают...

— Но надо воспроизводить не только биоресурсы, но и

самих биологов, — продолжил Касьянов. — Итак, переходим к подготовке кадров... Привлекаем их, зомбируем, так сказать, у себя в институте, потом они к нам возвращаются на работу...

В разговор вступил академик Грамм-Осипов. Он стал рассказывать про глубоководные необитаемые аппараты. Максимальная глубина погружения — 5—6 тысяч метров.

— Вот запустили мы один аппарат, а его раздавило...

— А киты на сколько могут опуститься? — с огромным интересом спросил президент.

Ему было мало и трех дней, проведенных в бухте Средняя.

— Ну, так глубоко не могут... — снисходительно ответил Грамм-Осипов.

— Не, ну я знаю, — отмахнулся президент. — А все же, на сколько могут?

— До тысячи, наверное...

Путин удовлетворенно кивнул. Так прошли два с половиной часа.

— Если не возражаете, продолжим в неформальной обстановке за обедом, — предлагает он. — И еще я тут у вас книжки и альбомы на стенде видел. Можно, я с собой парочку возьму?

И берет сначала одну, потом вторую, а потом и все полтора десятка стоявших на стенде. Про нефтяную трубу так и не поговорили. На мой вопрос, почему же так, президент ответил:

— За обедом и поговорим.

Но вот лично у меня уверенности нет, что все же поговорили. Мог увлечься королевскими креветками.

ТАК ОБЕЩАЕТ НАСТОЯЩИЙ ПРЕЗИДЕНТ

28 августа президент России Владимир Путин перелетел из Владивостока в Читу и переключился с экологических проблем на военные.

В Чите президент сначала поехал на полигон учебного центра Сибирского военного округа. Там его ждали свежевы-

крашенные танки и спецназовцы. Орудия танков молчали. Спецназовцы оказались разговорчивее. На мой вопрос, что они думают о контрактной службе, один сказал, что все это ерунда. Слышать такие слова было странно, ведь президент — за контрактную службу, а Сибирский округ известен тем, что здесь всегда с полным пониманием относятся к любым его словам. На мою просьбу уточнить, что он имеет в виду, боец заявил, что никогда контрактник не будет делать того, что делает срочник. Тут уж сдали нервы у командира, который, разумеется, понимал военную реформу гораздо глубже бойца и сказал, что тому еще надо учиться думать, да и вообще учиться. Боец подавленно замолчал.

За полминуты до появления президентского кортежа в небо взмыла зеленая ракета. Полигон пришел в движение. Заговорили пушки. Завыли мины. Раздались автоматные очереди. В бой на ликвидацию незаконных вооруженных формирований пошла пехота на нескольких БМП. Кроме того, предстояло освободить заложников и уничтожить захвативших условного президента террористов. У Владимира Путина, подъехавшего на полигон, должно было сложиться впечатление, что учения идут уже много дней и что войска порядком вымотаны и нуждаются хотя бы в короткой передышке. Тут еще, как нарочно, показалось, что захлебнулось наступление мотострелковой роты. Позже выяснилось, что бойцы просто долго выбирались из БМП, толкались и дело у них едва не дошло до драки.

Машина с условным лидером одной страны в нужный момент провалилась под землю, и возникшие из-под этой земли спецназовцы убили террористов, которые еще минут десять валялись в грязи, боясь пошевелиться, так что возникло опасение, не перестарались ли бойцы. Говорят, что на репетиции учений условный президент подчеркивал свой статус, куря сигару и держа в руке дипломат.

После этого благополучно освободили и автобус с заложниками. Президент подошел поговорить с бойцами. Все они воевали в Чечне. Президента спросили, справятся ли грузины с проблемой Панкисского ущелья.

— Вряд ли, — ответил президент.

Потом бойцы спросили, почему мало показывают передач про военных. Президент объяснял бойцам, что на ТВ должны появляться передачи, которые будет смотреть большое количество людей. Это называется рейтингом. Рейтинг, в свою очередь, может быть обеспечен, только если программы будут делать талантливые люди. А им надо много платить. А где взять денег, если низкие рейтинги?

Бойцы зачарованно слушали эти объяснения. Было ясно, что они совершенно не рассчитывали на такой ответ. Они хотели услышать, что талантливых передач про армию будет больше. А теперь все окончательно запуталось и выхода нет.

И конечно, президента везде спрашивают про льготы. Льгот хотят все: военные, экологи, военные, желающие стать экологами, и экологи, желающие создать семьи с двумя и более детьми. Владимир Путин никому ничего не обещает. Один боец стал говорить, что ветераны Чечни не имеют таких льгот, как ветераны Афганистана.

— Справедливо, — сказал президент. — Надо подумать.

— Значит, будет? — переспросил пытливый боец.

— Я сказал, что это будет справедливо, — раздраженно сказал Путин. — Надо, конечно...

— Конечно, надо!

— Надо подумать.

С полигона президент поехал в штаб Сибирского военного округа на совещание. Его сопровождал министр обороны. После короткого вступительного слова, в котором президент в основном хвалил округ, встал какой-то полковник и как будто бы ни с того ни с сего задал вопрос про Грузию. Но «ни с того ни с сего» на совещаниях такого рода, конечно, ничего не случается. Президент хотел что-то сообщить по этому поводу своему народу. Он начал с того, что его тревогу вызывает не ситуация на границе, а недопонимание грузинских партнеров.

— Нам многократно и уверенно говорили, что террористов в Панкисском ущелье нет. Потом также уверенно стали

говорить, что есть. Потом сказали, что они есть, но хорошие, с высшим образованием. Еще позже выяснилось, что эти высокообразованные люди похищают мирных жителей, занимаются наркоторговлей, начали сбивать вертолеты ООН, дестабилизировали ситуацию в Абхазии, предприняли попытку прорваться к нам. Мы справимся, конечно, мы решим...

А потом президент перешел к тому, из-за чего, видимо, все и затевалось. Он сказал, что вот режим талибов тоже прикрывал «Аль-Каиду». И что с ним теперь?

— Чем для нас, россиян, ситуация лучше? Они нападают на нашу территорию! Никто не сможет отфильтровать международных террористов от чеченских. И получится каша, в которой международное сообщество будет ковыряться до тех пор, пока не поймет: надо бороться с этим вместе!

После совещания и короткой встречи с министром обороны Владимир Путин вышел к людям, которые несколько часов ждали его на свежем воздухе. «Что же он делает! — взволнованно прошептал сотрудник пресс-службы СибВО, стоявший рядом со мной. — В это время в Чите трезвых нет».

Президент, однако, не вступил в разговоры с читинцами. Может быть, его испугал дикий женский визг, раздавшийся с его появлением. Он прошел вдоль строя милиционеров, отделявших его от народа, внимательно разглядывая жаждущих одного его взгляда горожан, потом, явно что-то взвесив, пожал несколько рук и на прощание рассеянно улыбнулся всем сразу.

ПРЕЗИДЕНТ В ОТКРЫТОМ РАЗРЕЗЕ

29 августа Владимир Путин приехал в Междуреченск на шахту «Распадская», которую ему застенчиво рекомендовали как лучшую в стране. В здании ее администрации президент встретился с шахтерами и провел заседание президиума Госсовета, где четыре часа обсуждались проблемы угольной отрасли.

ЛИЦОМ К ЛИЦУ С ШАХТЕРОМ

В небольшой комнате собрали лучших представителей шахтерской профессии. В последнее время они быстрыми темпами повышали производительность труда и на днях оставили позади бессмертный, казалось бы, рекорд советского шахтера Алексея Стаханова. На столе в ожидании президента лежал кусок угля, на котором белой краской было написано «2 000 000 т» (столько угля перегнавший Стаханова шахтер Щербаков выдал с начала года со своей бригадой), а в многочисленных вазочках вокруг угля лежали огромного размера шоколадные конфеты. Все это создавало атмосферу благодушия и самоуспокоенности, очень опасную в любом деле, тем более в шахтерском.

Владимир Путин начал с того, что очень хотел бы спуститься в шахту, но не смог. Ведь его привезли на открытый разрез, который, впрочем, ему тоже очень понравился.

— Это потрясающее зрелище, просто удивительное! И еще удивительно, — продолжил он льстить шахтерам, — как вам удалось выйти на такой рост производительности труда!

Шахтеры уверенно улыбались. Было ясно, что это для них не предел. Перестав удивляться, президент спросил, есть ли у шахтеров вопросы к нему. Вопрос был у технолога Кулагина. Он спросил, почему им, шахтерам, не дают кредиты в банках. Вот, например, дают же всем желающим в Германии.

— А человек потом отдает ему, банку, эти деньги! — с обидой закончил технолог.

— Вы назвали совершенно точный адрес! — обрадовался Владимир Путин. — Правильный!

— Ну! — обрадовался и технолог.

— Страна со стабильной экономикой, с прозрачной налоговой системой. Банк может точно просчитать, когда любой человек может отдать кредит и вообще, может или нет.

Технолог на глазах мрачнел.

— Я уверен, что и наши банки смогут когда-нибудь наладить такую систему, — завершил президент.

Шахтер подавленно кивнул.

— А я хочу спросить, заводить мне детей или нет, — озабоченно спросил горнорабочий Нефедов, которому дали задать вопрос от молодежи.

— Заводи! — кивнул Владимир Путин.

— Для этого, к сожалению, должны заработать какие-то механизмы, — пожаловался Нефедов.

— Я, кажется, понимаю, что вы имеете в виду. Накопительную систему пенсионного обеспечения, верно?

По мнению президента, то, что делают шахтеры, часто граничит с героизмом, а вот «человек умер, и все, никаких денег после себя не оставил». А если накопительная система будет работать, после человека останутся его деньги.

— Так что заводи детей, заводи!

Шахтер покорно кивнул.

— С молодыми все ясно, Владимир Владимирович! А как быть с пожилыми, которые еще работают? — спросил работающий пожилой шахтер. — Пенсии-то маленькие.

— Да еще недавно их вообще не платили, — сообщил президент. — Я удивляюсь, как люди жили-то! А вы на пенсии? Надо же! А не скажешь.

Шахтер счастливо покраснел.

— Лично мне посчастливилось, что я работаю на «Распадской», — сказал еще один шахтер. — Но у меня два сына работают на других шахтах, не таких успешных. Их что, закрывать будут?

Владимир Путин почему-то на этот раз не стал играть с шахтером в поддавки и ответил, что там, где нет абсолютно никаких перспектив, «что же людей-то мучить? Людей надо переучивать или переводить на другие шахты».

— Да, совершенно верно! С собственниками будем разбираться! — закончил президентскую мысль губернатор Кемеровской области Амангельды Тулеев.

Тут в бой вступил профсоюзный лидер Иван Мохначук. Он заговорил про пенсионные фонды, которые мало думают о шахтерах, но запутался и стал говорить, что шахтеры, конечно, сами часто неправильно ведут себя.

— Да у вас, я вижу, сговор с работодателями, — прервал его президент.

— Нет! — воскликнул профсоюзный лидер. — Просто с Зурабовым очень трудно договариваться.

— Придется, — сказал президент.

— А я хочу задать шпионский вопрос, — заявил технолог Кулагин.

— Мы с вами, видимо, коллеги. По прошлой жизни, — расслабился Владимир Путин.

— Да, и до нас дошел слух, что вы приехали не только нашими красотами полюбоваться, но и Амангельды у нас забрать.

Это был первый вопрос, который застал врасплох президента.

— Кого-то, конечно, надо забрать, — произнес он.

— Но не его! — давил технолог. — Посмотрите, что он с Кемеровской областью сделал! Как хороша наша жизнь здесь!

— Да он и оттуда вам будет помогать, — сказал президент.

— Вы его загрузите, и он не сможет.

Губернатор Тулеев переводил взгляд с президента Путина на технолога и обратно.

— Я подумаю, — прервал технолога президент.

Судя по всему, раньше ему не приходила в голову мысль забрать господина Тулеева в Москву.

На прощанье президенту подарили шахтерский фонарь. Пусть заберет в Москву. Кому нужен фонарь на открытом разрезе?

ГОССОВЕТСКАЯ ВЛАСТЬ

Президиум Госсовета по проблемам угольной отрасли продолжался четыре часа. В основном речь шла о достижениях. Почти все говорили о том, что за последнее время отрасль ожила. Многие считали, что этим она обязана идущей приватизации. Так, Аман Тулеев заявил, что приватизация должна

закончиться уже к следующему году. Его поддержал и Виктор Христенко. А когда президент Коми господин Торлопов попросил отложить приватизацию одного угольного предприятия на год, это вызвало резкую реакцию господина Путина:

— Конечно, делайте так, как считаете нужным. Только пусть тогда шахтеры идут стучать касками не к Горбатому мосту в Москве, а к зданию вашей администрации.

Срезал он и Анатолия Чубайса. Когда тот сказал, что уголь для него не чужая отрасль, президент подмигнул:

— В каком смысле?

— В прямом, — угрюмо ответил Чубайс.

Он отчитался, что смертность на шахтах снизилась в два раза. Было ясно, что этим обстоятельством отрасль обязана хорошим отношениям угольщиков с энергетиками. А господин Чубайс продолжал:

— Успехами последних двух лет мы обязаны прежде всего программной реструктуризации. Раньше, да еще год назад, ни одно заседание межведомственной комиссии здесь, в Кемеровской области, не начиналось без десятитысячной толпы шахтеров, которые обвиняли нас, что мы действуем по указке Международного валютного фонда. Собственно, по этой указке мы и отработали, и отрасль встала на ноги!

Владимир Путин слушал-слушал господина Чубайса и не выдержал:

— Да я знаю: у нас много сделано в последнее время.

Господин Чубайс замолчал.

— Да не выспался он. Не в форме сегодня, — огорченно сказал один из сотрудников РАО ЕЭС, сидевший рядом со мной.

К Анатолию Чубайсу цеплялись едва ли не все выступавшие. Только министр путей сообщения господин Фадеев похвалил председателя РАО ЕЭС за то, что тот пообещал сжигать 30 млн тонн угля в своих топках. Между тем господин Чубайс говорил только про то, что ежегодно бессмысленно сжигается 30 млрд тонн газа. То есть господин Фадеев просто перепутал уголь с газом. Участники совещания хихикали,

Анатолий Чубайс откровенно смеялся. Невозмутимым оставался только сам господин Фадеев:

— Сезонные тарифы будем поднимать. Это надо выполнять, потому что на высочайшем уровне сказано.

Тут уж не выдержал и Владимир Путин:

— Да это же совещание. Я сказал, но ведь у вас должно быть свое мнение — не надо так буквально понимать.

— Да нет, сделаем! Не снижая годового уровня. Начнем, и все! Сейчас добавим, а летом сбросим. Нормально!

На совещании выступили все губернаторы региона. Почти все жаловались на свои отношения с федеральными министерствами. Один из губернаторов вообще заявил, что министерства без конца разводят их.

— Когда спирт разводят, получается вполне приемлемый для употребления продукт. А когда министерство разводит целый регион, это никуда не годится, — согласился президент.

Это совещание нельзя было закончить, его можно было только прекратить. Владимир Путин и сделал это, сказав, что уже после полутора-двух часов любое совещание становится бессмысленным, а они работают уже больше четырех.

ВЛАДИМИР ПУТИН В ОДИНОЧКУ ПЕРЕИГРАЛ КУЛИКОВСКУЮ БИТВУ

Приехав 30 августа в Татарию, президент России целый день общался с народом этой республики. И даже, по моему мнению, переборщил. Накануне приезда президента в Казани прошел III Всемирный конгресс татар. На этом двухдневном мероприятии татары настолько разволновали самих себя, что их встречу с Владимиром Путиным организаторы ждали с большим беспокойством. Особенно заводила татар предстоящая перепись населения РФ. Дело в том, что некоторое время назад в республике прошел опрос: что будет, если в переписных листах написать, что житель республики не только

татарин, но еще и, например, крещеный татарин (крещен), или ногайский, или даже сибирский татарин.

Крещены и ногайские татары отвечали положительно. У остальных этот вопрос вызвал бурю негодования. Татарам показалось, что их хотят расчленить. Конгресс обратился к каждому татарину республики с призывом признать себя достойным сыном и дочерью великого, единого, неделимого татарского народа и записать себя в опросных листах как татарина и татарку. Кроме того, делегаты выразили озабоченность судьбами федерализма и демократии в стране.

Владимир Путин входил в зал, который самым серьезным образом готовился продемонстрировать ему эту озабоченность. К тому же президент Татарии заявил: «Ни грамма суверенитета мы не отдадим». И он тоже, значит, был уверен, что президент России будет претендовать хотя бы на грамм татарского суверенитета.

В коротком вступительном слове Владимир Путин заявил, что будет приветствовать всех, кто «разделяет наши взгляды и убеждения». И добавил, что Россия всегда была центром притяжения всех культур и что именно в этом сила России. Уже только эти слова вызвали раздраженный гул в зале. Новый председатель исполкома конгресса Ринат Закиров, выйдя на трибуну, начал с того, что в последнее время наметилась централизация властных полномочий в федеральных структурах РФ. Кроме того, его тревожили общемировые попытки создать из ислама образ врага после терактов 11 сентября. После этого Ринат Закиров приступил к главному:

— Без всяких причин татарский народ дробится на национальные этносы!

Господин Путин удивленно посмотрел на господина Шаймиева.

Господин Шаймиев начал объяснять, что имеет в виду господин Закиров. Он даже начал что-то увлеченно рисовать в блокноте президента. Владимиру Путину понадобилось время, чтобы вникнуть в проблему. Вникнув, он удовлетворенно кивнул, что могло, конечно, означать какой угодно поворот в судьбе татарских этносов.

Не дается каменный цветок. Август 2001 года.
Село Верхние Мандроги Ленинградской области.
Фото Владимира Родионова.

Июнь 2002 года. *Фото Владимира Родионова.*

Владимир Путин до сих пор старается прививать себе психологию победителя.
Фото Владимира Родионова.

В 2004 году Владимир Путин встретил Рождество под Суздалем. *Фото Владимира Родионова.*

В Екатерининском зале Кремля Владимир Путин разговаривал с правозащитниками более четырех часов и предостерег их от многих опасностей. Они его — тоже.
Фото Дмитрия Азарова.

На Дальнем Востоке с дочерьми Машей и Катей.
Семь километров до корейской границы.
Фото Владимира Родионова.

В ноябре 2003 года Владимир Путин посетил киноконцерн «Мосфильм» и на пальцах объяснил его сотрудникам, как зарабатывать деньги.
Фото Ильи Питалева.

Владимир Путин, придя к власти, реформировал Совет Федерации и до сих пор чувствует себя среди его членов, как рыба в воде.
Фото Дмитрия Азарова.

В Ново-Огареве Владимир Путин объяснял британскому премьеру Тони Блэру, почему не надо было начинать войну в Ираке. 29 апреля 2003 года. *Фото Дмитрия Азарова.*

Владимир Путин рад, что приручил даже дельфинов.
Фото Сергея Величкина и Владимира Родионова.

Раз в полгода Владимир Путин в Екатерининском зале вручает госнаграды. *Фото Дмитрия Азарова.*

На встрече с представителями Российского союза промышленников и предпринимателей (РСПП) в феврале 2003 года. Владимир Путин поспорил с бизнесменом Михаилом Ходорковским (за кадром). *Фото Дмитрия Азарова.*

В конце 2003 года на встрече с членами РСПП Владимиру Путину было уже не интересно. Спорить не с кем: Михаил Ходорковский уже сидит в тюрьме. *Фото Дмитрия Азарова.*

Не разлей вино. Март 2004 года. *Фото Алексея Панова.*

В коротком перерыве длинного спектакля в театре «Современник» с худруком Галиной Волчек *(слева). Справа* – Людмила Путина. Апрель 2004 года. *Фото Владимира Родионова.*

Раз в год президент проводит пресс-конференцию, в которой участвуют сотни российских и зарубежных журналистов. Июль 2003 года, Москва.
Фото Дмитрия Духанина.

В отношениях с генералами нужна особая бдительность. *Фото Дмитрия Азарова.*

Теннисистка Елена Дементьева *(слева)* в 2004 году выиграла Роллан-Гаррос. Теннисистка Анастасия Мыскина *(справа)* помогла ей, сыграв в финале. Владимир Путин встретился с девушками в парижском аэропорту на пути в Мексику. *Фото Алексея Панова.*

Переговоры состоятся при любой погоде.
Фото Дмитрия Азарова.

На выборах в Госдуму 7 декабря 2003 года Владимир Путин ознакомился с устройством новой урны для голосования. *Фото Дмитрия Азарова.*

Когда господин Закиров закончил, президент взял слово. Насчет взаимоотношений с федеральным центром он заявил, что его представители в округах всего-навсего подняли брошенные когда-то центром полномочия. Он добавил, что в Татарии создана специальная группа, которая будет гармонизировать отношения центра и субъекта Федерации, и любой желающий может принять участие в ее работе. Дошел президент и до переписи.

— Нельзя путать вероисповедание и национальность! — заявил он.

— То есть алфавитный перечень национальностей будет такой же, как в 1989 году, а не расширенный за счет этнических групп татарского народа? — спросил президент Татарии.

Ответить Владимир Путин не успел. Его опередил сидевший за спиной президента Башкирии Муртазы Рахимова министр по делам национальностей РФ Владимир Зорин.

— Да нет никакого перечня! — воскликнул он. — Откуда вы это взяли? Вся перепись основана на самоидентификации. Никакого списка не будет...

— Да мы не против списка! — неожиданно сказал Минтимер Шаймиев. — Человек через свою свободу волеизъявления может написать все, что хочет. А потом пусть оформят в алфавитный список, который и подведет итоги.

Дело на глазах окончательно запутывалось. Было уже совсем непонятно, чего хотят от президента все эти люди.

— Надо внимательно посмотреть и решить... — Владимир Путин сделал слабую попытку остановить надвигающийся хаос.

— Наш народ — достаточно спокойный и взвешенный народ, — не дал ему закончить господин Закиров. — И случайно ли, что именно этот вопрос вызвал бурные дискуссии и обсуждения?

— Тут вот что, — еще раз взял слово Владимир Путин. — Ведь если русский человек считает себя мусульманином, он же не пишется татарином.

Ответ, если разобраться, не имел никакого отношения к сути вопроса. Президент, таким образом, вместе со всеми по-

7 Зак. 3746

гружался в пучину абсурда. Татарин из Астрахани Амаев тем временем добавил, что еще одна главная проблема — информационное обеспечение татар и что было бы неплохо организовать для них вещание на татарском языке по центральным каналам.

Все это время Владимир Путин, сидя в президиуме, о чем-то напряженно думал. Он, похоже, искал выход. Надо ведь было как-то убедить татар, что у них все будет хорошо. А иначе зачем он приезжал?

Наконец он опять взял слово.

— У нас не должно быть выдвижения на руководящие посты по национальным признакам, — сказал он ни с того ни с сего. — Надо выдвигать на руководящие посты по деловым признакам!

Татары в зале необычайно оживились. Особенное оживление, даже можно сказать — лихорадочное, было отмечено мною на балконе глав районов и городов Республики Татарстан.

— Если мы будем руководствоваться этими принципами, — продолжил докладчик, — татар в руководстве будет больше, потому что народ-то талантливый!

Раздались оглушительные аплодисменты.

— Погодите... Два самых сильных губернатора на Дальнем Востоке, откуда я только что приехал, — Гениатулин и Фархутдинов. (Аплодисменты.) Всем госимуществом на территории страны руководит тоже татарин. (Бурные аплодисменты.) Я уж не буду говорить о тех, у кого мать и отец татары. (Аплодисменты.) А если поскрести? (Оглушительные аплодисменты.) Где они все, кстати? Вон, я вижу, один в зале. Другой, я знаю, на юге отдыхает.

Российский президент попал в цель. Ничто так не могло примирить татар с действительностью, как этот список.

— Другие татары не так заметны, но выполняют очень важную роль, — продолжил президент. — Первый замминистра МВД, назначенный недавно, руководит всей криминальной милицией страны. Вы хоть представляете себе, что это такое? — заговорщицки спросил он.

Тут уж аплодисменты стали просто неприличными.

— И вот еще с чем я совершенно, абсолютно согласен. Татарский язык должен быть в республике одним из первых!

И снова татары аплодировали, уже не давая себе труда вдуматься, а что, собственно говоря, сказал им президент Путин. Но через некоторое время они стали приходить в себя. Выступил отец своих детей Нурмухамед Хусаинов, признавшийся, что сейчас живет только своими детьми, и больше никем:

— Из-за этого меня называют экстремистом. Но дети должны знать свою культуру, настаиваю я. И вот нас немножко все-таки обманули с переписью, убрали еще пункт о родном языке. А дети меня спрашивают, где же этот пункт? Что я им отвечу? Кому это выгодно?

Владимир Путин что-то очень быстро записывал. Видно, что ему было интересно с этими людьми. На Дальнем Востоке тоже, конечно, было хорошо и очень красиво, но здесь впервые за все эти дни чувствовался запах пороха.

— Я живу в Башкирии. Быть татарином в Башкирии нелегко, — продолжает Хусаинов.

А в это время у всех на глазах просто каменеет президент Башкирии Муртаза Рахимов.

— В Финляндии 6% финнов — татары, и государственный язык там, насколько я знаю, татарский. А в Башкирии нет. Может быть, тут требуется мозговой штурм трех президентов? Надо использовать административный ресурс. Как это делается, вам, президентам, рассказывать не надо.

— Вы знаете, что мне нравится сегодня? — ответил ему Владимир Путин. — Люди говорят свободно, открыто, ясно. Это о том, какая атмосфера у нас в обществе. А самое острое, что вы сказали: быть татарином в Башкирии нелегко. А русскому в Татарии? А чеченцу в Москве? А мордве в... — он замялся, — в других частях Российской Федерации? А белорусам в Москве? А украинцам? А должны чувствовать себя как дома!

Тут не выдержал Муртаза Рахимов. Его не устраивало, что нелегко быть татарином в Башкирии:

— Я из тех, кто настаивает, чтобы дети изучали национальный язык. Но ведь родители не хотят! — Он выразительно посмотрел на притихшего в глубине зала беднягу Хусаинова. — Не хотят, чтобы дети знали язык молока матери.

Дальше Путину было явно не так интересно. Татары перестали сопротивляться. Выступила татарка с Дальнего Востока, заявившая, что только в последние дни отчетливо поняла: федеральный центр должен поддержать Татарию. Она предложила создать бюро по переселению татар с Дальнего Востока в европейскую часть России, на что Путин ответил:

— Прошу вас никаких мероприятий организационного характера в этом направлении не проводить.

Представитель Удмуртии коснулся темы платков, в которых татарские женщины хотят фотографироваться на паспорт:

— Но им не хотят рисовать голову с платком в паспорте! Можно они будут фотографироваться с платком?

Владимир Путин не разрешил. Сказал, что есть госстандарты и что, допустим, прошла мода на платки, а бабушке надо ехать за границу:

— А за границу ее не пускают, бабушку. Вот тебе, бабушка, и Юрьев день!

Если бы этот вопрос прозвучал в начале встречи, Владимир Путин, наверное, долго объяснял бы, почему не стоит женщине сниматься в платке. Но теперь, когда всемирный конгресс был побежден, ему уже не было нужды церемониться.

Часа через два после встречи с оргкомитетом празднования тысячелетия Казани президент в довольно узком кругу сказал, что ему действительно было интересно на встрече с делегатами конгресса, но что ничего необычного эти люди ему не рассказали, ничем не удивили. На мой взгляд, такой оценки они не заслуживали. Не надо было их добивать.

И, словно в отместку за такую самоуверенность, через несколько часов после описанных событий во время празднования Дня республики на центральном стадионе Казани после энергичного приветственного слова Владимира Путина, едва начавшись, вдруг захлебнулся Государственный гимн

России. Музыку пытались несколько раз запустить снова, но ничего не получалось. Люди на стадионе стояли и молчали. Потом гимн все-таки прозвучал из какого-то другого места, очень глухо. На этом визит Владимира Путина в Казань закончился, и даже можно сказать, что бесславно.

ВЛАДИМИР ПУТИН ОСТАВИЛ ЗА СОБОЙ ПОСЛЕДНЕЕ СЛОВО

6 октября в Запорожье президенты России и Украины праздновали 70-летие ДнепроГЭСа и решали судьбу международного газового консорциума.

Владимир Путин залетел в Запорожье по пути на саммит глав государств СНГ в Кишиневе. Впрочем, генеральный директор ДнепроГЭСа Николай Дубовец рассказал, как ему еще два месяца назад стало известно о том, что в Запорожье приедет президент России:

— Как только Леонид Данилович объявил 70-летие ДнепроГЭСа государственным праздником, нас предупредили, что он хочет, чтобы был и Путин. А значит, будет.

По маршруту следования президентского кортежа выстроилось огромное количество жителей Запорожья. И это означало, что украинский президент придает встрече некое особенное значение, потому что просто так у него на улицах люди с флажками и плакатами не стоят. Так президента России на Украине не встречали давно. Только в одном месте активисты украинского «Яблока» держали над головами плакат «Путин, не подавай Кучме руки!».

ДнепроГЭС, на котором должна была пройти часть протокольных мероприятий, выглядел убедительно. Недавно закончилась реконструкция. Директор станции господин Дубовец рассказывал, что ДнепроГЭС принципиально отличается от любой другой гидроэлектростанции. По его мнению, такие ГЭС, как Братская или какая-нибудь другая в России, подавляют и даже где-то унижают человека.

— Сами посудите: бетонная коробка и узкий каньон. Как это еще может действовать на нервы? А ДнепроГЭС возвышает человека! Такая уж это конструкция! Занимает второе место в мире по красоте, — сказал он и счел нужным добавить: — По версии ЮНЕСКО, конечно.

— А первое кто? — уточнил я.

— Как кто? — удивился он. — Пирамида Хеопса. А как вы хотели? Ведь ДнепроГЭС проектировал Георгий Михайлович Орлов, первый секретарь Союза архитекторов СССР!

Позже, во время Великой Отечественной войны, ДнепроГЭС, как известно, взорвали, чтобы не достался врагу. О том, как его потом восстанавливали, в ожидании президентов России и Украины возле памятника Неизвестному солдату рассказывала журналистам одна из старейших сотрудниц ДнепроГЭСа Таисия Ильинична Черемискина:

— Приехали мы в Запорожье со всей страны, как обычно. Должны были нас одеть-обуть для начала, но дали только одну простыню на человека и ватные штаны. Мы закутывались в простыню, надевали штаны и шли восстанавливать ДнепроГЭС.

Таисия Ильинична, по ее словам, не снимала, как и все остальные, эти штаны по многу дней, потому что других не было, и с заданием партии и правительства справилась — ДнепроГЭС был восстановлен в рекордные сроки.

Теперь Таисия Ильинична в белом платочке возле памятника стояла и ждала Владимира Путина. У нее было что сказать президенту России. Он подъехал, возложил венок к могиле Неизвестного солдата и почти сразу подошел к ней. Ее представили как ветерана ДнепроГЭСа. Неожиданно Таисия Ильинична жестом показала, что хочет сказать президенту России что-то важное на ухо. Владимир Путин наклонился к ней, старушка прошептала несколько слов. «Хорошо, сделаю», — кивнул Путин. Окружавшие его люди были удивлены легкостью, с которой президент раздавал обещания. Позже счастливая старушка призналась, что попросила Путина передать поклон от нее, Таисии Ильиничны, его личному духовнику.

Это было, впрочем, единственное обещание, которое в этот день дал в Запорожье Владимир Путин. Главная интрига дня развернулась в ДК «Днепроспецсталь», куда президенты приехали, чтобы прослушать концерт в честь 70-летия Днепростроя, вручить медали отличившимся за эти годы людям. И вот что из этого получилось. Для начала в Малый зал ДК, где для журналистов транслировалось торжественное заседание и концерт, вбежала девушка из украинской пресс-службы и, волнуясь, крикнула, что информация, будто соглашение по международному газовому консорциуму будет подписано сегодня в Запорожье, — утка!

— Ее запустил Черномырдин! Правильно я говорю? — спросила девушка у стоявшей за ее спиной другой девушки — пресс-секретаря президента Украины Олены Громницкой.

— Правильно, — кивнула Олена.

— На самом деле ничего не подписано и не будет подписано...

— Сегодня, — уточнила Олена.

— Будет подписано завтра! В Кишиневе.

— Если ничего не случится, — опять негромко уточнила Олена.

Тут все, конечно, насторожились. Переговоры по газовому консорциуму идут давно, президент Украины до сих пор утверждал, что его страну устроит только контрольный пакет акций в этом проекте, и стоял на этом насмерть. Президент России в свою очередь настаивал на том, чтобы поделить пакет поровну между Украиной и Россией. Готовность подписать документ означала бы, что один из двух лидеров сдал свои позиции.

В это время в Большом зале ДК выступал Леонид Кучма. Он наговорил множество комплиментов своему российскому коллеге и заявил, что Россия была и остается главным партнером Украины. Он, правда, добавил, что отношения двух стран отнюдь не безоблачны.

— Россия и Украина пробиваются на внешние рынки порой в одиночку, даже иногда препятствуя друг другу.

Президент России задумался над этими словами, да так глубоко, что, когда ему дали слово, начал речь так:

— Уважаемый президент Российской Федерации!

Тут он остановился и, озадаченно улыбнувшись, сказал, пытаясь исправить положение:

— Звучит-то как красиво, а?

О консорциуме Владимир Путин ничего говорить не стал, рассказал только, что они с Леонидом Даниловичем решили лететь на саммит в Кишинев в одном самолете, так что еще наговорятся обо всем.

Подойдя через несколько минут к журналистам и услышав вопрос, когда же все-таки будет подписано соглашение, президент России заявил, что есть вещи, к которым не надо относиться как к вещам культового характера, а надо просто посмотреть, в чем тут интерес.

Прозвучало туманно, но грозно. По всей видимости, Владимир Путин вещью культового характера назвал ту одну акцию, которая сделала бы пакет России в этом проекте контрольным.

— Я вчера около 12 ночи вернулся домой из Индии, — продолжил Леонид Кучма, — так до двух часов имел возможность утрясать подробности документа... который будет подписан завтра в Кишиневе.

Он явно решил закончить на этом скользкую тему и знаком предложил украинскому журналисту задать следующий вопрос. Но Владимир Путин должен был оставить последнее слово за собой:

— Если Россия будет принимать участие в этом проекте, то мы, конечно, будем наполнять эту трубу и вообще работать по полной программе. Если не будем, то будем строить другие газопроводы. Но, конечно, делать это без учетов интересов Украины не станем.

Члены делегации зашептались. Такой резкости никто не ожидал. Леонид Кучма задержался и пожал плечами, что, видимо, в этой ситуации означало: «Ну и как хотите!» А то, что сказал Путин, означало, в свою очередь, что если до завтрашнего дня Кучма не перестанет претендовать на контрольный пакет, то документ, который только что анонсировал украинский президент, в Кишиневе подписан вообще не будет.

Пообедав на острове Хортица, который в свое время был столицей Запорожской Сечи, президенты полетели в Кишинев. Сегодня у Владимира Путина — день рождения. Говорят, что сам он не придает 50-летнему юбилею решающего значения и никак особенно не собирается его праздновать ни в Кишиневе, ни в Москве, куда вернется сегодня еще засветло. В Кишиневе он сегодня посидит за обеденным столом с коллегами, а в Москве с близкими друзьями, которых у него, как и у любого другого человека, не много.

ПРЕЗИДЕНТ РОССИИ ПРОВЕЛ РАБОЧИЙ ДЕНЬ РОЖДЕНИЯ

7 октября Владимиру Путину исполнилось 50 лет. Этот день у него был рабочим, как и у всех остальных участников саммита СНГ, но поздравлений президенту России избежать не удалось. И, хотя праздничный обед прошел при почти закрытых от журналистов дверях (если не считать камеру ОРТ и его гендиректора Константина Эрнста), мне удалось зафиксировать некоторые юбилейные инициативы.

Первое поздравление Владимир Путин принял еще позавчера — от президента Таджикистана Эмомали Рахмонова. Непростой получился разговор. Дело в том, что господину Рахмонову 5 октября тоже исполнилось 50 лет.

— Я вам звонил, — сказал ему господин Путин, — чтобы поздравить. Но, к сожалению, не застал вас. У вас было совещание какое-то.

— Да, было... — вздохнул Эмомали Рахмонов, как будто вспомнил о чем-то очень неприятном. — Мне передавали... Я вам, кстати, потом перезванивал, но вас не было на месте.

— Да, я встречался... — Путин замялся, — с президентом Чили. Полезная была встреча.

— Я потом еще раз перезванивал, — мягко сказал президент Таджикистана.

— Да? А когда? А, это я уже встречался с президентом Финляндии. Вот так все это получилось...

— Ну, зато я вас поздравлю с днем рождения, — сказал господин Рахмонов.

— Да, недолго осталось.

— Считаные часы, — уточнил президент Таджикистана.

Ну а праздничное утро началось с того, что в резиденцию Владимира Путина приехал президент Молдавии с подарками. Все были удивлены, потому что он появился вообще-то без приглашения и даже не позвонил перед выездом. Оказалось, господин Воронин просто решил раньше всех поздравить Владимира Путина с днем рождения. Владимир Воронин подарил Владимиру Путину хрустального крокодила. Говорят, что господин Воронин до последней секунды сомневался, стоит ли дарить крокодила на день рождения. Люди, желавшие президенту Молдавии только добра, предлагали подарить, например, ковер. Господин Воронин честно размышлял, ковер подарить или крокодила. И решил, что, конечно, крокодила. С другой стороны, может, и хорошо, что Владимир Воронин подарил Владимиру Путину крокодила, а не ковер. Потому что ковер ему подарил Туркменбаши. Кстати, президент Воронин был единственным, кому удалось вручить подарок господину Путину лично. Остальные президенты были вынуждены дарить свои подарки через службу протокола.

Даже Леониду Кучме, который летел в Кишинев с юбиляром в одном самолете, пришлось передавать свой подарок в виде некой статуэтки через протокол. И общая, от СНГ в целом, подарочная шкатулка тоже попала к российскому президенту через протокол.

А потом был напряженный рабочий день, после которого участники саммита спустились по лестнице к выходу (только Гейдара Алиева довели до эскалатора, ведущего на первый этаж) и хотели ехать на обед, который в российском посольстве давал российский президент. Но тут они попали в ловушку, устроенную гостеприимным Владимиром Ворониным. У выхода их встретили танцевальные коллективы республики. Начались танцы. Президенты успели, правда, занять оборону на лестнице и в танцах участия не приняли (как потом стало известно, их собирались активно привлечь) и более или менее издалека глядели на танцующих девушек. Улыбался, и то как-то криво, только российский президент.

Когда танцевальные коллективы закончили свои выступления, лидеры наконец выбрались на свободу. Кроме обеда их еще ждали традиционные криковские винные подвалы, в которых президенты Молдавии обычно угощают своих гостей. С этой минуты Владимира Путина сопровождала только камера ОРТ и генеральный директор ОРТ Константин Эрнст, который, видимо, решил показать всем, как надо делать фильмы про президента России.

ПРЕЗИДЕНТУ ПРИГОДИЛАСЬ КВАРТИРА В КРЕМЛЕ

Владимир Путин узнал о том, что террористы захватили «Норд-Ост» одним, конечно, из первых. У него только что закончилась последняя, казалось, на этот день встреча — со спикером Совета Федерации Сергеем Мироновым. С тех пор Владимир Путин не покидает пределов Кремля.

Правда, была небольшая заминка, примерно минут в сорок, когда было неясно, где же наш президент. Казалось бы, необходимо было сразу заявить, что президент держит ситуацию под личным контролем. Вместо этого телеканалы рассказывали, что делают террористы. На другой чаше весов не было в этот момент ничего. В ситуации полного информационного хаоса первых минут информация о местонахождении президента страны дорогого стоила.

Президент работал всю ночь. Силовики непрерывно докладывали ему обстановку. Совещания шли в режиме нонстоп. Небольшой отрывок одного из них довольно долго, хотя и с явным запозданием, цитировали все каналы телеви-

дения. Больше, вообще-то, цитировать было нечего. Ждали прямого заявления президента. Заявления не было ни ночью, ни утром. Это можно было истолковать по-разному, в том числе и так: президент растерян, ему нечего сказать своему народу. Без сомнения, народ ждал каких-то надежных слов именно от этого человека, заявившего в свое время, что террористов надо мочить в сортире. Впрочем, как поясняют люди, работавшие с ним той ночью, заминка была связана с тем, что любые слова Путина могли навредить в этой ситуации. Жесткие заявления спровоцировали бы ответную жесткость, мягкие формулировки вызвали бы у террористов головокружение от успехов с непредсказуемой реакцией.

Появившееся в итоге в два часа дня заявление избежало этих крайностей, так как в нем президент благоразумно обвинил в происходящем не только тех людей, которые в этот момент держали под прицелом заложников, а прежде всего международный терроризм, задумавший и осуществивший эту операцию из своих зарубежных центров. Таким образом ему удалось отвести вину за случившееся от своих силовиков.

Заговоривший президент отказался от поездки не только в Германию и Португалию, куда собирался заскочить буквально на несколько часов, но и на саммит стран АТЭС, которому на самом деле придавал большое значение. В Мексике должна была состояться его встреча с президентом США Джорджем Бушем. Вчера утром было известно, что поездка не откладывается, а только переносится, потому что президент хочет поехать в Мексику, так как на подготовку этой встречи были затрачены усилия и с ней явно связывались серьезные ожидания. Ясно, впрочем, что поехать Владимир Путин мог только в одном случае: если бы ситуация с заложниками как-то разрешилась. Возможно, он и рассчитывал решить ее. Это можно было сделать только одним способом: штурмовать театральный центр.

Очевидно, что от этого решения как от быстрого способа решения проблемы отказались уже вчера днем. Это стало понятно, когда спустя час после заявления стало известно, что вместо президента на саммит полетит Михаил Касьянов.

В свою очередь, из этого решения уже можно было сделать другой вывод: президент вообще не рассчитывает на быстрое решение проблемы.

Известно, что у президента в Кремле есть служебная квартира со всеми удобствами. Теперь она ему пригодилась как никогда.

Итак, Владимиру Путину сразу сообщили о начавшемся штурме. По словам высокопоставленного источника в Кремле, президент страны не отдавал приказа о начале штурма. Это решение принял начальник оперативного штаба генерал Проничев. Таким образом, мой собеседник, видимо, хотел дать понять, что на президенте не лежит прямая, непосредственная ответственность ни за 67 погибших, ни за 750 спасенных заложников. Так уж вышло, как подчеркивали все официальные лица в этот день, что пришлось начать этот штурм.

Вскоре после окончания штурма президент провел заранее запланированное совещание с министром внутренних дел Борисом Грызловым и директором ФСБ Николаем Патрушевым. Они дали президенту оперативную информацию по итогам штурма. Директор ФСБ заявил, что в ходе операции ни один из террористов, по его сведениям, не ушел живым от штурмовавших здание. Впоследствии это сообщение было опровергнуто другими высокопоставленными ньюсмейкерами.

Министр внутренних дел сообщил президенту более проверенную информацию: задержано около 50 человек, помогавших террористам. Он сказал журналистам, что вещи заложников, оставленные в здании, находятся под надежной охраной и будут возвращены владельцам.

Затем президент увиделся с генеральным прокурором страны Владимиром Устиновым. Тот заверил президента, что все виновные в том, что такое вообще стало возможно, понесут заслуженное наказание.

После этого состоялось расширенное заседание с участием силовиков. На нем кроме господ Грызлова и Патрушева присутствовали начальник Службы внешней разведки Сер-

гей Лебедев и министр обороны Сергей Иванов. Все подробности этой встречи остались за кадром.

Получив информацию «сверху», президент поехал в Институт скорой помощи имени Склифосовского получать информацию «снизу», от заложников. У входа его встретил главный врач института. В одной палате Путин увидел двух человек, один из которых спал. Другой дремал, но при появлении президента проснулся. Президент спросил его, как самочувствие. Тот ответил, что не жалуется и что вообще-то лучше, чем могло бы быть. Говорил не очень охотно. Чувствовалось, что человек устал.

В следующей палате Владимир Путин увидел еще двух человек. Они выглядели лучше, чем два предыдущих. Один из них оказался спасателем, который помогал эвакуировать заложников из освобожденного здания. Второго человека президент спросил, с семьей тот пришел на мюзикл или один. Тот с радостью ответил, что один.

Очевидно, выполняя рекомендации врачей не мешать людям долгими разговорами, президент перешел в следующую палату. Там лежал молодой актер мюзикла Никита, который стал первым больным, с явным удовольствием поговорившим с президентом. Никита рассказал, что у него среди заложников много друзей и он очень озабочен их судьбой, что ему было очень страшно. Одна из медсестер, стоявших рядом, пожаловалась, что молодой человек очень хочет на выписку. «Да ладно, отдохни тут еще», — посоветовал ему президент. «Да я уже давно отдыхаю», — бодрился юный актер. На вопрос президента, какие у него есть желания, Никита ответил: «Помыться и почистить зубы».

Рядом вяло следил за разговором еще один больной. «А вы зритель?» — «Я — да, — твердо сказал больной. — Приехал на мюзикл с работы». — «Страшно не было?» — «Нет. Была уверенность, что будущего у террористов нет». Этот человек хорошо представлял себе, что следует отвечать президенту страны.

Следующая палата была женской. Одна бывшая заложница спала и так и не проснулась, пока президент был в палате, а другая проснулась и даже приподнялась. Про спящую женщину Владимир Путин все выяснил у лечащего врача: тот рассказал, что она хорошо покушала и спит. «Ну вот, хоть покормили, наконец», — сказал президент. «Да, это прекрасно», — сделала попытку поддержать разговор и соседка из оркестра.

Еще немного поговорив с главврачом, президент уехал из Института скорой помощи опять в Кремль. О других его встречах в этот день ничего не известно, кроме того, что они были.

ВЛАДИМИР ПУТИН ОТДЕЛИЛ ПОЛИТИКУ ОТ ТЕРРОРИСТОВ

10 ноября в Кремле президент Владимир Путин встретился с представителями чеченского народа, чтобы наконец решить давно назревшую проблему Чечни. И чеченцы расставались с президентом в этот день уверенные, что их проблема будет наконец-то решена.

Кремлевская администрация явно придавала этому мероприятию большое значение. В Кремль пригласили много журналистов, в том числе и иностранных. Планета должна была увидеть разговор Владимира Путина с чеченцами.

Экспромтов в таких делах не бывает. Три дня назад почти два десятка чеченцев, в основном живущих в Москве, подписали обращение ко всему чеченскому народу. Что это они вдруг? Один из участников встречи Ахмат Кадыров сказал: «Те, которые обращались к вам, Владимир Владимирович... вернее, к народу Чечни...» На самом деле Кадыров, конечно, не оговорился. Обращались именно к президенту (и даже, чем черт не шутит, по инициативе его администрации) и получили ответ в виде приглашения встретиться.

Чеченцы, собравшиеся за столом в ожидании Владимира Путина, были крайне хмуры. Такое впечатление, что готовились к чему-то самому плохому. Развеселились только один

раз, когда спецпредставитель президента России по обеспечению прав и свобод человека и гражданина в Чеченской Республике Абдул-Хаким Султыгов, вызванный куда-то за дверь на пару минут, вернулся и по ошибке сел в президентское кресло. Веселье продолжалось несколько секунд, и только демонстративно мрачный до этого Ахмат Кадыров еще с минуту давился смехом, представляя, видимо, господина Султыгова в этом кресле на законной основе.

Разговаривали исключительно на чеченском, так что еще один участник встречи, Сергей Ястржембский, наверное, чувствовал себя не в своей тарелке, пока не пришел президент и чеченцы поспешно не перешли на русский. Владимир Путин поблагодарил собравшихся за их своевременную инициативу с требованием провести референдум и остановить террор, убийства, похищения, надругательства и унижение человеческого достоинства жителей Чечни. Он рассказал, что «еще совсем недавно думал: не стоит, может быть, спешить... подождем... Но если вы так считаете, я согласен».

По мнению российского президента, в Чечне нынче происходят важные системные события. «Спустя много лет дети пошли в школы... Растет конкурс в чеченские вузы... Собран рекордный за все годы, включая советские, урожай зерна». Логичным продолжением этого процесса президент считает подписанный им вчера указ о создании министерства внутренних дел Чеченской Республики.

Факторы, дестабилизирующие системные процессы: публичные казни на площадях республики, теракты, заложники в центре Москвы... «Те, кто этим занимается, компрометируют чеченский народ». В этой связи президент остановился на личности Аслана Масхадова. Владимир Путин обвинил Аслана Масхадова в том, что «этот человек получил власть в условиях фактического признания независимости Чечни — и что он сделал? Что натворил?!» А вот что:

— Он привел Чечню к экономическому и духовному коллапсу. Он привел Россию и Чечню, главным образом Чечню, к войне!

Если не ошибаюсь, российский президент первый раз

назвал антитеррористическую операцию тем, чем она в действительности является. Владимир Путин признал, что, несмотря ни на что, российское руководство до последнего момента контактировало с представителями Масхадова, и как будто бы между прочим заметил: «Масхадов то призывал нас уничтожить террористов, то назначал их своими заместителями». Речь, разумеется, идет о Шамиле Басаеве и о попытке Владимира Путина таким образом, грубо говоря, подставить Аслана Масхадова.

— Те, кто выберет Масхадова, выберет войну! — заявил президент России.

То, что и сам Владимир Путин не склонен к безоговорочному миру, тоже предельно ясно из его слов: «Второго Хасавюрта не будет!» А сторонникам переговоров с Масхадовым Владимир Путин предложил еще договориться с бен Ладеном или муллой Омаром. Правда, российский президент оговорился, что не против урегулирования спорных вопросов политическим путем: «Но террористы отдельно, а политические проблемы отдельно».

Президент предложил высказываться собравшимся без всякого регламента, и они от души воспользовались предоставленной возможностью. Ахмат Кадыров проинформировал, правда, с каким-то раздражением, что его люди интенсивно работают над установлением мира. «Комиссия была специальная создана по подготовке конституции, пять-шесть проектов... Это, конечно, одна из ступеней, ведущих к этому самому миру... Что касается Масхадова, то это, как вы сказали, предатель чеченского народа...» Такого слова президент не говорил, но кивнул.

— А самый первый вопрос — соблюдение прав человека, — пожаловался Ахмат Кадыров. — Если будет это, будет и все остальное... Создание МВД — радостное событие, но что дальше... Может, найдут человека, поставят его, а на второй день начнут критиковать, что МВД не справляется с ситуацией...

Замечание о том, что, прежде чем проводить референдум, надо научиться соблюдать права человека в Чечне, не понра-

вилось Владимиру Путину. Он довольно резко отреагировал, в том смысле, что МВД затем и нужно, чтобы чеченцы могли сами, без посторонней помощи (то есть без зачисток) побороть бандитизм на территории республики.

— Армия должна быть в казармах, — миролюбиво заключил он.

Председатель духовного управления мусульман Чечни Ахмед Шамаев поддержал Ахмата Кадырова, а не Владимира Путина.

— Самое обидное, — искренне признался он, — что я сам тоже представитель конституционного процесса! По-моему, зампредседателя этой комиссии... Главное же не в этом, а в том, что сутки в Чечне разделены на день и ночь. Днем все нормально, а ночью приходят, забирают, увозят... Если человек пропадает, так чтобы хоть знать, где он пропадает... Но не сообщают... Я уж и в Генштабе это говорил... За неделю у нас пропали 44 человека... Для меня лучше было бы, если бы меня выселили, чем смотреть в глаза и говорить неправду...

Поскольку выселять никого не будут (не те пока времена), то придется Ахмеду Шамаеву все-таки говорить своим соотечественникам неправду.

Разговор с чеченцами продолжался примерно два часа. Выйдя от президента, чеченцы демонстрировали оптимизм.

— Я думаю, что наконец наступит мир в нашей многострадальной стране, — заявил Ахмед Шамаев, комментируя итоги встречи.

А президент группы «Альянс» Муса Бажаев отметил, что президент за то, чтобы побыстрее навести порядок в Чечне. Такое уж у него сложилось впечатление. С этой универсальной формулировкой, которая может означать что угодно, участники разговора и расстались.

Только еще Ахмат Кадыров пояснил, кто, по его представлениям, примет участие в референдуме и в выборах, которые за ним последуют, а кто нет.

— Будет ли участвовать оппозиция? — переспросил он у одного журналиста. — Что такое оппозиция, я хотел бы узнать? Террористы? Они на выборы не идут.

На вопрос, пойдет ли он сам на выборы, Ахмат Кадыров ответил искренне и даже с какой-то горечью:

— До этого дожить надо.

КАЛИНИНГРАД ЗАКОНЧИЛСЯ НАСТОЯЩЕЙ ЧЕЧНЕЙ

11 ноября президент России Владимир Путин провел в Брюсселе на саммите Россия — ЕС. Этот день, начинавшийся, казалось, как нельзя лучше, закончился скандалом. Владимир Путин обидел датского журналиста.

Здание штаб-квартиры Евросоюза, где прошли переговоры, по всему периметру надежно оцеплено колючей проволокой. Вообще-то в этом был смысл: рядом в сквере за полчаса до начала саммита собралась довольно большая группа чеченцев. Они получили от властей Брюсселя разрешение на митинг.

— Вы живете здесь? — спросил я одного.

— Беженцы мы, из Чечни. Ползком через две границы.

— Нелегалы?

— Пытаемся легализоваться. Но деньги на жизнь они нам уже дают. У них с этим полный порядок. Вот вы тоже, кстати, можете прийти и взять у них денег, мы вам расскажем, как туда идти. Не могут не дать — мы этот вопрос хорошо изучили.

— Да, это вам не лагеря беженцев в Ингушетии, — заметил я.

— Да я бы сюда, может, и не поехал из Самашек, если бы не нужда, — обиделся пожилой чеченец. — У меня там дом был. Бизнесом занимался. Помню, мы с Ахматом Кадыровым в Пакистан за носками ездили.

Другой чеченец раздавал газету «Чечен таймс». Презентацию этого издания сразу после захвата заложников в Москве отменили в Гааге.

— Был я тогда в Гааге, — с готовностью рассказал он. — Да, отменили они нашу презентацию. А мы уже детский ан-

самбль чеченского танца привезли. Что же делать? Обратились к властям. Они говорят: а вы перейдите в соседнее здание. Мы перешли. Презентация продолжалась до самого утра. Это и называется двойной стандарт.

— А вы что, издаете эту газету?

— Да нет, мой друг издает. А меня все тут просто знают и зовут Розенбергом. А на самом деле я Разамбек Шерипов.

С Разамбеком и правда все здоровались. В сквере было уже человек 150. Говорили они в основном по-русски, обсуждали новости. Последней новостью для них был захват заложников в Москве.

— То, что произошло в Москве, и теракт — не одно и то же, — утверждал еще один пожилой чеченец. — Это просто борьба. Они же никого не хотели убивать.

Тем временем Разамбеку Шерипову, стоявшему рядом со мной, позвонили по телефону, и он ответил, что в штаб-квартиру Евросоюза уже не пройти, что все оцеплено, но «все наши, кому было нужно, уже внутри».

— Вы сейчас кого имели в виду? — не удержался я. — Кто у вас внутри? Что-то готовится?

— А Путин когда приезжает? — озабоченно спросил он.

— Не скажу! — быстро ответил я.

— Да мы знаем, что в 12.30. Но уже опаздывает на четверть часа. Извините, нам пора разворачиваться.

Над головами чеченцев появились плакаты на английском. «Свободу Закаеву!» — было написано на них. Две женщины на моих глазах написали еще один плакат. Фамилия российского президента на нем была написана через «е» — Puten. Они знали о президенте России понаслышке в этом своем Брюсселе.

Мимо по другую сторону ограждения прошел член российской делегации Владимир Лукин из «Яблока». Некоторые чеченцы узнали его и начали звать к себе. Я догнал господина Лукина и сказал, что его ждут люди.

— Да хрен с ними, — беззаботно ответил он. — Где тут вход, вы не в курсе? Президента надо встретить.

Через пару минут он и вправду встречал Владимира Путина, который подъехал ко входу в штаб-квартиру Евросоюза с той стороны, откуда не видно было чеченскую манифестацию. Его встречали кроме господина Лукина и других членов российской делегации председатель Еврокомиссии Романо Проди, комиссар ЕС Хавьер Солана, премьер-министр Дании, председательствующей в ЕС, Андерс Фог Расмуссен.

Датский премьер-министр, к которому Владимир Путин на днях отказался ехать из-за чеченского конгресса в Копенгагене, первым пожал руку российскому президенту, а потом, когда тот поздоровался с остальными, приобнял его за талию и повел на переговоры. За стол с российской стороны сели вице-премьер Виктор Христенко, министр иностранных дел Игорь Иванов, заместители главы кремлевской администрации Дмитрий Медведев и Сергей Приходько, губернатор Калининградской области Владимир Егоров, у которого на этих переговорах самый большой интерес. Переговоры в закрытом режиме продолжались около трех часов. До них говорили, что в основных чертах проблема Калининградской области решена, но все опасались, что предварительные договоренности могут взять и развалиться. Так что все с нетерпением ждали пресс-конференцию лидеров России и ЕС.

Тем временем, пока шли переговоры, в центре Брюсселя возле писающего мальчика собралась довольно многочисленная группа россиян из Калининграда. Областное отделение «Идущих вместе» организовало выезд ветеранов Второй мировой войны в Брюссель на празднование окончания Первой мировой войны. Всем было ясно, что это формальный повод.

Переговоры в штаб-квартире Евросоюза приняли затяжной характер. Время от времени к журналистам выходили дипломаты и полушепотом выдавали кое-какие подробности тем, кому считали нужным. Так, вышла сотрудница из ведомства Хавьера Соланы Кристина и стала рассказывать нескольким своим журналистам, что в основном обсуждают, как ни странно, не Калининградскую область, а заявление о борьбе с терроризмом. С Калининградом, по ее словам, все более или менее ясно: президент Путин согласился с предло-

жениями ЕС о введении суррогатных документов, заменяющих визы, и хочет теперь только одного: чтобы эти документы были бесплатными для жителей Калининградской области. Скорее всего российский президент получит то, что он хочет, заявила Кристина. Кроме того, она рассказала, что до сих пор нет ясности, когда эти новые документы начнут действовать.

Борьба с терроризмом интересовала иностранных журналистов гораздо больше. Кристина рассказала, что лидеры ЕС выразили соболезнование Владимиру Путину и россиянам в связи с событиями в ДК на Дубровке. Ее спросили, был ли разговор об Аслане Масхадове и о возможности переговоров с ним. Она ответила, что было твердо сказано: руководству России решать, с кем вести переговоры, а с кем нет. Раньше чиновники из ЕС так не считали. Я подумал, что чеченцы, собравшиеся в сквере у штаб-квартиры Евросоюза, расстроятся, узнав эту новость.

О Калининградской области на пресс-конференции говорили мало. Информация Кристины оказалась верной. Господин Расмуссен, председательствовавший и на пресс-конференции, комментируя итоги саммита, неожиданно перешел к проблемам Чечни. Это не было запланировано. То есть давайте называть вещи своими именами: он первый начал. Господин Расмуссен сказал, что проблему Чечни нельзя рассматривать как чисто террористическую. У нее должно быть политическое решение, должны быть соблюдены права человека. Он отметил, что надо срочно доставить в Чечню гуманитарную помощь.

Владимиру Путину все это не могло понравиться. Он проинформировал о том, как российская сторона видит достигнутые договоренности, сказал, что с проблемой Калининграда остались экономические вопросы (то есть до сих пор не решено, будут жители области платить за транзитные документы или не будут). «Это, — сказал российский президент, — приемлемый для нас результат».

Потом датский премьер-министр долго оправдывался, отвечая на вопрос, как он допустил проведение чеченского конгресса в Копенгагене, и почему конгресс проводили на грант одной из правительственных организаций Дании, и почему визы участникам конгресса были выданы в рекордно короткие сроки. Господин Расмуссен туманно отвечал, что по конституции Дании правительство должно защищать свободу слова и собраний. Говорил он не очень уверенно и все время искоса поглядывал на господина Путина. Возможно, президент России почувствовал слабость и неуверенность датчанина. В этот момент и прозвучал вопрос французского журналиста. Он спросил, зачем российские войска используют в Чечне противопехотные мины и не думает ли господин Путин, что, искореняя терроризм в Чечне, он уничтожает народ Чечни. Не об этом ли человеке как о своем в зале говорили чеченцы на улице, подумал я.

Президент России начал издалека: с того, что никто не может обвинить Россию, что она подавляет свободу. Коснулся фактического предоставления независимости Чечне в 1996 году в Хасавюрте. Рассказал, что Россия поплатилась за это в 1999-м, когда чеченские боевики напали на Дагестан. Перешел к попытке создания халифата на территории Российской Федерации, а затем и во всем мире. И тут президент России обратился лично к журналисту, задавшему вопрос. Он начал объяснять, какая тому грозит опасность. Он в опасности, если христианин, потому что радикалы-экстремисты преследуют христиан. Если атеист, то тоже в опасности, потому что им не нравятся атеисты.

— Но если вы мусульманин, то и это вас не спасет. Приезжайте к нам, у нас многоконфессиональная страна, хорошие врачи, сделают вам обрезание... — Владимир Путин помедлил, подбирая нужные слова. — И я порекомендую сделать эту операцию таким образом, чтобы у вас больше ничего не выросло!

Датский премьер-министр хотел что-то сказать, но либо раздумал, либо не смог. И тогда все сидевшие за столом — и он, и Хавьер Солана, и Романо Проди — попытались сделать вид, что вообще ничего не произошло. На самом деле, как потом стало известно, они вообще ничего не поняли, что

сказал господин Путин, так как его переводчик вообще не перевел эти слова.

Потом высокопоставленные сотрудники кремлевской администрации объясняли в кулуарах, что французский журналист не должен был задавать такого вопроса, что никто не ожидал подвоха, ведь так хорошо обо всем договорились — и вот опять эта Чечня! И в тысячный раз надо объяснять им все заново: и про мир в Хасавюрте, и про вторжение в Дагестан... И все равно ведь ничего не поймут.

А Владимир Путин уже отвечал на следующий вопрос, когда французский журналист, получивший рискованное предложение от российского президента, вдруг встал и буквально выбежал из зала. Куда он побежал? Ведь спасения, как сказал ему российский президент, нет нигде.

ПРЕЗИДЕНТА ПЫТАЮТ ЧЕЧНЕЙ

12 ноября президент России Владимир Путин прилетел в Осло из Брюсселя, где решал проблемы Калининградской области и отвечал на провокационные вопросы о Чечне. Рабочий визит в Норвегию тоже, впрочем, не обошелся без неприятных вопросов.

До захвата «Норд-Оста» предполагалось, что планировавшиеся визиты в Норвегию и Голландию будут официальными. Но потом российская сторона предложила и голландцам, и норвежцам сократить торжественную часть и вообще переквалифицировать оба визита в рабочие. Голландцы слишком долго думали и в итоге вовсе не получили Владимира Путина (визит отложен на неопределенное время), а норвежцы согласились сразу и теперь интервьюируют президента России по всем интересующим их вопросам внутренней и внешней политики.

День начался с того, что Владимир Путин встретился не с норвежцами, а с немцами. Федеральный канцлер Германии Герхард Шредер находится в Осло со вчерашнего дня с таким же рабочим визитом. Встреча немецкого и российского лидеров должна была состояться еще в конце октября (Владимир Путин хотел залететь в Германию по пути в Лиссабон и Мексику, но, как известно, отложил эти поездки все по той же причине). Говорят, что господина Шредера очень интересовал вопрос о транзите немецких войск через Россию в Афганистан. Этот транзит сейчас идет воздушным путем, и Герхард Шредер хотел обсудить, нельзя ли, если уж все так хорошо складывается, использовать и железную дорогу тоже. Кроме того, канцлера заинтересовала идея Владимира Путина о нанесении превентивных ударов по террористам, на чьей бы территории они ни находились. Идея эта, как известно, была озвучена после захвата «Норд-Оста».

На пресс-конференции лидеры об этом по понятным причинам не говорили, да никого это, похоже, и не интересовало. Западные журналисты с маниакальным упорством интересуются Чечней. Немецкие журналисты, к которым Герхард Шредер из простого человеческого сострадания подошел на пару минут еще до начала встречи с Владимиром Путиным, нервно спросили его, будет ли он говорить с российским президентом о проблеме Чечни и в каком, собственно говоря, ключе. Немецкий канцлер, сразу, наверное, пожалевший, что порой идет на поводу у своих чувств, насупился и предложил задать ему вопрос о Чечне после встречи с российским президентом.

На самом деле ничего странного в этом сверхинтересе к Чечне нет. После захвата заложников в центре Москвы разговоры об объединенной Европе, куда так стремится Россия и куда ее зовут в основном как раз такие люди, как Герхард Шредер, Сильвио Берлускони и Тони Блэр, приобрели для многих рядовых европейцев апокалиптический характер. Получая Россию, они получают и Чечню. Это их и беспокоит. Они хотят, чтобы Россия не воевала, а лучше бы взяла да и помирилась с Чечней.

Выйдя к журналистам, господин Шредер сказал, что он солидарен с российским президентом в его борьбе с терроризмом.

— Для нас так было, есть и будет, — добавил он. — Я с большим интересом принимаю к сведению, как идет политический процесс в Чечне. Это хорошее начало, заслуживает всяческой поддержки.

Он имел в виду встречу Владимира Путина с двумя десятками чеченцев в Кремле три дня назад. То, что сказал Шредер, конечно, сильно отличалось от позиции датского премьер-министра, который накануне, виновато улыбнувшись, выразил страшное сожаление, что Дания не смогла удовлетворить требование российского правительства отменить чеченский конгресс в Копенгагене.

Больше вопросов о Чечне к канцлеру и не было — все ведь ясно: «было, есть и будет». Все бы так отвечали. Зато немецкий журналист спросил про Чечню у Владимира Путина. На что он надеялся? На такой же ответ, как накануне в Брюсселе? Двух таких журналистских удач подряд не бывает.

Хотя справедливости ради надо сказать, что Владимир Путин, начав говорить, что «эта проблема имеет и предысторию, и сегодняшнее состояние», под конец все-таки завелся и сказал, что проблема Чечни — это целиком внутреннее дело России.

— Я не хочу сказать, что нам совершенно безразлично ваше мнение и что мы плевать на все хотели. Нет, мы будем прислушиваться к советам... доброжелательным.

После пресс-конференции Владимир Путин с министром иностранных дел поехал на кладбище Вестре Граблюнд, где похоронены кроме большого количества норвежцев и 347 советских солдат, погибших во Вторую мировую войну. Хотя бы там никто никому не задавал никаких вопросов. По дорожкам гуляли с колясками две русские девушки, признавшиеся в неофициальной беседе, что дети не их. Девушки подрабатывают нянями в богатых норвежских семьях и пришли на кладбище, чтобы посмотреть на живого российского президента.

На встрече с представителями деловых кругов присутствовали глава «Газпрома» Алексей Миллер и участники нефтяного форума, который проходил в эти же дни в норвежской столице. Ожидая президента, Алексей Миллер что-то оживленно обсуждал с господами Ходорковским, Швидлером, Кукесом. По отдельности стояли господа Дерипаска и Наздратенко. В паре метров от них замглавы администрации президента Дмитрий Медведев что-то обсуждал с министром связи Леонидом Рейманом. Среди норвежских бизнесменов выделялся двойник Билла Гейтса. Владимир Путин рассказал норвежским бизнесменам о достижениях российской экономики и представил присутствующих:

— Вот Алексей Миллер. Он глава «Газпрома». Вот Олег Дерипаска, работающий в сфере... — президент замялся, — алюминиевой промышленности, вкладывает средства в автомобильную промышленность... и некоторые другие. Вот губернатор Архангельской области, вот губернатор Мурманской... На самом правом фланге представители финансовых институтов: Альфа-банка... и... Как ваша группа называется? «Норильский никель»? А, ну да. Но не только. И Росбанк весь...

Бизнесмены жадно ловили каждое слово Владимира Путина. Но он больше никого не стал представлять. Ведь слово президента, как известно, дорого стоит. Иногда даже больше, чем подпись. В этот день президент встречался и с премьер-министром Норвегии господином Бондевиком (Kjell Magne Bondevik) и подписал с ним несколько соглашений: о взаимопонимании и двухстороннем сотрудничестве в области спорта, о сотрудничестве в области почтовой и электрической связи и информационных технологий, о сотрудничестве в борьбе с налоговыми и другими экономическими преступлениями, о сотрудничестве по пограничным вопросам... Разговаривали они часа два и, когда вышли к журналистам, отчитались. Норвежский премьер-министр рассказал про разведку и разработку углеводородов на Севере, про охрану окружающей среды, про решение создать норвежско-российский экономический форум. Он коснулся вопросов рыболовства, особо настаивая на том, что надо избегать перело-

ва рыбы или хотя бы стремиться к этому. В какой-то момент мне даже показалось, что хоть норвежцу нет дела до нашей Чечни. Увы.

— Мы с господином Путиным обсудили также и конфликт в Чечне! — обрадовал господин Бондевик. — С норвежской стороны отмечаем, что конфликты такого рода должны решаться политическими способами.

Он с заметной гордостью рассказал о том, что призывал российского коллегу создать для этого условия и отдельно обсудил проблему прав человека в этом регионе. Ну обсудил и обсудил. Но нет, он еще стал рассказывать о своем видении борьбы с терроризмом.

Владимир же Путин говорил в основном о разграничении в Баренцевом море. В 2003 году истекает срок действия временных правил экономической деятельности в этом регионе, и надо что-то делать. Эта проблема существует давно, и российский президент выразил надежду, что вместе с норвежским коллегой решит ее до того, как они оба уйдут на пенсию.

Но и Владимиру Путину норвежские журналисты не дали поговорить по делу, а спросили, конечно же, про Чечню. Господин Путин терпеливо заговорил про то, что проблема терроризма носит глобальный характер, и про всемирный халифат экстремистов.

— Все эти структуры строятся по сетевому принципу. Здесь нет линии фронта. Малыми силами могут быть нанесены значительные удары — так было 11 сентября в Нью-Йорке.

Пресс-конференция проходила в стеклянном холле Дома правительства Норвегии. Я обратил внимание, как на этих словах ко входу в здание Дома правительства подошли несколько чеченцев с плакатами на русском языке. На плакатах было написано: «Прекратить пытки в Чечне!»

Представители чеченской оппозиции никогда еще не подбирались так близко к российскому президенту. Силы у них и правда были небольшие.

КОРПУС МЕДЛЕННОГО РЕАГИРОВАНИЯ

После резкого ответа президента России корреспонденту «Ле Монд» (Le Monde) остальных журналистов охватила легкая паника.

После того как Владимир Путин завершил свой ответ журналисту французской газеты, среди его российских коллег начался большой переполох. Они интенсивно обменивались впечатлениями, сводившимися к тому, что ничего подобного за три года от президента никто не слышал.

Иностранные журналисты помалкивали. Потом ко мне подошел немец с вопросом, правильно ли он все понял. Этот немец хорошо, как ему казалось, знал русский язык. Я повторил так, чтобы он понял. Этот журналист очень обрадовался и побежал передавать новость в редакцию. Потом оказалось, что таких, как он, было немало.

Выяснилось, что синхронист перевел фразу российского президента «Приезжайте к нам в Москву... и я буду рекомендовать сделать операцию таким образом, чтобы у вас больше ничего не выросло!» так: «Приезжайте к нам в Москву... и мы вас с радостью примем!» По этой причине многие иностранные корреспонденты самого главного-то и не услышали.

Зато потом, когда разобрались, очень оживились. Некоторые решили, что под шумок могут запросто присвоить себе славу человека, задавшего Путину этот вопрос: «Не думаете ли вы, что, уничтожая террористов, на самом деле уничтожаете целый чеченский народ?» Так, уже на следующий день по крайней мере два человека утверждали, что это они авторы вопроса. Один из этих журналистов заперся в своем бюро в Брюсселе и на все звонки отвечал, что да, это он спросил Путина про Чечню, но никаких интервью давать не намерен. Люди удивлялись, ведь звонили ему по другому поводу и никто у него не собирался брать никакого интервью. Но после этих слов сразу, конечно, хотелось взять, и не одно.

У журналистов «кремлевского пула» иностранные корреспонденты на следующий день, уже в Осло, интересова-

лись, чем, по их мнению, вызван такой резкий ответ. Ответить было нечего. И тогда некоторые иностранцы выдвигали свою версию происшедшего. По ней выходило, что во всем виновата российская сторона. Дело в том, что вопросы про Чечню не были предусмотрены на этой пресс-конференции: было решено не портить праздничного настроения, вызванного тем, что ЕС и Россия наконец-то договорились по Калининграду. Но, когда российский журналист нарушил договоренность и задал вопрос про Чечню датскому премьеру, все и началось.

Это похоже на правду. Впрочем, тут была одна тонкость: датский премьер не должен был вести пресс-конференцию. Эта честь могла принадлежать кому угодно — и Хавьеру Солане, и Романо Проди, сидевшим за столом на пресс-конференции. И о том, что не датчанин будет вести пресс-конференцию, тоже договорились, хотя эсовцы почему-то не спешили давать обещание именно по данному пункту. А когда лидеры пришли на пресс-конференцию и датский премьер-министр дал слово Владимиру Путину, стало ясно, что именно эта договоренность не сработала. Тут-то посыпались и все остальные. С российской стороны сразу прозвучал вопрос в нескольких частях к датскому премьеру. Самым невинным пунктом был такой: чем Аслан Масхадов отличается от бен Ладена? (Была и первая часть вопроса, обращенная к Владимиру Путину: просьба прокомментировать итоги саммита. Но даже российский президент признался, что так заслушался второй частью, что совершенно забыл, о чем спросили его самого.)

Тут же, видимо, сработал запасной вариант и у эсовцев: встал журналист «Ле Монд» и спросил Владимира Путина про уничтожение чеченского народа. А уж наш президент не обманул ничьих ожиданий и ответил так, что последняя фраза сразу стала претендовать на то, чтобы затмить знаменитое, но выработавшее свой пиаровский ресурс «мочить террористов в сортире».

РАЗВЕДЧИК ПУТИН ПОЗДРАВИЛ РАЗВЕДЧИКА РЯЗАНОВА И ГЕНЕРАЛА УЛЬЯНОВА

20 ноября Владимир Путин в своей резиденции Ново-Огарево встретился с юбилярами отечественного кинематографа Эльдаром Рязановым и Михаилом Ульяновым.

Президент России подготовился к этой встрече, как журналист готовится к интервью с кинозвездами первой величины. Он знал про них все, и это чувствовалось в каждой фразе.

Для начала Владимир Путин подарил каждому гостю часы. Он сказал, что это офицерский сувенир и что гарантия таких часов — 25 лет.

— Это нормально, — растроганно поблагодарил президента Эльдар Рязанов.

— Гарантия — 25 лет, — повторил президент.

— Намек понял, — энергично кивнул кинорежиссер, которому, как известно, исполнилось 75.

Президент вместе с гостями уселся за небольшой круглый столик, на котором стояла скромная закуска: несколько кусочков вареной и сырокопченой колбасы, пара кусочков сыра, небольшие бутерброды с рыбой типа канапе и конфеты. Спиртного, в том числе шампанского, протокол этой встречи не предусматривал.

Свое интервью с актерами президент России начал с домашней заготовки: поинтересовался, не из Персии ли имя у господина Рязанова.

— Родители работали в Тегеране, — подтвердил счастливую догадку Эльдар. — Отец работал разведчиком, — беспечно продолжил он. — Потом им пришлось срочно уехать оттуда...

Сложилось такое впечатление, что сам Эльдар остался.

— Ну вот, — подытожил президент, — разведчик. Все свои здесь, в общем...

Господин Рязанов рассказал, как ему повезло, что его назвали Эльдаром:

— В области искусства это очень запоминается. Услышал

один раз «Эльдар» — и все, уже не забудешь... А то, например, «композитор Андрей Петров»... Как это можно запомнить?

— Тем не менее Андрея Петрова знают все, — поправил его президент.

Эльдар Рязанов нехотя кивнул.

— И вас бы тоже все знали в любом случае, — добавил президент. — Даже если бы вас Василием звали.

Дальше мучить тему имени Рязанова было уже бессмысленно. Собеседники и так уже зашли в тупик. Кроме того, это выглядело довольно бестактно по отношению к другому юбиляру.

— Ну а вы? — приветливо обратился к нему Владимир Путин.

— А моя фамилия происходит от слова «улье». — Михаил Ульянов улыбнулся. — Это означает некое объединение...

— И как вам удалось с такой фамилией роль белого генерала исполнить? И блестяще совершенно! — воскликнул президент.

Он имел в виду роль генерала Черноты в фильме «Бег». Михаил Ульянов пожал плечами. Он привык к комплиментам.

— У нас артиста часто идентифицируют с его ролями, — рассказал Эльдар Рязанов президенту России. — С другой стороны, я знаю нескольких актеров, которые заигрались в своих героев.

Казалось, обсудили и эту тему. Но тут выяснилось, что президент России только начал про генерала Черноту.

— А вот вы когда Черноту изображали, то в какой-то момент играли в карты. Вы вообще играете в карты? — спросил президент.

Актер, сразу сделавшись довольно снисходительным, рассказал, что вообще-то играет, но при чем тут это, ведь в кино при желании и обмануть можно. Похоже, актеры на глазах входили в роль знаменитостей, у которых берут интервью. Михаил Ульянов уже даже начал рассказывать, что генерал Чернота — это, по его мнению, трагическая фигура российской истории, и успел заявить, что, как ему кажется, хорошую роль лучше играть, чем плохую...

— Да, — первым опомнился Эльдар Рязанов. — Вон что сказал мой друг... Хорошую роль, значит, лучше играть, чем плохую... А Волга впадает в Балтийское море... Но ничего...

О чем еще можно было говорить с кшогероями? Владимир Путин спросил их о творческих планах. Впрочем, его невинные вопросы играли с ними злую шутку. Эльдар Рязанов тоже сразу стал смотреть на Владимира Путина снисходительно и немного устало.

— Только что закончил съемки новой комедии. Называется «Ключи от спальни». Такая... — Он замялся, подыскивая определение для жанра, в котором она сделана. — Фривольная комедия. Снял плеяду молодых актеров: Безрукова, Фоменко...

— Ну, если комедия, то Фоменко должен быть непременно... — поддержал президент.

— Главная роль, а что вы хотите... Действие, кстати, происходит в вашем городе! — обрадовался режиссер.

Владимир Путин благодарно кивнул. А разговор опять зашел в тупик. Возможно, что президент ждал, когда у него попросят денег. У него все просят денег. А юбиляры не спешили. Возможно, они стыдились прессы. И тогда президент, не привыкший никого стыдиться, сам спросил, как в ходе работы над фильмом решались финансовые вопросы.

— В такой день о мучительном... — поморщился Эльдар Рязанов. — Не надо...

— Ну вот, уже наполовину ответили, — приободрил его президент.

— На государственные деньги в основном, — быстро сказал режиссер. — Хотя обходил богатых людей, говорил с ними, я ведь ко многим вхож... С министрами общаюсь.

Последнее замечание, похоже, не произвело впечатления на президента.

— Кофе мне наливали, и все этим заканчивалось. Рябушинский, Мамонтов... Их слава наших богатых не привлекает, видимо... Не понимают, что только так и могут в памяти

народной остаться! — раздраженно заметил Эльдар Рязанов. — Они ведь эти деньги на тот свет с собой не унесут.

— Конечно, — с готовностью поддержал его президент. — Там и карманов-то нет.

— Да и с одеждой неважно, — закончил господин Рязанов.

Откуда, кстати, они так хорошо знают, в чем там ходят? Ну, так или иначе, заговорили на тему жизни и смерти.

— К вам пришло 150 лет сразу, — пошутил Эльдар Рязанов.

— Вместе со мной 200, — добавил Владимир Путин.

— Хорошая компания... Я жив, кстати, только когда работаю, — не давал умолкнуть разговору Эльдар Рязанов.

— И какие идеи? — спросил президент.

— Есть. Это должны быть итоговые идеи. Одна — сказка о счастливом неудачнике, Андерсене. Он ведь умер девственником... Это глобальная история, на нее нужно много денег, и я начинаю увядать, когда думаю об этом... — Эльдар Рязанов замолчал, словно отгоняя неприятные воспоминания. — Вторая идея более легкая. «Мастер и Маргарита»! В деньгах, повторюсь, на обе идеи мне отказали уже многие. А жена сказала: «Ничего не проси у президента». Я и не прошу...

Он выразительно посмотрел на Владимира Путина. Но тот на этот раз промолчал. Что ж, опять пришлось говорить Рязанову:

— У меня развито чувство самоанализа. Может, я, конечно, отупел... Но нет... Когда я почувствую это, то сам уйду на пенсию, буду много читать, книги стоят ко мне в очередь... Пока, к счастью, нет времени читать, много работы...

— Ничего, прочитаете, — не подумав, успокоил его президент.

— Хотелось бы не успеть, — осторожно обиделся Рязанов, — быть как можно дольше занятым...

Владимир Путин наконец обратился к принципиально молчавшему Михаилу Ульянову с вопросом о Театре имени Вахтангова.

— Театр сейчас живет, — так же сдержанно ответил художественный руководитель театра и бывший министр культуры. — Беда в том, что нет возможности менять кровь. Мы на пенсию-то людей стараемся не выводить, ведь пенсии нищенские... Поэтому нарушаем, нам, слава богу, разрешают... Правда, кроме государства, помогают компании, «Сургутнефтегаз» например...

— О, все-таки дают денег! — обрадовался президент.

— Так там целый театр... — вздохнул Эльдар Рязанов и осекся, вспомнив, видимо, о том, что ему говорила жена.

— Так вам, между прочим, проще на одного получить, — резонно заметил ему Владимир Путин. — Ладно, сейчас коллеги из прессы уйдут, и мы это обсудим более детально.

Да, офицерскими сувенирами тут дело не ограничится. Обязательно даст денег.

ПОПРАВКИ ПУЩЕНЫ НА ВЕТО

25 ноября президент России Владимир Путин встретился с руководителями средств массовой информации и обсудил с ними их проблемы.

Встретиться с президентом позвали в основном тех руководителей СМИ, кто подписал письмо с просьбой отменить поправки к закону. Но не всех. Так, были руководители «Первого канала» и ВГТРК, но не было руководителей остальных телеканалов. Среди журналистов, освещавших встречу, присутствовали, правда, журналисты НТВ, которые больше других, по устоявшемуся мнению, провинились в те дни перед своим народом — показывали ему не те кадры, которые он хотел бы видеть. Так вот, они в зале, где происходила встреча с президентом, были, но без видеокамер. В зале работали только три камеры, и все «Первого канала».

Во время захвата заложников в ДК на улице Мельникова профессию, как известно, дискредитировали прежде всего тележурналисты, и претензии, а следовательно, и поправки были адресованы главным образом им. Но при этом письмо к

президенту подписывали в основном руководители печатных СМИ. Они преобладали и в зале.

Президент, открывая встречу, сказал, что подходит время принимать решение по вопросу о поправках. Не делая никаких вступлений, он перешел к тому, что далеко не все в письме руководителей СМИ его устроило. Президент процитировал следующую фразу из письма: «Некоторые действия журналистов были неверными, но это были ошибки, а не осознанные действия».

— Не могу с этим согласиться, — резко сказал Владимир Путин. — Не будем лукавить.

И президент рассказал, как один из телеканалов (имелся в виду, конечно, НТВ) «за несколько минут до штурма показал передвижение спецназа». Такая картинка, по его мнению, могла привести к огромной трагедии. Владимир Путин заявил, что считает это не ошибкой, а «именно сознательным игнорированием договоренностей с Минпечати и предписаний руководителей оперативного штаба, который действовал в строгом соответствии с законом о борьбе с терроризмом».

Дальше все оказалось еще серьезней.

— Для чего делались такие вещи? — спросил президент. — Для поднятия рейтинга, для капитализации, а в конечном счете для того, чтобы заработать деньги. Но не любой же ценой! Не на крови же наших граждан!

Обвинение, предъявленное телеканалу, сразу потяжелело. В действиях НТВ был гораздо более глубокий и аморальный умысел, чем это могло показаться. Но и это было еще не все.

— Если, конечно, люди, которые делали это, считают этих людей своими, — добавил президент.

Он не сказал еще только, что, как известно, руководитель телеканала НТВ Борис Йордан — гражданин США. Но всем заинтересованным лицам это и так было понятно.

После этого президент счел все же нужным похвалить СМИ «за проявленную гражданскую позицию». Средства массовой информации, по его мнению, нужны, чтобы государство не возомнило себя абсолютно непогрешимым.

С ответным приветственным словом выступил генеральный директор «Первого канала» Константин Эрнст. И у меня сложилось такое впечатление, что он просто не слышал выступления президента. Господин Эрнст сказал, что да, во время захвата заложников было допущено много ошибок, но они были непреднамеренными.

— Что, конечно, не освобождает СМИ от ответственности, — поправился он.

То есть, если допустить, что руководитель «Первого канала» все-таки слышал, о чем говорил Владимир Путин (а ведь он сидел рядом с президентом), надо считать, что Константин Эрнст заступился за руководителя НТВ. По его мнению, руководителями некоторых телеканалов (видимо, опять имелось в виду НТВ) двигало неверно понятое представление о рейтинге как таковом. А желания зарабатывать на рекламе, которую удалось получить в результате этого рейтинга, поднявшегося на человеческой крови, ни у кого из журналистов, а значит, и у НТВ не было.

Затем господин Эрнст раскритиковал поправки к закону о СМИ, принятые обеими палатами парламента. Они и расплывчатые, и неточные, и являются поводом для судебного расследования, но не приносят пользы в конкретных кризисных ситуациях. Он сказал, что журналисты сами подготовят новый закон о СМИ, и попросил президента, когда разработка будет завершена, «воспользоваться вашим правом и внести закон в законодательное собрание... И мы просим воспользоваться правом вето и отменить поправки к действующим законам — о СМИ и о борьбе с терроризмом».

Президент прервал его коротким замечанием:

— Не надо убеждать меня в том, что следует заветировать поправки. Я уже заветировал. Подписал два письма в обе палаты, предложил создать согласительную комиссию...

Странно было бы думать, что руководитель «Первого канала» не знал о том, что президент заветирует поправки, или хотя бы не догадывался об этом. Наверное, он все же неправильно понял самые первые слова президента о том, что еще только приходит время принимать решение о поправках, и

думал, что надо делать вид, будто еще ничего не решено. И все-таки на его лице отразилось облегчение.

А зря он расслабился. Президент России ничего никому не забывает. Не забыл он и того, с чего начал господин Эрнст. Владимир Путин опять вернулся к НТВ. Только теперь становилось понятно, как оно его задело и из-за чего, собственно говоря, возникли все эти претензии к работе СМИ, поначалу казавшиеся многим коллегам по цеху надуманными. Никакие они не надуманные. НТВ очень и очень раздосадовало президента страны, вот в чем все дело.

— Некоторые представители СМИ нарушили правила, — заявил он, говоря о договоренностях телеканалов со штабом по проведению операции. — Это недопустимо и с цеховой точки зрения. Ведь эти нарушения позволяют добиваться результатов в конкурентной борьбе. И вообще, надо понять, кто у нас в стране чем занимается? — перешел президент к более серьезным обобщениям. — Спецслужбы должны спасать, а журналисты — информировать. Каждый должен заниматься своим делом. А если спецслужбы начнут информировать, а журналисты — спасать? В Буденновске так и было и вот чем закончилось.

Потом президент немного рассказал о деятельности представителей политических партий во время захвата заложников. Кое-кто из них тоже занимался не своим делом. Очевидно, к этому следовало бы добавить, что сам президент все эти три дня вел себя предельно сдержанно и не делал неосторожных замечаний, которые могли бы поставить под угрозу жизни заложников. Если бы некоторые СМИ и отдельные политики еще тогда обратили на это самое пристальное внимание, они могли бы избежать больших проблем в ближайшем будущем.

После реплики президента рядовую прессу попросили удалиться из зала, а руководители СМИ общались с президентом еще около часа. Обсуждали технологические подробности поведения журналистов во время терактов. По мнению некоторых участников встречи, выяснилось, что норма, запрещающая давать в эфире слово террористам, чрезвычайно размытая. И говорят, что президент с этим даже согласился.

Выступали главный редактор «Эха Москвы» Алексей Венедиктов, генеральный директор «Интерфакса» Михаил Комиссар, председатель ВГТРК Олег Добродеев, президент Фонда защиты гласности Алексей Симонов (сравнил отношения прессы и спецслужб: «Это как жить с нелюбимой тещей: деться некуда, нужно договариваться, чтобы не превращать жизнь в ад»). От Госдумы выступил Олег Морозов, заявивший, что подчиняется воле президента (видимо, без удовольствия), а от Совета Федерации — Валерий Горегляд, который подчинился с таким же удовольствием, с каким голосовал за принятие поправок к закону о СМИ.

В конце концов присутствующие договорились, что журналистское сообщество должно принять некую хартию, в которой будут прописаны правила их собственного поведения, а потом эта хартия, по словам Алексея Венедиктова, «будет зацементирована поправками к закону о СМИ».

Пока, похоже, всем участникам этой истории удалось сохранить свое лицо.

ВЛАДИМИР ПУТИН ОБЕЩАЛ АЛЕКСАНДРУ ЛУКАШЕНКО БРАТЬ ВСЕ

27 ноября в Москве в государственном комплексе «Волынское» президент России Владимир Путин встретился с президентом Белоруссии Александром Лукашенко. Несколько часов два лидера пытались убаюкать бдительность друг друга и добиться своих корыстных целей. Кому из них это лучше удалось?

Комплекс «Волынское» располагается едва ли не в центре Москвы, между Кутузовским проспектом и Минской улицей, и почему-то чрезвычайно редко используется для встреч на высшем уровне. Это странно: очень уж удобно. Вроде бы и

более или менее девственная природа с белками и даже зайчиками, а вроде бы и Кремль в пяти минутах езды без пробок.

А что, если комплекс решили использовать именно для этой встречи по той причине, что он находится на Минской улице? Александру Лукашенко такой подход наверняка бы понравился. Ведь очевидно, что белорусского президента на этот раз готовились принять хорошо и старались сделать так, чтобы он чувствовал себя в нашей стране как можно комфортнее. А что может быть комфортнее, чем оказаться в Москве на Минской улице по приглашению Владимира Путина и, ведя непростые переговоры о судьбе союзного государства России и Белоруссии, посматривать из окна на дачу Сталина, которая расположена тут же, на территории «Волынского»? Тут-то господина Лукашенко, по идее, и можно бы брать тепленьким.

Впрочем, белорусский президент и так явно рад был вырваться на денек из Минска, ведь его уже мало куда пускают. Российский президент и в самом начале встречи, и на пресс-конференции подчеркнул, что Александр Лукашенко прибыл в Москву по его приглашению, и публично благодарил его за согласие. Говорил, что рад. Утверждал, что самое время сверить часы интеграции и выйти, как он выразился, на живые решения. Александр Лукашенко тоже старался быть любезным, но у него в отличие от Владимира Путина задуманное не очень получалось.

— В СМИ звучит: Белоруссия якобы меняет курс и ориентацию от России, — рассказал Лукашенко перед началом переговоров. — Так вот, хочу подчеркнуть, что Белоруссия и Россия строят свои отношения независимо от желания мое и ваше (так сказал. — *А.К.*).

Александр Лукашенко считает: «В СМИ также муссируется тезис, что Россия сдает Беларусь под давлением Запада. СССР сейчас нет, и в каком-то определенном смысле мы стали слабее. Политика требует компромиссы и переговоры, но мы очень четко понимаем, что для России Белоруссия — тот рубеж, который он (видимо, Путин. — *А.К.*) никогда не сдаст... ведь отступать некуда, за спиной Москва...»

Александр Лукашенко добавил, что спокойно воспринимает весь этот гвалт недругов: «Нас стараются поссорить и вбить клин в те процессы, которые мы с вами развиваем. Но мы слишком ответственные люди, и мы сделаем все для достижения того, что наметили, как бы кому бы что бы ни хотелось».

Было такое впечатление, что белорусский президент в этот момент разговаривал с кем-то третьим, незримо присутствующим в комнате. Иначе ему бы, наверное, не пришло в голову в присутствии Владимира Путина высказываться о нем в третьем лице.

Российский президент среагировал:

— Россия за последнее десятилетие столько всего отдала, что больше уже мы не станем что-то отдавать, сдавать... — Тут Путин улыбнулся шутке, которая, видимо, возникла у него в голове, и произнес: — Мы будем теперь все брать!

Шутка вышла острая, и Путин поспешил оговориться, что брать будет в рамках договоренностей и международных соглашений.

Можно все это расценить как просто шутку (белорусский президент так подставился, что грех было не воспользоваться) и больше ничего, а можно и спросить, что это, собственно, означает. То ли Россия возьмет Белоруссию в состав России целиком, что и предусматривает один из вариантов объединения двух стран в рамках союзного государства (был предложен Путиным в числе двух других 14 августа этого года), то ли будет брать частями, то есть контрольными пакетами акций более или менее интересных предприятий этой страны.

И ту, и другую тему лидеры двух стран обсуждали на переговорах. Они продолжались два с половиной часа. Когда оба вышли к журналистам, то рассказали, что политическим вопросам было посвящено 20 процентов времени. В основном говорили об экономике. (То есть все же решено брать частями.)

— Не думаю, что у Беларуси будут проблемы с энергоре-

сурсами и газом, — заявил по итогам переговоров белорусский лидер.

Может показаться, что Александру Лукашенко удалось добиться своего и договориться, что Россия будет снабжать ее энергоресурсами и газом. Но Владимир Путин оговорился, что России прекрасно известно, в каких объемах того и другого нуждается Белоруссия, и именно эти потребности будут удовлетворены. Это может означать и то, что Россия при желании сама определит объемы этих потребностей. Тем более что «сколько, по какой цене — это вопросы коммерческого характера, мы их не обсуждали», добавил Владимир Путин.

Но, хотя говорили в основном об экономике, одно политическое заявление прозвучало. Владимир Путин сказал, что не считает белорусов иностранцами. Речь шла о принятом и вступившем с 1 ноября в силу законе «О правовом положении иностранных граждан в Российской Федерации». Господин Лукашенко заявил, что «если прямо его читать, то и белорусы оказались бы иностранцами в России», и добавил, что Владимир Путин заверил его: для белорусов Россия сделает исключение.

— Подтверждаю, — сказал Владимир Путин.

Не означает ли это признание, что Владимир Путин уже считает россиян и белорусов гражданами одного государства? И тогда о чем еще вообще говорить? Объединение наших народов, таким образом, состоялось, и граждане, довольные, расходятся по домам.

Любопытными были мнения двух президентов по вопросам внешней политики. Александр Лукашенко, как-то помявшись, заявил, что Белоруссия всячески поддерживает усилия Российской Федерации по европейскому вектору. А когда увидел, что это заявление особого энтузиазма у Владимира Путина не вызвало, осторожно и, как показалось, с искренней надеждой спросил:

— Не кажется ли вам, что нам надо объединить наши усилия во внешней политике?

Вопрос понятен. Ведь собственных сил Александру Лукашенко тут уже давно не хватает.

РЯЗАНЬ ДОЖДАЛАСЬ ВЛАДИМИРА ПУТИНА

29 ноября президент России Владимир Путин на один день слетал в Рязань, где увидел много нового. Эта поездка откладывалась полгода. Рязань приносилась в жертву любым мероприятиям с удивительной готовностью. Дождались наконец настоящих морозов — и президент полетел. От Москвы до Рязани 160 км. Владимир Путин летел минут 30.

Начался визит с села Константиново Рязанской области. Владимир Путин зашел в дом, где родили великого русского поэта Сергея Есенина, возложил цветы к его бюсту во дворе и зашагал к школе, где поэт учился. Президент был без шапки.

Дети, которых специально привезли в эту школу, тем временем рассказывали учительницам, какой у них президент.

— Красивый, — сказал один ребенок.

— Умный, правит такой страной.

— А что вы хотели бы ему сказать?

— Здрасьте, — не задумываясь, сказал один.

— А я бы руку пожал, — добавил другой.

— А я бы пожелал, чтобы не болел.

Добрые у нас все-таки дети.

— А со страной что бы вы сделали, если бы стали президентом? — мучили детей взрослые.

— Чтобы никто не дрался, не жадничал.

— А я бы сделала все, что смогла, — исчерпывающе ответила одна девочка, и на глазах у нее выступили слезы.

Тут-то и вошел президент. Он отдавал себе отчет, что находится на родине великого поэта, и поэтому сразу спросил:

— А сами-то стихи пишете?

Дети растерялись. Стихов они не писали. («А вы?» — хотелось спросить в ответ.)

— Они читают, — выручила детей учительница.

— Ну так прочитайте, — попросил президент.

Одна девочка на первой парте прочитала. Помолчали.

В другом классе, где детей не было, хранитель Музея

Сергея Есенина Лидия Архипова показала президенту коклюшечное вязание, которым вроде бы славятся жители села Кузьминское, из которого родом и дети, подъехавшие в пустующую обычно земскую школу-музей села Константиново специально ради президента России.

Госпожа Архипова рассказала, что нынешние дети тоже увлекаются коклюшечным вязанием. Особенно увлекался один мальчик, который даже носил кружевные воротники собственного производства и выглядел, по выражению хранительницы музея, как светский король. Но потом дети заподозрили его в чем-то нехорошем и засмеяли, и он бросил это дело.

Президент, как обычно, обнаружил удивительное знание предмета. Коклюшечное вязание произвело на него большое впечатление. Оживившись, он рассказал, что коклюшечное вязание чрезвычайно развивает пальцы и им, спортсменам-дзюдоистам, тренеры в свое время особенно рекомендовали занятия коклюшечным вязанием.

В Рязанском институте воздушно-десантных войск президента ждали гораздо дольше, чем в земской школе. Курсанты нервничали на ветру при 15-градусном морозе с 11.00 до 16.00. Зато президент, приехав, принял у них парад.

После парада президент осмотрел выставку, на которой демонстрировалось вооружение десантника. Подполковник, который показывал Владимиру Путину выставку, начал было подробно рассказывать о каждом экспонате, дошел до многоцелевого ножа разведчика и тут только спохватился:

— Эх, да что это я... Кому я рассказываю?!

В комнате досуга Владимир Путин встретился с несколькими курсантами. Он сразу спросил у них, почему военное училище переименовали в институт.

— Так ведь никогда не было! — воскликнул президент. — Почему?

— Мы у вас как раз хотели спросить, — обрадованно сказал курсант, — нельзя ли обратно переименовать.

— Думаю, что проблем с этим не будет, — пожал плечами президент.

Видимо, теперь и правда не будет.

— А то как мы закончим заведение и не будем знать, что ждет нас в будущем.

— Это зря. Вы должны были знать, что ждет вас в будущем, еще до поступления в вуз, — объяснил Путин.

Президент рассказал курсантам, что страну, и в том числе ее вооруженные силы, ждут большие изменения. Так, в войсках будет больше контрактников.

— Но мы не будем делать это слишком быстро, — уточнил Владимир Путин. — Срочники также нужны. Кто-то ведь должен охранять склады с боеприпасами...

По его словам, будет сокращено не только количество призывников, но и срок службы. Уже принята программа перевооружения армии.

— Мы не собираемся ни с кем воевать, и, чтобы ни с кем не воевать, нам нужна хорошая армия.

Эти слова вызвали легкое недоумение, президент ведь сам пару недель назад назвал то, что происходит в Чечне, войной. Уже через несколько минут президент рассказал и про Чечню. Война там, пояснил он, началась не со вторжения чеченских боевиков в Дагестан, как он сам рассказывал раньше, а с распада СССР, который «перекинулся и на РФ». Сепаратизм быстро переродился в международный терроризм.

— В странах Европы тоже есть террористические центры, — обратил внимание курсантов на новую проблему президент страны, — и никому не приходит в голову называть этих людей борцами за свободу. Их называют террористами.

Президенту задавали интересные вопросы. Так, один курсант рассказал, что командующему ВДВ генерал-полковнику Георгию Шпаку вскоре исполняется 60 лет.

— Так, — быстро и отчего-то недобро реагировал президент.

Тут бы курсанту и остановиться. Но курсанты ведь этому не обучены.

— Он к нам недавно приезжал и такие фигуры на турнике показывал... — продолжил курсант. — Нельзя ли оставить его на этой должности?

— На турнике? — переспросил его Путин. — Значит, направим его возглавлять физкультурный техникум. То, что он в хорошей физической форме, неплохо. А то, что вы задаете такой вопрос, не очень хорошо. Я надеюсь, что вы задали вопрос по своей инициативе?

У курсанта не нашлось сил даже кивнуть в ответ.

— Офицеры, находящиеся на высших должностях в вооруженных силах, продолжают или заканчивают службу по представлению министра обороны, — закончил президент тему.

Курсант сбивчиво поблагодарил его за подробный ответ. Медвежью услугу оказало своему командующему руководство института ВДВ.

Встреча с курсантами продолжалась минут сорок. За это время президент успел ответить на массу вопросов. Курсанты, например, спросили, зачем президент наложил вето на поправки к закону о СМИ. Пришлось объяснить курсантам серьезные вещи.

— Если бы не было свободы слова, вы не знали бы, что происходит в «горячих точках», а ваши родные и близкие — что происходит с вами, и чиновники полагали бы, что они безгрешны в любой ситуации... — сказал господин Путин.

То есть так получается, что президент понимает, что такое четвертая власть, и по этим словам можно считать, что она находится в надежных руках.

Приняв из рук курсантов подарочный набор из тельняшки, берета и картины, написанной одним из курсантов на тему неба, президент сказал, что тоже пару раз прыгал с парашютом. Курсант, вручавший подарок, перебил его, так как произнес еще не все заученные слова приветствия и благодарности, но президент, выслушав их, вернулся к своим:

— Я тоже прыгал, когда проходил спецподготовку. Но первый прыжок и прыжком-то нельзя назвать... Выпускающий поддал мне под мягкое место, а то бы я, наверное, никогда бы не решился... Так что я очень уважаю вашу профессию.

ВЛАДИМИР ПУТИН ОЖИВИЛ РОССИЙСКУЮ НАУКУ

Президент России Владимир Путин принял участие в работе Российского совета ректоров высших учебных заведений. Он просидел в президиуме почти два часа и регулярно вставлял искрометные замечания — чтобы, по его собственным словам, «внести оживляж». По моему мнению, в какой-то мере это ему удалось. Владимир Путин вернулся из азиатского турне накануне только в три часа ночи. Заседание в актовом зале Московского государственного университета начиналось в полдень. Президент опоздал на четверть часа. 838 ректоров не очень сдержанно аплодировали ему: они связывали с этим заседанием особые надежды. Почти всем этим надеждам суждено было сбыться.

Президент был в хорошем настроении. Ректор МГУ Виктор Садовничий обращался с ним очень бережно, учитывая, видимо, что человек после дальней дороги: «Владимир Владимирович, пожалуйста, если можно, к трибуне... Большое вам спасибо...»

В докладе, прочитанном на одном дыхании, президент неожиданно признал, что «высокий уровень образования — один из немногих факторов, которые позволяют нам находиться в числе ведущих стран мира»: «Про Россию часто говорят, что она продолжает оставаться страной с сырьевым и энергетическим экспортом... В значительной степени это так и есть... Зато Россия — снова страна сельскохозяйственная. Возьмем Францию, например. И ничего, они гордятся тем, что они сельскохозяйственная страна. Здесь стесняться нечего».

Для чего же нужно все это знать? «Для понимания того, в каком месте истории мы находимся. Наши традиции основаны на европейской культуре. Но мы и в Азии! Нельзя забывать, что именно там сейчас быстро развивающаяся часть мира», — поделился президент впечатлениями от своего азиатского турне.

Про высшую школу президент говорил мало. Ему только кажется, что единый госэкзамен не решит всех ее проблем. Кроме того, стоит особое внимание обратить на подготовку специалистов для отдельных областей государственной жизни. «Частные российские компании вынуждены до сих пор импортировать кадры из-за границы, — сказал президент ректорам. — А этот рынок ваш!»

У ректоров это обращение не вызвало отчего-то энтузиазма. А президент уже обращался к военным:

— Нельзя забывать опыт военного образования. Я в зале вижу много военных, они поймут, о чем я говорю.

Жалко, я не понял. Впрочем, военных президент, кажется, разочаровал тем, что «мировые войны ушли в прошлое». Но утешил, что на первый план вышли вопросы терроризма:

— Террористы пристально высматривают цели и бьют по ним. Особенно опасны террористы, целью которых является узурпация государственной власти.

Доклад президента, таким образом, надо признать достаточно эклектичным. Но, учитывая, что он не собирался никуда уходить, можно было предположить, что основные события еще впереди.

США СТАНУТ БЕСПОМОЩНЫМИ ЧЕРЕЗ 25 ЛЕТ

А пока президент внимательно слушал (так, по крайней мере, казалось) доклад ректора МГУ Виктора Садовничего. Лично я из этого доклада узнал много нового. Оказывается, наука стоит на пороге невероятных открытий и находок. Так, физикам в некоторых лабораториях мира удалось открыть новое состояние материи. Создаются новые суперкомпьютеры, и скоро по квантовой связи можно будет передавать сведения, которые нельзя будет ни перехватить, ни скопировать. (Тут президент Путин поднял голову и с интересом посмотрел на ректора МГУ. Видимо, наука движется такими темпами, что даже президенту не успевают докладывать о таких серьезных событиях.)

Тем временем ректор перешел к вузовской практике.

— Мы уже подготовили менеджеров больше, чем программистов! — воскликнул он с оскорбленным видом, проигнорировав замечание президента о том, что российские компании вынуждены импортировать кадры из-за границы из-за недостатка своих.

Президент что-то пометил в блокноте.

— Теперь об американском образовании. Лет через 20—25 жители США могут снова стать беспомощными, — озабоченно сказал ректор МГУ. — Слабое у них все-таки образование. Правда, конгресс все-таки выделил 5 миллиардов с интересной формулировкой: «Федеральное правительство должно служить не системе, а детям»...

У нас все не так безнадежно. Рабочая группа под руководством профессора Ясина разработала предложения по модернизации вузов. Правда, смысл предложений, по словам ректора МГУ, — радикальное сокращение государственных расходов на образование. «Только по трем позициям предусмотрено сокращение на 25—28 миллиардов рублей», — грустно сказал Виктор Садовничий.

Ректор МГУ призвал помогать фундаментальной науке и привел в пример Фарадея, который в свое время сказал чиновникам, когда они его спросили, какая польза от его бессмысленных занятий: «Вы еще налоги с моих изобретений будете получать». Ректор заметил, что Фарадей оказался прав и поэтому умер в бедности.

— Нынче в оборот вошел термин «безумие образования», — добавил он. — Например, скажешь, что спрос на специалистов по алгебраической геометрии будет очень серьезным уже через пять лет — и рискуешь быть непонятым...

Ректор рассказал и про торговлю дипломами, и про растущую утечку умов. Почти все тайное стало явным.

Не мог господин Садовничий обойти тему борьбы с терроризмом (попробовал бы только).

— Борьба с терроризмом — важнейшая задача. И высшая

школа, я уверен, с ней с честью справится, — подчеркнул он. А закончил так: — В заключение два слова о будущем. В конце 1812 года вызывает император Кутузова...

243% — КРАСИВАЯ ЦИФРА

После Виктора Садовничего ведущий хотел было дать слово следующему докладчику, но президент (зря он, что ли, записывал в блокнот мысли?) перебил ведущего:

— Буквально два слова, чтобы оживляж был небольшой!

Ему очень понравился доклад ректора, потому что «он вызывает желание поговорить». Желание поговорить возникло в основном, как и следовало ожидать, по поводу работы группы Ясина. Президента устраивает, как работает эта группа. И подходы ее к модернизации образования тоже небезнадежные. Но, по его словам, неправильно ставить вопрос о преобразованиях в высшей школе как вопрос о снижении нагрузки на бюджет.

— Цели такой нет! — заявил президент под аплодисменты зала. Аплодисменты еще не стихли, как президент закончил: — Но в Москве 50% выпускников медвузов не идут работать по специальности, 60% выпускников сельхозвузов не идут...

Нет, так просто Путин группу Ясина не отдаст.

— Абсолютно приоритетная задача для наших вузов — подготовка иностранных специалистов! — неожиданно заявил Владимир Путин.

И это после всех разговоров об утечке умов! Проблема для президента только в том, как ее решать, «за счет бюджета или на коммерческой основе». Видимо, он все-таки имел в виду, что российские вузы должны готовить специалистов для стран СНГ, а не для Америки.

Президент под восторженные аплодисменты согласился закрепить за вузами статус научных учреждений, а насчет фундаментальной науки обмолвился, что те, кто говорят, будто фундаментальная наука должна быть прибыльной, говорят чушь.

— В нее надо вкладывать деньги так же, как в искусство, — заявил президент и дистанцировался от другой проблемы: — Фарадей, конечно, умер в нищете, но мы здесь ни при чем.

Дали слово Жоресу Алферову. Он чрезвычайно уверенно говорил о своем видении образовательных проблем, до тех пока не произнес:

— Я тут как-то посмотрел свой доклад в одна тысяча восемьсот...

— Жорес Иванович, вы, конечно, нобелевский лауреат, но до Ломоносова вам еще далеко, — возразил ему президент Путин. — Хотя мы видим, что вы хотите быть к нему как можно ближе...

— Ошибся на сто лет, — виновато ответил Алферов. — В общем, выступал я как-то на съезде народных депутатов...

Вся уверенность с него мигом слетела. Сразу стал нормальным человеком. Даже попросил повысить зарплату учителям в школах.

— Повысили в прошлом году, — ответил Владимир Путин. — Я, откровенно говоря, предполагал, что сбои будут, но все равно правительство пошло на это. (Как и в случае с Фарадеем, он тут был ни при чем.)

Прощальные слова Владимира Путина, обращенные к ректорам, были прекрасны:

— В следующем году на 68% будет увеличено финансирование на оборудование в вузах, на библиотеки увеличение будет на 243%... Я понимаю, что, может быть, с нуля. Но звучит красиво! Не могу удержаться, чтобы не назвать такую цифру! На капитальное строительство средства будут увеличены в два раза. И наконец, — президент сделал хорошую паузу. — Надбавки за ученую степень увеличиваются в три раза. Пустячок, а приятно!

Так Владимир Путин за одно утро порешал много проблем высшей школы. Кто-то скажет, что толком ни одна так и не решена. Но президент-то здесь ни при чем.

ЛЕОНИД КУЧМА ВЫБРАЛ РОССИЮ

Президенты России и Украины Владимир Путин и Леонид Кучма завершили 2002 год, год Украины в России, в новом здании Большого театра в Москве.

Вообще-то я думаю, далеко не каждый россиянин и украинец подозревал, что прошедший год был в их жизни не просто годом жизни, а годом, не имевшим ничего общего с теми, которые им посчастливилось прожить до сих пор. Это был год Украины в России.

Когда я спросил пресс-секретаря президента Украины Алену Громницкую, прогуливавшуюся в фойе Большого театра с депутатом Верховной рады Андреем Деркачом, какими же конкретными событиями был наполнен этот интереснейший год, она ни на секунду не затруднилась с ответом:

— Для начала наш президент ездил в Западную Украину.

— А еще?

— Летом в Киеве встречались главы вашей и нашей администраций господа Волошин и Медведчук.

— А еще?

— Вы что, не знаете? Волошин приезжал к нам неделю назад.

— Зачем?

— Чтобы подытожить год Украины в России! — госпожа Громницкая смотрела на меня по крайней мере снисходительно.

Господин Деркач тоже рассказал массу важнейших подробностей:

— Суть проблемы — совместные коллегии на уровне министерств. Мало кто понимает друг друга. А вообще, Черномырдин классно сказал — надо, чтобы все поняли, что до решения наших проблем один час лету. Надо было приучить народ к этой мысли. А то я, помню, приезжал к вам в Москву, заходил в министерство, а там люди ногу на ногу забрасывают и говорят: ну, мы-то тут нефть гоним, а вы-то кто?

На вопрос, как прошли переговоры президентов Украины и России, пресс-секретарь украинского президента ответила, что великолепно:

— Они проходили в непривычном пока формате «три на три» — президенты, премьер-министры и главы администраций. Это было так продуктивно!

— Понравился ли Владимиру Путину преемник Леонида Кучмы?

— Ну конечно! — воскликнула она с некоторым даже недоумением. Как же мог такой человек и не понравиться?

В фойе нового здания Большого театра в это время ждали начала концерта приглашенные. В основном это были, конечно, официальные лица из России и с Украины. На вице-премьера Валентину Матвиенко, впрочем, налетела толпа российско-украинских школьников, непонятно откуда взявшихся здесь (их ключевая роль в происходящем выяснилась позже), с просьбами об автографе. Кто-то уже стал счастливым обладателем автографа Александра Волошина.

Глядя на них, забеспокоились и взрослые. Два российских чиновника при мне обсуждали, как получить автограф Путина:

— Да я уже обо всем договорился, ему передадут во время концерта. Смотри, что я написал: «Уважаемый В. В., дайте, пожалуйста, ваш автограф на долгую память в честь года Украины в России...»

— Не В.В., а Владимир Владимирович.

— Думаешь? Зато В.В. короче, ему удобнее читать. Не должен отказать — повод уж очень сильный.

К госпоже Матвиенко подошел коллега из правительства Украины и спросил, какие у нее места:

— Не рядом ли у нас?

— А вот. — Валентина Ивановна достала свой билет. — Ряд 3, места 2—5. А у вас?

— А у меня восьмое, — расстроенно сказал украинец.

Дали третий звонок. Это означало, что вот-вот будут президенты. Через несколько минут они уже выступали на сцене нового театра (потолки и балкон, не могу не сказать, расписывал Зураб Церетели).

Президент Украины сделал важные признания. По его словам, прошедший год для Украины ознаменован тем, что украинцы осознали себя народом, чей путь и выбор связан с Россией. До этого, стало быть, такого осознания не было. И вот оно пришло.

Президент Украины не пытался перечислить, как его пресс-секретарь, все основные события этого года, а честно сказал, что год Украины в России — это прежде всего прекрасный символ и красивая метафора. Если постараться, то можно, конечно, упомянуть и дни украинской письменности в Москве (как-то не сразу приходят на память — бывали у нас дни и получше), и женские форумы в обеих столицах... В конце своей речи президент Украины процитировал письмо Али Прохоренко из Рязанской области. Русская девочка с украинской фамилией сочла своим долгом проинформировать его о том, что в последнее время появились компьютерные игры, моделирующие войну между Украиной и Россией. «Могло ли подобное прийти в головы нашим дедам?» — задавалась вопросом девочка.

Как нарочно, примерно в это же время письмо президенту Украины написала еще одна девочка. На этот раз фамилия у нее была русская, а сама она из украинского города Днепропетровска. Эта девочка не стала ходить вокруг да около и предложила президентам «подписать документ, скрепляющий дружбу наших народов на века».

— Давайте прислушаемся к голосу детей! — воскликнул президент Украины.

Такой документ уже готовится.

Таким образом и выяснилась роль детей в фойе Большого театра. По крайней мере двум девочкам из толпы подростков, с азартом бросившихся на Валентину Матвиенко, предстоит сыграть, возможно, решающую роль в жизни народов наших двух стран. Их и их одноклассников, как мне рассказали позже сотрудники украинского протокола, и пригласили на этот концерт.

Речь Владимира Путина была более короткой и не такой образной. В последнее время он вообще не склонен к длинным речам. Он поздравил строителей с открытием новой площадки Большого театра и назвал именно это событие (а не год Украины в России) крупнейшим в жизни нашей страны (хотя и подчеркнул, что совместный потенциал народов двух стран их народы знают и чувствуют сердцем).

Но основные события еще впереди. Следующий год будет не просто так годом, а годом России на Украине. Так что ничему не удивляйтесь.

ЭЛЛА ПАМФИЛОВА ПРЕДЛОЖИЛА ВЛАДИМИРУ ПУТИНУ ПОСРЕДНИЧЕСКИЕ УСЛУГИ

В День прав человека президент России Владимир Путин встретился с членами комиссии по правам человека при президенте России. Лично я давно не видел в Екатерининском зале Кремля таких светлых лиц.

В комиссию по правам человека при президенте России входят люди, по понятным причинам олицетворяющие совесть нации. Они, а не кто-то другой — наша основная надежда в деле защиты наших прав как людей. Их встреча с президентом была приурочена к их же профессиональному празднику — Международному дню прав человека.

Члены комиссии собрались у Спасских ворот Кремля примерно за час до начала мероприятия. Было холодно и ветрено. Члены комиссии старались беседовать между собой. Кто-то рассказал, что в первом корпусе Кремля, куда их сейчас должны отвести, есть подвал. Так вот, в этом подвале имеется столовая для своих. В этой столовой уникальные ложки. В ручках ложек пробиты дырки — видимо, для того, чтобы свои не украли (ведь кому нужна в хозяйстве ложка с пробитой ручкой?).

Рассказчика спросили, давно ли он обедал в этой столовой. Он признался, что сам он не обедал, а вот его знакомые обедали, и даже не один раз. Кто-то сказал, что такое нельзя полностью исключить, потому что когда-то такие ложки были в столовой МГУ на Воробьевых горах.

Президент России рассказал собравшимся за круглым столом, что в следующем году исполняется десять лет Конституции России. В ней, по мнению президента, права человека заложены как нормы прямого действия. Но, как и следовало ожидать, между теорией и практикой есть разрыв.

Чем же вызван разрыв? Как ни странно, одной из главных причин президент считает недостаточное финансирование программ по соблюдению прав человека. Прозвучало это, на мой взгляд, довольно цинично, а между тем ведь именно в этом и кроется, видимо, страшная правда.

Так, отсутствие средств не позволяет наладить работу с обращениями граждан. Но президент, будучи последовательным сторонником только выполнимых обещаний, ни слова не сказал о том, что бюджетное финансирование прав человека в стране в 2003 году увеличится. Более того, он попросил, пока сохраняется такая напряженная ситуация, помощи у членов комиссии в общественной экспертизе некоторых законопроектов. К тому же он призвал членов комиссии работать на опережение (хотя и даром).

Владимир Путин обратил особенное внимание на жилищно-коммунальную реформу. У него, как и у многих неравнодушных граждан, возникли опасения, что она может привести к повышению платы за жилье и больше ни к чему. В этой ситуации экспертиза комиссии по правам человека была бы абсолютно незаменимой (кивал один господин Аузан, президент Общества защиты прав потребителей, зато прямо-таки с каким-то ожесточением).

Отдельно президент коснулся проблемы защиты прав детей. И здесь роль членов комиссии трудно переоценить (не кивнул вообще никто).

— Конечно, каждая организация выбирает свои приоритеты. Ничего нельзя навязывать. Ничего! — эмоционально подчеркнул президент. — Но учитывая ваш опыт...

Тут сразу кивнули почти все.

— Кроме того, мы не должны уходить и от вопросов, которые заведомо не нравятся властям! — жестко заявил Владимир Путин, президент РФ. — То есть от политических вопросов... Ведь смысл нашей деятельности в том, чтобы каждому человеку в нашей стране было комфортно жить.

Владимир Путин предложил выступить коллегам. Перед каждым из членов комиссии лежал текст выступления. Кто-то написал его от руки, а кто-то набрал на компьютере. Первой положено было выступить председателю комиссии Элле Памфиловой, сидевшей рядом с президентом (по левую руку). Тут-то и началось. Элла Памфилова от имени всех членов комиссии поблагодарила «администрацию президента за постоянно оказываемую помощь и заботу». Она честно сказала, что в деле соблюдения прав человека не все от них, членов комиссии, зависит. Это при желании можно было расценить и как попытку снять с себя ту долю ответственности за происходящее в стране, которую в своем выступлении настойчиво попытался переложить на комиссию президент. Впрочем, госпожа Памфилова тут же развеяла любые сомнения такого рода, на глазах у всех взвалив на себя вообще неподъемную ношу.

— Надеемся стать посредниками между вами, Владимир Владимирович, и гражданским обществом! — выразила она, надо думать, общие чаяния присутствовавших.

В своем выступлении Элла Памфилова отдельно остановилась на создании сети общественных приемных. Ведь решение именно этой проблемы Владимир Путин считает одним из приоритетных направлений в деле соблюдения прав человека.

Кроме того, у нее есть одна особая задумка. Такая, что ее не каждому и поверишь, но президенту-то можно.

— Есть задумка осуществлять регулярный мониторинг по правам человека, Владимир Владимирович! — призналась госпожа Памфилова.

Теперь что касается уже имеющихся достижений. По словам Эллы Памфиловой, «комиссия плотно поработала по правам беженцев». На встрече ей хотелось бы обсудить и проблемы СМИ, и права военнослужащих. То есть амбиций госпожи Памфиловой не следует недооценивать.

— Это не значит, — добавила она, — что нас не волнуют

проблемы защиты прав малочисленных народов. Всему надо уделять внимание...

— Вот вы говорите, что, мол, от вас мало что зависит, — взял тогда слово Владимир Путин. — А ведь это не так! Возьмем судебную реформу, и в частности прекращение такого советского порядка, как несудебная практика привлечения к ответственности в виде лишения свободы. Когда обсуждали судебную реформу, коллективного решения по этому вопросу ведь не получилось. Фактически решение замкнулось на президенте России...

То есть Владимир Путин хотел сказать, что это он принял решение внести в законопроект пункт об аресте только через суд.

— Опасения у прокуратуры были большие. В результате принятого решения количество постановлений об аресте сократилось в разы. А почему? Потому что был прекращен порядок, при котором сами выписывали ордер и сами арестовывали. А тут появилась необходимость работать качественней.

Все это, видимо, очень и очень хорошо. Абсолютно непонятно только, при чем тут члены комиссии. Президент сам ведь сказал, что это было его личное решение, так как коллективного не получилось. Тут Владимир Путин и сам, видимо, понял, что надо как-то выходить на комиссию.

— А почему произошли в конечном счете все эти изменения? — спросил он, казалось, самого себя. — Они произошли под влиянием гражданского общества!

Удовлетворенный, он закончил, а прессу попросили оставить комиссию наедине с ее создателем.

Таким образом, если подытожить, схема тут, видимо, такая. Гражданское общество влияет на комиссию. Комиссия влияет на президента. Технологически это очень удобно, потому что она при нем же и состоит. Ну а дальше президент, напитавшись энергией гражданского общества от членов своей комиссии, влияет в свою очередь на всех тех, кто этого заслуживает. В результате кто-то, видимо, остается без работы, а кто-то, наоборот, получает повышение. Идут реформы, утверждается бюджет, страна встает с колен.

Жаль, конечно, что в ходе подготовки судебной реформы президенту пришлось напрямую пользоваться помощью гражданского общества, так как комиссия поставила себя вне этого процесса. Но больше таких ошибок, хочется думать, не будет.

ВЛАДИМИР ПУТИН РАССКАЗАЛ СВОИМ СОВЕТНИКАМ О ВЫМИРАЮЩЕЙ ПРОФЕССИИ ДЕТСКОГО ТРЕНЕРА

15 декабря президент России Владимир Путин встретился с членами Совета по физической культуре и спорту. Они открыли глаза Владимиру Путину на неизвестные и трагические страницы в истории спорта нашей страны.

По признанию председателя Госкомспорта России Вячеслава Фетисова, сформировать Совет по физкультуре и спорту при президенте России было потруднее, чем собрать олимпийскую сборную по хоккею. А уж господин Фетисов знал, с чем сравнивает.

Когда я посмотрел список членов совета, стало более понятно, что он имел в виду. Наверное, не так уж просто, но ведь необходимо было занести в списки членов совета таких людей, как мэр Москвы Юрий Лужков, губернатор Московской области Борис Громов, губернатор Челябинской области Петр Сумин, глава Республики Мордовия Николай Меркушкин, представитель президента в Госдуме Александр Котенков, председатель Счетной палаты Сергей Степашин, президент Торгово-промышленной палаты Евгений Примаков, заместитель председателя Госдумы Владимир Лукин.

После этого я с удивлением обнаружил в списке и нескольких спортсменов (Евгения Кафельникова, Александра Попова, Владимира Сальникова, Ирину Роднину) и с облегчением — спортивных функционеров (Вячеслава Колоскова, Леонида Тягачева, Шамиля Тарпищева): кто-то же должен будет за работу этого совета отвечать перед своим народом и его президентом.

Президент начал заседание с того, что обошел всех членов совета за большим круглым столом в Екатерининском зале Кремля. Сначала он поздоровался с Александром Котенковым и через минуту почти замкнул круг, пожав руку Владимиру Лукину. Остался только Сергей Степашин, который долго дожидался своей очереди — и напрасно. Президент даже поднял руку в его направлении, и господин Степашин с готовностью протянул свою, но оказалось, что поднятая рука президента всего лишь сопровождала его фразу «Прошу садиться!». Таким образом, протянутая рука господина Степашина, которая ничего не сопровождала, повисла в воздухе. Да, это был знак. (Если, конечно, не предположить невероятное: президент просто забыл поздороваться с Сергеем Степашиным.)

В своем коротком выступлении президент рассказал, что основная задача совета — выработка внятной, эффективной, прозрачной (только это слово, видимо, и оправдывало присутствие за круглым столом председателя Счетной палаты) политики в нашем спорте.

Вообще-то про российский спорт на заседании было сказано мало хорошего. Президент, правда, упомянул, что «некоторые вещи выправляются» и что «в следующем году финансирование должно вырасти почти в два раза», но тут же оговорился, что во многих странах, по его данным, коммерческие организации считают финансирование спорта прибыльным делом и что в условиях России спорт тоже может стать полем деятельности для малого и среднего бизнеса (так появился смысл в присутствии за столом Евгения Примакова: он покивал). Но пока все довольно плохо. «Детский и юношеский спорт вытесняется с улиц, — сказал президент, — а такая профессия, как детский тренер, вообще, извините, вымирает».

Эту тему потом подробно освещали в своих выступлениях другие докладчики, и прежде всего председатель Госкомспорта Вячеслав Фетисов. Он заявил, что в стране должен быть наконец создан орган, эффективно управляющий спортом. Из уст председателя Госкомспорта эта фраза прозвучала эпатирующе. Иногда после таких фраз кладут на стол начальнику заявление об увольнении по собственному желанию.

Причем одним заявлением дело не должно закончиться, так как Вячеслав Фетисов заявил, что решение о реформировании должно затронуть все сферы спорта и физкультуры в нашей стране. Господин Фетисов пояснил Владимиру Путину, отвлекшись от бумажки, по которой читал речь, в результате каких событий он пришел к такому убеждению:

— Недавно был во Франции и посмотрел центр подготовки спортсменов. У нас такого нет.

Владимир Путин кивнул. Видимо, он тоже видел этот центр.

И все-таки выход, похоже, есть:

— Руководствуясь вашими, Владимир Владимирович, установками, что надо привлекать внебюджетные средства, думаем провести в 2003 году всероссийскую спортивную лотерею.

Господин Фетисов с откровенной теплотой вспомнил советское время, когда и детский спорт был в другом состоянии, и лотерея сильно облегчала всем жизнь, да и вообще все было совсем неплохо. А какие были ФОКи! Про физкультурно-оздоровительные комплексы председатель Госкомспорта говорил отдельно и подробно. Если коротко, их тоже надо возрождать.

А вот чего не было в советское время, так это федерального спортивного канала. Тут-то Вячеслав Фетисов и рассказал одну драматичную историю. Дело в том, что у господина Фетисова есть водитель. И на весь подъезд дома, где живет водитель, только одна квартира, в которой есть тарелка «НТВ-плюс». И надо же такому случиться, что только по «НТВ-плюс» показывали решающий для России матч по теннису Михаила Южного с врагом России (впоследствии другом) Полем-Анри Матье! Тут весь подъезд, конечно, пришел в эту квартиру с «НТВ-плюс» и посмотрел этот матч, болея так, как умеют только русские люди, когда у них есть только отчаянная, ни на чем, кроме слепой веры в Россию, не осно-

ванная надежда и тарелка «НТВ-плюс». Ничего председатель Госкомспорта не сказал только о том, что хозяин квартиры, видимо, в результате проклял тот день, когда решил купить эту спутниковую тарелку и кроме базового тарифа заплатил еще и за два спортивных канала.

— Собрались и смотрели! То есть все было как в старые добрые времена! — опять настойчиво помянул их Вячеслав Фетисов, заканчивая свое выступление.

А президент, вспомнив слова господина Фетисова о сложностях формирования совета по физкультуре и спорту, решил дополнить их, заметив, что в составе совета нет ни одного спортсмена-инвалида.

— Вот только Владимир Петрович Лукин у нас является председателем параолимпийского движения, — заметил президент. — Я бы просил обратить на это внимание. Пусть Владимир Петрович и Вячеслав Александрович подумают.

Так неожиданно пригодился еще один участник заседания.

Президент дал слово великой фигуристке Ирине Родниной. Она должна была рассказать о судьбе детского спорта и пообещала, что ни слова не скажет о фигурном катании. Не вышло!

Хотя было видно, что она прямо изо всех сил хочет промолчать о нем. Чтобы удержаться, она начала говорить, что если и браться за что-то всем миром, так это за спортивный инвентарь, который используется в школах. Ведь «он был выпущен еще до войны». А главная детская игра у нас — баскетбол, потому что баскетбольные мячи рвутся не так быстро, как футбольные и волейбольные.

Ирина Роднина говорила об этом с такой искренней печалью в голосе, что мне несколько раз казалось, будто она сейчас заплачет. И никто ее не осудил бы. Первый раз она должна была заплакать, говоря про мячи. Второй раз — когда сказала, что счастье — это когда наденешь майку с эмблемой любимого клуба. И в третий раз — когда заговорила о судьбе федерального спортивного канала.

— Он был у нас! — воскликнула она. — Но и эту кнопку забрал у нас «Газпром»...

Видимо, она имела в виду конкурс на частоту ТВ-6, который выиграл «Медиа-социум», к которому «Газпром», конечно, никакого отношения не имеет.

Я подумал, что тут уж от слез Ирина Роднина ни за что не удержится. Но великая спортсменка и на этот раз совладала с собой (как известно, ей не удалось это всего один раз — после победы на третьей по счету Олимпиаде, когда для нее заиграли нынешний гимн России).

Только после всего этого Ирина Роднина перешла наконец к фигурному катанию. Но у кого повернется язык осудить ее за это?

И тут тоже выяснились очень неприятные вещи. Так, у нас больше нет ледоваров. А раньше их было много. К тому же в мире появился новый вид фигурного катания, но что толку, если для него нужны открытые площадки (летают, что ли, фигуристы?), но их тоже нет.

— Зато реконструировать один дворец спорта у нас стоит столько же, — она выразительно посмотрела на мэра Москвы, — сколько реставрировать Кремль! Непонятно. На Западе по-другому... А ведь у нас стоимость рабочей силы явно ниже...

За все два с лишним часа, что продолжалось заседание, Ирине Родниной так никто и не ответил по существу. Ведь чем наивнее вопрос, тем труднее на него ответить.

Но зато решили, что федеральный спортивный канал в России все-таки будет. Что же, к этому все и шло в нашей стране.

ВЛАДИМИР ПУТИН ВЫШЕЛ НА СВЯЗЬ СО СВОИМ НАРОДОМ

19 декабря президент России встретился со страной в прямом эфире. И президента, и страну долго готовили к этой встрече.

ЛУЧШЕ, ЧЕМ В АМЕРИКЕ

Президент действительно долго готовился к этому прямому эфиру и все же чуть не опоздал. Начало мероприятия даже задержали на пару минут. Стрелки часов на Спасской башне уже показывали три минуты первого, когда Владимир Путин появился на первом этаже Кремля, в информационном центре, доставшемся ему в наследство от предшественника, и сразу попросил чаю.

Борис Ельцин практически не пользовался этим центром с несколькими большими экранами и почти безграничными, как теперь выясняется, возможностями. Теперь этот центр, можно сказать, активно эксплуатируется — по крайней мере раз в год. Из этого же центра президент выходил на связь с космонавтами на станции «Мир».

Телевидение вчера показало даже не то чтобы народ страны, а, безусловно, и себя. Возможности и правда большие. Один высокопоставленный сотрудник Кремля рассказывал, что американцы год назад были просто шокированы, когда узнали, что Россия с́могла организовать такой прямой эфир. Они утверждали, что не смогли бы позволить себе такой роскоши прежде всего по деньгам (стоило бы не меньше миллиарда долларов), а во-вторых, и по техническим возможностям. У них сети в основном кабельные, в каждом штате свои законы...

У нас, слава богу, законы для всех одни и те же, а телевидение управляется из одного места, так что никаких технических проблем не возникло.

ДЕВУШКИ НЕ РЕШИЛИСЬ ЗАГОВОРИТЬ С ПРЕЗИДЕНТОМ

Правда, как показал прямой эфир, возникли творческие. Не секрет, что почти все вопросы прямого эфира были согласованы. Не с президентом, а с народом. Президент тоже, конечно, готовился: по словам сотрудников кремлевской администрации, ему два раза в день приносили по стопке вопросов, приходивших по Интернету и в колл-центр, а потом даже спрашивал, сколько вопросов он изучил, но точно никто ответить не смог — много, не меньше тысячи.

Так вот, телевизионное руководство сделало все для того, чтобы избежать неожиданностей. Иногда это имеет смысл. Например, приходили вопросы с матерными словами, да и соответствующего содержания, правда, по утверждениям организаторов, только из-за границы — из Белоруссии, с Украины и из Израиля (из последней страны в основном по Интернету, так как бесплатная телефонная линия работала только в пределах России и некоторых стран ближнего зарубежья, но несколько евреев прозвонились-таки и по ней).

Неожиданностей пытались избежать и еще по одной причине. Ведь если дать народу возможность что-нибудь сказать, то он, оторопев, может просто замолчать. Так, например, и вышло во время вчерашнего эфира, когда президент предложил, чтобы его о чем-нибудь спросили девушки из Владикавказа. И несколько девушек на глазах у всех категорически отказались спрашивать президента. Смутились, конечно. Или это предложение застало их врасплох? Попытался выручить юноша, который сначала мучительно пытался вспомнить, как его зовут, а потом зато выпалил свой вопрос — про молодежную политику в стране и про роль Республики Северная Осетия — Алания в становлении этой политики — так, что мало не показалось никому.

ОБЩЕСТВО ВЗРОСЛЕЕТ

Конечно, организация прямого эфира — дело ответственное, хлопотное и тревожное. Вот телевизионщики нашли удачный адрес — деревня Овсянка Красноярского края, в которой родился великий русский писатель Виктор Астафьев. И поначалу все шло нормально. Жители узнали, что их выбрали, и остались довольны. Остались они на первый взгляд довольны и вопросом, который им предстояло задать президенту, — о том, что необходимо создать музей писателя в деревне Овсянка.

9 Зак. 3746

Но потом случилось страшное — про эту идею узнали краевые тележурналисты. (Столичные, между прочим, сами виноваты — не сумели удержать информацию про этот адрес. Про другие-то удержали!) Сотрудники одной телекомпании (говорят, ее контролирует Анатолий Быков, хотя и нет уверенности, что в данном случае именно это важно) приехали в деревню и рассказали жителям, что их хотят одурачить. У жителей открылись глаза. Они прозрели и решили действовать. Так перед телекамерой появился Никифоров Федор Никифорович, который, страшно волнуясь, сделал все-таки свое дело. Он задал президенту коренной вопрос наших дней:

— Кто это все скупил и куда это все девалось?

Он рассказал Владимиру Путину, что «жители Овсянки стонут» из-за того, что не знают ответа на эти вопросы. «Не продает ли нас Чубайс?» — не без намека закончил он.

Путин выдохнул: «Уф-ф-ф...» И долго еще рассказывал, что атомная энергетика вообще не подлежит приватизации.

Одним из первых был задан вопрос о средствах массовой информации. Речь шла о телевидении, на котором много жестокости и насилия (президент добавил, что еще и бывает «часто секс или что-то вроде этого», но по лицу его невозможно было понять, хорошо это или плохо). Это тоже не совсем было предусмотрено протоколом. Трудный вопрос про СМИ, по мнению организаторов, прозвучал слишком рано.

Но президент, несмотря на это, справился с ответом. Он сказал, что ничего с нами, журналистами, сделать нельзя, так как «это задача, связанная со взрослением общества». Меня, как журналиста, такой ответ, конечно, устраивает, потому что общество, слава богу, вряд ли повзрослеет в ближайшее время.

ВЫСШИЕ РУКОВОДИТЕЛИ СТРАНЫ НЕ ДОЛЖНЫ ДЕЛАТЬ ПОДАРКОВ

Организаторы встречи переживали, что эфир затягивается, что не должно быть, как в прошлый раз, когда он продолжался два с половиной часа, потому что это тяжелое испытание для любого человека. Но было такое впечатление, что президенту нравится отвечать на эти вопросы. Он никуда не торопился. И этот прямой эфир продлился даже дольше, чем прошлогодний.

Не сделал президент на этот раз никаких подарков. Год назад он пообещал одному мальчику, что ему построят дом, а жителям хутора Малеванный пообещал этот хутор газифицировать. Эта затея фактически провалилась, потому что, хотя газ и подвели в хутор, почти все жители категорически отказались платить где-то по четыре тысячи рублей с хаты за то, чтобы газовую разводку сделали в самих этих хатах.

С некоторой натяжкой подарком можно считать то, что президент попросил губернатора Волкова поставить на центральной площади города не искусственную елку (он это уже сделал), а естественную. Правда, неизвестно, будет ли эта просьба передана по адресу, так как телеведущая Екатерина Андреева назвала губернатора Волкова Вениковым.

А президент, поднявшись сразу после прямого эфира на второй этаж к журналистам из нескольких газет, сказал:

— Не считаю, что высшие руководители страны должны делать подарки в такой ситуации. Добренькими, конечно, легко показаться... — Но тут же и оговорился: — В непубличном режиме позволю себе среагировать на некоторые обоснованные просьбы. Есть такие вопросы, что, когда их читаешь, очень хочется помочь.

Впрочем, известно, что были просьбы, на которые он уже успел среагировать, даже когда просматривал вопросы перед эфиром. Так что к следующему прямому эфиру вопросов к президенту будет, видимо, еще больше.

Напоследок я спросил президента, как он оценивает деятельность комиссий по помилованию. Дело в том, что ровно год назад, после такого же прямого эфира, в этой же комнате президент сказал, что долго думал, говорить или не говорить в прямом эфире о том, что он решил де-факто делегировать полномочия по помилованию, которые до сих пор были только у него, в субъекты Федерации. Год назад эта реформа состоялась. Миловать стали гораздо меньше.

— Да, меньше, — подтвердил президент. — Это решение, я считаю, было правильным. Происшедшее ведь не является результатом моего указания, что надо сократить количество помилований. Вопросами помилования занимаются уважаемые люди, которые на местах вникают в каждое дело и чувствуют свою ответственность за свои решения. Надо помнить и думать о том, что помилование — исключительный акт, акт прощения.

Таким образом, Владимир Путин заканчивает этот год без того груза, который был с ним в прошлом году.

ЛУЧШИЕ ЛЮДИ РОССИИ ПРАВИЛЬНО ОЦЕНИЛИ СВОЕГО ПРЕЗИДЕНТА

В этот день 26 декабря президент России Владимир Путин вручил награды лучшим людям страны. Выбор президента в большинстве случаев был мне понятен.

— То, что будет у нас впереди, не происходит просто так, — сказал президент перед вручением.

А как же тогда происходит?

— Во имя России и на благо России, — разъяснил президент.

Именно этим соображением он, видимо, и руководствовался, вручая орден Святого апостола Андрея Первозванного Фазу Алиевой. Она работает главным редактором журнала «Женщина Дагестана» и председателем Союза женщин Дагестана. До нее высший орден страны получили Жак Ширак и Нурсултан Назарбаев. Тем, кто не знает, кто такая Фазу Алиева, президент рассказал, что она мудрая и самоотверженная и что сила ее слова известна не только в Республике Дагестан. Принимая орден, Фазу Алиева сказала, что это не ее награда.

— Это высшая награда всех российских женщин. Никому не секрет (главный редактор журнала «Женщина Дагестана» от волнения путала падежи — ну и что такого; главное, чтобы на качестве журнала не сказывалось), что российские женщины — красивые, умные, статные, гордые.

Но оказалось, что это награда не только женщин РФ. Великодушная Фазу Алиева заявила, что это награда и всех писателей России, «главное чувство которых — ответственность за Россию». Тут с ней можно не согласиться, ведь года два назад писатель Александр Солженицын отказался получать орден Андрея Первозванного. Так что не всех писателей России.

Но и это еще было не все. Фазу Алиева объявила, что этот орден выдан и всему народу Дагестана, «который доказал, что он достоин быть одним из достойных в семье российских народов». Таким образом, в результате почти не осталось человека в стране, не охваченного орденом Андрея Первозванного, и выбор кандидатуры Фазу Алиевой как формального носителя ордена нельзя не признать удачным.

Остальные награжденные вели себя более скромно и в ответном слове благодарили не всю страну, а только одного человека. В какой-то момент даже показалось, что это его награждают сегодня большим количеством орденов и медалей.

— Когда что-то происходит сегодня, корни надо искать раньше, — заявил академик Аркадий Шипунов. — Я могу доказать, что главный виновник сегодняшней награды — президент. Мы и дальше согласны работать по предложенной им схеме: президент принимает решение, а мы трудимся!

Юрий Башмет, принимая из рук президента орден «За заслуги перед Отечеством» III степени, тоже согласился работать по этой интересной схеме. Он сказал президенту много по-настоящему теплых слов:

— Впервые за время зарубежных гастролей мы стали уважаемыми людьми. Вы возродили в нас чувство национального достоинства!

Президент кивал с чувством как раз этого достоинства.

Муслим Магомаев признался, что врученный ему орден Почета — его первый российский орден:

— Спасибо вам, Владимир Владимирович, за него!

Валерий Драганов, ставший заслуженным юристом РФ, заявил президенту:

— Вы оказали мне большую честь. Вы сделали подарок и моей маме, узнице фашизма, и хочу вас заверить, что мы с ней сразу же сейчас поедем обедать.

Против моей воли сложилось такое впечатление, что господин Драганов не кормил маму до тех пор, пока не стал заслуженным юристом РФ.

И только барон фон Фальц-Фейн не стал никого благодарить. Ни народ Лихтенштейна, гражданином которого он является, ни президента России. Он быстрой походкой подошел к Владимиру Путину, подождал, когда тот повесит ему на лацкан пиджака орден Почета, и коротко сказал:

— Я так рад, что дожил до сегодняшнего дня. Ведь мне стукнуло 90. И я одно могу сказать: я заслужил эту награду!

И ни одного слова про Путина. Я даже вздрогнул. Не зря все-таки говорят, что скромность украшает человека.

2003 ГОД

ПОДПИСАН РОССИЙСКО-ЯПОНСКИЙ ПЛАН ДЕЙСТВИЙ

10 января в Кремле президент России Владимир Путин и премьер-министр Японии Дзюнъитиро Коидзуми провели трехчасовые переговоры и дали часовую пресс-конференцию.

Господин Коидзуми находится в Москве уже два дня и выглядит довольно уставшим и немного рассеянным. Ничего такого нельзя сказать о президенте России, который с явной пользой для здоровья провел новогодние каникулы.

С самого начала было хорошо известно, какие документы подпишут лидеры двух стран в присутствии журналистов. Они были полностью согласованы накануне визита. Я видел окончательный вариант проекта российско-японского плана действий на двадцати двух страницах. По-хорошему, в него в последний момент, конечно, надо было бы внести серьезные изменения. Так, в проекте были фразы о том, что Япония и Россия сожалеют о «намерении» Пхеньяна выйти из договора о нераспространении ядерного оружия (ДНЯО) и «подтверждают необходимость скорейшего отказа КНДР от такого намерения». Между тем Северная Корея не в первый раз за последнее время показала себя динамично развивающейся страной и вчера утром уже заявила о выходе из договора о нераспространении.

На двух первых рядах на пресс-конференции, как часто бывает, сидели не журналисты, а члены официальных делегаций. Как только лидеры поставили свои подписи, неожиданно встал со своего места и зааплодировал министр иностранных дел России Игорь Иванов. (Может, он до последнего момента не рассчитывал на подписание? Надо бы, конечно, повнимательнее почитать этот план...) Вслед за ним встали и все члены российской делегации. Поглядев на них, в некотором недоумении стали подниматься и японцы. Я увидел, что сдают нервы и у некоторых журналистов — тоже стали неуверенно приподниматься со своих мест. Но, заметив, что даже кое-кто из японских дипломатов нашел в себе силы не встать, все же остались сидеть.

Между тем даже после более внимательного изучения плана, боюсь, мне не захочется встать и аплодировать. Нет в нем ничего такого. По мнению некоторых экспертов, он даже не очень сильно отличается от известного плана Ельцина — Хасимото. Правда, члены российской делегации, да и сам президент России настаивают, что этот документ предусматривает комплексный подход как к проблеме мирного договора и островов, так и к сотрудничеству в области энергетики и в строительстве нефтепровода. То есть одно без другого решить будет трудно. Такой подход более интересен российской стороне.

Оба лидера, разумеется, были готовы к вопросу журналистов о заявлении КНДР про выход из ДНЯО. Этот вопрос и прозвучал первым. Задал его японский журналист. Владимир Путин ответил, что Россия, как известно, выступает за безъядерный статус Корейского полуострова и эта позиция является принципиальной и неизменной. При этом Владимир Путин добавил, что, внимательно ознакомившись с заявлением, он усмотрел в нем открытую дверь для переговоров.

Для этого, наверное, не надо было даже внимательно знакомиться с этим заявлением. Известно, что КНДР не в первый раз угрожает выйти из ДНЯО. Это случается, когда у нее возникают перебои с поставками американского мазута. Так уже было в 1994 году. КНДР тогда тоже оставила дверь открытой и так и не хлопнула ею.

На следующий вопрос — о том, в чем все-таки новизна российско-японского плана, Владимир Путин отвечал долго и даже, показалось, с удовольствием. Он упомянул, что у него давно не было таких хороших переговоров, и даже сравнил план с некой путеводной картой. Этот образ впервые был использован его японским коллегой всего пару часов назад в переговорной комнате. Вот какие озарения приходят порой в голову людям на переговорах в узком составе.

Между тем ни господин Коидзуми, ни члены японской делегации, ни большинство японских журналистов так и не узнали обо всем этом. Российский переводчик вообще не стал переводить ответ Владимира Путина на этот вопрос. Может, метафора ему показалась не такой уж и удачной. Я-то думал, что на встречах такого уровня ничего подобного произойти просто не может. Как же так: старался-старался человек, отвечал на вопрос, а его ответ даже не посчитали нужным перевести? А если бы российский президент в этот момент добавил, что островов японцам никогда в жизни не видать, а господин Коидзуми вежливо бы кивал и рассеянно бы улыбался? По возвращении домой ему с этой же рассеянной улыбкой пришлось бы сразу подать в отставку.

Вопрос про острова между тем тоже прозвучал. Если японский премьер-министр говорил про эту проблему предельно осторожно, то японский журналист, напротив, в выражениях не очень стеснялся и хотел получить острова обратно как можно скорее. В подтверждение своих слов он ссылался на мнение всего японского народа.

Вот этого ему и не надо было, конечно, делать. Владимир Путин ответил ему, что, когда политическая и интеллектуальная элита хочет продвинуть какое-нибудь политическое решение, она всегда ссылается на интересы народа (в качестве примера он мог бы смело привести решение о референдуме в Чечне). И при этом «совершенно не дает себе труда выяснить, в чем заключаются действительные интересы народа». Президент России попутно разъяснил японскому журналисту, в чем заключаются действительные, а не мнимые интересы не только российского народа, но и японского. А знаете в чем? «В налаживании сотрудничества по всем областям, в том числе и особо чувствительным». Даже Игорь Иванов и то не сказал бы лучше.

ВСТРЕЧА ВЛАДИМИРА ПУТИНА И РОБЕРТА КОЧАРЯНА ПРОШЛА В ТЕПЛОЙ ДРУЖЕСТВЕННОЙ ОБСТАНОВКЕ

17 января в Кремле встретились президент России Владимир Путин и президент Армении Роберт Кочарян. Лидерам было очень хорошо вдвоем, а также и в расширенном составе.

Переговоры продолжались около трех часов и закончились в атмосфере такой любви и согласия, лица участников излучали такой свет и тепло, что на них просто больно было смотреть. Совершенно не справлялся с нахлынувшими на него чувствами министр обороны России Сергей Иванов: он улыбался не только во время подписания договора о военно-техническом сотрудничестве, но и до, а главное, еще долго после этого. Держал себя в руках, пожалуй, только министр иностранных дел России Игорь Иванов, но и он временами начинал аплодировать явно несдержанней, чем следовало бы при подписании соглашения между Центробанком РФ и Центробанком Армении о сотрудничестве в области

надзора за деятельностью кредитных организаций. Сладко улыбалась вся армянская делегация.

И ведь видно было, что никто не делает над собой никаких усилий. Люди улыбались, потому что им было очень хорошо. Даже у меня как-то поднялось настроение.

Владимир Путин, выступая перед журналистами, ненадолго посерьезнел, только говоря о проблеме Нагорного Карабаха, которую, по его мнению, надо решать на приемлемой и для Армении, и для Азербайджана основе. При этих словах улыбка слетела и с лица Роберта Кочаряна. Ему не очень понравилось, что основа должна быть взаимоприемлемой.

Но тут же эта улыбка расцвела снова, потому что Владимир Путин заговорил о том, что встреча двух лидеров состоялась в канун очень важных политических событий в Армении, то есть в канун президентских выборов. Собственно говоря, во многом из-за тех слов, которые должны были последовать, действующий президент Армении и приехал в Москву. Владимир Путин не обманул его ожиданий. Он сказал, что именно под руководством Роберта Кочаряна двум странам удалось выйти на новый уровень отношений. А ведь это значит, что не под его, Владимира Путина, руководством. То есть президент России готов был пожертвовать даже своим лидерством в отношениях с Арменией только потому, что это у господина Кочаряна, а не у него выборы на носу. Жертва, правда, все равно не выглядит слишком уж впечатляющей.

Президент Армении, получив слово, не перестал улыбаться ни на секунду. Он заявил, что не помнит, чтобы они с Владимиром Путиным о чем-нибудь спорили в последнее время, а отношения России с Арменией идут и идут по восходящей, и это уникально, потому что в них нет ни одной синусоиды.

Впрочем, та же улыбка не помешала Роберту Кочаряну произнести, что на переговорах по карабахской проблеме, где Россия выступает посредником, Армения «что-то теряет».

Это был, если можно так выразиться, самый драматичный момент сегодняшней встречи. Президент Армении сказал про потери, похоже, не подумав, и ему потребовалось время, чтобы убедительно пояснить, что он имел в виду, и не испортить праздника.

— Конечно, Россия как посредник придерживается нейтральной позиции. Но с учетом двусторонних отношений... да, мы что-то теряем. Но все равно хорошо!

Отвечая на вопрос журналистки Армении, президент России употреблял такие фразы, как «мы крайне удовлетворены», и другие такие же и даже лучше. Некоторая заминка вышла при ответе на следующий вопрос. От российских журналистов его задала, впрочем, армянка. К тому же она не представилась. Президент Армении деликатно попросил это сделать. «Маргарита Симонян, Российское телевидение», — ответила журналистка.

— Приятно лишний раз услышать армянскую фамилию? — обратился к президенту Армении Владимир Путин.

Роберт Кочарян с готовностью кивнул. В результате все, включая тележурналистку, опять остались довольны. Было найдено полное согласие и в вопросе о членстве Армении в ЕврАзЭС. Армения официально становится наблюдателем в этой организации, членами которой являются Россия, Таджикистан, Белоруссия и Казахстан. По мнению обоих лидеров, членство в ЕврАзЭС нисколько не помешает членству Армении в ВТО. Господи, как же все хорошо!

Пресс-конференция уже подходила к концу, когда президент России нашел еще один повод поблагодарить Армению за то, что она такая есть. Дело в том, что за последний год рост ВВП в республике составил 12%, а рост инфляции — 3%.

— Пример, достойный подражания, — заявил Владимир Путин, пояснив, что Россия более чем заинтересована в сотрудничестве со страной с такой бодрой экономикой.

В общем, трудно припомнить другие переговоры, после которых бы так хотелось жить. Такая атмосфера царит еще только на переговорах России с Азербайджаном.

КАК ПОМИРИЛИСЬ ВЛАДИМИР ВЛАДИМИРОВИЧ И АЛЕКСАНДР ГРИГОРЬЕВИЧ

20 января в Минске с участием президента России Владимира Путина прошел Высший совет союзного государства Белоруссии и России. Белоруссия придавала этому визиту большое значение. По-человечески это понятно: в страну все реже и реже прилетают зарубежные лидеры. По местному телевидению в информационно-аналитической передаче, ведущий которой явно претендовал на лавры Леонида Парфенова, был дан большой сюжет о том, как Минск готовится к встрече. Ведущий рассказал, что по материальным затратам подготовку к ней можно приблизительно сравнить только с визитом президента США Джорджа Буша-младшего (сравнить точно просто не выйдет, потому что Джордж Буш-младший никогда в Минске не был).

Моральных и душевных сил было потрачено, видимо, еще больше, так как, по словам ведущего, спецслужбам Белоруссии постоянно приходилось учитывать опасность покушения на президента России со стороны чеченских террористов, объявивших вознаграждение за его голову в $2 млн (с одной стороны, рядовому россиянину может показаться, что это не так уж много за человека с таким рейтингом, но надо учитывать, что в Белоруссии с ее доходом на душу населения такая цифра шокирует любого здравомыслящего человека и заставит еще больше уважать нашего президента).

Особая озабоченность была высказана в связи с тем, что при террористическом акте могут пострадать ни в чем не повинные граждане Белоруссии (такое впечатление, что вина Владимира Путина уже доказана), так что от белорусских спецслужб требуется особая сосредоточенность. Свое мнение на эту тему высказал бывший начальник службы безопасности первого президента России Александр Коржаков, который, обрадовавшись вдруг возникшему к нему интересу, рассказал, что при нем (а мог бы сказать, что при Борисе Ельцине) в Белоруссии, наоборот, всегда было задействовано меньше спецсредств и людских ресурсов, чем в любом другом месте, потому что эта страна считалась относительно безопасной.

Ведущий передачи отметил, что перед приездом президента России напряжение нарастало с каждым часом. А когда оно достигло высшей точки, жительница Минска Елизавета Лукьянова закрыла на ключ дверь в комнату своей квартиры, окна которой выходят на площадь, куда обычно приезжают лидеры, чтобы возложить венки. В интервью Елизавета Лукьянова рассказала, что, когда получила эту квартиру, очень радовалась, но радость эта оказалась недолгой. Время от времени перед приездом в Минск высоких гостей к ней стали стучаться незнакомые, но очень уверенные в себе люди, которые всякий раз предупреждали, что не стоит подходить к окну, так как кругом снайперы. Вот и на этот раз сообщалось, что во встрече двух лидеров будут участвовать снайперы, причем как с российской, так и с белорусской стороны. Будут они и на крышах вокруг площади. Правда, Владимир Путин, как было неожиданно сказано, на эту площадь скорее всего вообще не приедет, потому что визит рабочий и ему некогда.

В конце сюжета речь шла о бытовых условиях, в которых будет существовать Владимир Путин в Минске. Отмечалось, что президент России — гость нехлопотный и обычно соглашается со всем, что ему предлагают.

Впрочем, на этот раз все было не так. С самого начала, как мне стало известно, белорусская сторона предложила президенту России провести встречу один на один с Александром Лукашенко и даже широко анонсировала ее. Владимир Путин ответил отказом. Тогда белорусы стали просить о встрече. За день до приезда российского президента просьбы приняли отчаянный характер. Вечером, когда президент России прилетел в Минск, эта проблема разрешилась сама собой. Президент Белоруссии предложил поехать к нему домой, в резиденцию «Дрозды». Там лидеры поужинали и поговорили. Александр Лукашенко потом несколько раз вспоминал об этом приятном эпизоде по разным поводам, подчеркивая,

что беседа длилась долго и чуть-чуть не перевалила за полночь. Впрочем, по утверждениям российской стороны, разговор продолжался не более часа. В этой ситуации могут быть, между прочим, правы и те и другие. Это уж кому что нужно подчеркнуть.

На следующее утро состоялись и формальные переговоры один на один, действительно короткие. Затем прошло заседание Высшего совета союзного государства. В повестке было десять пунктов, в том числе о бюджете этого государства на 2003 год (докладчик Павел Бородин), о ходе подготовки проекта концепции Конституционного акта союзного государства, о прекращении деятельности комитета по вопросам безопасности (докладчик от России директор ФСБ Николай Патрушев), о функционировании региональной группировки войск России и Белоруссии (докладчик министр обороны России Сергей Иванов), о концепции социального развития союзного государства (докладчик министр труда России Александр Починок) и, наконец, «о денежном вознаграждении и денежном поощрении государственного секретаря союзного государства (докладчик Александр Починок)».

Последний пункт был вынесен в повестку дня работы высшего совета отдельной строкой, и по нему было принято отдельное постановление. Источники в российской делегации рассказали, что белорусская сторона очень хотела увеличить Павлу Павловичу Бородину жалованье, считая, что, насколько бы ни повысили его, все равно будет мало за то, что он делает для союзного государства, но российская сторона демонстрировала по этому поводу удивительное спокойствие, граничащее с бездушием, и делала вид, что жалованье у господина Бородина такое, какого он заслуживает. В результате денежное вознаграждение (зарплату) все-таки подняли в два раза, до уровня вице-премьера российского правительства. То есть, по грубым подсчетам, он будет получать от 35 до 40 тысяч рублей. И то хорошо.

На пресс-конференции по итогам работы совета лидеры двух стран высказывали умеренный оптимизм.

— Я очень удовлетворен, — сказал Александр Лукашенко. Но потом не удержался и все-таки добавил: — По крайней мере, мы обговорили все вопросы.

И в очередной раз ввернул про то, что накануне беседовал с Владимиром Путиным почти до половины двенадцатого ночи.

Российскому президенту на этот раз тоже практически все понравилось. Он рассказал, что 1 января 2005 года, как и намечалось, у России и Белоруссии будет единая валюта, то есть российский рубль, если сторонам удастся договориться о едином эмиссионном центре. Вчера Александр Лукашенко признал, что все-таки центр будет один.

Есть движение и в вопросе о единой газотранспортной распределительной системе. Решение о создании совместного предприятия в этой области, как сказал белорусский президент, принято и должно быть выполнено.

— Вот мы вчера долго вели разговор, — опять кстати вспомнил он, — и вот сидели и думали: ну что, что мы еще не сделали для союзного государства? Что?

Эти горестные размышления закончились, как я понял, тем, что решили: сделали абсолютно все. Большего два человека сделать не могут — это просто не в силах человеческих.

— Так что теперь правительства должны работать, главы банков, — закончил Александр Лукашенко.

Между тем белорусский президент, отвечая на вопрос, адресованный Владимиру Путину, о том, распространяется ли на граждан Белоруссии необходимость иметь миграционные карты при въезде в Россию (Владимир Путин уже не в первый раз сказал, что не распространяется), заявил:

— Вот россияне для нас — люди.

Он явно призывал Россию к ответной любезности.

— Люди! — добавил он. — Откуда бы они ни приехали, из Якутии или даже из Чечни.

И он вспомнил, как приютил в своей стране, хоть и ненадолго, нелегальных беженцев из Чечни, которые стремились в Польшу, а та им отказывала во въезде. Он даже в конце концов договорился, и Польша приняла этих людей. Ну не у себя же ему было в самом деле их держать.

ВЛАДИМИР ПУТИН ПРЕДСТАЛ ПЕРЕД СУДОМ, ЧТОБЫ ПОЗДРАВИТЬ ЕГО С ЮБИЛЕЕМ

24 января в Колонный зал Дома союзов на праздник восьмидесятилетия Верховного суда Российской Федерации приехал президент России Владимир Путин. Я стал свидетелем беспрецедентной овации, которую устроили президенту судьи Верховного суда.

Судьи встретили Владимира Путина не только бурными аплодисментами, но и криками «браво!», «ура!» и «давай!». Кто-то даже засвистел. Очевидно было, что судьи засиделись в залах заседаний.

— Марат Ефимович меня сейчас спрашивает: «А что, у нас до 1923 года Верховного суда не было?» — процитировал президент председателя Конституционного суда Марата Баглая. — А не было! Так получается по истории.

Владимир Путин признал процесс судопроизводства в России внушающим все больший и больший оптимизм. Он рассказал судьям, что с новым Уголовно-процессуальным кодексом (УПК) в стране существенно сократилось число арестованных, потому что теперь для того, чтобы арестовать человека, нужно решение суда, а не санкция прокурора, как раньше. По-человечески было понятно, почему президент обратил на это внимание. Не так давно он сам признался, что был автором этого пункта в УПК, так как никто больше, как оказалось, не может взять на себя такую ответственность.

— И ничего не рухнуло, слава богу, — добавил президент.

Число оправдательных приговоров, по его словам, в целом по стране выросло в три раза. И опять ведь ничего не рухнуло. (Интересно, а что должно произойти, чтобы в нашей стране что-то рухнуло?) Ничего не рухнуло даже оттого, что во много раз сократилось число помилований, после того как президент год назад де-факто передал полномочия миловать субъектам Федерации. Более того, никто этого, кажется, и не заметил, кроме, конечно, самих непомилованных. А если кто-то и заметил, то, думаю, только обрадовался, потому что вор ведь должен сидеть в тюрьме.

На фоне такого оптимизма ушатом холодной воды выглядел приветственный адрес председателя Конституционного суда Марата Баглая. Оказалось, кое-что все-таки еще довольно плохо и подлежит исправлению. Во-первых, исправить надо население нашей страны, которое, по словам Марата Баглая, еще не преодолело правовой нигилизм и не верит в систему российского правосудия так, как, видимо, верит в нее сам Марат Баглай. Возможно, у него есть для этого основания.

Во-вторых, надо как-то решать проблему с телевидением.

— Героями телеэкранов у нас часто являются неудачники-адвокаты, которые во всеуслышание заявляют, проиграв дело, что они будут обращаться в Верховный суд, — заявил Марат Баглай. — Но, несмотря на эти некоторые неблаговидные факты, караван идет.

Что хотел сказать господин Баглай? Уж не имел ли он в виду вчерашнее решение суда по иску заложников на Дубровке и комментарии адвоката Трунова по этому поводу? Может быть, и не имел.

Верховный суд господин Баглай, впрочем, похвалил за разъяснения, которые время от времени дают его пленумы. Эти разъяснения всегда, по его словам, бывают интересными. Показалось даже, что настроение председателя Конституционного суда изменилось к лучшему. Но впечатление оказалось ошибочным. Марат Баглай тут же намекнул на то, что будет с этими разъяснениями, если проверить их на предмет соответствия Конституции России. Намек в зале поняли. Раздались вялые аплодисменты, смысл которых можно было истолковать однозначно: и сами знаем.

И все-таки было видно, что Марат Баглай еще не выговорился. Он добавил несколько слов про исполнительную власть, которую хоть и назвал родной, но претензии предъявил тем более серьезные. Далеко ей еще, если коротко, до идеала.

— А вообще, хочется, чтобы когда-нибудь можно было сказать: судья в России — больше, чем судья.

А мне, например, вот именно этого очень бы не хотелось ни в какой перспективе.

Позже, в перерыве, председатель Верховного суда Вячеслав Лебедев говорил, что вот Верховный суд устраивает праздники только по юбилеям, а, например, прокуратура — каждый год. И я понимаю, почему в Верховном суде праздники так редки. После вчерашнего праздника Верховный суд еще не скоро опять соберется что-нибудь праздновать — так нахлебался. Все выступавшие считали своим долгом объяснить судьям, в чем состоит их главное предназначение.

В послании патриарха Алексия II, которое зачитал управляющий делами Московской патриархии митрополит Солнечногорский Сергий, было сказано, что смысл деятельности как Верховного суда, так и Бога в том, чтобы возвращать людей к основным высшим духовно-нравственным ценностям (через страдание). А первый заместитель председателя Госдумы Любовь Слиска заявила, что у российской Фемиды должны быть завязаны не только глаза. Пока я мучился в догадках, что же еще можно завязать Фемиде, Любовь Слиска пояснила:

— У российской Фемиды должно быть зрячее сердце. Такой уж у нас менталитет...

Надеюсь, она говорила об усилении роли суда присяжных.

Все эти выступления постарался обобщить Владимир Путин. Поначалу это выглядело так, как будто он решил извиниться за выступавших.

— Мы все говорили искренне, от всей души, — обратился он к залу. — В том числе и Марат Баглай, от которого досталось всем: и населению с его правовым нигилизмом, и средствам массовой информации, и исполнительной власти.

Участники торжественного заседания, так стосковавшиеся в этот праздничный день по доброте, встретили эти слова искренними аплодисментами, но погорячились.

— И судя по вашим аплодисментам, вы считаете, что это правильно, — добавил Путин.

Зал, не ожидавший такого коварства от гаранта конституции, оторопел. Потом начал неуверенно смеяться. Дескать, да что вы, вы нас не так поняли! Но и опять погорячились.

— И я с вами согласен, — закончил президент.

Наступила тишина.

На этом в заседании был объявлен перерыв. Да, он был как никогда нужен всем участникам этого заседания. В перерыве председатель Верховного суда Вячеслав Лебедев, проводив Владимира Путина, все-таки пытался создать вокруг себя праздничную атмосферу.

— Наконец-то, — сказал он журналистам, — свершилось то, о чем мы мечтали: в минувшем году зафиксировано огромное количество обращений граждан страны в суды!

По мнению Вячеслава Лебедева, это говорит о возросшем качестве судейства.

ВЛАДИМИР ПУТИН ОТВЕТИЛ НА УКРАИНСКИЙ ВОПРОС И ЗАДАЛ РУССКИЙ

28 января в Киеве президент Украины Леонид Кучма и президент России Владимир Путин не расставались почти целый день. Сначала они виделись в узком, потом в расширенном составе, потом подписывали договоры, протоколы и соглашения, а потом, наградив некоторых деятелей Украины (главным образом — с русскими фамилиями) орденами и медалями, поехали в Киевский университет к студентам и наградили их своим обществом.

КАК ПОДНЯТЬСЯ НАД МЕЛОЧАМИ?

Для начала Владимир Путин и Леонид Кучма подписали договор «О российско-украинской государственной границе». Этот договор обсуждался четыре года. Сухопутные границы двух стран были урегулированы осенью прошлого года. Как сказал позже российский президент, были проблемы. Но

в один прекрасный миг участники переговоров вдруг поняли, что спорят-то о деталях! Фактически ни о чем.

— И они сумели подняться над мелочами! — сообщил президент.

Под мелочами, над которыми удалось подняться, следует понимать спорные населенные пункты, горы и долины, леса и перелески, которые с высоты птичьего полета утратили в глазах экспертов ценность, которую те им ошибочно приписывали в начале переговоров. Как же им удалось так высоко подняться? Над разделом Черноморского флота трудились, считайте, десятилетие, и то остались вопросы.

— Очень хороший пример показывает ЕС, — объяснил Путин. — Достаточно вспомнить Верден.

Под Верденом в свое время, правда очень давно, состоялась битва между немцами и французами. Погибли люди.

— 600 тыс. французов... нет, немцев 600 тыс., а французов 350, — продолжил президент. — И что же, на днях лидеры этих двух стран объявили, что их цель — создание в перспективе единого государства. Потому что им это выгодно. А мы?

Владимир Путин сам себя раззадорил этим примером и оттого вовремя не смог затормозить:

— А мы что? Почему у нас так не получается? Потому что, извиняюсь, все сопли жуем и политиканствуем. Вон Леонид Данилович поднял вопрос по паспортам...

КАК ПРЕКРАТИТЬ ХУДОЖЕСТВЕННЫЙ СВИСТ?

Вот так, «жуя сопли», две страны вчера подписали еще несколько соглашений, и в том числе «О сотрудничестве в области предупреждения распространения заболевания, вызываемого вирусом иммунодефицита». На этом фоне не кажется такой уж неразрешимой даже проблема российско-украинского газового консорциума. Президенты рассказали, что и тут есть ясность, правительства двух стран практически обо всем договорились.

— Как только началась практическая работа, — рассказал Путин, — так сразу же прекратился художественный свист. Когда украинские эксперты углубились в эту проблему, так через некоторое время и сами стали подталкивать нас.

Владимира Путина надо, видимо, понимать так, что консорциум все-таки будет функционировать на условиях России. Ведь, как очень твердо говорилось раньше, ни на какие уступки в этом вопросе Россия не пойдет. Судя по всему, в этом и не пошла, но пошла в другом, на первый взгляд менее принципиальном:

— Это будет украинское юридическое лицо со штаб-квартирой в Киеве, — сказал президент России.

Уступка могла бы показаться мелкой, если бы не одно обстоятельство. Налоги ведь тогда тоже пойдут в Киев. А это уже не мелочь. Но, как стало ясно буквально через час, и налоги российских предприятий за российские нефть, газ и электроэнергию Владимир Путин Леониду Кучме отдавать не собирается. Он заговорил об этом на встрече со студентами Киевского университета, отвечая на вопрос, который, казалось, совершенно не имел отношения к этой теме.

— Вы, студенты, люди со здравым смыслом и, надеюсь, поймете меня. Украина — самый большой потребитель наших энергоресурсов. Главное препятствие: надо прямо сейчас решить проблему с изъятием косвенных налогов по стране назначения, — считает президент России.

То есть НДС, который российские предприятия платят у себя дома, отправляя на Украину электроэнергию, сырую нефть, нефтепродукты, газ и газоконденсат, теперь является препятствием для поставок всего этого добра туда. Таким образом, если не будет устранено это препятствие, Киев так и будет переплачивать за него. А если будет, то Москва будет ежегодно недополучать $700 млн. Владимир Путин назвал это прямыми потерями российского бюджета и сказал в присутствии президента Украины, что со всеми странами СНГ эта проблема урегулирована, осталась только Украина. Леонид Кучма вежливо промолчал.

КАК НЕ СДЕЛАТЬ ЛОЖНОГО ШАГА?

На встрече со студентами российский президент вообще был довольно откровенен. Все, например, ждали, что он выскажется о ситуации в Ираке на пресс-конференции после переговоров в расширенном составе, а он предпочел сделать это в актовом зале Киевского университета.

— Россия просто вынуждена, должна и будет поддерживать добрососедские отношения и с КНДР, и с Ираном. Соседей не выбирают. Мы жили тысячелетия вместе и будем. Это касается и Ирака. У нас есть общее что-то! — рискнул сказать Владимир Путин.

Уж не оружие ли массового поражения?

— Да, оружие массового поражения может представлять угрозу, — заметил он. — Мы на Совете Безопасности ООН договорились послать в Ирак военных инспекторов. На сегодняшний день они не говорят нам, что у них есть проблемы в работе. А мы им доверяем. Вот они в понедельник докладывают. Вот мы и посмотрим.

Президент, может быть, не учел, что понедельник, как и положено, уже наступил и инспекторы уже выступили и сказали, что ничего пока не нашли. А может, и учел.

— Но главное — что бы ни было, но разрешение споров должно происходить только на базе международного права. Этот вопрос ключевой и более важный, чем Ирак. После того как разрушились НАТО и Варшавский договор... Ну, НАТО не разрушилось, но... как сказать... в нем стали происходить структурные изменения...

Да, на этот раз наш президент, наоборот, опередил события и явно выдал желаемое за действительное. Поправившись, он закончил, что так или иначе, а вопрос новой мировой архитектуры так и остался, увы, открытым.

— Если мы позволим выйти за рамки международного права даже такой стране, как США, это будет... — президент задумался, — ложным шагом.

Украинские студенты ответили громом аплодисментов. Зато в американском Белом доме, сразу захотелось написать, надолго воцарилась тишина.

КТО ЕГО ПОДОСЛАЛ?

На остальные вопросы президент отвечал более коротко и благодушно. Он рассказал, что самым ярким событием студенческих лет стала «тройка» по римскому праву, которую ему поставил профессор Толстой. Профессор, по его словам, перестарался.

Вообще, Путин использовал почти любой вопрос для того, чтобы сказать то, что он сам считал нужным. Раньше такого потребительского отношения к аудитории за ним не замечалось. Так, отвечая на вопрос о развитии рынка электронной торговли, он заявил:

— Представляете, Советский Союз рассыпался, а Россия осталась самой крупной страной в мире!

Потом говорили, что нельзя было не заметить, как на этих словах страдание исказило лицо украинского президента, сидевшего рядом с нашим. Не знаю, я не заметил, смотрел на Путина. Его лица в тот момент ничто не исказило.

Мука и боль отразились на нем, пожалуй, лишь когда один студент спросил, какие направления молодежной политики Владимир Путин считает необходимым развивать в ближайшей стратегической перспективе.

— Кто вас подослал? — прямо спросил он студента.

Молниеносная быстрота, с которой был задан этот встречный вопрос, создавала впечатление, что Владимиру Путину не раз и не два в жизни приходилось его задавать. Но студент не раскололся. Он стиснул зубы и сел на место.

— Мне Валентина Матвиенко вчера говорит: «Вот, будем подписывать соглашение с Украиной о молодежной политике». Я ее спрашиваю: «А в России есть молодежная политика или нет?» Она говорит: «Есть». — «Ну тогда, — говорю, — давайте подпишем», — пожал плечами Путин.

И заявил, что, по его мнению, у России на самом деле никакой внятной молодежной политики нет, не то что у Советского Союза с его пионерами и комсомольцами.

— Правда, тогда все было забюрократично, — признал

Владимир Путин, — но зато люди могли собираться и обсуждать!

Между тем все эти на первый взгляд веские соображения никак не помешали подписать вчера соглашение «О сотрудничестве в области молодежной политики между Украиной и Россией». Правда, Владимир Путин, пока Валентина Матвиенко ставила свою подпись на этом документе, подозвал к себе Алексея Миллера и начал на глазах у всех обсуждать с ним что-то действительно важное и интересное.

— А какую самую главную ошибку, на ваш взгляд, нам, будущим дипломатам, ни в коем случае не следует совершать? — выстрадал свой вопрос еще один украинский студент.

Ответ опять был молниеносным:

— Главное — никогда не забывать: стратегический выбор Украины, соответствующий ее национальным интересам, — дружба с Россией!

Украинский президент, не проронивший за эти полтора часа в Киевском университете ни слова, уже не в первый раз покорно кивнул.

ВЛАДИМИР ПУТИН НАЗНАЧИЛ СВОИМ ПРЕЕМНИКОМ ЛЕОНИДА КУЧМУ

29 января утром в Киеве состоялся неформальный саммит лидеров стран СНГ, по традиции закрытый для журналистов.

На саммит не приехали, как известно, четыре лидера из одиннадцати. Не приехали по разным причинам, и все были признаны неубедительными. Аскар Акаев (Киргизия) мог бы, если бы захотел, на несколько часов оставить свой народ без присмотра за четыре дня до референдума, хотя на нем и решается его личная судьба: на обсуждение народа вынесен вопрос о новой конституции страны. Если ее примут, то и президент Акаев сможет снова выдвинуть свою кандидатуру —

два его прежних срока, полученных по старой конституции, будут автоматически аннулированы.

Президент Назарбаев (Казахстан) вчера утром даже прислал письмо Владимиру Путину. Письмо было от руки. Господин Назарбаев извинялся, что не может подъехать, потому что накануне уже по минутам расписал весь этот день: будет отдыхать. Но добавил, что желание было большое.

Не добрались до Киева и Ислам Каримов (уехал в Испанию) и Сапармурат Ниязов (остался дома). Между тем семеро смелых возвращались из Киева, было такое впечатление, с легким сердцем. Они не приняли никаких заявлений, но зато выговорились. Встреча лидеров продолжалась на два часа дольше запланированного. Она была традиционно закрыта для журналистов. Правда, по одному из несанкционированных аудиоканалов мне неожиданно удалось услышать то, что происходило в зале заседаний. Выступал президент Таджикистана Эмомали Рахмонов. Крик его души, не предназначенный для чужих ушей, даже меня не смог оставить равнодушным. Господин Рахмонов говорил громко и сбивчиво. Он очень волновался и очень хотел, чтобы его поняли.

— Вот я услышал обвинения стран Центральной Азии в незаконной эмиграции! — воскликнул господин Рахмонов (он имел в виду скандал в конце прошлого года, когда из Москвы были депортированы несколько сотен таджиков, не имевших регистрации в столице. — *А.К.*). — А почему?! Потому что в СССР поощряли таджикских женщин рожать! До 120 тысяч Таджикистан поставлял призывников в СССР каждый год! В том числе и я служил на флоте три года!

Сын таджикского народа не стеснялся в выражениях. Его никто не прерывал. В конце концов, все за этим круглым столом были примерно в одном положении. Где еще таджикский президент нашел бы таких благодарных слушателей?

— В Таджикистане производится хлопок. В Европе хлопок не производят! Но для кого мы производим? Каждое наше государство создает рынок для американцев, европейцев. А для русских?! Вы меня извините, сейчас тут такая реплика была про Таджикистан... ну ладно... А куда может деться Тад-

жикистан? Мы стараемся войти в ВТО. А куда еще? Как говорится, хочешь жить — умей вертеться! У нас тупиковая ситуация. В Афганистан? Там война идет. Неизвестно, когда кончится. Китай? Китай ширпотребом нас погубит. И так одни горы у нас остались. Одни камни!

Слышать все это было по-человечески больно, но необходимо. Тем более что президент Таджикистана заговорил о новых союзах, которые в последнее время заключают между собой страны СНГ.

— Создали какой-то ГУУАМ, ЦАС... Зачем все эти организации нужны? А расходы посчитали? Почему в рамках СНГ нельзя решить?! Давайте скажем таджикскому народу один раз спасибо. Не президенту Рахмонову! Пограничникам российским — за то, что противостоят неслыханному злодею — «Талибану»! Кто скажет спасибо?!

Никто не сказал спасибо только потому, что не решились прервать президента Таджикистана на полуслове. Ведь он еще не закончил. Он говорил о том, как он везде, где бывает, сражается за СНГ, и прежде всего за Россию:

— Я говорил и в Белом доме... прямо выходя из Белого дома от Буша, что Россия останется нашим стратегическим партнером!

Тут украинские коллеги-журналисты наконец обратили внимание на то, что уже четверть часа идет утечка секретной информации из переговорной комнаты. Они посчитали своим долгом сообщить куда следует, и украинская служба безопасности справилась наконец со своими обязанностями: провод, ведущий к словам лидера, был безжалостно выдернут из «раздачи». Остальные участники саммита выступали, видимо, с таким же чувством. Иначе встреча не затянулась бы на три с лишним часа.

На итоговую пресс-конференцию вышли президенты России и Украины. По их словам, разумеется, невозможно было и представить, какие страсти бушевали в зале заседаний. Владимир Путин упомянул, что обсуждали в основном экономические вопросы (это ведь правда), а также говорили о борьбе с терроризмом (дань политической моде последних месяцев). Единственная новость: Леонид Кучма единогласно («и единодушно», как подчеркнул Владимир Путин) избран председателем Совета глав государств СНГ вместо президента России. Это, впрочем, была довольно серьезная новость, ведь на прошлом саммите в Кишиневе некоторые, и прежде всего белорусский президент Александр Лукашенко, встретили это предложение Владимира Путина в штыки.

Через несколько минут, когда Владимир Путин в другой комнате встретился только с российскими журналистами, я спросил его, почему именно Леонид Кучма удостоился такой чести.

— Украина — самое большое после России по территории государство Содружества, — стал объяснять он, — страна с почти 50-миллионным населением, со второй по объему экономикой после России. Ее вес и значение в СНГ очень велики, и мне кажется, что это естественный выбор. А то, что мы должны делать ротации в СНГ, это в уставе записано, и никогда этот устав не исполнялся. Я думаю, что это была ошибка со стороны России, потому что если мы хотим, чтобы государства чувствовали свою сопричастность к СНГ, поверили в эту организацию, то граждане должны видеть, что они имеют возможность прямого влияния на политику этой организации.

— Но полгода назад в Кишиневе не все были согласны с идеей отдать этот пост Кучме?

— В Кишиневе не все были согласны с этой идеей, — подтвердил президент.

— А сейчас все?

— А сейчас все. Тогда это было действительно неожиданно. Должен сознаться, что я предложил это решение без предварительных консультаций. Но эти консультации сейчас провели и убедили наших партнеров в том, что это целесообразно. У некоторых действительно возникло опасение, что это может привести к ослаблению СНГ, это был главный аргумент. Считалось, что, поскольку Россия — крупнейшая страна СНГ, вот она и должна во что бы то ни стало руководить этой организацией. У меня другая логика.

Таким образом, в результате и остальным лидерам пришлось усвоить эту логику.

Между тем, сделав короткие заявления для журналистов на общей пресс-конференции, Леонид Кучма и Владимир Путин уже было покинули зал, когда грузинская журналистка с радиостанции «Фортуна» крикнула вдогонку нашему президенту:

— Почему Россия проводит беззаконную паспортизацию абхазов?!

Вопросы прокричали еще несколько человек, но президент России отреагировал только на этот. Он развернулся и почти вплотную подошел к бедной девушке. Он не мог не принять этот вызов. Ответ занял минуты две. Путин был очень энергичен. Он объяснял, что нет никакой паспортизации, что Россия принимает заявления от всех людей, желающих стать ее гражданами.

— За последние годы в Россию въехало миллион грузин, и 650 тысяч из них получили российское гражданство! — упрекнул он грузинскую журналистку.

Оставшись наедине с российскими журналистами, он, оговорившись, что теперь может говорить честно и откровенно, добавил насчет злополучной электрички Сухуми — Адлер (она ходит между Абхазией и Россией уже не одну неделю):

— Действительно, это решение коммерческой организации. Для нас это в известном смысле даже больше такая антикоррупционная мера. Потому что если вы пойдете на рынок в Сочи, то увидите, что там торгуют в основном выходцы из Абхазии. Они торгуют там вне зависимости от того, есть эта электричка или нет ее. Вопрос только в том, что везут они это на тележках, в руках, платят какую-то мзду тем, кто стоит на этих пикетах, или не имеют такой возможности, не хотят, а тогда они идут в обход, по тропинкам. Там же границы-то нет! Нет и светополосы, ни собак пограничных, хорошо обученных.

После этого российский президент заявил, что это «бессмысленное дело — создавать какие-то анклавы и какие-то гетто и экономически пытаться кого-то удушить. Никому это пока не удавалось. Думаю, что это не удастся и в отношении Абхазии». После этих слов президент, правда, сделал реверанс в сторону грузинского руководства, заявив, что было бы неправильно не учитывать его мнение. Мог бы с таким же успехом сказать: «принять к сведению».

Путин был довольно многословен. Все-таки Грузия не чужая для него страна. Если бы была чужая, он не думал бы и не говорил бы о ней так много. По словам президента, Россия не намерена держать своих миротворцев в Грузии любой ценой:

— Если в течение двух недель согласия грузинской стороны на продление мандата не будет, мы своих миротворцев выведем.

Такое заявление прозвучало как угроза: Грузия очень давно требовала вывода миротворцев СНГ, основу которых составляют россияне, а Россия прилагала немалые усилия, чтобы продлить этот мандат. Все так к этому привыкли, что, когда Путин сказал: «Мы выведем, и ни у кого не должно быть иллюзий», выяснилось, что Эдуард Шеварднадзе этого совсем не хочет. Более того, в Киеве он был вынужден публично заявить, что «с выводом миротворцев может начаться неизвестно что», — и грузинские журналисты потом признавались, что даже не поверили своим ушам, когда услышали эту фразу из его уст.

На самом деле всем понятно, что будет. Начнется новая война с Абхазией, в которой у Грузии опять будет немного шансов.

Теперь Владимир Путин еще и заявляет, что Россия готова оставить своих миротворцев, «только если СНГ как организация примет такое решение». Срок мандата миротворцев истек, и в ближайшие две недели лидеры стран СНГ больше встречаться не планируют. То есть войска будут выведены. Или президенту Грузии придется придумать что-нибудь особенное, чтобы их оставить, и как-нибудь изощренно пожертвовать национальными интересами своей страны. Проблема только в том, что интересов-то этих уже почти не осталось, так что даже и пожертвовать нечего.

ВЛАДИМИР ПУТИН И СТАЛИНГРАДСКАЯ БИТВА

2 февраля президент России Владимир Путин съездил в Волгоград на праздник 60-летия разгрома немцев под Сталинградом. Ветераны объявили ему за это благодарность.

Накануне приезда Владимира Путина в Волгограде шел дождь. Два дня назад ветром со взлетной полосы сдуло «Як-42» с ветеранами, выжившими в той мясорубке. Уцелели они и в этот раз. Вечером, перед прилетом президента, началась гроза.

Ночь прошла спокойно. Утром ударил мороз. Мамаев курган обледенел. В результате некоторым очень не повезло. Оператор ОРТ, снимая президента, поскользнулся и упал с кургана так, что, по предварительному диагнозу, сломал руку. Потерь среди местного населения никто даже не считал. Я сам стал свидетелем того, как ветеран в одной гимнастерке защитного цвета упал, поскользнувшись на Аллее Славы, и остался лежать. Его подняли подростки в свитерах с надписями «Идущие вместе». И они пошли вместе. Дедушка был сильно нетрезв. Его можно было понять.

Президент, появившийся на Аллее Славы через несколько минут, вызвал ожидаемое народное ликование. Тут же ожила и стена с солдатами и матросами в камне. Отовсюду раздавались звуки автоматных выстрелов. Разрывы мин.

Владимир Путин между тем не спеша поднимался по аллее. Некоторые ветераны окликали его. Он подходил к ним. И они начинали яростно благодарить его за все. Ветераны явно не ожидали от самих себя таких слов, готовили какие-то другие и потом виновато смотрели друг на друга. Возле одной такой группы директор мемориала, дождавшись, пока ветераны назовут себя президенту, торопливо сказал:

— А вот, Владимир Владимирович, президент команды «Ротор» Горюнов.

Из-за спин стариков выступил президент «Ротора» с большим букетом гвоздик. Он протянул их президенту, но тот аккуратно посторонился — господин Горюнов промахнулся, но не совсем, потому что попал в вице-президента Валентину Матвиенко. Это, впрочем, тоже был неплохой результат. Госпожа Матвиенко с благодарностью приняла цветы.

— А теперь фото на память! — предложил директор мемориала.

Президент не возражал. Ветераны робко приблизились к Владимиру Путину, место рядом с которым уже прочно занял президент «Ротора». Историческое фото состоялось и теперь, конечно, долго будет играть свою роль в развитии футбола в Волгоградской области.

От Аллеи Славы Владимир Путин поднялся к Пантеону Славы. Вдоль лестницы, по которой он шел, стояли люди. Один дедушка держал в руках плакат: «Путин, разберись с дореформенными вкладами в Сбербанк, тебя обманывают!» Президент не останавливаясь изучил содержание плаката и кивнул. Старик, обнадежившись таким результатом, попытался сунуть сотрудникам ФСО какие-то бумаги. Они вежливо обходили его стороной.

— Но он же кивнул! — с упреком кричал им дедушка.

Люди вообще очень доброжелательно относились к своему президенту.

— Так он живой! — крикнул один юноша другому. — Я же тебе говорил!

К Владимиру Путину тем временем попытался прорваться еще один дедушка, но поскользнулся и упал. Президент заметил это и, хотя уже прошел дальше, попросил подвести дедушку к нему. Того отряхнули и чуть не на руках понесли через три ступеньки.

— Не надо! — крикнул кто-то из службы протокола. — Пусть лучше сам подойдет, он же может ходить!

— Видите, могила. Это Желудев, командир моей дивизии, он меня спас, — пробормотал старик, оказавшись наконец рядом с президентом и показав на мраморную плиту возле лестницы. — Желудев, командир дивизии.

— А вы кто? — спросил президент.

— Я связной... — торопливо ответил старик. — То есть связист...

После этого самообладание оставило его окончательно.

Он тоже начал благодарить президента:

— Спасибо! Спасибо за все, что для нас делаете! Спасибо. Не забывайте про нас...

— Мы про всех помним, — ответил президент.

Они сфотографировались (без президента «Ротора»). Оказавшись в пантеоне, Владимир Путин постоял у венка, который принесли солдаты почетного караула, положил на венок оторвавшуюся белую гвоздику, собрал рассыпавшиеся зеленые листья и подгреб их поближе к венку. После него к венку, немного подумав, подошла Валентина Матвиенко и возложила букет гвоздик — видимо, от президента «Ротора».

Первоначально предполагалось, что в пантеоне президент сядет за стол и напишет несколько слов в книге отзывов. Этот стол перед его приходом несколько раз двигали с места на место, и всякий раз получалось не так. В конце концов стола в пантеоне не оказалось вовсе, и в книге отзывов в пантеоне Владимир Путин ничего, таким образом, не написал. Зато долго писал что-то в книге отзывов музея-панорамы «Сталинградская битва».

Выйдя из пантеона, президент продолжил свой путь по Мамаеву кургану. Люди приветствовали его криками: «И правда, Путин!» Неожиданно прямо над президентом пролетел вертолет, на несколько секунд заглушивший все эти крики.

— Что это? Этого не может быть! Откуда здесь вертолет?! — закричал кто-то из охраны.

Но вертолет, никого не убив, полетел дальше. Теперь ФСО сама готовилась убить тех, кто разрешил пролет вертолета без опознавательных знаков прямо над головой президента России. Но местные сотрудники безопасности клялись, что это не их вертолет и вообще, судя по всему, ничей.

Президент тем временем остановился возле девушки, которая громко попросила у него автограф. Но ее ручка не писала.

— Не пишет, — сказал президент.

— Я знаю, — вздохнула девушка.

Тогда Путин достал свою ручку и спросил девушку, как ее зовут.

— Люда... То есть Лена, — прошептала девушка.

— Лене на счастье! — написал президент на бумажке.

— И на втором листочке тоже. — Девушка осмелела (так с ними обычно и бывает).

— Что? — переспросил президент.

— Подпишите просто: Адиле.

Президент подписал и отдал Лене свою незамерзающую ручку: «На память».

На торжественном заседании в честь праздника Владимир Путин отдал должное подвигу сталинградцев и сказал, что сейчас их опыт особенно ценен:

— Об этом опыте следует особо помнить тем, в ком до сих пор сидит инстинкт захватчика.

Затем Владимир Путин процитировал канцлера Германии Герхарда Шредера (разгром немцев под Сталинградом широко, оказывается, отмечается и в Германии). Канцлер назвал происшедшее страшными уроками войны. Владимир Путин с готовностью поддержал его.

После короткого выступления губернатора области Николая Максюты слово дали генералу Валентину Варенникову, который воевал под Сталинградом в минометном взводе. Генерал вместе с двумя другими ветеранами подсел к президенту еще в самолете на пути из Москвы в Волгоград и с тех пор не отходил от него. Президент в свою очередь часто ссылался на мнение генерала:

— Валентин Иванович сказал, что, когда он поднимался сюда 60 лет назад, ему было гораздо легче это делать, — сказал президент на встрече с ветеранами в музее-панораме «Сталинградская битва». — Вижу, что и молодежи много пришло — поклониться памяти.

— Хорошо бы эта память осталась навсегда, — вздыхали ветераны.

На торжественном заседании, получив слово, генерал Варенников цитировал не Герхарда Шредера, а Иосифа Сталина.

— Немцы, — сказал он, — встретили под Сталинградом несгибаемую волю наших руководителей... — Он помедлил и, решившись, рубанул: — И лично Сталина!

Зал взорвался аплодисментами. Президент тоже похлопал.

Впрочем, генерал Варенников сполна оправдал и свое присутствие возле президента в течение всего этого дня:

— Мы, ветераны, всегда готовы, товарищ президент, вас поддержать в ваших начинаниях во имя интересов нашего народа.

Он попросил президента сделать так, чтобы 2003 год, как когда-то 1943-й, стал годом коренного перелома в жизни нашего народа.

На прощанье Владимир Путин посмотрел праздничный концерт. И не зря. Ведь ему под оглушительные аплодисменты спели частушку: «И к величию Россия через Путина придет».

ПРЕЗИДЕНТЫ ТЕПЛО ПООБЩАЛИСЬ НА МОРОЗЕ

3 февраля Владимир Путин прилетел в свою тверскую резиденцию из своей подмосковной. Премьер-министр Италии Сильвио Берлускони прилетел в «Завидово» из «Внуково». Их беседа должна была продолжаться по протоколу всего полчаса. После этого предполагалась пресс-конференция, потом пешая прогулка по зимней России на виду у журналистов.

Но все вышло не так. Разговор занял не полчаса, а не меньше двух. Прогулка состоялась, но была укорочена ввиду надвигающейся темноты и крепчающего мороза (Владимир Путин даже изменил своим коренным принципам и впервые за весь период наблюдений в конце прогулки надел шапку).

На переговорах в самом начале были проведены интенсивные консультации именно по вопросу о московских холодах.

— Думаю, не заморозили ли мы вас. Минус 21° все-таки, — сказал президент.

— Минус 21° для человека со Средиземного моря — это не страшно, — парадоксально ответил господин Берлускони.

— Но я еще не закончил, — добавил Владимир Путин. — Ланч у нас будет на свежем воздухе.

— Это фантастика! — обеспокоенно ответил итальянский премьер-министр.

— Хорошо, — удовлетворенно закончил российский президент. — Перед вашим приездом у меня интересовались, не простудим ли мы вас. Я взял на себя ответственность и сказал, что нет, потому что вы сильный человек.

На итоговой пресс-конференции лидеры начали было говорить о двусторонних отношениях, сложившихся между ними. Господин Путин положил свою руку на руку гостя и сказал, что очень благодарен итальянскому премьер-министру за то, что тот согласился приехать к нему в Россию. Господин Берлускони тут же ответил, что в свою очередь восхищается мудростью и чувством ответственности российского президента (сам Владимир Путин так выражается только в адрес корейского лидера Ким Чен Ира). Ведь то, что он руководит Россией, «является возможностью для вашей страны продолжить свое развитие и стать членом ЕС в ближайшем будущем».

Добрые слова итальянский премьер говорит российскому президенту не в первый раз. Но вот мысль о скором членстве России в ЕС стала новостью. Показалось даже, что это, может быть, неточный перевод. Но господин Берлускони стал развивать эту мысль:

— Необходимо уже начать разговор об окончательных границах ЕС.

Сильвио Берлускони сказал, что он скоро будет председательствовать в этой организации и постарается ускорить вступление России в ЕС. Правда, позже он, на мой взгляд, немного дискредитировал свою же мысль, заявив, что не исключает присоединения к единой Европе даже такой страны, как Израиль.

Между тем итальянских журналистов новость, похоже, совершенно не взволновала. У всех на уме был только Ирак. Про него был первый же вопрос.

— Я благодарен, — сказал президент России, — что господин Берлускони проинформировал меня о своих переговорах по этому поводу в Вашингтоне. Он делился со мной и по телефону. Но по телефону всего не скажешь.

Неужели и их слушают?

— И то, что мой друг Берлускони рассказал при личной встрече, имеет для меня определенное значение, — продолжил президент России.

Позиции обоих лидеров по Ираку остались прежними. Правда, Владимир Путин сказал, что не увидел на этот раз принципиального расхождения в подходах.

— Мы должны добиться объективной информации об отсутствии в Ираке оружия массового поражения, — заявил он.

Наверное, президент России оговорился. Вряд ли во что бы то ни стало надо получить информацию именно об отсутствии в Ираке оружия массового поражения. А если появится информация о наличии? С ней что делать?

Президент России в который раз за последние недели обратил внимание на то, что решающее значение должна иметь позиция военных инспекторов ООН, а окончательное решение должен принять Совет Безопасности этой организации. Господин Берлускони, услышав это, от возбуждения даже пристукнул левой ногой. Он ответил тоже, впрочем, известными аргументами: спросил, где 6500 снарядов с химическим оружием, которые были у Ирака и куда-то делись, а следов их иракцы не показывают, и существуют ли у Саддама Хусейна связи с террористами, которые используют такое оружие. Закончил он тем, что принципиально ничего не имеет против применения военной силы против Ирака. То есть разница в подходах, конечно, все-таки есть, и большая.

Хотели было перейти к следующему вопросу, но президент Путин опять попросил слова. И еще раз с энтузиазмом повторил и про военных инспекторов, «которым, все согласились, доверяют», и про резолюцию 1441, и про Совет Безопасности. Он сказал, что хочет перевести этот вопрос из политической плоскости в техническую. Есть оружие у Ирака — будет война. Но надо доказать.

И позже он нашел повод еще дважды в подробностях повторить эти тезисы.

Теперь уже слова попросил Берлускони. И он тоже с поразительной настойчивостью слово в слово повторил то, что сказал несколько минут назад. По крайней мере, стало ясно, как шли эти переговоры и почему они так затянулись.

Под конец господин Берлускони уже довольно раздраженно добавил:

— Резолюция 1441 чего требует? Ирак должен взять военных инспекторов за руку и привести их туда, где было химическое оружие.

По мнению экспертов, таких слов в резолюции 1441 нет.

ВЛАДИМИР ПУТИН ОТКРЫЛ РОССИЮ В ГЕРМАНИИ

9 февраля в Берлине президент России Владимир Путин открыл Год России в Германии. Церемония открытия получилась нескучной благодаря тому, что немецкий язык — не чужой для Владимира Путина.

Открытие Года России в Германии происходило в Берлинском концертном зале. Санкт-Петербургский симфонический оркестр под управлением Михаила Плетнева долго, в полном составе сидя на сцене, ожидал появления федерального президента Германии Йоханнеса Рау, а потом и Владимира Путина. А первым из интересующих журналистов людей появился министр иностранных дел Германии Йошка Фишер, только что вернувшийся из Мюнхена, где позволил себе повысить голос на министра обороны США Дональда Рамсфельда. Йошка Фишер все еще был неулыбчив и крайне сосредоточен. Впрочем, увидев министра иностранных дел России Игоря Иванова, он просто расцвел. Вот кого он был

рад видеть! Да, господину Фишеру теперь надо ценить хорошее отношение к себе. Не так уж много друзей у него осталось.

Президент Рау так заторопился на трибуну, что забыл на стуле текст своей речи, но не возвращаться же. «Уважаемые дамы и господа! Я рад приветствовать вас...» — заявил он и, пока переводили, сделал знак потихоньку передать ему текст. Все эти манипуляции не остались незамеченными, в зале засмеялись. Но господин Рау показал себя с лучшей стороны:

— Вот видите, — воскликнул он, — все вы могли убедиться, что я умею выступать и без бумажки.

Фраза осталась без перевода, но Владимир Путин заразительно улыбнулся, невольно продемонстрировав знание немецкого языка. (В дальнейшем он делал это сознательно.)

Но оказалось, что и по бумажке у президента Германии читать не получается. Так, он сказал, что ему запомнился один вечер в этом концертном зале, в 1990 году, когда отмечали десятилетие Германии. Господа с мест его поправили: «Наверное, в двухтысячном?» — «А я как сказал? В девяностом? Нет-нет. Десять лет свободы замолчать нельзя!»

Отдельно и подробно он высказался о Сталинградской битве. Господин Рау обратил внимание на то, что Владимир Путин, будучи на днях в Волгограде, почтил память немцев, павших в Сталинградской битве. Тогда, в Волгограде, не всем нашим ветеранам это понравилось, но теперь-то ясно, что это сделано в рамках подготовки к поездке в Германию. Здесь эти слова услышали и оценили по достоинству.

— Мы всегда расширительно толкуем наши культурные связи, — сказал Владимир Путин, выступая после федерального президента. — Вот видите, на трибуне, где я выступаю, написано на немецком: «Немецко-российские культурные встречи, 2003—2004 годы». А в русском переводе цифры другие: 2002—2004.

Переводчик, не ожидавший экспромта, неточно передал слова президента. Владимир Путин поправил его на немецком. Зал был в восторге. Взаимные оговорки сделали свое дело. Дальше можно было с сознанием выполненного долг слушать симфоническую музыку, что оба президента и делали в течение следующего часа.

После концерта Владимир Путин не спешил уходить. Он окунулся в самую гущу деятелей культуры и провел в ней минут 40. Общение было интенсивным. На некоторых участников встречи оно произвело неизгладимое впечатление. С одним таким человеком мне удалось поговорить. Хартмут Никиг работает председателем Немецкой ассоциации преподавателей русского языка и литературы и является энтузиастом идеи русских культурных центров в Германии, которых до обидного мало. А конкуренция иностранных языков в Германии, по его словам, велика. Французы, например, действуют в этом направлении все более агрессивно и изощренно. Господин Никиг наконец решил тоже так действовать. Сначала он написал письмо российскому президенту. Ответ пришел из Росзарубежцентра. Поскольку в письме господин Никиг, чтобы быть конструктивным, просил только денег на открытие таких центров, а всю организацию брал на себя, то ему сразу ответили, что денег нет и не будет.

Тогда он дождался, пока супруги Путины приедут с неофициальным визитом в Магдебург, и поговорил с женой российского президента. Поскольку он и у нее попросил денег, то и она ему сказала, что денег нет. Но он все-таки попросил уточнить у мужа. Господин Никиг никак не мог поверить, что в России ни у кого нет денег.

И вот вчера в концертном зале господин Никиг снова встретился с семьей Путиных. Людмила Александровна в это время разговаривала с президентом Рау. Он рассказывал ей про новый музей, который только что открылся в Берлине, и она уже предложила господину Рау найти время съездить туда. Но тут господин Никиг спросил ее, удалось ли ей поговорить с мужем насчет денег. Господин Никиг признался, что на этих словах президент Рау незаметно для госпожи Путиной с силой дернул его за рукав. Супруга российского президента растерянно призналась, что забыла.

— Но вы можете сделать это прямо сейчас, — стал настаивать немец, — а то это сделаю я.

Но и эта угроза не подействовала. А она не была пустой: еще через.мгновение он разговаривал с президентом России.

— На немецком? — спросил я его.

— Нет, — обиделся господин Никиг. — С русскими людьми я разговариваю на русском.

— И как?

— Боюсь, он меня не до конца понял.

— То есть не сказал, что даст денег?

— Не сказал, — грустно закончил свою историю господин Никиг.

Ну конечно. Надо было на немецком говорить. Шансов на понимание было бы больше.

ПРЕЗИДЕНТЫ РОССИИ И ФРАНЦИИ РАЗВЯЗАЛИ ВОЙНУ ЗА МИР

10 февраля днем Владимир Путин прилетел из Берлина в Париж и к вечеру вместе с Жаком Шираком порадовал журналистов сенсационными заявлениями по иракской проблеме.

В Париже президента России ждал более теплый прием, чем в Берлине. Хотя, конечно, и в Германии грех было жаловаться. Но, во-первых, в Париже +5°, а не −5°, как в Берлине, а во-вторых, когда Владимир Путин уже подлетал к французской столице, ему сообщили, что встречать его в аэропорт Шарля де Голля едет не премьер-министр Франции, а президент страны, который таким образом грубо нарушил протокол. Было похоже, что Франция и правда как никогда нуждается в поддержке России. В руках французский президент держал большой букет роз, который он подарил Людмиле Путиной.

Российский президент вышел из самолета в пиджаке, постоял какое-то время на свежем воздухе, пережидая пышную церемонию встречи, которую устроили в его честь, и надел-таки пальто. На вертолете он перелетел к парижскому

Дому инвалидов. Это тоже было нарушением протокола, впрочем, запланированным. Между тем никто еще не наносил государственный визит на вертолете. Более того, президенты по инициативе господина Ширака полетали еще над столицей Франции, — видимо, Жак Ширак не может позволить себе так просто полетать над этим городом, вот и решил воспользоваться случаем: у кого бы язык повернулся упрекнуть его в такой ситуации?

У Дома инвалидов президенты пересели в автомобили и поехали к Триумфальной арке. Центр города был намертво перекрыт. У Триумфальной арки Владимир Путин возложил цветы на Могилу Неизвестного Солдата, поговорил с ветеранами французского Сопротивления, заехал переодеться в свою резиденцию и приехал в Елисейский дворец. Дворец при ближайшем рассмотрении размерами и внутренним убранством напомнил мне «Елисеевский» магазин времен застоя. Зеркала, лепнина, никаких продуктов...

Президент Франции, выйдя после беседы с Владимиром Путиным к журналистам, удивился, что нас собралось так много. Он сказал, что Франция и Россия демонстрируют сходные точки зрения по проблеме Ирака. Жак Ширак объявил о совместном немецко-франко-российском заявлении о ситуации в Ираке. Само заявление не содержит ничего сенсационного: необходимость продолжать инспекции, выполнять резолюцию 1441, оказывать давление на Ирак... Главное, что Россия, Франция и Германия оформили свои отношения в этой истории. Стало наконец понятно, что делали Владимир Путин и Герхард Шредер вчера все утро в Берлине, когда в расписании их работы возникла странная черная «дыра» и никто не давал пояснений, чем же занят российский президент.

На пресс-конференции вопросы в основном задавали представители Ливана и Ирана, занявшие удобные места возле президентов. Эти журналисты и спрашивали, как лидеры оценивают психологическое состояние мира в результате раскола Европы. Президент Франции морщился, слыша та-

кие вопросы, и отказывался отвечать, украдкой показывая на Владимир Путина.

— Было бы лучше, если бы мнение всех без исключения стран было единым, как когда-то мнение коммунистической партии Советского Союза, но это тоже ни к чему хорошему не привело. Как вы знаете, СССР... — Российский президент, впрочем, не закончил. — Цивилизованная борьба мнений — это и есть международное право.

— Ничто на сегодняшний день не оправдывало бы войну, — не утерпел все же и Ширак. — Этому региону она совсем уж ни к чему.

Раздражение российского президента вызвал только вопрос, какие действия предпримут Россия, Германия и Франция, если война в Ираке все же начнется без согласия Совета Безопасности ООН.

— Вы пытаетесь нас втянуть в дискуссию, что будет, если война начнется. Сам факт этой дискуссии будет означать, что война начнется. Россия против войны. И я на данный момент времени не хочу обсуждать эту тему, — резко ответил российский президент.

А его коллега под конец, отвечая, что он думает про немецко-французский план урегулирования ситуации с участием миротворцев ООН, пожал плечами и сказал, что в резолюции 1441 ничего такого нет. Ничего удивительного, такого плана и правда нет. Теперь есть франко-немецко-российский план.

На следующий день Владимир Путин встречался с большим количеством французов и россиян, отчего русско-французские отношения, взлетели на невиданную высоту. На вчерашнее утро у Владимира Путина была назначена встреча с мэром Парижа Бертраном Деланоэ. Все знают, что мэр — гомосексуалист. За это, видимо, и выбрали. Хотелось бы написать, что это обстоятельство наложило отпечаток на встречу. Но не стоит преувеличивать.

Здание мэрии — одно из самых красивых в Париже. 134 статуи на пару тысяч квадратных метров общей площади, росписи есть... Но главное богатство, как известно, люди. На прием в мэрию пришла французская политическая и интеллектуальная элита. С ней-то за полчаса до начала встречи музыканты и сыграли злую шутку. Они должны были исполнить гимны. Свой-то, слава богу, знали хорошо, а вот наш решили повторить. При первых звуках родной мелодии никто в зале даже не пошевелился. Все знали, что Владимир Путин появится еще не скоро, а значит, и вставать незачем. Но тут один за другим неуверенно стали подниматься эмигранты из России первой волны, которых пригласили на короткую встречу с российским президентом сразу после приема. Для них эта мелодия тоже все-таки не чужая, и они ее не сразу, но узнали. Французы начали встревоженно интересоваться, куда это они собрались. Те отвечали. Еще через несколько секунд стоял весь зал. Потом оказалось, что французы, услышавшие, что играют Гимн Российской Федерации, решили: к ним идет Путин. Людям и в голову не пришло, что это репетиция оркестра. Но организаторы подсказали им, что ничего страшного, это еще не Путин. И зал сел. А гимн-то еще не закончился. Но дослушивал музыку зал уже сидя. Лучше бы уж и не вставали, не так было бы обидно.

Потом, когда действительно пришел Путин, гимн сыграли еще раз. Президент России стоял между мэром и человеком, которого никто из присутствующих не знал. Французы шепотом переспрашивали друг у друга, кто это такой. Кто-то предположил, что это новый бойфренд мэра, которого тот решил вывести в люди. Но мне кажется, вряд ли. Хотя, конечно, психология этих людей — загадка для меня.

Мэр сказал много добрых слов в адрес Владимира Путина и Льва Толстого и неожиданно перешел к Чечне. Там, по его мнению, идет «невиданная битва за жизнь», которая должна закончиться политическим решением. Он предположил, что величие нации определяется тем, что она способна на мирные переговоры. Владимир Путин даже не счел нужным комментировать это замечание. Он просто не обратил на него внимания. Он заговорил о том, что в стенах этого здания у него рождается много интересных ассоциаций. Он не сказал, каких именно. Но примерно было понятно. Ни о ка-

ких переговорах в этих стенах говорить не принято. Когда-то здесь, в здании ратуши, заперся Робеспьер и попытался покончить с собой, но не смог, и потом ему помогли. Отрубили голову. А вы говорите, переговоры...

Владимир Путин в основном говорил все-таки о приятных вещах. Он упомянул, что увидеть Триумфальную арку, Нотр-Дам, пройти по парижским улицам — мечта очень многих людей на планете (сам он ведь до сих пор не может осуществить эту мечту, потому что летает над Парижем на вертолете и ездит по нему на «Мерседесе»).

Упомянул он и о том, что кроме прекрасных дворцов и парков у муниципалитета много городских проблем и что он об этом не понаслышке знает. Но, похоже, люди, собравшиеся в зале, ждали от него не этого. Когда президент закончил, они даже стали переглядываться: и это все? Может, они ждали, что он им расскажет о новой архитектуре Европы?

Напоследок Владимир Путин извинился перед жителями Парижа за доставленные им неудобства в связи с тем, что из-за этого визита без конца перекрываются улицы города.

— Мы скоро исчезнем из Парижа, — пообещал он, — и появимся в Бордо, и там будем создавать эти проблемы.

На самом деле перекрываются не только автодороги. Вчера на вход и выход была закрыта, например, станция метро «Отель де Вилль», расположенная у здания мэрии. Горожанам в мегафон рассказывали, что все их проблемы связаны с тем, что приехал Путин.

После встречи французская элита пошла пить шампанское в соседний зал, а российский президент поговорил с эмигрантами первой волны. После той неудачной репетиции оркестра их мучил вопрос о гимне. Почему мелодия такая советская? Президент много раз отвечал на этот вопрос в России пару лет назад, поэтому проблем не возникло. Он объяснил: музыка не виновата, что писалась под заказ, и что символика новой России является компромиссной. Правда, если бы это был подлинный компромисс, следовало бы все-таки взять полмелодии из старого гимна, а полмелодии из нового. А так компромисса все же не получается.

Еще один эмигрант рассказал, что очень хотел бы чаще ездить в Россию, но все время проблемы с визой. Российский президент очень удивился и спросил посла России во Франции, стоявшего рядом, отчего так. Тот с вызовом ответил, что посольство без проблем дает многократные визы.

— Можно же дать и двойное гражданство! — в сердцах сказал Владимир Путин. — Наш закон «О гражданстве» позволяет и такое, ведь он гуманнее многих других европейских.

На самом деле новый российский закон «О гражданстве» не поощряет двойного гражданства. Но в этом законе есть немало полезных исключений. Их, видимо, и имел в виду господин Путин.

Во второй половине дня президент России совершил несколько важных поступков. Прежде всего, он приехал в Институт Франции на встречу с французскими академиками. Я, когда подъехал к зданию института, встретил лишь одного академика — Зураба Церетели. Он очень хотел пройти внутрь, но его не пускали: не было приглашения. И ни в каких списках его фамилии тоже не было. Между тем Зураб Константинович хотел не только пройти, но и выступить.

— Я собирал тут послов, — объяснил он. — Я ведь и сам посол, я посол доброй воли.

Зураб Церетели и в самом деле собрал вчера в Париже всех послов доброй воли и рассказал о задачах, стоящих перед ними. Дело в том, что в последнее время активность послов несколько ослабла. И это чревато непредсказуемыми последствиями для человечества. В результате вчерашнего производственного совещания эти последствия, к счастью, удалось предотвратить.

Академики пяти академий, входящих в Институт Франции, с нетерпением ждали российского президента. Им было что сказать: президент каждой академии приготовил для Владимира Путина доклад. Правда, и он для них тоже. За несколько минут до начала в зале появился Зураб Церетели. Ему помог пройти в зал добрый председатель ВГТРК Олег Добродеев.

Академики в своих докладах вспоминали в основном Петра I, который в свое время инкогнито приехал в Париж. Прошло столько лет, а это событие до сих пор не дает им покоя, будоражит их воображение. В докладах фигурировали и такие слова, как теория турбулентности, концентрация газа, Андрей Громыко, лунный грунт, генерал де Голль, гипотеза о пребиотиках, Брежнев, Сахаров, словарь французского языка, расшифровка генетического кода.

Доклады академиков, впрочем, только на первый взгляд носили невинный характер. Так, один из них раздраженно заявил, что Европа не так уж стара, как некоторые хотели бы ее представить. Вообще, по всему видно, что в своем противостоянии Америке Жак Ширак пользуется полной и безоговорочной поддержкой трудящихся всей Франции. Это дает право говорить о том, что он не отступит и пойдет до конца, то есть будет протестовать против войны в Ираке до тех пор, пока она не начнется. А может быть, и пока не закончится.

Владимир Путин, выйдя на небольшую трибуну в центре маленького овального зала, где проходило совещание, сказал, что расценивает воспоминания о визите Петра I как упрек лично ему, Владимиру Путину:

— Царь-реформатор был тут, значит, скромно, без кортежей и занимался делом. А нам совмещать скромность и эффективность не удается...

Было видно, что российский президент внимательно слушал доклады академиков. Так, он ввязался в концептуальный спор с одним из них. Академик заявил, что без гармонии между законами и устоями все будет очень плохо. Президент России не согласился с этим голословным утверждением.

— Жизнь всегда идет впереди закона, — сказал он. — Ничего с этим не поделать. Просто нужно своевременно изменять правила, по которым мы живем. И все будет в порядке.

Господи, неужели подоходный налог опять увеличат?

Поздним вечером перед отъездом в Бордо Владимир Путин подошел к нескольким российским журналистам и откровенно ответил на посыпавшиеся вопросы об Ираке. Но сначала вступился за «старую Европу». Он не согласен с этим термином.

— Мы все одного возраста, — заявил он.

Почти всю беседу с журналистами он посвятил пропаганде российско-франко-немецкого заявления, сделанного днем раньше. По его словам, произошло событие, которое еще не все оценили:

— Впервые в послевоенной истории произошла попытка урегулировать международный конфликт вне военного блока. Ее можно рассматривать как первую попытку создать многополярный мир.

Всех, разумеется, интересовало, кому в голову пришла эта идея. Кто-то же должен взять на себя ответственность за такое безумство храбрых. Крайними оказались французы, точнее, французский президент. Владимир Путин с легким сердцем признался, что видит в нем человека, стремящегося со всех сторон «прикрыть» Россию:

— Историческая заслуга Ширака в том, что он почувствовал все это и сделал. Да, мы сделали это по его инициативе. Для меня это было совершенно неожиданно, это не готовилось нашим МИДом...

Но и этого российскому президенту показалось мало.

— Это не могло произойти нигде, кроме Франции. Если бы это произошло в России, нас сразу же обвинили бы в том, что мы вбиваем клинья между Европой и США. Другие государства не имеют такого веса: ведь Франция — постоянный член Совета Безопасности ООН. Другие государства Европы еще нуждаются в осознании своего величия.

Если вычесть Францию и Россию, остается только Германия. Получается, это она еще нуждается в осознании своего величия? Так ведь можно и развалить наметившуюся было коалицию.

Похоже, президент России до сих пор находится под впечатлением от своей позавчерашней пресс-конференции. Он, видимо, и правда искренне убежден, что войны еще можно избежать:

— Смотрите, что происходит. Все против войны! Вот сей-

час позвонил министр иностранных дел Бразилии нашему министру иностранных дел и сказал, что они в Латинской Америке приняли примерно аналогичное заявление. Вот пожалуйста! Страны — соседи Ирака недавно собрались в Турции и заявили, что Ирак им не угрожает. А кому он тогда угрожает? Нам — нет, странам-соседям — нет, Соединенным Штатам — уж точно нет. У него даже таких средств доставки нет. Если там постоянно будут находиться инспекторы, то Ирак ничего не сможет ни производить, ни применить, даже если что-то прячет. Это факт! Мне вчера в Берлин позвонил премьер-министр Турции и тоже сказал, что он против войны. Никто не хочет войны, если говорить по-честному! Правда, не все сегодня готовы занять открытую позицию. Может, нам удастся убедить и наших американских партнеров, — закончил президент с сомнением в голосе.

Видно, что, несмотря на обилие тем, которые он обсудил за два дня во Франции, по-настоящему его волнует только ситуация с Ираком. А о чем он только не говорил за эти дни!

— Я, честно говоря, совсем закружился, — признался он напоследок. — Даже не помню уже, где я был и где нахожусь.

А находился он в отеле «Бристоль» и через несколько минут уже обедал с президентом Франции. Министры, приехавшие с президентом России, были свободны. У них было прекрасное настроение. На наши вопросы отвечал глава Минпромнауки Илья Клебанов, а в том же зале дожидался своей очереди министр культуры Михаил Швыдкой. Господин Клебанов долго рассказывал, о чем он договорился во время визита со своими французскими коллегами. Получался довольно длинный список. Становилось, конечно, скучно. Тут-то господин Клебанов и пожаловался, что журналисты приклеили ему лейбл защитника автопрома, и начал защищать автопром.

— Нельзя же так говорить — «лейбл»! — возмутился министр культуры. — Это же не русское слово! Ярлык — вот что надо говорить!

И сам тут же спохватился, что ведь ярлык — это тюркское слово.

— Но его использовать можно, — не очень уверенно закончил свою мысль Михаил Швыдкой.

— Почему же тюркское можно, а английское нельзя? — спросил я.

— Потом объясню, — подумав, пообещал министр.

Илья Клебанов молча выслушал все это, но зло в душе затаил и после своей пресс-конференции из зала не вышел и стал дожидаться своего часа, чтобы отомстить.

Первый раз министр культуры России подставился, когда заявил, что министр культуры Франции — адекватный человек и с ним можно иметь дело.

— А остальные, — сразу спросили его, — неадекватные?

— Швыдкой не следит за своими словами! — радостно подхватил Клебанов. — Абсолютно! Такое говорить про своих коллег!

Следующий случай представился еще через пару минут. Министр культуры рассказывал, что уже начал бояться очередного года какой-нибудь страны в России.

— Этот год объявили годом Хачатуряна в России. Хачатуряна — это значит Армении. 9 февраля открыли год Германии в России. 18 февраля откроем год Казахстана в России. Япония хочет своего года в России. За год внешний бюджет Министерства культуры увеличился в десять раз!

— Запретить все дни культуры! — с готовностью вставил Илья Клебанов.

— Так! — Сдали нервы у Михаила Швыдкого. — Да весь наш бюджет — одно крыло от его самолета! А пользы от нас больше!

Тут уж господин Клебанов не нашелся что ответить. Зато, как только Михаил Швыдкой в качестве положительного примера внешних культурных связей привел ансамбль «Березка», скептически покачал головой.

— Что, вам не нравится ансамбль «Березка»? — подозрительно спросил у коллеги Швыдкой.

— Тащусь от культуры! — крикнул ему Клебанов.

Еще через несколько минут коллеги договаривались встретиться в номере у министра культуры. Официальная программа российской делегации в Париже была исчерпана. Ранним утром переехали в Бордо.

Адаптация к провинциальному ритму жизни происходила в несколько этапов. Сразу из аэропорта российский президент поехал на Thales Avionics — крупнейшее в Европе аэрокосмическое предприятие, в котором российские фирмы собираются создать СП. Уже сейчас Россия участвует в создании аэробуса «А-380», который делается в основном на заводах Thales Avionics.

Предприятие находится возле аэропорта. Владимиру Путину показали работающий двигатель самолета, который, похоже, не произвел нужного впечатления на президента. Тогда ему показали макет кабины самолета «МиГ-АТ» и человека в кислородной маске, сидящего в этой кабине. Перед ним был светящийся экран, на котором можно моделировать полет. Человек в маске как раз этим и был занят. Владимир Путин покорно изучил и этого человека. Не так давно он уже видел такую же картину в Москве, в ОКБ имени Сухого, и даже летал. Остается сказать, что в ОКБ Сухого монитор гораздо больше.

И тогда российского президента повели в следующую комнату. Там стоял человек в чудо-шлеме. Владимиру Путину предложили надеть шлем. Он категорически отказался и показал на стоявшего рядом генерального директора МиГа Николая Никитина: вот он очень хочет надеть ваш шлем. Спорить с этим утверждением господину Никитину было трудно. Но шлем оказался ему мал (видимо, с самого начала предназначался господину Путину). Это дало повод президенту России сразу сделать важное заявление о том, что у всех директоров наших оборонных предприятий очень большие головы. Словно пытаясь оспорить это утверждение, французы все же натянули шлем на голову директору.

Но не завод был главной целью посещения этих мест. И даже не беседа с мэром Бордо Аленом Жюппе, известным политиком и многолетним соратником Жака Ширака. Владимир Путин наговорил мэру кучу приятных вещей. Так, произнося тост (а что еще делать в Бордо?), он вспомнил, что накануне, ужиная с Жаком Шираком, услышал от того, что первый политик во Франции — мэр города Бордо. Владимир Путин, по его собственным словам, возразил, что первый все-таки президент Франции, — и Ширак не стал спорить. Так Путину удалось похвалить обоих.

Скорее уж главной целью была поездка в городок Сент-Эмильон в 35 километрах от Бордо. Виноградники этих мест — самые древние во Франции, возникли еще в галло-римскую эпоху — недавно внесены в списки международного достояния ЮНЕСКО. А в винодельческом хозяйстве Cheval Blanc супруги Путины уже совсем серьезно углубились в тему. Площадь виноградных угодий — всего 37 га, делают вино Cabernet Franc, Merlot, Malbec... Cheval Blanc уверенно держится в десятке лучших вин Франции. Отдохнуть и набраться сил перед встречей с журналистами из региональных газет Франции Владимир Путин, по идее, должен был и в замке писателя Дрюона. Так и вышло. Президент накормил морковкой двух лошадей и мула (девочку) господина Дрюона. Правда, к журналистам он из-за этого сильно опоздал. Но они не были в претензии, потому что номера всех газет были подписаны и передать в ближайшие выпуски своих изданий они уже ничего не успевали. А в такой ситуации даже проблема законности референдума в Чечне их уже не очень интересовала.

ПРЕЗИДЕНТСКИЙ ВЗРЫВПАКЕТ

Владимир Путин разграничил законодателей в пух и прах. На вчерашнем заседании совета законодателей, в который по должности входят все главы парламентов российских регионов, региональные законодатели дали настоящий бой Владимиру Путину. Они в пух и прах раскритиковали президентский пакет законопроектов о разграничении полномочий между уровнями власти. В ответ Владимир Путин всех расставил по своим местам.

Накануне состоялся президиум совета законодателей. В целом он одобрил реформу, а в частностях был не согласен с ней. Между тем, если разобраться, эти частности и составляют суть реформы, разработанной по поручению Владимира Путина заместителем главы его администрации Дмитрием Козаком. То есть президиум решил, грубо говоря, выступить против президента нашей большой страны. И вот что из этого вышло.

Владимир Путин выступил первым и был миролюбив, произнося такие нужные сейчас слова о необходимости реформы, которая позволит разграничить полномочия.

— Ведь в чем смысл? — спросил он членов совета. — Сделать политическую систему страны более устойчивой и прогнозируемой.

Президент как будто предложил законодателям правила игры: я не трогаю вас, а вы не трогаете Козака. Таким образом, все поддерживают реформу и довольные расходятся по домам. Но по-хорошему не получилось.

Первый же докладчик, председатель Госсовета Татарии Фарид Мухаметшин, заявил, что нельзя упрощать ситуацию и думать, будто принятие пакета законопроектов исключит все имеющиеся противоречия. Господина Мухаметшина настораживает, например, процедура временного изъятия полномочий у субъектов Федерации, так как это, по его мнению, вступает в противоречие с Конституцией России. И правильно настораживает, потому что угрожает в случае чего его собственному, Фарида Мухаметшина, благополучию.

Дмитрий Козак уже много раз комментировал эту процедуру и ее законность, но господин Мухаметшин посчитал нужным произнести эти слова в присутствии президента. Это уже было явное нарушение правил, предложенных Владимиром Путиным. Но Фарид Мухаметшин на этом не остановился и сказал, что реформу разделения полномочий надо обязательно синхронизировать «с судьбоносными реформами ЖКХ, энергетики и МПС».

— А то я боюсь, что мы можем не разъяснить реформы населению и не получить у него поддержки.

То есть он сам всей душой «за», но вот у населения, как обычно, нет полной уверенности.

Председатель парламента Республики Марий Эл Юрий Минаков, как и остальные, читал свою речь по бумажкам. Для каждого предложения, произнесенного с трибуны, у него была отдельная большая бумажка. Высказав предложение, он откладывал одну бумажку и зачитывал другую. Так, он прочитал, что нельзя из федерального центра увидеть все тонкости муниципальных образований. Посмотрев в другую бумажку, он прочитал: «Я заканчиваю». Но тут на глаза ему попалась еще одна бумажка, и он прочел: «Это важно для федеральной власти и регионов, так как мы — единая Россия». Наверняка в его бумажке «Единая Россия» было написано в кавычках и с большой буквы.

Но настоящую войну президенту объявил председатель Законодательного собрания Калининградской области Виталий Климов. Он тоже вышел с какими-то бумажками, но они ему явно только мешали.

— Все эти вопросы должны идти через другие вопросы, — пояснил он ситуацию с законопроектами. — А они идут, оказывается, не просто не пересекаясь, а сами по себе!

Очевидно, тоже имел в виду синхронизацию реформ.

— А как можно будет пощупать, почувствовать эти новые полномочия? — спросил Виталий Климов.

Он, видимо, намекал на то, что полномочия, делегируемые субъектам Федерации, неплохо сначала бы профинансировать из федерального бюджета. Тогда, конечно, будет что пощупать.

Но потом господин Климов перестал говорить загадками. Он заявил, что закон 1996 года «Об общих принципах организации местного самоуправления», который в том числе реформирует группа Козака, еще не исчерпал своих возможностей. После этих слов в зале впервые раздались аплодисменты. Аплодировали мужественному человеку, решившему для себя все.

Президент что-то быстро записывал на обороте текста своей короткой вступительной речи. Выслушав выступление мурманского спикера Павла Сажинова о подготовке к переходу на формирование региональных парламентов по смешанному принципу (согласно уже вступившему в силу новому закону «Об основных гарантиях избирательных прав и права на участие в референдуме граждан Российской Федерации», с 14 июля не менее половины депутатов должны избираться по партийным спискам), Владимир Путин вышел на трибуну.

— Вот вы говорите, что система власти должна сначала сама разобраться в сути происходящего. Да мы, вообще-то, ради этого и собрались.

Начали разбираться.

— Вот Виталий Николаевич (Климов. — *А.К.*) сказал, что мы оставляем синхронизацию на потом. Я хочу вот что сказать: это абсолютно не так! Абсолютно! Если бы это было так, то Виталий Николаевич был бы, конечно, совершенно прав. Но это же не так! Если бы мы оставили все на потом, мы дискредитировали бы все! Процесс синхронизации должен идти параллельно и в налоговой, и в бюджетной сферах. И Минфин уже работает над этим. Это не должно остаться тайной за семью печатями. И вы об этом тоже узнаете!

Он только не добавил: в свое время.

— Вот еще было сказано, что для такой масштабной реформы надо пересмотреть огромное количество законов. Конечно! Более 200 законов предполагается пересмотреть до 2005 года!

Чем дольше говорил президент, тем больше он горячился. Уже давно он не горячился так на людях.

— А главное, нет у нас цели строительства страны по советскому образцу: суперцентрализации не будет. Особенно в рыночных условиях. И еще, вот вы говорите: за регионами могут быть закреплены функции, которые окажутся неисполнимыми. А вы хоть представляете себе уровень обязательств государства перед населением?!

Теперь уже можно было сказать, что Владимир Путин просто вышел из себя.

— Не представляете? А каков должен быть бюджет Российской Федерации, чтобы соответствовать этим обязательствам? Вы знаете, сколько всего понаписали в последнее время? Исполнить все это стоит 6,5 трлн рублей. А бюджет вы знаете какой?

Если члены совета что-то и знали, то к этой секунде, конечно, забыли все, что знали. Господин Путин напомнил:

— Консолидированный бюджет страны — 3,5 трлн. 6,5 трлн минус 3,5 трлн — получается 3 трлн неисполняемых обязательств. Надо разграничить полномочия и перестать обманывать население! Люди у нас все могут простить, но одного не могут: вранья! Мы должны прямо сказать, что государство обязано исполнить кровь из носу и чего не может сделать!

То есть президент продемонстрировал, что не только члены совета законодателей умеют учитывать, когда необходимо, мнение народа. И хорошо, что на этом он остановился, а то кровь из носу пошла бы у членов совета. Уже остыв, Владимир Путин добавил:

— Вы говорите, что хотите еще подумать? Ну что... Ну давайте... Но только не так, чтобы 100 лет думать, только бы ничего не делать. Только не как Обломов... думать, чтобы лежать на диване...

Но 100 лет членам совета не понадобится. Один из них, спускаясь по лестнице в перерыве, объявленном сразу после этой кровавой бани, глухо сказал своему коллеге:

— Я должен теперь переспать с этими мыслями президента...

То есть, надо полагать, хватит одной ночи. А самый справедливый вывод сделал спикер верхней палаты парламента Сергей Миронов:

— Совет — это совещательный орган при президенте страны.

Да уж. Не меньше. Но, главное, не больше.

ПРЕЗИДЕНТЫ РОССИИ И КАЗАХСТАНА НАЧАЛИ НОВЫЙ ГОД 18 ФЕВРАЛЯ

В этот день в Большом театре президент России Владимир Путин и президент Казахстана Нурсултан Назарбаев открыли год Казахстана в России. Мне показалось, открытие года Казахстана в России происходило с гораздо меньшим эмоциональным подъемом, чем закрытие года Украины в России в этом же театре три месяца назад.

Еще за минуту до начала церемонии зал был скорее наполовину пустым, чем наполовину полным. Но все, кто надо, уже пришли. Казахский космонавт Талгат Мусабаев не отходил от российского космонавта Юрия Батурина. Мэр Москвы Юрий Лужков вообще любит бывать на таких мероприятиях и пришел явно не ради протокола, в отличие, можно предположить, от многочисленных послов западных государств и нефтяника Вагита Алекперова. Явно не протокольные соображения руководили и Владимиром Жириновским (скорее всего хотел лишний раз повидаться с журналистами). Киргизский писатель и дипломат Чингиз Айтматов мог здесь вполне сойти за своего. Пришел новый гендиректор НТВ Николай Сенкевич с папой. Вернее, известный телеведущий Юрий Сенкевич пришел с сыном. А шоумен Бари Алибасов — без своих детей.

Конечно, главным событием этого вечера стала сама церемония открытия с участием двух президентов. Но и концерт, который должен был последовать за этим, просто обречен был стать одним из самых ярких событий года Казахстана. Для участия в концерте были выписаны казахские артисты. Их собралось так много, что через пять минут пребывания в Большом театре появлялась полная уверенность, что ты не только оказался в самом сердце Алма-Аты, но родился здесь и умрешь теперь тоже. Сами казахские артисты тоже чувствовали себя в Большом как дома. С собой из Казахстана они привезли все самое необходимое: костюмы, шапки и конскую колбасу, которую резали на столах в артистическом буфете и с наслаждением, которое тщетно старались скрыть, поедали на глазах у расстроенных буфетчиц, которым в этот вечер, как назло, не завезли даже бутербродов с сыром «Российский».

Перед самым началом церемонии в зал вошли глава администрации президента России Александр Волошин и министр обороны Сергей Иванов. На сцену поднялись Владимир Путин и Нурсултан Назарбаев. Все, можно было начинать.

Президент Назарбаев в своей довольно длинной речи не один раз объяснился в любви к России. Днем на переговорах с Владимиром Путиным он заявил, что казахи — друзья России «всегда и во всем» (у президента Украины Леонида Кучмы, кстати, совершенно другая позиция по этому вопросу. На открытии года Украины в России в Киеве в конце января 2003 года он заявил, что украинцы — друзья России «самые-самые»). К началу XV века, по словам казахского президента, наши предки уже неплохо знали друг друга, в XVIII веке уже торговали, потом «жили в одном государстве, сначала российском, потом советском». Этому, конечно, «нельзя дать однозначную оценку», но президент Назарбаев считает, что «прогрессивного было больше, чем разъединяющего».

А Владимир Путин в ответ сообщил, что в последнее время так стал доверять своим казахским друзьям, что днем на переговорах предложил им разработать какие-нибудь новые предложения, а сам решил «согласиться с ними, не вдаваясь в детали».

Вот смелый будет эксперимент.

ВЛАДИМИР ПУТИН ВЗЯЛ ОСТРОЕ ИНТЕРВЬЮ У ОЛИГАРХОВ

19 февраля президент России Владимир Путин встретился с членами Российского союза промышленников и предпринимателей (РСПП), чтобы обсудить с ними детали административной реформы. Вместо этого ему пришлось слу-

шать, как олигархи с азартом подставляют друга друга, исповедуются и каются. Владимиру Путину скучно не было.

Владимир Путин заявил, что хотел бы поговорить о коррупции. Цель — искоренить ее. Но не карательными мерами, нет. Надо только создать правила, которые будет легче соблюсти, чем обойти. Да еще если заработает система госуправления в экономике... На это — особая надежда главы государства. В связи с этим он сделал важное признание:

— Пока законы в стране либо не исполняются, либо недостаточно технологичны для исполнения.

Таким образом, все реформы, как это ни страшно звучит, еще впереди.

Аркадий Вольский, которому поручили вести собрание, после короткой приветственной речи, в которой в резкой форме потребовал от президента активизировать все действия по административной реформе, дал слово основному докладчику Алексею Мордашову, председателю совета директоров ОАО «Северсталь».

Господин Мордашов явно волновался, и это, если так можно выразиться, было ему к лицу. К тому же если бы он не волновался, то, наверное, мы бы и не узнали, что накануне все члены РСПП собрались и долго обсуждали, с чем же им идти к президенту и что в конце концов решили сказать президенту следующее:

— Все возрастающую роль начинает играть возрастание роли государства и его институтов.

Мысль эта не такая уж очевидная, какой кажется на первый взгляд. Господин Мордашов, во всяком случае, счел нужным пояснить ее:

— Да, бизнесу нужно крепкое государство. Но в некоторых случаях можно наблюдать ряд действий, который приводит к расширению функций государства, а это, в свою очередь, приводит к ослаблению его роли.

Докладчик зацементировал эту мысль следующим примером. Его знакомый давно уже открывает магазин в Подмосковье, да все никак не откроет. Дело в том, что нужны 137 подписей чиновников. А где же их взять? Но Алексей Мордашов нашел выход:

— Надо сделать количество подписей не 137, а 10. Ну, можно 12.

Рядом с господином Мордашовым сидел Алексей Миллер. Он отчего-то смотрел на докладчика с нескрываемой жалостью, которая все возрастала и возрастала. Время от времени господин Миллер переводил взгляд на президента, и в этом взгляде читалось такое же растущее удивление: «А что, Владимир Владимирович, разве вы это слушаете? И я тогда, видимо, тоже должен?» И он слушал. Тем более что Алексей Мордашов уже говорил о том, что изменения валютного законодательства не привели к либерализации валютного режима в стране.

Впрочем, в целом доклад оказался довольным коротким, да еще и приобрел неожиданный вес в связи с заявлением президента:

— Моя точка зрения полностью совпадает с вашей. Ну, давайте сделаем... 20 подписей, что ли.

Он, правда, оговорился, что это ведь будет очень примитивно.

— Но давайте просто для примера сделаем.

Видно, что ему очень хочется все-таки сделать хоть что-то конкретное в стране. Так что надо запомнить: ни на каких документах теперь не должно быть больше 20 подписей. Такие теперь правила игры, и их, как было сказано вначале, всем и каждому легче соблюсти, чем обойти. Аркадий Вольский дал слово следующему докладчику:

— Ходорковский не нуждается в рекомендациях. Так что просто называю фамилию.

Так. Значит, Мордашов нуждается. Господин Вольский, показалось, решил дистанцироваться от выступления предыдущего оратора. Да, на этой встрече не было случайных слов.

Михаил Ходорковский сосредоточился на проблеме коррупции. Он раздал участникам встречи красивые слайды, иллюстрирующие масштабы коррупции в нашей стране. По его собственным данным, за последние несколько лет коррупция

выросла на 25%. (Интересно, откуда такие точные цифры, такое хорошее знание предмета?) Он рассказал, какой трудный путь должен пройти человек, чтобы стать коррупционером. Для этого нужен определенный склад характера и большая настойчивость.

— Посмотрите, в Институте Губкина конкурс — два человека на место, а зарплата по окончании этого вуза — $450–500. А в Налоговой академии конкурс — пять человек на место, а стартовая зарплата — $150.

Бороться с коррупцией, по мнению Михаила Ходорковского, бесполезно, она существует во всем мире, и ничего страшного. Но надо попытаться сделать ее постыдным явлением. Тут и началось самое интересное.

Без всякой, казалось бы, связи с предыдущими словами глава ЮКОСа заявил:

— Вот возьмем, например, покупку «Роснефтью» «Северной нефти». Все считают, что эта сделка имела, так сказать, дополнительную подоплеку... Здесь присутствует президент «Роснефти» — не знаю, подтвердит ли он это?

Господин Богданчиков сидел не шевелясь. Он просто окаменел. Видимо, боялся подтвердить или опровергнуть.

А господин Ходорковский продолжал называть фамилии.

— Да, коррупция в стране распространяется. И вы можете сказать, что с нас-то (то есть с сидящих за этим столом) все и началось. Ну...

Михаил Ходорковский помедлил.

— Когда-то началось, а когда-то надо и заканчивать!

Президент сделал обширную пометку в своих записях.

Чтобы снять возникшее напряжение, Михаил Ходорковский рассказал участникам встречи занимательную историю о том, что еще два года назад министерство, например топлива и энергетики, было самым коррумпированным ведомством в стране. (Под чьим это, значит, руководством?) А сейчас уже нет! Этого удалось добиться несколькими нехитрыми действиями — и прежде всего чиновникам запретили самостоятельно менять шкалу налогов.

Доклад президента компании ЮКОС был тоже довольно

коротким, но гораздо более емким, чем выступление предыдущего оратора. Президент и комментировал его гораздо оживленнее. Во-первых, он призвал помнить о презумпции невиновности абитуриентов наших вузов.

— Во-вторых, «Роснефть» и ее сделка с «Сибнефтью»... (Президент оговорился: он, наверное, хотел сказать «с «Севнефтью». — *А.К.*). Это ведь госкомпания, которой надо увеличивать свои запасы.

Господин Путин как государственный человек активно вступился за государственную нефтяную компанию. Но этим он не ограничился.

— А некоторые компании, как ЮКОС, например, имеют свои сверхзапасы, и вот вопрос: как она их получила?

Президент напомнил бедному Михаилу Ходорковскому (в этот момент он, наверное, и в самом деле стал беднее на несколько десятков миллионов), что у него были ведь проблемы с налогами.

— Да, вы их решаете, но ведь почему-то они возникли...

В Екатерининском зале слышались смешки. Коллеги Михаила Ходорковского радовались чужому горю с детской непосредственностью.

— Так, может быть, поэтому конкурс в Налоговую академию пять человек на место? — закончил президент разгром. — То есть я вам возвращаю вашу шайбу. — Владимир Олегович, вы хотели что-то добавить? — обратился он к сидящему рядом господину Потанину.

— Я?! — поразился тот. — Да, я хотел...

И он за следующие десять минут постарался не сказать ничего, на что мог бы обратить внимание глава государства или хотя бы за что-нибудь зацепиться, прокомментировать. И я вот тоже не могу. Это, конечно, в каком-то смысле делает честь такому опытному человеку, как господин Потанин.

А Владимир Путин уже на всякий случай сам стал давать слово, словно не доверяя теперь выбору Аркадия Вольского. Так, он пригласил выступить Каху Бендукидзе:

— Бендукидзе интересно говорит, но ведь тут все дело в

том, что не с него в случае чего будут спрашивать за происходящее в стране.

Владимир Путин сделал паузу (участники встречи сочувственно смотрели на президента: уж конечно, не с Бендукидзе!) и закончил свою мысль:

— А с Касьянова будем спрашивать.

ВЛАДИМИР ПУТИН ПОСТАВИЛ ВОЕННЫМ ЗАДАЧУ МИРОВОГО МАСШТАБА

21 февраля президент России Владимир Путин приехал на Всеармейское совещание и провел там два часа своей жизни. Безусловным результатом стало одно сенсационное заявление на тему международной политики.

В зале было мало генералов. Более того, двух генералов, вставших в проходе, потому что у них не было своих мест, попросили выйти из зала.

— Но мы не просто так пришли! — обиделся один.

— А как же тогда? — спросил порученец-распорядитель с белой повязкой на рукаве.

— Поддержать!

— В коридор!

Отсутствие большого количества высших военных чинов (только в президиуме сидели заместители министра обороны и он сам, конечно) объяснялось тем, что в совещании участвовало войсковое звено вооруженных сил. Так придумали с самого начала. Многие приехали из Чечни. Еще одно было известно заранее: никаких оргвыводов, решений по итогам совещания не будет. То есть участникам сразу дали понять: зарплату им не повысят.

Зачем же тогда, спросите вы, нужно такое совещание? Ну, хотя бы для того, чтобы военные увидели живого президента и поняли бы, что он — с ними, что он тоже знает о проблемах армии все-все и даже, как и положено верховному главнокомандующему, чуть больше, чем они.

На совещание пригласили и представителей, так сказать, сочувствующих министерств. Пришли министр МВД Борис Грызлов и министр МЧС Сергей Шойгу. Они пришли вовремя, то есть через два часа после начала совещания, но за двадцать минут до выступления Владимира Путина, и от нечего делать прогуливались по фойе. О чем они говорили? Наверное, о партийных делах — о чем еще могут говорить два лидера «Единой России» в канун думских выборов? И уж последние иллюзии на этот счет развеялись, когда к ним присоединился лидер думской фракции «Единой России» Владимир Пехтин и они стали прогуливаться втроем, а потом вышли в коридор покурить. А чего курить-то ни с того ни с сего? Может, нервы шалят? То есть не все гладко в партийном строительстве?

Президент, приехавший в Минобороны около полудня, рассказал участникам совещания много интересного. Так, он объяснил, что именно отличает хорошего военного от не такого хорошего. У хорошего должен быть широкий кругозор, а не только специальные знания. Участники совещания в подавляющем большинстве лихорадочно конспектировали. Не знаю, правда, все ли успели записать, что «сегодня нормализуется обстановка в Республике Чечня» и что «люди там возвращаются к мирной жизни». Но явно записали, что численность армейской группировки в связи с этим будет неуклонно сокращаться.

И тут президент произнес:

— Необходимо сказать о том, что баланс сил в мире со всей очевидностью нарушен, а новая архитектура безопасности еще не создана.

Этой фразы, как и нескольких следующих, не было в первоначальном тексте его речи.

— Мы не можем не замечать, — опять сказал президент, так сказать, от себя, — растущую агрессивность в некоторых влиятельных странах мира.

Кого же он имел в виду? Да понятно кого. Не так уж много влиятельных стран в мире, а таких, у которых последнее время растет агрессивность, и вовсе две.

И только на второе место по опасности для мирового сообщества Владимир Путин поставил угрозу международного терроризма. Впервые. Понятно, что если такое высказывание в адрес США и Великобритании было запланировано, а не стало экспромтом, то место для него было выбрано правильное. В этой аудитории к словам президента отнеслись с большим пониманием. Осталось подождать, как отнесутся к этим словам те, в чей адрес они были произнесены.

После президента дали слово трем молодым военным. В большую политику они не вмешивались, а про жизнь сказали. Правда, первому из них далось это с трудом. Капитан-артиллерист начал очень трогательно заикаться на фразе «Товарищ верховный главнокомандующий!». Никак ему не давалось последнее слово. И никогда ведь раньше в своей жизни капитан, как потом выяснилось, даже не думал заикаться. Но, с другой стороны, что вы хотите — встречи с главой государства ни для кого даром не проходят.

Капитан штурмовал это слово раза четыре, и неудача всякий раз преследовала его. Сидевший рядом со мной офицер-летчик от стыда за вооруженные силы даже закрыл голову руками и только шептал с отчаянием: «Ну, давай... Давай!» Президент же с явным сочувствием смотрел на капитана. Тот, справившись в конце концов с неприятным словом, уже без запинки начал хвалить окружающую его действительность.

— Не могу, — говорит, — сказать, что у нас все плохо! Я, как участник антитеррористической операции в Чечне, ощущаю на себе постоянную заботу государства.

— А я не ощущаю, — громко сказал летчик рядом со мной.

— Я понимаю, что каждому не дашь квартиру... — продолжал капитан. — Но все же жить хочется в нормальных условиях...

Но не всегда получается, а зарплата небольшая, и что же в итоге? А вот что:

— Некоторые боевые подруги покидают своих мужей и возвращаются под крыло к родителям, — сообщил капитан. — К чему это приводит, вы знаете сами.

Уточнить не мог? Я-то не знаю и вот теперь только об этом и думаю уже целый день. Особое внимание капитан обратил на то, что в стране нет никакого заслона ношению военной формы бомжами и пьяницами. От этого, если коротко, страдает офицерская честь.

Другой капитан, подводник, рассказал о том, что недавно его лодка успешно представила свою родину за рубежом. И тоже не очень понятно, что имел в виду. Какую-то цель, видимо, поразила? А как еще может успешно представить свою родину за рубежом подводная лодка?

Третий выступавший, командир мотострелковой роты, пожаловался президенту на четырех офицеров-срочников, находящихся у него в подчинении (пришли на два года из гражданских вузов). Он признал, что у них есть «определенные положительные качества», но даже не смог их перечислить.

Президент выступил с коротким ответным словом. Он посвятил его в основном защите артиллериста от возможных последствий конфуза со словом «главнокомандующий».

— Не смущайтесь своих ошибок, — защитил он капитана. — Речь ваша была точной, и правительство должно обратить на нее внимание.

В зале раздались бурные аплодисменты. Так благородная попытка приободрить капитана-артиллериста привела к мгновенно возникшим обязательствам государства перед военнослужащими. Теперь, не дай бог, снимут с замерзающих бомжей теплый камуфляж.

После этого объявили перерыв, а президенту дали пообщаться с несколькими молодыми офицерами практически наедине. Владимир Путин начал с того, что сказал все тому же артиллеристу, чтобы тот не расстраивался. Он уже и правда, похоже, не расстраивался. Да и чего ему, в самом деле? Еще чуть-чуть позаикался бы — и в депутаты можно баллотироваться.

Президент спросил артиллериста, есть ли у него гаубица. У того она была.

— А какая? — уточнил президент.

11 Зак. 3746

Вопрос был не праздный. Владимир Путин рассказал, что они с Сергеем Ивановым, когда проходили сборы после института, стреляли из гаубицы образца 1938 года, так что теперь ему есть что вспомнить.

— Я не стрелял, я юрист, — обиделся министр обороны, слушавший беседу.

А президент тогда кто же?

Артиллериста его гаубица устраивает. Она не 1938 года. Но ему категорически не нравится газета «Красная звезда». Он заявил, что там часто нечего читать. Казалось бы, велика беда — ну и не читай! Но не читать он тоже не может.

Владимир Путин согласился с капитаном (да и разве можно с ним было в этот день спорить?). Он сказал, что уже думает, как бы «сделать ее более молодежной, что ли... укрепить с точки зрения содержания и полиграфической базы», чтобы в результате получить издание «ну, не совсем уж для молодых, а и для среднего возраста»...

Обстановка на этой встрече была раскованной. Офицеры наконец-то говорили то, что думали. Владимир Путин узнал, что рюкзаки, с которыми спецназ отправляется на боевые дежурства, носили еще дедушки, которые ходили с Александром Суворовым в альпийские походы. И теперь их нужно прошивать двойным швом. Полиуретановые коврики, на которых не холодно спать на голой земле, офицеры и солдаты покупают за свой счет. Боевые группы занимаются уборкой снега и чистят картошку на кухне.

Министр обороны с интересом слушал все это, пока президент не сказал ему: «А почему вы ничего не записываете? Пометьте себе!» Сергей Иванов начал записывать. А офицеры уже говорили про катастрофическую нехватку мер воздействия на солдат. Ведь гауптвахту отменили в прошлом году.

— «Губы» не осталось? — расстроенно переспросил Владимир Путин.

Очевидно, с ней у президента были связаны какие-то приятные воспоминания.

— Ну, может быть, может быть... — начал он, но тут же счел нужным оговориться, что «губа» — не единственный метод и что надо активно заниматься профилактическим патриотическим воспитанием. Офицеры страшно обрадовались.

— Да! — воскликнул один. — НВП надо снова в школе ввести!

— Вот это правильно, — согласился Владимир Путин.

— Чтобы они уже с третьего класса в форме ходили! — развивал наступление офицер.

— Ну, не надо так уж военизировать... — остудил его президент. — Есть и другие методы.

— Да, идеологическую подготовку надо снова ввести в армии!

— Вам сколько лет? — поинтересовался Владимир Путин.

— 28. Скоро будет...

— Значит, когда ее отменили, вам было где-то 18?

— Так точно!

— Вот поэтому вы и не знаете, что это такое, — заключил президент.

Так что отличников политической подготовки в армии не будет. Зато они будут в школе.

ПРЕЗИДЕНТ И КАНЦЛЕР СОШЛИСЬ НА КВАРТИРЕ

Переговоры президента России Владимира Путина и канцлера Германии Герхарда Шредера, на которых речь шла исключительно об Ираке, закончились вчера, 26 февраля, почти в одиннадцать вечера.

Владимир Путин рассказал своему немецкому коллеге, что у него все в разъездах. Самый представительный, то есть глава МИДа Игорь Иванов, — в Пекине; самый тертый, то есть Евгений Примаков, — в Багдаде; а самый умный, то есть глава администрации Александр Волошин, — в Вашингтоне. Президент России остался «на хозяйстве», как и положено главнокомандующему в период решающей рекогносцировки. Итак, основные фигуры на шахматной доске расставлены.

Можно, казалось бы, начинать партию. Не получить бы только в итоге этой доской по голове после первого умного хода Е2-Е4.

Этот ход и был сделан вчера. Владимир Путин принял Герхарда Шредера не просто в Кремле, а там, где, по идее, должна находиться его душа: в своей кремлевской квартире. Правда, она имеет, по беглому впечатлению, довольно нежилой вид. Видимо, для того, чтобы это впечатление показалось обманчивым, в квартире разожгли камин. Дрова трещали так демонстративно громко, что заглушали слова двух лидеров. Впрочем, в начале встречи они не сказали ничего такого, что стоило заглушать. Нужно отметить лишь продемонстрированную Путиным готовность открыть наземный транзит через территорию России немецких военных грузов в Афганистан.

Владимир Путин сразу заговорил с канцлером так, чтобы никто из окружающих ничего не понял, то есть по-немецки. Таким образом, были приняты максимальные меры предосторожности. Даже у самого взыскательного учителя Владимира Путина не было бы повода упрекнуть его хоть в каком-нибудь проколе.

Выйдя, наконец, после встречи к журналистам, Владимир Путин на первый взгляд напустил ставшего уже привычным туману. Он сказал, что позиция России по Ираку осталась неизменной, что Ирак должен выполнить все свои обязательства перед ООН и что важно исполнить все имеющиеся политико-дипломатические средства. В общем, «потенциал резолюции № 1441 далеко не исчерпан, мы считаем неприемлемым принятие резолюции, которая давала бы санкции на автоматическое применение силы...»

А Герхард Шредер по-простому бил под дых: «Мы знаем по нашему общему горькому опыту, что такое война».

Владимир Путин очень складно прочитал свое заявление по бумажке. Каждое слово в нем было выверено. Иногда подобные заявления лихорадочно быстро пишутся для прессы с учетом действительно состоявшихся переговоров. Но это был не тот случай. Президент явно воспользовался заранее составленным документом. А значит, встреча с самого начала, можно считать, носила «протокольный» характер. Важно было перед голосованием в Совете Безопасности в последний раз засвидетельствовать, что Россия своих друзей не продает. А главное, до последнего никому не рассказывать, кого же Россия считает своим настоящим другом. Вот в чем основной смысл конспирации.

В этом смысле фраза «наши позиции остаются неизменными» выглядит, конечно, очень амбициозно, но ничего толком не проясняет. В этом, очевидно, и состояла основная дипломатическая задача текущего момента.

Затем Владимир Путин реализовал еще одну задумку своего ночного выступления перед журналистами. Он, как показалось, не очень уверенно сказал: «Переговоры — это же сближение позиций, правда?» И оглянулся на Шредера, который, подумав, в знак согласия тоже как-то нерешительно наклонил голову, явно не очень понимая, какую фразу он тем самым позволяет сказать Путину. А ведь господин Путин мог сказать все, что угодно. Например, он мог сказать: «Вот видите! Я, например, готов в любой момент, если потребуется для дела мира, отозвать подпись России из нашего с Францией и Германией последнего меморандума по Ираку. И господин канцлер, как вы можете убедиться, со мной согласен». Но Владимир Путин не стал расстраивать своего немецкого коллегу и закончил: «И мы готовы разговаривать. Но не готовы воевать».

И все-таки господин Путин оставил возможность поманеврировать — но не канцлеру и не американскому президенту, а прежде всего себе. Правда, и о Буше он тоже подумал — и решил дать ему последнюю лазейку для достойного отступления. Российский президент уже не в первый раз заявил, что только благодаря давлению Америки президент Ирака уже пошел на беспрецедентные уступки и что на самом деле Буш, по убеждению Владимира Путина, не хочет войны, а все его усилия последнего времени являются миротворческими, только он и сам, может быть, не до конца это осознает, и надо ему помочь. Российский президент с искренним, даже, можно сказать, дружеским участием подсказал господину Бушу модель оптимального поведения в этой непростой ситуации. Он даже намерен созвониться с Бушем перед самым голосованием в Совбезе ООН и помочь ему разобраться в себе.

ПРЕЗИДЕНТАМ ПОДАРИЛИ НОСТАЛЬГИЮ ПО СОЦЛАГЕРЮ

В субботу вечером президент России Владимир Путин прибыл в Болгарию с государственным визитом — и не пожалел об этом.

Государственный визит дается президенту один раз, и нанести его надо так, чтобы потом не было мучительно больно за бесцельно прожитые в большой политике дни. Нельзя дважды за время президентского срока съездить с государственным визитом в Болгарию. Кто-то, правда, скажет, что в Болгарию и одного-то много, — и будет не прав. Лично у меня сложилось такое впечатление, что в Болгарии нас по-прежнему любят и ценят — как равноправных партнеров, разумеется. А больше всех из россиян любят и ценят Иосифа Кобзона — как певца болгарских песен на болгарском языке.

Дело в том, что Владимир Путин с супругой, как только прилетели в Софию, поехали на концерт в честь открытия Недели российско-болгарской дружбы. Церемония происходила в Национальном концертном зале, отчетливо напоминающем Кремлевский дворец съездов в Москве. Те же пять тысяч мест («Самый большой зал на Балканах!» — не уставали рассказывать нам простые болгары, собравшиеся на этот праздник болгаро-советской дружбы в длиннейшей очереди в единственный буфет), то же изобилие эскалаторов и лестниц, та же приподнятая атмосфера. В этот день она царила даже в туалетах, где пожилая болгарка, последовательная поклонница Владимира Путина, берущая с обычных посетителей 0,2 лева за вход и туалетную бумагу, на свой страх и риск делала исключение для членов российской делегации и журналистов с удостоверениями.

В первых рядах зала разместили в основном официальных лиц. Раньше всех приехал глава «Газпрома» Алексей Миллер, который вошел в сопровождении большого количества людей, был посажен на место в третьем ряду и оставлен наедине с прекрасным, до появления которого, впрочем, было еще не меньше часа. Чуть позже в центре первого ряда появился председатель Российского фонда культуры Никита Михалков (с дочерью), у которого, впрочем, оказалась сломана левая рука. К нему и было приковано основное внимание окружающих вплоть до начала концерта. Даже на сидящего рядом культового болгарского певца Бисера Кирова никто не обращал внимания, несмотря на его большую черную шляпу с полями. Зато мэр Москвы Юрий Лужков и без кепки на несколько минут овладел вниманием публики: у него, как и у Никиты Михалкова, взяли немало автографов. Никого не заинтересовали ни председатель «АФК-Системы» Владимир Евтушенков, ни представитель президента в Центральном федеральном округе Георгий Полтавченко, ни губернатор Самарской области Константин Титов, поэтому они и общались в основном между собой.

А Владимир Путин не выступил перед зрителями в начале концерта, что стало, в общем, неожиданностью, а вместе с президентом Болгарии Георгием Пырвановым сразу занял свое место в первом ряду балкона (места откровенно неудобные, метрах в ста от сцены, но безупречные с точки зрения безопасности, которой болгарские власти уделяют в ходе этого визита необыкновенное с точки зрения здравого смысла внимание). Возможно, молчание президента было связано с тем, что официальная церемония встречи была назначена только на следующее утро (то есть его еще как бы и не было в зале).

Вместо президентов выступили министры культуры. Если министр культуры Болгарии в гробовой тишине прочитал свои слова по бумажке, то наш Михаил Швыдкой, безо всякой бумажки тоже начав на болгарском, с легкостью затем

перешел на русский и рассказал о том, что у нас с болгарами очень много общего, и прежде всего среди святых (первые два места делят Кирилл и Мефодий), упомянул о знаменитой славянской недоверчивости и вспомнил в связи с этим пьесу болгарина Радичкова, в которой крестьяне очень хотели потрогать волка своими руками, и в результате ничего хорошего из этого, конечно, не вышло. Закончил министр культуры так, как если бы был уже министром транспорта:

— Если мы будем лететь над миром вместе, нам будет легче покорять воздушные пространства!

Речь министра культуры прерывалась просто бешеными аплодисментами зала. Откровенно вяло хлопал только один человек, Никита Михалков, да и то по уважительной причине.

Концерт открыл Юрий Башмет, в течение получаса дирижировавший и игравший, потом танцевал балет Большого театра (а не Мариинки), с душой показал себя хор кубанских казаков, к которому в конце присоединился Иосиф Кобзон, запевший на болгарском без акцента зажигательную песню «Очи татарские мечут огни!». После этого он без перерыва взялся за песню «Моя страна, моя Болгария!», и казацкий хор тут тоже не стал молчать.

В этот момент овации зала стали просто безудержными, а еще через мгновение в едином порыве этот зал встал, вместе с президентами, мэром Москвы и представителем президента в Центральном федеральном округе. Поднялся, чуть помедлив, глава «Газпрома» (ведь ему еще предстояли переговоры о расширении транзита российского газа через Болгарию в третьи страны). И даже Бисер Киров, оригинальный исполнитель этой песни, снял шляпу.

Мог ли этот визит стать неудачным после такого начала? И ведь дальше все шло только по нарастающей. Церемония встречи и возложения венков к Могиле Неизвестного Солдата прошла на площади Александра Невского с не запланированной с вечера короткой прогулкой и подходом к жителям города и памятнику освободителю Болгарии царю Александру Второму (он стоит на той же площади). Жители Софии не просили Владимира Путина о повышении пенсий и зарплаты учителям, а с бескорыстным восторгом целовали его в щеку. Старушка в легкомысленной белой шляпке и вовсе крикнула: «Я вас люблю!» — явно давно уже, впрочем, не рассчитывая ни на чью взаимность.

Переговоры в узком и расширенном составе, состоявшиеся следом, напротив, были исполнены взаимных чувств. Мы им — $50 млн «Газпрома» (и в перспективе еще 250 млн), они нам — акции своих газораспределительных сетей ввиду предстоящей их приватизации. Мы им — туристов, они нам — визы за 24 часа (пока, правда, все иначе: поток туристов из России за прошлый год снизился на треть по сравнению с позапрошлым, а болгарскую визу получить не проще, чем американскую). Мы им — инвестиции, они нам — их защиту, и наоборот. Мы строим им ядерный реактор, они нам за это платят. Мы ремонтируем свои военные суда на их предприятиях в счет их долгов нам, а они покупают у нас лицензии, необходимые для ремонта болгарских истребителей «МиГ-29» российского производства. Мы им возвращаем накопившиеся со времен СССР долги в твердой валюте, они нам за это очень благодарны.

Немного, на мой взгляд, испортил общее впечатление от этого безусловно успешного визита мой вопрос президенту Болгарии на пресс-конференции. Речь шла о том, что его страна стремится к максимальной интеграции в Европу, а при этом позиция Болгарии по Ираку кардинально отличается от позиции большинства развитых европейских стран (болгары решительно поддержали Америку), и прежде всего Германии и Франции, с которыми Болгария сотрудничает в сфере экономики. Так вот, не возникнут ли теперь у болгар проблемы с этой интеграцией?

Ничего хорошего в этом вопросе не было. Но гораздо существеннее, что ничего хорошего не было и в ответе. Президент Болгарии довольно резко сказал, что да, возникла ситуация, которую нельзя недооценивать.

— Мы за полное разоружение Саддама Хусейна, — заявил он. — Очень важно, чтобы на действиях мирового сообщества лежала печать Совбеза ООН.

После этого он еще несколько минут довольно толково пересказывал позицию американского президента, а закончил, неожиданно сорвавшись:

— Кто сделал правильный выбор, будет оцениваться по результатам этой ситуации.

Ну да, действительно, подождем. Болгария, как известно, за свою поддержку хочет получить от США, не удивляйтесь, денег. По единодушному мнению болгарского руководства, Америка должна этой стране не меньше $1,7 млрд. Правда, Болгария действия США уже поддержала, а денег от них еще не получила (в отличие, например, от Турции, которая, когда-то на этом обжегшись, торгуется с американцами до последнего). Между тем, как говорят болгарские журналисты, американские самолеты-дозаправщики уже базируются на болгарском побережье в ожидании начала боевых действий на иракском направлении. Утверждается даже, что летать они будут на керосине российской компании ЛУКОЙЛ, которая играет серьезную, если не главную роль на нефтяном рынке Болгарии. Эти утверждения даже дают повод заявлять, что Россия таким образом уже косвенно участвует в операции против Ирака. Впрочем, члены российской делегации, с которыми удалось поговорить, категорически отметают такую возможность.

И правильно делают.

На следующий день президент России Владимир Путин вместе с Георгием Пырвановым на вертолете летал на Шипкинский перевал, где болгарское ополчение вместе с русскими солдатами в свое время одержало главную победу в истории своей страны и освободилось в конце концов от османского ига.

Над Шипкинским перевалом в этот день светило солнце, что является чрезвычайной редкостью для этих мест. Георгий Пырванов и Владимир Путин летели на перевал в разных вертолетах с интервалом примерно в час. На месте приземления должен был состояться короткий энергичный митинг в честь 3 марта — Дня освобождения. Обычно в этот день здесь довольно тихо: национальный праздник болгары привыкли отмечать дома — для пикников на Шипке холодно. Но вчера из города Стара Загора на перевал привезли несколько сотен человек. Они встали на маленькой площади как вкопанные, как болгарское ополчение перед лицом турецкой агрессии. И любая попытка переставить этих людей хотя бы на метр ближе или дальше была обречена — это были настоящие потомки ополченцев.

Дощатый пол трибуны лихорадочно обивали ковролином. С черепичной крыши двое рабочих, не торопясь, счищали снег на этот ковролин. Может, они так шутили: ведь Шипка находится на территории известной Габровской области. Впрочем, шутку следовало признать неудачной.

Православный священник начал литургию в честь защитников перевала, то и дело переходя с болгарского на русский язык. Оркестр, не сразу сообразивший, что пора помолчать, в это же время сыграл праздничный марш — он явно хотел как лучше.

Наконец прилетел президент России. Митинг начался. Артист из Софии страшным по трагизму голосом прочел поэму Ивана Вазова. В ней живые ополченцы целовали мертвых в лоб и сбрасывали их тела на штыки наступающих турок.

Президент Болгарии, хотя и не смог в своем выступлении выдержать такую же высокую ноту, под впечатлением стихов засунул в карман текст своей речи и произнес ее наизусть, удивительно близко к оригиналу, что лишний раз свидетельствовало о том, как тщательно господин Пырванов подготовился к этому визиту. Говоря о празднике, он заявил, что битва 3 марта стала апогеем борьбы за независимость. Переводчица некоторое время шептала на ухо Владимиру Путину то, что говорил президент Болгарии. Но вскоре российский президент остановил ее: видимо, начал понимать и сам. А может, с облегчением осознал, что про Ирак в этой речи не будет ни слова.

Между тем сам он приготовил своему болгарскому коллеге серьезный сюрприз. Чтобы усыпить бдительность болгарского народа, российский президент процитировал ему гладкие слова болгарского революционера Христо Ботева о неоценимом значении победы, потом потратил еще полминуты, чтобы объяснить, что главное для обоих президентов — «улучшение жизни рядового болгарина и рядового гражданина России». Обезопасив свои тылы всеми этими безупречными мыслями, Путин произнес главное: уверен, российско-болгарское взаимодействие будет весомым вкладом в развитие единой, процветающей, независимой Европы.

Вот в чем, безусловно, и состоял весь смысл — «независимой». До сих пор об этом речь не шла на переговорах ни с Жаком Шираком, ни с Герхардом Шредером, да ни с кем. Кроме, получается, президента Болгарии, который в этот момент стоял рядом и по инерции рассеянно улыбался и кивал головой предыдущей фразе Путина о том, что надо быть достойным памяти предков. Вот попал человек так попал. Вроде договорился ведь обо всем с американцами — и вот оказывается, что и он в результате этого госвизита теперь за единую независимую Европу. А кому еще она должна продемонстрировать сейчас свою независимость, как не США? Нет, не везет Болгарии последние пару веков.

Все эти драматические события остались не замеченными жителями Стара Загоры, которые с удовольствием отвлеклись на то, чтобы поглазеть, как Владимиру Путину подарят кавалерийскую саблю русского солдата (правильно — единая Европа должна уметь защищаться) и статуэтку кентавра-миротворца (тоже лишней не будет) работы молодого габровского скульптора. Путин за подарки поблагодарил и передал службе протокола. Болгарскому президенту тоже подарили саблю в футляре, только новую, и он не удержался и достал ее. Неужели успел нахвататься у американцев привычек бряцать оружием не по делу?

С Шипкинского перевала президенты спустились к храму, построенному в честь российских солдат, а оттуда поехали осматривать мемориал защитникам Стара Загоры. Там должно было, по идее, состояться свидание президента со своей школьной учительницей госпожой Гуревич, которая с классом, можно сказать, случайно приехала в соседний Пловдив. Болгарские власти, обуреваемые мыслями о том, как же сделать пребывание российского президента на гостеприимной болгарской земле еще более приятным, предложили ей вместе с классом подъехать к мемориалу и повидаться с талантливым учеником.

Но свидание, увы, не состоялось. Она не пришла.

Перед самым отлетом, подойдя на прощание к группе российских журналистов, президент еще раз подтвердил, что намерен помочь Болгарии в ближайшее время окончательно определиться, с кем она.

— Можно только посочувствовать, что Болгария оказалась в Совете Безопасности ООН, — еле заметно улыбнулся он, давая понять, что Болгарии все равно не уйти от конкретного ответа, за войну она или против. — Так бы, может, и проскочила...

Он сделал зигзагообразные движения рукой, показывая, как именно могла проскочить Болгария.

— А так — не получается. Но что тут поделаешь... Это и есть большая политика...

Да, Владимир Путин понимает Георгия Пырванова, как, может быть, никто другой.

ПРЕЗИДЕНТ ПРЕПОДНЕС ЖЕНЩИНАМ «САМЫЙ ДОРОГОЙ ПОДАРОК». ОН К НИМ ПРИЕХАЛ

6 марта президент России Владимир Путин встретился с представительницами женщин города Тобольска и поздравил их с профессиональным праздником, и я находился среди женщин.

Вот скажите, пожалуйста, как найти в не таком уж большом городе Тобольске, который сам к тому же потерян в сибирских снегах, 14 женщин, достойных общаться с президентом России? Трудно это. Возможно, поэтому руководство Тюменской области в ультимативной форме предложило Тобольску помочь женщинами из областного центра. Был составлен список тюменских женщин, участвующих в чае-

питии президента страны с тобольскими женщинами. Но в самый канун визита Тобольск узнал про это коварство и выставил свой состав на эту встречу. И Тюмень отступила. Правда, одна женщина из тобольского списка была все-таки забракована. Существует несколько версий, почему была отчислена именно она. Но самая правдоподобная — ее подвел возраст. Пострадавшей 23 года. А президенту ведь 50.

Женщины из стартового состава перед чаепитием очень волновались и оттого вели себя даже агрессивно. Они заранее были настроены не дать себя в обиду, что бы ни произошло за этим столом. Председатель объединения многодетных и малообеспеченных семей «Тоболячка» Татьяна Марганова говорила, что ее фонду нужны деньги и что она постарается их выбить. Наталья Бублей, сотрудник Художественного музея Тобольска, в котором и происходило чаепитие, пообещала, прежде всего самой себе, найти у президента денег на развитие музея. Директор Фонда поддержки малого предпринимательства Ольга Лобачева... Попробуйте сами угадать, чего хотела она.

— А о своем, о женском? — спросил я их.

— Нам категорически не рекомендовано разговаривать на личные темы, — резко ответили мне.

— Кто же вам такое порекомендовал? — удивился я, точно зная о любви президента к разговору на личные темы.

— Вы думаете, некому? — сорвалась одна из них. — Да тут все областное начальство.

Она расстроенно махнула рукой.

Все это время в сторонке стояла бригадир штукатуров-маляров Людмила Голоскевич. Я с исключительной вежливостью поинтересовался, о чем спросит президента она.

— Можно я буду молчать? — робко переспросила она.

— Что, нет ни одного вопроса?

— Ни одного! — с каким-то странным восторгом отчеканила она.

— Ну вот, все-таки президент. И вы... Вас выбрали... За что, кстати?

— Понятия не имею, — пожала она плечами. — Скорее

всего за то, что я 30 лет работаю на одном предприятии. И ничем себя не скомпрометировала.

Да, по-моему, этого и в самом деле более чем достаточно. Не то что в Тобольске или в Тюмени — да во всей стране не найдется, думаю, второй такой женщины, которая за 30 лет ничем себя не скомпрометировала.

Минут за 20 до прихода президента женщин пригласили к столу. Они зашли в комнату, где был накрыт этот стол, и удивительно проворно сели на стулья, расставленные в углу комнаты для журналистов. Женщин насилу вывели оттуда и усадили за стол. «А мы хотим везде посидеть...» — до последнего упирались дамы.

— Не волнуйтесь, — успокаивала их заместитель губернатора Тюменской области Наталья Шевчик. — Вы славные, все вы за него голосовали.

— А если не все? — с неожиданным вызовом спросил кто-то.

— Ну, сейчас таких уже нет, — уверенно сказала госпожа Шевчик.

С той минуты и стучит в моей голове только один вопрос: да что же с ними сделали в Тюменской области?

Еще через несколько минут в зал вошел президент. Он уже осмотрел с высоты птичьего полета местный кремль, зашел в один из его соборов, где был принят архиепископом. (Рассказывали, что тот, когда приезжают серьезные гости, выпускает голубей. Но никакие голуби в этот раз не летали, а архиепископ потом неубедительно оправдывался тем, что им было бы холодно.)

Президент поздравил женщин Тобольска, Сибири и России, рискованно присоединился к поздравлениям их мужей, заметил, явно без удовольствия, что перед этим праздником принято говорить о роли и значении женщины в обществе, и добавил, что присоединяется и к этому тоже. Потом он, похоже, по памяти зачитал какую-то справку, в которой шла речь о том, что в управленческой сфере работают более 50% женщин, «и только 7% из них на статусном уровне, с которого начинается принятие решений».

В этом месте заместитель губернатора госпожа Шевчик отчетливо хохотнула, давая понять, что она-то уж точно входит в эти 7%.

— В Государственной думе — тоже 7%, — продолжил президент. — А в верхней половине парламента их вообще по пальцам пересчитать. А в законодательном собрании вообще нет!

— Да, — кивнул губернатор Тюменской области Сергей Собянин. — И у нас нет.

Впрочем, никакого разочарования по этому поводу на его лице не было.

— О, губернатор согласился! — обрадовался Путин. — Я про вас, вообще-то, не хотел говорить.

Главное, по словам президента, чтобы самосознание наших женщин приближалось к самосознанию европейских. Более того, он пообещал, что будет этому содействовать. Что же, они теперь посуду за собой мыть перестанут? Сделают основной упор на составлении брачных контрактов?

Президент предложил задавать вопросы. Дамы были к этому готовы. Они, может быть, готовились к этому, сами того не подозревая, всю свою жизнь. Сотрудник музея Наталья Бублей сразу попросила денег для реставрации храмов города.

Губернатор Собянин объяснил ей, что реставраторы Тобольска не успевают осваивать те деньги, которые им дают:

— У них ментальность другая. Спешить не любят.

Против этого возразить было нечего.

Следующая дама, Ольга Лобачева, начала про снижение налогового бремени. Путин попросил чаю. Губернатор вовремя отозвался: «С налогами без чаю не разберешься». Президент поблагодарил, что услышал несколько добрых слов о правительстве, которое ввело упрощенную систему налогообложения, и добавил, что, несмотря на благородный порыв, многое не удалось. Показалось, что он теперь закончит тем, что эксперимент был неудачным, и объявит наконец-то о повышении подоходного налога. Но нет, не случилось и в этот раз:

— Количество бумажек, которые надо заполнить, только выросло. А налоговая система должна быть понятна и проста в употреблении.

Вот что, оказывается, имел в виду президент.

Чрезвычайно обрадовался Путин сообщению педиатра Фаурии Зариповой, что в Тобольске только что проведена диспансеризация детского населения. Оказывается, именно об этом он все последнее время и мечтал в перерывах между встречами с министром здравоохранения. Еще одна хорошая новость: в школы страны вот-вот поступят тексты художественных произведений. Путин опять оживился:

— Да, вот в таких твердых переплетах!

Дамы отчего-то вежливо захихикали.

— Да-да! — стал настаивать президент. — Это очень важно для их сохранности и многократного употребления. Все основные классики представлены...

Дамы поняли, что он всерьез, и теперь уже уважительно кивали головами: ну надо же, в твердых переплетах!

Президента поблагодарили за то, что в школах Тобольска появились новые лыжи.

— И теперь у нас в школах возобновилась лыжная подготовка, что немаловажно для Тюменского региона.

Президент на этих словах с благодарностью в свою очередь взглянул на губернатора Собянина. Ведь Путин понимал, что на самом деле обязан этой похвалой лично ему.

На этом радости было закончились. Одна из участниц чаепития (к чашкам никто, кроме президента, так и не решился притронуться) спросила, «когда же прекратится кровавая информация с телеэкранов». Этот вопрос президенту задают часто (как, впрочем, и все остальные). Так что и с ответом нет проблем:

— Темы сложные. Они такие, как мы. (Президент остался со своим народом. — *А.К.*). К сожалению, это так. Вот есть зрители — значит, и преподносится. Мы можем влиять только на государственные СМИ. И роль женщин здесь особенно велика! — неожиданно воскликнул он.

Президент явно вспомнил про 8 Марта.

— Вместе надо выстраивать отношение общества к сценам насилия...

По его мнению, СМИ должны накладывать на себя некие самоограничения.

— И у руководства СМИ такое понимание есть, — заявил Путин.

Боюсь, что президент не выдает желаемое за действительное.

Под конец президент порадовал дам рассказом о том, как губернатор Собянин закупил во Франции тысячу голов крупного рогатого скота и тем самым, как выразился Путин, «совершил большой скачок в развитии пищевки», то есть пищевой промышленности.

— Мне Ширак об этом рассказал, — пояснил Путин. — Благодарил и заявил, что и дальше готов работать в этом направлении.

— Бесплатно? — зачем-то переспросил Собянин.

— Бесплатно, Сергей Семеныч, ничего в этом мире не бывает! — с каким-то мрачным удовлетворением ответил президент.

— Вы, Владимир Владимирович, преподнесли нам самый дорогой подарок к 8 Марта — приехали к нам! Рассказы об этой встрече будут передаваться из поколения в поколение! — твердо пообещала одна из участниц встречи, молчавшая все полтора часа.

Ну что же, проверим.

ВЛАДИМИР ПУТИН ОЗНАКОМИЛСЯ С ПРОБЛЕМАМИ УРАЛА

Президент РФ провел в Тюмени производственное совещание по социально-экономическим проблемам Уральского федерального округа. Для завершения этого совещания президенту потребовалось обобщение уровня Платона.

Президент начал совещание с того, что поделился приятной новостью. Он назвал Уральский округ энергетической и топливной кладовой страны. Фраза эта была совсем не случайной и значила гораздо больше, чем это могло показаться на первый взгляд (правда, это выяснилось уже в самом конце заседания). Министр промышленности Илья Клебанов, как умел, проиллюстрировал замечание президента цифрами. Хорошее впечатление испортил было губернатор Курганской области Олег Богомолов. Он сказал, что крестьянину, чтобы купить в этой кладовой кило солярки, надо продать десять кило зерна и что у него лично есть страшное подозрение: нефтяники тоже готовятся к весеннему севу, то есть опять повысят цены на свою продукцию.

Путин среагировал на это замечание, заметив, что, раз цены на нефть нынче очень высокие, у нефтяников «есть большое стремление вывозить их за рубеж и продавать там. А инструментов оставить нефть в стране у нас нет! Инструменты изъяты, Госдума приняла соответствующий закон. Вот Геннадий Иванович (Райков. — *А.К.*) пусть скажет, как народный депутат».

— Я считаю, надо отменять, — сориентировался Райков.

— Ну вот! Ну так надо делать это как можно скорее, раз есть понимание! — обрадовался ни в чем не виноватый Путин.

Все, конечно, ждали, кто же первым поднимет тему конфликта Тюменской области с двумя ее автономными округами, Ямало-Ненецким и Ханты-Мансийским, которые под угрозой реформы местной законодательной власти время от времени заговаривают о своем намерении выйти из состава области. Но время шло, говорили о чем угодно, только не об этом. Правда, один раз президент подошел к этой теме вплотную. Он заговорил о том, что главная цель разграничения полномочий — не требовать от регионов неисполнимого.

— Если центр не может подкрепить финансами свои планы в отношении регионов, он не должен им говорить: «Исполняйте!» Все равно эти планы правительства не исполняются. В итоге люди идут в суд. Что это? Полная дискредитация власти.

Таким образом, он, видимо, лишний раз дал понять, что является безоговорочным сторонником реформы. А кто не с

ним, тот против него. Так что округа, видимо, останутся в составе области, если хотят выжить в этих непростых условиях. В тот момент была полная уверенность, что так все теперь и будет.

Владимир Путин еще не раз вставлял свои замечания, на секундочку прерывая ораторов. Так, слушая губернатора Свердловской области Эдуарда Росселя, он вдруг заметил:

— Да, у вас ведь вроде все неплохо идет. Думаю, что и на выборах предстоящих все будет в порядке.

Вот и все. Считай, переизбрался человек. Гора с плеч.

Выступление губернатора Челябинской области Петра Сумина не произвело такого же впечатления на президента. Господин Сумин предложил заморозить все долги областей перед естественными монополиями, и прежде всего перед РАО ЕЭС.

— Это не популистская мера, — заявил он, — не рыночная. Я в депутаты не собираюсь, и выборы в губернаторы у меня далеко.

Ну и нечем тут гордиться. Поняв, видимо, что перебрал, под конец губернатор постарался исправиться:

— Южноуральцы, Владимир Владимирович, поддерживают вас во всех делах, и простите, если что не так.

— Ничего тут антирыночного, — возразил Путин. — Давайте обратимся к депутатам Госдумы с этим предложением. Вот Райков тут сидит...

Опять Райков! Ну как же, господи, хорошо, когда всегда есть под рукой депутаты Госдумы, особенно такие, как Геннадий Райков.

И вот наконец слово дали главе Ханты-Мансийского автономного округа Александру Филипенко. На первый взгляд рискованно: а вдруг прямо на глазах у президента начнется процесс отделения от Кемеровской области? Но, с другой стороны, если все-таки дали, значит, были уверены в человеке. И опять поначалу показалось, что не ошиблись. В речи господина Филипенко содержался оптимизм. Прежде всего:

— Если верить нашим ученым и американским ученым, нефтяные ресурсы только нашего округа составляют от 40 до

47 млн тонн. Так что ни у кого не должно быть печали, что нефть заканчивается!

Господин Филипенко, правда, отдает себе отчет в том, чего стоят все его рассуждения:

— Можно, конечно, сказать, что мне там в тайге легко рассуждать...

И в самом деле, рассуждать ему нетрудно. Затем господин Филипенко предложил снизить пошлины с добычи нефти (не забыв оговориться: по многочисленным просьбам нефтяников), сославшись на то, что это позволит повысить ее добычу. А в заключение вспомнил про стартующий у него в городе через несколько дней чемпионат мира по биатлону и пригласил всех участников совещания приехать в гости... Тут бы и закончить. Но нет, не удержался и все-таки сказал:

— Что касается разделения полномочий, то я думаю так. Если один субъект Федерации (имел в виду свой округ. — *А.К.*) поднимает хотя бы половину полномочий другого субъекта Федерации (имел в виду Тюменскую область. — *А.К.*) — надо их ему передать. Если все поднимает — все передать. А то вот, видите ли... Всех туда (то есть Ханты-Мансийский округ — в состав Тюменской области. — *А.К.*), а потом решим... Нельзя же так!

То есть господин Филипенко так и не отказался от своих сепаратистских мыслей! Ответ Путина был мгновенным:

— Прежде всего, о самом вашем последнем замечании. О самом, подчеркиваю, последнем. Последнем! Совершенно не могу согласиться. Если действовать по вашему плану, из 89 субъектов Федерации надо будет как минимум половину сократить, объединить, поделить... И этот процесс никогда не кончится.

Война, таким образом, продолжается. Не закончились и неожиданности. Владимир Путин, отказавшись ввиду всеобщей усталости от заключительного слова, процитировал заключение московских историков из Академии наук: «По-видимому, одно из первых упоминаний во всемирной истории об Урале мы находим у Платона, который писал, что «где-то у Рифейских (то есть Уральских. — *А.К.*) гор живут огромные

птицы — грифы, которые стерегут там несметные запасы золота и драгоценностей. Эти птицы управляются умными и добрыми людьми. Сами же эти люди равнодушны к этим богатствам». Можно констатировать, что со времен Платона мало что изменилось. Уральские горы есть? Есть! Несметные сокровища есть? Есть! Умные, добрые люди есть? Есть! И отношение у нас к этим несметным сокровищам тоже оставляет желать лучшего».

После этого комментария невинное заключение историков прозвучало как приговор.

ВЛАДИМИР ПУТИН СТАНОВИТСЯ МЯГЧЕ

12 марта президент России Владимир Путин приехал в Генпрокуратуру России и поучаствовал в производственном совещании руководителей федеральных правоохранительных органов. Совещание было запланировано задолго до позавчерашних революционных перестановок в органах, но в связи с ними пришлось кстати.

Участники совещания старались лишний раз подчеркнуть, что узнали обо всех последних трагических перестановках из газет. В списке приглашенных, который раздали журналистам, фигурировали директор Федеральной пограничной службы Константин Тоцкий и директор ФАПСИ Владимир Матюхин. То есть в этом списке присутствовали, грубо говоря, мертвые души.

Генеральный прокурор Владимир Устинов, который появился на сцене вместе с президентом, тоже постарался обратить внимание на то, что совещание плановое, а его цель — координация усилий. «Работа нашего традиционного совещания... — начал он. — В нашем традиционном совещании принимают участие...» — продолжил генпрокурор через несколько секунд. Все должно было указывать на то, что совещание планировалось несколько месяцев назад и никак не связано с перестановками в силовых ведомствах. Даже текст доклада господина Устинова, который раздали журналистам, был демонстративно устаревшим. В нем, например, анализировалось, как можно улучшить работу налоговой полиции. (А судя по тем же кадровым решениям, выяснилось, видимо, что улучшить ее нельзя, а можно только упразднить.)

Между тем сотрудники правоохранительных органов в зале шептались, разумеется, только об этих самых решениях. Радости не было никакой. Было очевидно, что люди в зале вообще-то ошарашены. Их можно было понять. Они ведь в одночасье потеряли уверенность в завтрашнем дне. Ясно, что в любой момент и с ними могут теперь поступить точно так же. А почему нет? Если можно ликвидировать одно ведомство накануне его профессионального праздника, то отчего нельзя будет ликвидировать и другое? И третье тоже. В общем, все отныне висят на волоске.

Стоит сказать, что актовый зал был вообще на треть пуст. Обычно такого, когда приезжает президент, не бывает. Каждое место на вес золота, конкурс на эти места огромен. Очевидно, на этот раз места были зарезервированы для сотрудников упраздненных подразделений и в последний момент, когда выяснились новые кадровые подробности, было действительно поздно что-то менять.

Президент с беспощадной критикой обрушился на работу правоохранительных органов. Дело в том, что за последний год количество преступлений снизилось на 15%.

— Но вам, профессионалам, хорошо известно, что статистика отражает не все, — закончил президент свою мысль. — Так, налицо увеличение скрытой преступности. Кроме того, уменьшилось количество раскрытых преступлений. Это значит, между прочим, что преступники разгуливают на свободе.

Президент хотел, видимо, дать понять, что, разгуливая, они совершают немало скрытых преступлений. В результате количество зарегистрированных преступлений снижается на 15%. Так замыкается этот страшный круг.

Президент указал на слабости в организации следственной работы и заявил:

— Обратной дороги ни у кого уже не будет!

Это прозвучало крайне тревожно, потому что было совершенно непонятно, что же президент имел в виду.

Отдельно он остановился на борьбе с наркотиками и представил участникам совещания начальника нового комитета по контролю за оборотом наркотических и психотропных веществ Виктора Черкесова. Президент хорошо мотивировал появление господина Черкесова на сцене этого зала. Он рассказал, что, например, на Алтае в прошлом году не возбуждено ни одного дела, связанного с наркотиками.

— Ну невозможно это! — воскликнул Путин. — И вот хочу представить вам Виктора Черкесова...

Таким образом, всем должно быть ясно, что дела теперь будут.

— Он человек известный, у него большой опыт и в профессиональной среде, и в политической...

Господин Черкесов встал со своего места. Но президент уже закончил представление. Виктор Черкесов сел.

Путин рассказал, что внес проект поправок в Уголовный кодекс. Смысл этих поправок — смягчение наказаний за малозначительные преступления. Президент уже не раз говорил, что собирается это сделать, — и вот собрался.

— Наша страна — лидер по числу сидельцев в тюрьмах, — отметил Путин. — Но нельзя же всех грести под одну гребенку и мазать одним цветом.

Хотя, конечно, конечно, это и бывает удобно, — помедлив, словно согласился он с чьими-то резонами.

После этого короткого выступления прессу попросили покинуть зал. Есть информация, что речь господина Устинова сильно отличалась от текста, который раздали журналистам. Это, впрочем, понятно. Не говорить же ему было, в самом деле, о том, как улучшить работу налоговой полиции.

ПРЕЗИДЕНТ УШЕЛ ОТ НАГРАДЫ

27 марта в Екатерининском зале Кремля Владимир Путин на глазах у большого количества людей отказался получить высокую государственную награду.

Вообще-то в этот день Владимир Путин поначалу сам

вручал госнаграды. Награждение было плановым, в зале сидели деятели науки, артисты, губернаторы. Среди тех, о ком президент упомянул отдельно, оказались первый замминистра по чрезвычайным ситуациям Юрий Воробьев (присвоено звание Героя РФ), рядовой Юрий Сорокин (тоже Герой РФ) и еще несколько человек. Президент сказал, что эти люди сумели поднять свою судьбу на самую высокую планку (удержать бы только теперь ее там — вот более трудная задача...).

Очень интересно, как ведут себя люди, когда их награждает президент России. Правильно сказал Юрий Воробьев:

— Все это — настоящая чрезвычайная ситуация!

Для тех, кто выходил к президенту, наступал момент истины. Они и сами вряд ли предполагали, что с ними может произойти. Вот рядовой запаса Юрий Сорокин вышел, пожал руку президенту и молча вернулся на место. Я думаю, что, если бы его даже попросили выступить, он не стал бы. Ему лучше подвиги удаются. А вот вышла получить орден «За заслуги перед Отечеством» III степени Клавдия Альцман, генеральный директор Улан-Удинской тонкосуконной мануфактуры. Ожидала ли она сама, что скажет президенту:

— Настало время поддержать отечественную промышленность!

То есть это ведь означает, что до сих пор было не время. А как еще понимать? И ведь, между прочим, президент как раз и поддержал отечественную промышленность именно этим орденом! Чего же хотела эта женщина? Невозможного?

Или вот выступил Александр Ефимов, маршал авиации в отставке, зампред оргкомитета «Победа», и обратился к Владимиру Путину:

— Уважаемый товарищ президент!

Это было не просто обращение. Это мировоззренческая позиция, с которой теперь всем придется считаться.

— Мы, ветераны, всегда с вами. Так что корабль под названием «Россия» находится в надежных руках, — сказал Александр Ефимов.

Что имел в виду отставной маршал? Неужели именно то, что вышло? А мы-то гадаем, кто тут всем рулит.

Вообще, обращение к президенту много значило в этот день. Гендиректор реутовского Научно-производственного объединения машиностроения Герберт Ефремов обратился к Владимиру Путину так:

— Уважаемый президент великой России!

И все стало ясно: на первом месте в этом обращении все-таки Россия. Герберт Ефимов к тому же еще раз рассказал, что в последний раз получал награду в Кремле 40 лет назад. То есть, получилось из его слов, Кремль никуда не денется, и он, Ефимов, как приходил получать награды, так и будет. И неважно, из рук президента или генсека. Лишь бы его крылатые ракеты были хорошими. Хотел бы Герберт Ефимов, чтобы его именно так поняли? Да не уверен. Но ведь сказал.

Многие не сказали ни слова. Умно! Так, молча принял орден солист Александр Ведерников (и никто ведь не знает, каково это — промолчать солисту). Ничего не сказал, хотя от него слов ожидали все, Иосиф Кобзон. И оставил, таким образом, после себя прекрасное впечатление!

Не то что детский доктор Леонид Рошаль. Он, наверное, тоже думал, прежде чем обратиться к президенту. И нашел, нашел: «Дорогой президент!»

— Все знают причину, почему мы здесь, — рассказал он.

Доктор объяснил, что в дни захвата заложников на Дубровке решалась, «без преувеличения, судьба России и, может, президента тоже». Всей России! Обидно только, что судьба мира решалась где-то в другом месте и в другое время.

И теперь мы знаем, кто решал судьбу России кроме президента, которому это положено по должности.

— Я — один из немногих, кто видел президента в эти дни, — поделился доктор своими наблюдениями. — Наибольшее мужество проявил, прямо скажу, президент России! Поаплодируйте, пожалуйста!

Поаплодировали. (В одной сказке про это было. Там один именно так и говорил: «А я вам прямо в глаза скажу, ваше величество, вы — гений!») Так доктор Рошаль заставил, можно сказать, краснеть президента великой страны. Но не остановился на этом.

— Принятое решение было очень сложным, если бы завершилось не так...

В этих словах содержалась наконец-то и полезная информация. Получается, все-таки именно президент принимал решение о штурме центра на Дубровке. До сих пор об этом как-то не принято было говорить. Официальные лица, более того, опровергали любую подобную информацию, утверждая, что решение принимал штаб, а брал на себя ответственность его командир генерал такой-то... Теперь все стало на свои места.

Но доктор Рошаль и на этом не сумел затормозить. Его безусловно несло.

— И теперь я хотел бы вручить орден президенту! — воскликнул он и от микрофона рванулся к Владимиру Путину.

Тот, не ожидая такого натиска, даже сделал несколько шагов назад.

— За ваши личные заслуги перед народом России!

И он начал снимать только что надетый ему на грудь орден, чтобы перевесить его на грудь президенту. Вкус, без сомнения, изменял доктору Рошалю.

Президент, понятное дело, не дал ему завершить начатое и сказал, что ему, президенту, достаточно, что он имеет возможность и право награждать таких, как доктор Рошаль. То есть, как ни крути, поставил же на место доктора. Ведь что означает такая фраза? «Я президент, а вы кавалер» — вот что она означает.

Сразу после этого сильного эпизода получил свою награду депутат Госдумы полярник Артур Чилингаров. Ну почему само собой так получается, что в лучшем положении оказались те, кто в этот день молчал? Вот ведь что сказал Чилингаров:

— Жизнь политика сложная. Не так проголосовал, не на ту кнопку нажал... Неискренняя жизнь... Но я буду делать все, пока бьется мое сердце...

Впрочем, судя по тому, что Чилингаров был вчера в Екатерининском зале, в основном он голосовал верно и кнопки нажимал те.

Затем господин Чилингаров выдал Владимиру Путину официальное приглашение посетить Северный полюс (на два лица).

И только Артур Чилингаров сел на место, как вспомнил, что не сфотографировался с президентом! И снова вскочил. Президент, хотя начали объявлять уже другого лауреата, не отказал заслуженному полярнику.

Спохватился и доктор Рошаль. Он ведь тоже в этой суматохе не сфотографировался. И доктор окончательно сломал весь протокол. Хотя ведь вот сфотографировался — и слава богу. А то мог же не оправиться от этой психотравмы всю оставшуюся жизнь. А неудобства-то — на полминуты.

Между тем какую-то черту в этот момент участники мероприятия перешагнули. Они окончательно утратили чувство меры. И вот уже ректор Северного медуниверситета Павел Сидоров говорил о том, как счастливо этот день совпал с трехлетием президентства Владимира Путина.

— Россия теперь, я уверен, займет подобающее место! — воскликнул он.

Правда, справедливости ради не уточнил, какое место ей подобает.

— Не только президенту повезло со страной! Но и стране здорово повезло с президентом! — продолжил он.

До сих пор, впрочем, ведь есть люди, которые считают, что и то и другое спорно.

Лично я немного насторожился, когда наградили Николая Немцова, митрополита Мефодия, управляющего Воронежско-Липецкой епархией.

— Глубокочтимый Владимир Владимирович!

О, есть еще варианты! Так к президенту в этот день еще никто не обращался.

— Церковь в России стала высокой нравственной инстанцией, — поделился митрополит.

А что, раньше не была? Пожалуй, тут можно и согласиться. А потому, что была отделена от государства. Но теперь, судя и по этой награде, дистанция стремительно сокращается.

— И как хорошо, — произнес митрополит, — что деятельность президента направлена не только на благо отечества, но и на благо решений многих международный коллизий!

Может, митрополит Мефодий не в курсе, что война в Ираке все-таки уже идет?

«ОН ПРО ВСЕ-ВСЕ ЗНАЕТ...»

В полдень 2 апреля Владимир Путин приехал в Тамбов, чтобы на месте решить проблемы обязательного медицинского страхования населения страны.

Для начала по протоколу предстоял визит в реабилитационно-оздоровительный комплекс «Большая Липовица». Комплекс, несмотря на чрезвычайные обстоятельства, не прекращал своей работы ни на секунду. В кризисном центре женщины, находящиеся в пред- и постразводной ситуации, пытались сосредоточиться на проблемах друг друга. Нескольким дамам, пострадавшим в результате домашнего насилия («Мужья бьют по-страшному жен в Тамбовской области», — тяжело вздохнула заведующая комплексом), предоставили временное убежище на территории комплекса, и они теперь приходили в себя после нескольких лет семейной жизни.

Но главные события происходили в центре релаксации. Пятерым пожилым людям перед встречей с президентом предстоял курс медитации. Психолог Татьяна Вдовина объяснила, что практикует телесно ориентированную терапию.

— Дедушки и бабушки, — объясняла она, — не умеют расслабляться. Проблема в том, что, прежде чем расслабиться, нужно напрячься и накачать энергию.

В этот день, по данным прибора активациометра, которым на днях был оснащен центр «Большая Липовица», у всех пятерых было тревожное психоэмоциональное состояние. Еще вчера, по данным прибора, было пять, а сегодня уже одиннадцать. А ведь этим пятерым предстояло говорить с президентом России.

— Сейчас войдем в повседневный транс, — озабоченно сказала Татьяна Вдовина.

— Я уже в трансе, — сообщил один ветеран. — После этого компьютера...

— Какого?

— Да какого... — с досадой пробормотал ветеран.

— Налаживали биологически обратную связь, — пришла ему на помощь психолог. — Расслаблялись...

— Да, — подтвердил ветеран. — Не успеваешь присесть, а уже расслабляешься и засыпаешь!

— Но это в прошлом. До прихода президента нам предстоит медитация на воду! — воскликнула Татьяна Вдовина. — Правда, ее отключили. Тогда придется прибегнуть к методу якорения...

Ветеранов представляли музыкант, колхозница, военный и два шофера. Самому молодому из них было 72 года. Татьяна Вдовина тем временем сообщила, что так предана своей профессии, что за две недели до свадьбы ушла от жениха.

— Зачем? — спросил я.

— Мешал отдаться, — искренне ответила она.

Эмоциональный фон ветеранов на глазах становился все тревожнее. Психолог раздала им черно-белые рисунки и заставила раскрашивать.

— А что это мы раскрашиваем? — задумалась старушка колхозница.

— Мозги наши, — пояснил музыкант.

— Это мандала, — успокоила их психолог. — Раскрашивайте, потом будем направлять золотистую энергию в слабые места. Так, Михаил Иванович, вы будете направлять золотистую энергию в район пупка. А вы, Иван Федорович, помните куда?

— Я в копчик! — с готовностью откликнулся ветеран.

— Так, а теперь самое главное, — торжественно сказала Татьяна Вдовина. — Представим свой нос в виде авторучки и напишем им «Владимир Владимирович Путин».

Ветераны старательно водили носами по воздуху. Смотреть на это было невозможно. Президента все не было. Татьяна Вдовина потихоньку с отчаянием призналась, что арсенал ее психотерапевтических приемов опустел. Но потом вспомнила еще один, едва ли не самый важный.

— Займем позу кучера, который спит! — заявила она.

— Это как пьяный, да? — доверчиво переспросила бабушка-колхозница.

Заняли, закрыли глаза, расслабились.

— Где-нибудь неприятное есть? — спросила психолог.

— Нет-нет, балдею, — успокоил ее музыкант.

Поспали. Телеоператоры и сотрудники службы безопасности старались не дышать.

— Ну, что вам снилось? — спросила Татьяна Вдовина.

— Мне приснилось, что я здоров и богат. И зачем вы меня разбудили, шут его знает, — сказал музыкант.

— А удалось вспомнить самый счастливый день в вашей жизни и сосредоточиться на нем?

— А чего тут вспоминать? — сказал шофер. — День Победы. Мы в Чехословакии были. Генерала Власова ловили.

— Вы его ловили в 45-м, а мы его в 49-м на Васильевском острове повесили, — поддержал разговор бывший военный. — Тоже был счастливый день.

Сообщили, что президент уже в здании.

— Беремся за руки, — захлопотала психолог. — Встаем в круг. Делаем вдох...

Вошел Путин. Ветераны, по-моему, так и не выдохнули. Президент подошел к ним.

— Ну, как вам тут? — спросил.

— Прекрасно! Прекрасно! — перебивали они друг друга.

Потом наступила неловкая пауза. Я вспомнил, как один из стариков говорил, что не будет стесняться президента. Звучало многообещающе. И вот они не могли вымолвить ни слова. Молчала и психолог Вдовина. Но президент спросил ее, давно ли она тут работает.

— Семь месяцев, — произнесла она.

Президенту ничего не оставалось, как попрощаться и уйти.

— Что же это мы? — ошеломленно прошептал Михаил Иванович, когда Путин вышел.

— Это она виновата, — хмуро кивнул на психолога Иван Федорович. — Расслабила нас...

В соседней комнате президент уже слушал доклад главврача комплекса. На заседании президиума Госсовета должны были рассматривать вопрос об обязательном медицинском страховании (ОМС). По новой схеме неработающих пенсионеров предложено страховать из средств Пенсионного фонда. Это и предстояло обсудить.

— Как вы думаете, — спросил Путин, — это улучшит качество обслуживания населения?

— Если из Пенсионного фонда? Привлечение дополнительных средств позволит увеличить тарифы на медицинское обслуживание! — с готовностью подтвердил главврач.

— И... — подсказал президент.

— ...и качество обслуживания населения! — обрадовался главврач. — Это очень актуально!

— Получение денег всегда актуально, — перебил его Путин. — А вы знаете, что деньги будут проплачиваться по факту оказания услуг?

— Слышали... — без восторга подтвердил главврач.

Поговорив с медперсоналом, президент спустился в фойе. Там его ждала восьмилетняя Аня, дочь псковского десантника, погибшего в Чечне. Сейчас она с бабушкой и дедушкой живет в Тамбовской области. Путин был явно раздражен тем, что вокруг так много телекамер. Он, похоже, не хотел делать эту встречу публичной. Он зашел с девочкой и ее бабушкой в какую-то небольшую комнату и буквально хлопнул дверью. Минут через пять они вышли. Девочка и Путин были спокойны, а бабушка просто ошарашена.

— Представляете, я поцеловала его от всей России! — ошеломленно сказала она. — У меня не укладывается это в голове...

Девочка обхватила руками огромных размеров подарочный набор для рисования. Кроме того, президент подарил ей мягкую игрушку — большого разноцветного енота. Через несколько минут Аня рассказала мне, что встречается с прези-

Иногда и поговорить больше не с кем. Декабрь 2002 года. *Фото Владимира Родионова.*

Бывает и так, что кружку воды никто не подаст. *Фото Владимира Родионова.*

Один в поле не воин. Апрель 2000 года. Орловская обл.
Фото Владимира Родионова.

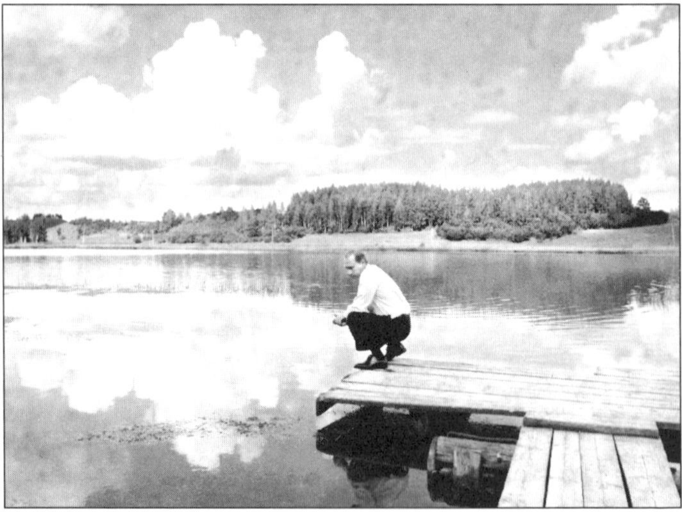

Один на водах. Псковская обл., август 2000 года.
Фото Владимира Родионова.

До президентских выборов в 2000 году осталось 2 недели. *Фото Алексея Панова.*

Фото Владимира Родионова.

В рабочем кабинете в Ново-Огареве тоскливо даже лабрадору Кони. Ноябрь 2002 года.
Фото Владимира Родионова.

Почти каждое утро в Ново-Огареве Владимир Путин начинает с верховой езды. Июль 2002 года.
Фото Владимира Родионова.

Разве он мог не поймать? Апрель 2002 года, Астрахань. *Фото Алексея Панова.*

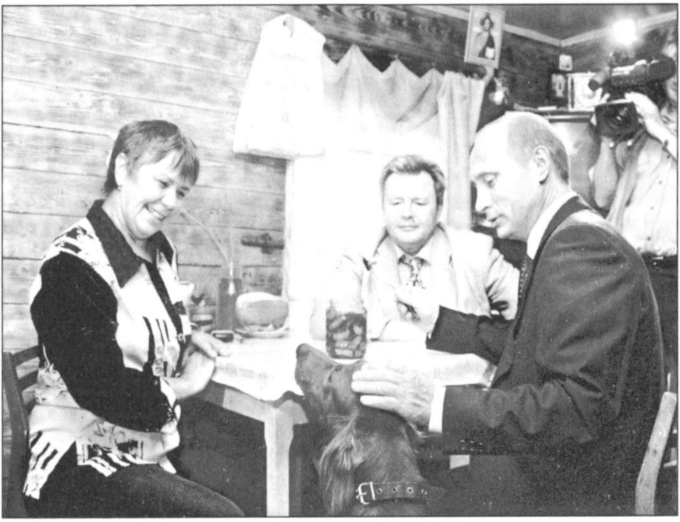

Визиты в глубинку носят плановый характер. Президент в Самарской области. Сентябрь 2002 года. *Фото Сергея Величкина.*

На заседаниях президент конспектирует то, с чем он не согласен. *Фото Дмитрия Азарова.*

Лабрадор Кони ни на минуту не оставляет Владимира Путина без присмотра. На фото: в тренажерном зале. *Фото Владимира Родионова.*

Даже в Екатерининском зале Кремля Владимир Путин не чувствует себя как дома.
Фото Дмитрия Азарова.

В китайском ресторане в Китае с женой.
Фото Владимира Родионова и Сергея Величкина.

На лесной прогулке с супругой в Финляндии.
Фото Сергея Величкина.

Щенков лабрадора Кони получили не президенты «восьмерки», как предполагали многие, а простые люди, как не предполагал никто. Февраль 2004 года. Ново-Огарево. *Фото Владимира Родионова.*

Лабрадор Кони верен Владимиру Путину... *Фото Владимира Родионова.*

А пудели – Людмиле Путиной.
Фото Сергея Величкина.

Во время неформального саммита Россия–НАТО в Константиновском дворце в Стрельне Владимир Путин демонстрировал готовность к компромиссам. *Фото Дмитрия Азарова.*

В этой комнате отдыха в Ново-Огареве президент почти не появляется: он отдал ее журналистам. Октябрь 2003 года. *Фото Алексея Панова.*

Очевидцы утверждают, что на горных лыжах президент стоит сейчас гораздо лучше, чем четыре года назад. Март 2000 года, Абзаково. *Фото Сергея Величкина.*

На заседании Совбеза и президиума Госсовета в октябре 2003 года, когда стало известно об аресте бизнесмена Михаила Ходорковского, Владимир Путин запомнился фразой: «Смотреть сюда! Слушать!» *Фото Дмитрия Духанина.*

дентом уже не в первый раз. Он виделся с ней в Пскове и приглашал в Москву.

— Он, оказывается, про все-все знает... — шептала бабушка. — И про то, что ремонт у нас даже... Неудобно-то как, Господи!

У выхода из здания стояла заведующая комплексом «Большая Липовица» и ветеран Михаил Иванович.

— Ну что, что я мог сделать?! — в отчаянии почти стонал он.

— Неужели не могли поговорить с ним? — упрекала его заведующая.

— Ну как я скажу: «Товарищ президент, садитесь!» Так, что ли? — с вызовом отвечал Михаил Иванович.

Что, собственно говоря, приехал обсуждать президент? По мнению председателя рабочей группы президиума Госсовета, президента Чувашии Николая Федорова, ни много ни мало реформу здравоохранения. Кажется, впрочем, что президент так не считает. На заседании президиума он пытался выяснить то же, что и в «Большой Липовице»: спасут ли 525 рублей в год, которые предлагается доплачивать за неработающих пенсионеров из средств Пенсионного фонда в качестве эксперимента в 2003 году, этих самых пенсионеров.

Николай Федоров считает, что вряд ли спасут. Похоже, эти деньги уйдут только на то, чтобы организовать такую титаническую работу. Направить в нужное русло будет уже нечего. Господина Федорова, если деньги за неработающих пенсионеров все же дойдут до больниц, отчего-то беспокоят нравственные аспекты реформы. Как, спрашивает он, неработающий пенсионер сможет объяснить работающему, за которого платит его предприятие, что у них в одной палате равные права? Как они будут смотреть друг другу в глаза?

— Можем, наоборот, вызвать волну протеста и непонимания! — воскликнул он.

Есть у него вопросы и к Минфину. Будет ли министерство финансировать этот проект через полгода, когда эксперимент с Пенсионным фондом закончится и тяжесть выполне-

13 Зак. 3746

ния обязательств перед неработающими пенсионерами ляжет на федеральный бюджет?

— Да! — уверенно раздалось откуда-то справа от господина Федорова.

— Да? — переспросил он. — Но ведь это же удивительно! Если они говорят «да», это же миллиарды рублей! Если Алексей Леонидович (Кудрин. — *А.К.*) в присутствии президента подтверждает...

Но Алексей Леонидович не подтвердил.

Вслед за президентом Николай Федоров повторил, что предстоит пересмотреть роль больниц и коек, а главное — такого священного понятия, как койкоместо. До сих пор считалось, что чем больше койкомест, тем лучше качество обслуживания. Так вот, с этим будет покончено. Не надо гнаться за койкоместами. Они теперь никому не помогут!

Но что же еще может помочь больному в результате этой реформы? Это и есть главная загадка. Впрочем, Николай Федоров знает, что больному явно повредит:

— Ни бесплатная, ни платная система здравоохранения не помогут, если будет повторяться разнузданная, безобразная реклама опасных вещей — курения и спиртного. Может, неудобно сегодня в качестве примера приводить Соединенные Штаты Америки, — говорит господин Федоров и тут же все-таки приводит: — Но там на уровне федеральных законов запрещается показывать сюжеты с курением и применением спиртного. А у нас нет ни минуты, чтобы не пропагандировалось курение и массовые излияния. Если эти стандарты будут сохраняться, через пять-шесть лет реформа провалится.

После заседания его участники пришли к журналистам, чтобы рассказать о своих впечатлениях.

Так, заместитель министра экономики и развития господин Дмитриев признался, что в совершенстве владеет стенографией и, пользуясь этим, записал все, о чем говорили на президиуме. И теперь никому не отвертеться. Господин Дмитриев исписал, по его застенчивому признанию, пять карандашей. Так что теперь все будет хорошо.

Проект закона об обязательном медицинском страховании одобрен. Ведь хотя страхование было, а закона-то не было (только теперь не вышло бы наоборот). Председатель Пенсионного фонда господин Зурабов заявил, что страна готова перейти от финансирования лечебных учреждений к финансированию медицинской помощи. Финансировать этот масштабный проект будет бюджет. Но вот за счет чего? Вице-премьер господин Кудрин считает, что 0,2%, вычитаемых на медицину из единого социального налога, ничтожно мало для успешного хода реформы. Ему хотелось вычитать 1,3%. Но убедительно мотивировать эту цифру пока не получается. Об этом и спорили на президиуме. Между тем в мае законопроект уже должен быть внесен в Госдуму.

А начнут реформу, как и планировали, с неработающих пенсионеров. До конца этого года за них заплатят из Пенсионного фонда. А откуда за них заплатят в следующем году, пока неизвестно. Но ясно, что в любом случае мало им не покажется.

ВЛАДИМИР ПУТИН ОСМОТРЕЛ СВОИ ГЛАЗА И УШИ

В субботу, 5 апреля, президент России Владимир Путин побывал в космических войсках России. Мне не сразу стало ясно зачем.

Найти космические войска в Москве очень просто. Не буду, конечно, говорить как. Но поверьте на слово — даже проще простого. Вы, лично вы, сотни раз проезжали мимо этого здания на Юго-Западе Москвы. Обычно так выглядят головные научно-исследовательские институты, сотрудники которых давно забыли не только название их родного учреждения, но и все, чем они в его стенах должны, по идее, заниматься. Длинный серый корпус из немытого стекла и потрескавшегося бетона.

Не то — внутри. Тут — все, чем еще есть смысл гордиться неунывающему россиянину после утраты твердых позиций

в балете и хоккее. Во-первых, конечно, музей военной космонавтики. Тут есть даже скафандр одного космонавта, чье имя от волнения, которое я испытал, войдя в этот зал, теперь и не вспомню.

— Вот видите, — с гордостью показывает подполковник-экскурсовод на шлемофон Юрия Гагарина, — музей начинает пополняться новыми экспонатами!

Как будто Гагарин его только что снял с головы и отдал в музей. Но это и неплохо. Так и возникает эффект присутствия первого космонавта в нашей повседневной жизни.

— В 1957 году космическую эру открыла великая Россия, — произносит подполковник, и голос его показательно подрагивает.

Ясно, что у него сейчас генеральный прогон экскурсии, которую через час он проведет для президента. Да он и сам не скрывает этого. И хочется подсказать ему, поправить, пока еще не поздно, что ведь это не великая Россия открыла космическую эру, а великий Советский Союз, но не отделаться от подозрения, что знает это подполковник и без моей подсказки, и даже слишком хорошо, но тут ему это знание ни к чему, потому что экскурсия будет не для президента СССР, а для президента все-таки России. Вот и решил, видимо, подполковник, помявшись, переписать историю. Не сам, конечно, помогли ему.

Подполковник предупреждает, что про космические войска снят целый фильм, «Солдаты космоса», и нам предстоит посмотреть его, а что же делать, никуда не деться, к тому же все не так драматично, фильм-то двенадцатиминутный. И мы смотрим фильм про то, что «сегодня звездный младенец твердо стоит на ногах» (ну да, ведь космическим войскам — два года). И даже узнаем более или менее интимную подробность: оказывается, «глаза и уши российского президента — на самых дальних рубежах нашей страны». А так ведь и не скажешь.

Потом подъем на один из верхних этажей (опять удержусь и не скажу, на какой именно; но как же хочется!), и вы попадаете в самое сердце отечественной военной космонавтики — штаб космических войск. Здесь все сделано по уму, все помещения в общем-то небольших, но вполне достаточных размеров. Для чего достаточных? А для того, чтобы держать под контролем российскую орбитальную группировку и, как уже рассказывает командующий космическими войсками Анатолий Перминов президенту России Владимиру Путину, предупредить, когда и кого следует, о ракетном нападении (меня бы не забыли предупредить, вот о чем беспокоюсь).

Анатолий Перминов рассказывает, какие они боеготовые, наши космические войска, а у меня никак не идет из головы одна-единственная мысль: да зачем же все это придумали? Зачем президент приехал сюда, в эту довольно легкомысленную на первый взгляд цитадель? Может быть, затем, чтобы лишний раз поверить в себя и свою страну, сделаться увереннее, напитаться высокой энергией от «Протонов» перед телефонным разговором о судьбах человечества с американским президентом? Не знаю, не пойму пока.

Тем временем Анатолий Перминов заканчивает свой доклад, успев рассказать, что два больших экрана, по которым из штаба в режиме реального времени можно следить за стартами на космодромах, позволяют экономить большие бюджетные деньги, так как не надо ведь посылать опергруппы для контроля за пусками всех объектов. Так вот они зачем нужны, эти гигантские экраны. Всему, как и следовало предполагать, есть свое оправдание.

Но так и нет ответа на главный вопрос: зачем же все это сегодня происходит? Президент слушает доклад командующего, покорно осматривает комнату отдыха личного состава на боевом дежурстве и через некоторое время уже приходит черед короткой пресс-конференции. Она даже очень короткая. Президент вкратце пересказывает доклад командующего о том, как хорошо, что у нас есть космические войска, и утверждает, что космические аппараты будут удешевляться и одновременно станут более эффективными с военной точки зрения. Я начинаю мучиться мыслью, как же это можно совместить, но вовремя спохватываюсь, что не для этого же

меня позвали. Но для чего же? Вот вопрос. Все тот же вопрос. Ведь должен же быть во всем этом какой-нибудь смысл.

И он есть. Нашелся. Буквально одна фраза в ответе на вопрос, что теперь будет с ратификацией договора о стратегическом и наступательном вооружении. Президент говорит в том смысле, что позиции США и России по иракской проблеме, конечно, не совпадают, и это создает некий неблагоприятный фон, но Российская Федерация, если что, заинтересована в том, чтобы ратифицировать договор.

То есть Бушу отправлен месседж: мы готовы. Не надо думать про нас плохо. Мы можем быть друзьями. Более того, мы хотим ими быть. Мы даже очень хотим! Несмотря на неблагоприятный фон. А вы как? Как вы там вообще? Все нормально у вас? Дети как? Что? А, воюют...

И разве не стоит такой замечательный месседж всей этой бессмысленной суматохи субботнего дня в штабе космических войск России?

ПРЕЗИДЕНТЫ РОССИИ И ТУРКМЕНИИ ВОЗГЛАВИЛИ РЕВОЛЮЦИЮ ГАЗОВОЙ ОТРАСЛИ

10 апреля в Москву к президенту России Владимиру Путину приехал президент Туркмении Сапармурат Ниязов. Я был вместе с президентами, выясняя, чем этот день велик.

Кремль принял туркменского президента, как того и заслуживает человек, которого трудно сравнить с каким-нибудь другим по запасам разведанного газа. Кроме судьбоносных переговоров в Кремле Владимир Путин отужинал с Туркменбаши в неформальной обстановке. Так было нужно во имя будущего двух наших народов и энергетического баланса Российской Федерации.

На лацканах пиджаков министров правительства Туркмении, которые пришли на подписание великого газового соглашения, были прикреплены значки довольно большого размера с изображением Туркменбаши. На лацканах вице-премьеров — значки побольше. На них Сапармурат Ниязов был в рамке с золотым тиснением. На лацкане пиджака самого Туркменбаши был значок с изображением, как ни странно, всего-навсего полумесяца и пяти звездочек. Они означали, что страна Туркменбаши состоит из него и пяти областей.

На лацкане пиджака первого секретаря посольства Туркмении Григория Колодина значок был совсем маленьким. Я уже понял, что значок этот — те же погоны со звездочками. Носишь Туркменбаши в рамочке с тиснением — полковник, а если Туркменбаши без рамочки в профиль — лейтенант. Григорий Колодин — младший лейтенант. Тем не менее оператор РТР снимал его на видеокамеру. Кажется, первый секретарь посольства заподозрил что-то нехорошее.

— Ничего, — с неожиданным раздражением сказал господин Колодин, — скоро и вы все такие же значки носить будете.

— Такие? — я не мог скрыть удивления.

Господин Колодин, видимо, подумал, что снимают не его, а его значок. Я бы на его месте гордился (хоть и не хотел бы, конечно, оказаться на его месте).

— Ну, не совсем, может быть, такие. Профиль будет другой. Но обязательно будете, — твердо пообещал он.

— Вы лучше расскажите, почему соглашения, которые будут сегодня подписаны, уже называются революционными.

— Еще бы! — с непритворным воодушевлением ответил он.

— А конкретней? Что, Россия будет получать больше газа?

— В перспективе, через несколько лет — да, скорее всего.

— А через год?

— Да нет. В 2004 году — 5—6 миллиардов кубометров в год, в 2005-м — 6—7.

— А почему же соглашение-то революционное?

— А строительство трубопровода? За три года Россия и Туркменистан должны построить трубопровод! Ведь сейчас работает только треть из наших 140 скважин. Мощность трубы не позволяет задействовать остальные. Вот и будет Россия качать газ в Европу и на Украину.

— Разве это революционное решение? В крайнем случае, мне кажется, эволюционное.

Я, конечно, цеплялся к словам. Но это привело к неожиданному результату.

— Вот вы, кстати, сказали, — добавил я, — насчет Украины. В наших-то газетах писали, что решение революционное, потому что теперь весь туркменский газ окажется в руках России.

— Да что вы! Мы же и в Иран, между прочим, экспортируем. Более того, я вам скажу, что завтра на Каспии Туркменбаши встречается с президентом Украины. Кучма тоже хочет подписать соглашение, до 2015 года.

— Тоже, видимо, революционное?

— А как вы думаете?!

— Но как же так? Значит, не будет Россия монополистом туркменского газа? Хорошо ли это?

— А это и есть многовариантная политика Сапармурата Ниязова! — улыбнувшись, ответил Григорий Колодин.

Уже после переговоров я задал тот же самый вопрос главе «Газпрома» Алексею Миллеру:

— Разве это соглашение революционное? В лучшем случае, похоже, эволюционное.

— Замечательный вопрос, — похвалил Алексей Миллер. — Революционность в том, что соглашение, заключенное на 25 лет, позволяет принимать взвешенные решения об инвестировании в части развития вопросов газотранспортной сети.

Вот так он ответил. И что это означает, спросите вы. А на мой взгляд, именно то, что решение является эволюционным, если вас еще не бесит это слово.

Но есть смысл вернуться в зал переговоров. В этот зал как раз вошел президент России. Навстречу ему из другой комнаты вышел Туркменбаши. Он сильно хромал. Можно даже сказать, что каждое движение давалось ему с трудом. За ним на приличном расстоянии двигались его министры. Вот они застыли в нескольких метрах от него, рядом со мной.

— Почему Туркменбаши хромает? — тихо, с сочувствием спросил я одного из них.

Он посмотрел на меня с выражением безграничного ужаса на лице. Ведь ему предстояло ответить.

— Приболел, может быть, — с тоской сказал этот человек.

Он, наверное, понимал, что неверный ответ может стоить ему по крайней мере карьеры. И не понимал, что карьеры ему может стоить любой ответ.

Тем временем Туркменбаши приблизился к Владимиру Путину, вдруг неожиданно энергично притянул его к себе и буквально стиснул в объятиях. В дзюдо так начинается прием «екогурума». Владимир Путин, впрочем, не дал провести его, применив «о-ути-гари». Так они и застыли друг перед другом с выражением глубокого удовлетворения на лицах.

К ним стали подходить министры двух государств. Владимир Путин тщательно здоровался за руку и с туркменскими, и с российскими официальными лицами. Сапармурат Ниязов приветливо улыбался россиянам и демонстративно не замечал своих. И все-таки лица туркмен светились счастьем близости к своему вождю. Они пытались скрыть свои чувства, но тщетно.

— А почему он не здоровается с туркменами? Считает, что много им будет чести — подержаться за его руку? — вполголоса спросил мой коллега у Григория Колодина.

— Нет! — резко ответил тот. — Просто у нас более искренние отношения между людьми, чем у вас.

— Как это?

— Да он с ними сегодня уже виделся.

Между тем участники переговоров сели друг напротив друга. Владимир Путин в самом начале сказал, что в Дагестане сгорел интернат и погибли 28 глухонемых детей. Он выразил соболезнование родным и близким погибших. Туркменбаши, взяв короткое ответное слово и сказав, что тоже скорбит о детях, добавил:

— Надеюсь, вы со своей стороны сделаете все, чтобы такое впредь не повторилось.

Я, честно говоря, подумал, что Туркменбаши оговорился,

поскольку не лучшим образом знает русский язык. Ведь это прозвучало едва ли не как обвинение: допустили безобразие, так постарайтесь теперь хоть исправиться. Отчитал нашего президента, как своего министра.

Владимир Путин не стал реагировать. Может быть, он не придал этим словам значения. А может, не хотел омрачать подписание революционных документов. Начались переговоры, формальные, впрочем, так как все было уже решено. Эти переговоры продолжались даже меньше запланированного часа. Так бывает редко. Неужели им совсем уж не о чем говорить? Вот уж действительно, ничего личного.

Затем оба президента вышли к журналистам, чтобы на глазах у всех подписать документы и сделать короткие заявления. Были подписаны контракт купли-продажи туркменского газа до 2028 года, соглашение о сотрудничестве в газовой отрасли на этот же период, а также о сотрудничестве в области безопасности (в основном речь идет о международном терроризме, так что, кажется, ничего страшного).

Свое заявление Владимир Путин прочитал по бумажке. Он сказал, что перспективы (а именно о них, и ни о чем более конкретном, и идет речь в этих соглашениях, если не считать первые три года, оговоренные в соглашениях довольно конкретно) очень хорошие и насыщенные. Ну да, перспективы обычно такими и бывают. Содержательная часть заявления состояла в том, что половину цены за туркменский газ в эти первые три года мы будем платить товарами народного потребления российского производства. Зато цена за кубометр довольно высокая, едва ли не неприличная: 44 доллара (до последнего момента высокой ценой считались и 42, на которые российская сторона соглашалась скрипя зубами).

— Поскольку отдавать будем нашими товарами, то и будем создавать новые рабочие места, — утешил Владимир Путин россиян.

Кроме того, он как-то мимоходом сказал, что стороны договорились прекратить действие закона о двойном гражданстве, который действует между Туркменией и Россией.

Ведь Россия, добавил он, приняла новый закон, не допускающий двойного гражданства.

— А все, кто хотел, уже переехали из Туркмении в Россию, — закончил президент.

Между тем это, конечно, серьезно. Туркменская сторона давно добивалась от России (а не наоборот) отмены пункта о двойном гражданстве. Теперь россиянам, живущим в Туркмении, придется выбирать. То есть это явная уступка Туркменбаши, которому совершенно не нужно, чтобы границу его страны бесконтрольно, когда им вздумается, пересекали люди с двойным гражданством. Явно не для этого он своими руками строил свою страну кирпичик за кирпичиком.

Сапармурат Ниязов произнес свою речь безо всякой бумажки:

— Поскольку у меня здесь туркменское телевидение, я тоже скажу пару слов.

И он сказал. Да, газ он будет продавать по 44 доллара за кубометр, но только первые три года.

— Потом перейдем по формуле нефти к мировым, — пояснил он свою мысль и утешил: — Россия при этом будет участвовать в строительстве различных объектов. А в результате 200 миллиардов долларов дохода получит Туркмения и 300 миллиардов долларов Россия! — с удовольствием сказал Туркменбаши, все еще помня, видимо, о том, что у него здесь туркменское телевидение. А что, — добавил он уже для российского, — любой торгующий должен иметь прибыль в торговле. То есть, Владимир Владимирович, без обид!

Если бы все так и вышло, как он сказал, то какие же могут быть обиды?

Сказал туркменский президент и про Украину, и тоже, мне показалось, не без удовольствия.

— Да, мы торгуем и с Украиной! Это не будет препятствием для России, нет! Завтра у меня встреча с Кучмой!

То есть опытный дипломат Григорий Колодин не сказал мне ничего лишнего. То есть ничего такого, о чем не мог бы сказать мне Туркменбаши.

— До 2006 года Украина с Россией могут вместе, — продолжил Туркменбаши. — Но в любом случае все будет нормально, и Россия будет решать остальные вопросы.

Вы что-нибудь поняли? Я-то понял. Где-то, как говорится, нас кидают. Только вот где именно? Уж не везде ли?

— Мы очень высоко ценим Россию, — закончил Туркменбаши и еще раз напомнил Владимиру Путину, что тот должен сделать выводы из истории со сгоревшим интернатом и впредь не допустить подобного. — Мы знаем, что и Россия в составе СССР была и что с роспуском ничего не выиграла, а ухудшился уровень жизни людей. Надеемся, что теперь будет подниматься.

Ясно, что если Туркменбаши не поднимет уровень жизни россиян, то его больше никто не поднимет.

ВЛАДИМИР ПУТИН И ГЕРХАРД ШРЕДЕР ПОДВЕЛИ ИТОГИ ВОЙНЫ

11 апреля во второй половине дня в Санкт-Петербурге встретились президент России Владимир Путин, федеральный канцлер Германии Герхард Шредер и президент Франции Жак Ширак. Весь день лидеры занимались тем, чего от них все и ждали, — говорили об Ираке.

В Петербургском университете второй день работает российско-немецкий «Петербургский диалог». Встречаются политики, журналисты, культурные деятели и обсуждают прошлое, настоящее и будущее. Говорят, очень интересный диалог.

Я, правда, не смог в этом убедиться. Мы приехали, когда «Диалог» явно иссяк. Сопредседатели, одним из которых был президент СССР Михаил Горбачев, любимый немцами за все, что он для них сделал, пытались оживить дискуссию своими собственными мыслями. Господин Горбачев говорил, что диалог не приобрел антиамериканского характера, к его очевидному удовлетворению. Господину Горбачеву явно вообще ни с кем не хочется ссориться.

Он попросил высказываться, но желающие нашлись не сразу. Только член СФ Михаил Маргелов заметил, что старая повестка дня в российско-германских отношениях исчерпана, а главный редактор радиостанции «Эхо Москвы» Алексей Венедиктов спросил, не является ли политической ошибкой то, что Германия и Россия в иракском кризисе не поддержали США. Ему как можно скорее возразил ректор МГУ Виктор Садовничий:

— Дискуссии, переходящие в плоскость персоналий, не являются предметом наших дискуссий!

Еще через пару минут в актовый зал университета вошли Владимир Путин и Герхард Шредер. Сев за стол, российский президент деликатно отказался от предложенных наушников с переводом на немецкий язык. Все ждали, что лидеры двух стран скажут что-нибудь про послевоенное устройство Ирака или, по крайней мере, про желание поучаствовать в нем и даже, может быть, про долги Ирака России, о которых, как накануне намекнули из Вашингтона, возможно, следует теперь и забыть.

Ни о чем таком Владимир Путин говорить не стал, зато заявил:

— Военная операция в Ираке продолжается более трех недель. Результаты известны, и они вызывают сожаление.

Эта фраза произвела, конечно, как минимум двойственное впечатление. Чего же именно жаль российскому президенту? Свержения диктатуры Хусейна? Или все же жертв среди мирного населения? Хотелось уточнить. Но как?

Выступление Герхарда Шредера было более ясным. Он сказал, что российско-германские отношения не создают трудностей ни в европейских отношениях, ни в трансатлантических связях.

Так ему, значит, кажется.

— Когда столь разные народы, которые имеют общую кровавую историю (Как сказал! — *А.К.*), выступают за мирные разрешения конфликтов, это о многом говорит.

Ведущий предложил продолжить начатую утром дискуссию в присутствии президентов. Продолжать опять оказалось некому. Снова выступил Михаил Маргелов и спросил, готова

ли Россия выступить инициатором создания новой Ялты. Это очень не понравилось Владимиру Путину.

— Создания чего? — поморщившись, переспросил он. — Какого яблока?

— Ялты, — не очень уверенно повторил господин Маргелов.

— Чего-чего? — опять переспросил Путин.

А ведь наверняка расслышал. Ну хорошо, может, и нет. Затем опять выступил Алексей Венедиктов, и снова с тем же своим вопросом: не было ли политической ошибкой не поддержать США в войне против Ирака. Хорошо все-таки, что Алексей Венедиктов работает журналистом. У него тоже возник вопрос после утверждения российского президента, что результаты операции в Ираке вызывают сожаление. И господин Венедиктов использовал возможность уточнить, что имел в виду Владимир Путин.

Заместитель ректора университета испугалась Алексея Венедиктова не меньше, чем Виктор Садовничий:

— Мы же здесь собрались для обсуждения не таких вопросов! — едва ли не с отчаянием воскликнула она.

— Я отвечу, — сказал российский президент, — чтобы не выглядело так, что мы уклоняемся от ответа.

Однако в свойственной ему манере заметил, что свой вопрос господин Венедиктов мог бы задать и на пресс-конференции.

Но сначала он разобрался с новой Ялтой.

— Утверждения некоторых СМИ о том, что Россия, Франция и Германия будут создавать новую Ялту (то есть знал, конечно, знал про этот термин и без господина Маргелова! — *А.К.*), лишены всяких оснований. Никаких сепаратных действий тут быть не должно.

После этого Владимир Путин взялся за вопрос Алексея Венедиктова. И выяснилось:

— А мы разве не говорили, что режим Хусейна не соответствует современным требованиям демократии? Мы никогда не говорили, что прикрываем его. Мы говорили, что этот вопрос нельзя решать военными средствами.

Владимир Путин рассказал, что 80% стран в мире не соответствуют западным стандартам демократии.

— И что, с ними со всеми воевать? И потом, готовы ли две-три страны внедрять эти стандарты? Что, предлагается воевать со всеми? Наверное, это сумасшедшая мысль никому не приходит в голову. Наверное, устранение диктаторского режима — плюс, — добавил Владимир Путин. — А разрушения и гибель людей — минус...

Тут он уже и сам, видимо, пожалел, что стал отвечать на этот вдруг оказавшийся таким бессмысленным вопрос, и безжалостно закончил, обращаясь к господину Венедиктову:

— Завтра мы также будем в стенах этого университета, и у нас появится возможность подискутировать на эту тему с профессионалами в области международного права.

Затем Владимир Путин приехал на совещание по социально-экономическим проблемам Северо-Западного федерального округа. Нельзя сказать, что Санкт-Петербург вовсе не думает о своем 300-летнем юбилее. Дорога из аэропорта в центр города уже выглядит более или менее приемлемо. То есть уже не очень стыдно. По крайней мере, чисто. А в мае будет еще и зелено. Между тем чем дальше в центр, тем больше надежд только на грядущую зелень. А ее самой в центре города, увы, почти нет. Каменные, так сказать, джунгли, застывшие на 300 лет в мечте о косметическом ремонте.

И кажется, сделать за оставшиеся до празднования полтора месяца уже ничего нельзя. То есть за годы еще можно было, и даже, наверное, за полгода. Но не за полтора месяца. О господи, что же нас ждет в конце мая? Хотелось бы не опозориться. Но вот как? Трудно. Почти невозможно. И уже встает во весь свой гигантский рост вопрос: а кто виноват-то? И похоже, ответ на него уже давно напрашивается. Губернатор Санкт-Петербурга Владимир Яковлев в этой ситуации отвечает за все. Так получилось. Жизнь — сложная штука.

Я, честно говоря, думал, что на совещании президент России будет говорить о подготовке к 300-летию. Так, например, было на прошлом заседании, когда Владимир Путин устроил

разнос Владимиру Яковлеву. Но в этот раз все на первый взгляд, было иначе.

Валентина Матвиенко, новый представитель президента в Северо-Западном федеральном округе, спросила у губернаторов, как они представляют себе повестку дня, и сама ее предложила: выступление Мухамеда Циканова, заместителя министра экономического развития, а потом недлинные выступления губернаторов с заключительным словом президента. Все согласились.

Вошел президент, поздоровался, как обычно, с каждым губернатором за руку. Все кивали ему, тщетно стараясь не переборщить, и только Владимир Яковлев уверенно бросил:

— Привет!

Ну и откуда такая уверенность?

А когда Валентина Матвиенко повторила свое предложение по повестке дня, губернатор Яковлев вдруг возмутился:

— Зачем? Давайте мы сначала расскажем Владимиру Владимировичу о положении дел, а потом выступит господин Циканов. Так будет гораздо логичнее, правда, Владимир Владимирович?

И президент кивнул, хотя кто-то из губернаторов попытался возразить. Зачем же Владимир Яковлев восстал против предложенной повестки дня? Видимо, просто потому, что знал: после выступления господина Циканова прессу, чтобы не мешала работе совещания, предполагалось удалить из зала. А господин Яковлев явно хотел быть услышанным. И он успел сказать (говорил, надо признать, очень торопливо, словно боялся, что вот-вот отключат микрофон, о самом, видно, для него существенном). Он накинулся на принципы формирования федерального бюджета и разделения полномочий:

— У нас сначала формируется федеральный, потом местный бюджет. Потом федеральный корректируется. Ясности никакой нет. А хотелось бы ее иметь, хотя бы на год-два. Вот у нас забрали акцизы на табак в федеральный бюджет. Это 5 млрд рублей! Это были наши, петербургские деньги! Так сколько процентов должно оставаться на территориях, а сколько уходить в центр?

Что же получается? А то, что во всем виноват центр, а губернатор Яковлев ни в чем не виноват. Вообще ни в чем. В том числе и в провале, если что, подготовки 300-летия вверенного ему города. Вот зачем ему нужна была пресса.

Между тем, хотя журналисты из зала, где шло заседание, вышли, трансляцию не отключили. Она шла в прямом эфире. Так что в принципе эта интрига не имела никакого смысла. Только он-то об этом не знал и через некоторое время с легким сердцем и сознанием выполненного долга уехал в аэропорт Пулково встречать президента Франции Ширака и канцлера Германии Шредера.

А совещание продолжалось еще часа два. Один за другим выступали губернаторы. Архангельский в основном говорил про лес:

— Недаром, кажется, Лев Толстой, говорил, что лес — дело темное, лес — дело воровское. Действительно, проблем много. В лесу надо наводить порядок. До чего дошло: лесник в лесу получает зарплату в 2000 рублей! Ну куда это годится?! — выплеснул он свою боль президенту.

Владимир Торлопов, глава Республики Коми, заявил, что очень коротко скажет то, чего ни в коем случае не хотел говорить президенту на этом совещании. Тайна господина Торлопова, которую он сначала не хотел выдавать, состоит в том, что в жилищно-коммунальном хозяйстве нет рыночных отношений.

— Даже не в этом дело! — с досадой перебил его Владимир Путин. — Элементарного порядка там нет! Вот о чем речь. Даже договоров с энергетиками нет! Я спрашивал энергетиков: «Как же вы деньги у ЖКХ берете?» — «А надо же им тепло давать!» — говорят мне.

При этом господин Торлопов находит в себе смелость утверждать, что страна уже все-таки на пороге теплового бизнеса. Особенно хорошо, по его мнению, пойдет этот бизнес, если заморозить тарифы на электроэнергию. Конечно, так-то любой бизнес пойдет! Глава Республики Карелия Сергей Катанандов, пригласив президента на празднование 300-летия Петрозаводска (есть и такой праздник) и получив ответ, что

надо посмотреть график, перешел к основным проблемам, мучающим его республику:

— Неумолимо растет потребление водки и продуктов самогоноварения. В связи с этим растет смертность...

Кто-то из губернаторов возмущенно перебил его:

— Да вы что! Кто же от самогона умирает! От самогонки никто не умирает. Умирают от некачественного спирта.

Господин Катанандов было решительно не согласился, но тут неожиданно высказался и президент, негромко пробормотав:

— А я самогонку пил, и ничего, обжегся только...

— Не, есть и хорошая, никто не спорит, — не меняя категоричность тона, заявил господин Катанандов.

Конечно, теперь глупо спорить с такими очевидными вещами. В общем, самогонку теперь в России, похоже, пить можно и нужно. Тем более что ее и так пьют.

Губернатор Калининградской области Владимир Егоров рассказал, что вместо визы, которую по предложению Владимира Путина назвали традиционной, жители области получили анкету из 31 пункта, которая, впрочем, позже сократилась до 15. Но это утешение слабое. Господин Егоров сказал, что между ЕС и Россией, конечно, существуют насчет его области джентльменские договоренности, но честно признался, что ему очень хотелось бы как-нибудь формализовать их. Кроме того, есть очень серьезные проблемы с паромными переправами.

Владимир Путин, выслушав всех, ответил прежде всего давно отсутствующему Владимиру Яковлеву, который в самом начале успел сказать и о том, что над законом о разделении полномочий между центром и субъектами Федерации нужно еще работать и работать:

— Тут некоторые говорили, что сначала надо разделить средства между бюджетами, а потом под это дать полномочия. Да нет, все наоборот! Сначала надо решить, кто за что отвечает!

С замечаниями остальных губернаторов в адрес центра Владимир Путин согласился — пожалуй, даже демонстративно.

— Привет горячий! — закончил Владимир Путин совещание, где состоялся деловой разговор о проблемах Северо-Западного федерального округа, которых в результате этого разговора не стало меньше.

На следующий день Санкт-Петербургский университет в присутствии президента России Владимира Путина проявил инициативу, облачив в мантию почетного доктора канцлера ФРГ Герхарда Шредера. Президент России инициативу одобрил и, более того, поблагодарил ученых за заботу о своем коллеге.

Это произошло довольно ранним утром при более или менее большом стечении народа. Впрочем, посторонних не было. Почетные доктора, съехавшиеся со всего мира, и студенты, отобранные со всех факультетов.

Ректор Санкт-Петербургского университета Людмила Вербицкая рассказала о том, как трудно шел Герхард Шредер к этой мантии:

— Ребенок, выросший без заботы погибшего на фронтах войны отца...

Ну неужели нельзя было хоть в этот праздничный день удержаться? Да, не они победили в той страшной войне. Но ведь, как постепенно выясняется, и не мы.

— Как трудно было мальчику пробить себе путь к жизни...

Видимо, Людмила Вербицкая была в курсе и насчет того, как проходили роды у мамы федерального канцлера. Непросто ему было и в дальнейшем. Да и вообще, как я понял, настоящее чудо, что Герхард Шредер сидел сейчас рядом с нами в этом довольно душном зале и немного растерянно и приветливо улыбался окружающим его людям.

Вспотел в своей мантии и менторке с хвостиком, свисающим прямо на лоб, декан юридического факультета, добродушный, интеллигентный, улыбчивый человек. Впрочем, может быть, он просто немного волновался. Декан, словно извиняясь, что приходится говорить о таких деликатных вещах, перечислил привилегии, которыми обладает почетный доктор с правом решающего голоса (представлять интересы факультета без разрешения декана, беспрепятственно проходить на факультет, пользоваться библиотекой и пенсией по

старости в размере 300 евро), и добавил, что есть и другие права и привилегии, о которых он скажет канцлеру в приватной обстановке. И хоть бы слово об обязанностях!

Ректор университета повесила на грудь канцлеру цепь с тяжелым знаком и сказала, что этот знак есть только у трех человек: у декана, Владимира Путина и канцлера ФРГ. Наступил черед мантии и менторки. Все подошло, и это дало повод пустить в ход еще одну громоздкую заготовку:

— Вот видите, господин канцлер, какого уровня наши криминалисты, что определили размер вашей головы по фотографии.

А вообще-то следует признать, что все вышло довольно трогательно.

— Владимир Владимирович, у вас нет желания выступить? — улыбнувшись, почти жалобно спросил декан.

Похоже, это было единственное мероприятие за два дня, на котором не планировалось выступление Путина.

— Я хочу поблагодарить университет за это решение, — не отказал президент в этой маленькой любезности. — Это действительно инициатива самого университета. Да ведь и правда самого университета!

Не надо было ему так горячо убеждать всех в этом. Чем энергичнее он это делал, тем меньше верилось.

Потом Владимир Путин обратил внимание на сидящего в зале президента Франции и рассказал, что накануне вечером за обедом они много шутили, в том числе и о том, как Жак Ширак обидится, что все будут завтра чествовать канцлера Германии.

— Я уверен, впрочем, — оговорился Владимир Путин, — что президент Франции относится к числу тех людей, которые глубоко чувствуют связь времен и народов... И хотя сегодняшнее решение не масштабное международное событие...

Да уж, не война в Ираке. И дальше российский президент заговорил именно о ней и о все возрастающей и возрастающей роли ООН. В этом зале явно не хватало теперь еще одного человека. Генеральный секретарь ООН Кофи Аннан тоже очень хотел приехать на этот саммит, сам дал телеграмму, что будет, если никто не против, но в последний момент, видимо, нервы все-таки сдали, и он извинился, что погорячился (похоже, позвонили ему откуда-то сверху).

Потом с коротким ответным словом выступил господин Шредер, поблагодарил и сказал, что на пенсию по старости пока не собирается, но за предложение поблагодарил. Неужели воспринял как обидный намек?

— Больше шпасибо! — закончил он условно по-русски. Кажется, не обиделся.

Да и президент Франции совершенно не выглядел обиженным. Более того, он выглядел как человек, которому очень нравится, что ему не вручили мантию почетного доктора Санкт-Петербургского университета.

КОСМОНАВТЫ ЗАСЛУШАЛИ ПРЕЗИДЕНТА РОССИИ

12 апреля, в День космонавтики, президент России Владимир Путин, попрощавшись с президентом Франции и канцлером Германии, приехал в Военно-космическую академию имени Можайского на сеанс связи с Международной космической станцией (МКС). Ни одного западного корреспондента (а в эти дни в Питере их было больше, чем российских) в академию, где, как оказалось, в очередной раз решалась судьба пилотируемой космонавтики, не пустили. Идея связи президента с космонавтами витала в космосе давно. Надо же было как-то поздравить с праздником. Да, можно было, конечно, направить им на орбиту приветственную телеграмму. Ну, космонавты, избалованные вниманием первых лиц великих государств, поджали бы губы, но проглотили обиду. Однако, безусловно, сеанс прямой связи выглядит солидней. К тому же, возможно, важно было продемонстрировать, что, несмотря на историю с Ираком, связь с американцами, пусть и через космос, не потеряна. Что-то нас еще все-таки соединяет. И в чем-то они от нас еще даже и зависят.

Сеанс должен был состояться в одной из секретных учеб-

ных лабораторий академии. Для этого ее переоборудовали в некую телестудию с двумя телевизорами и одной плазменной панелью, а секреты занавесили шторой. Хотя на стул, где должен был сидеть президент, для вида направили видеокамеру и даже включили ее, космонавты не видели президента, а только слышали его. А он мог и видеть, и слышать их.

Космонавтов на МКС сейчас трое. Россиянин бортинженер Николай Бударин и два американца — командир экипажа Кеннет Бауэрсокс и еще один бортинженер Дональд Петит. Хорошие, судя по всему, ребята, эти американцы, хотя, по моим кратким наблюдениям, и себе на уме.

За час до появления президента, когда МКС пролетала над Российской Федерацией, из подмосковного Центра управления полетами связались с экипажем и рассказали, что их ждет. Космонавтов попросили не болтать с президентом о пустяках, а лучше послушать, что он им скажет, потому что времени и так немного. Никто в тот момент даже и не предполагал, насколько его будет мало.

За двадцать минут до появления президента, когда изображение космонавтов растаяло, так как МКС вышла из зоны видимости, в зале появилась представитель президента в Северо-Западном федеральном округе Валентина Матвиенко, проявившая неподдельный интерес к происходящему. Судя по всему, она еще только подступается к космической теме, но делает это хорошими темпами и скоро будет в курсе. А пока она жадно интересовалась у командующего космическими войсками Анатолия Перминова (он был тут не случайным человеком — космические войска и организовали этот сеанс: сигнал с МКС шел в Королев, в ЦУП, оттуда в Москву, в Останкино, а уже оттуда — опять в космос, на аппарат космической связи, и только потом — на крышу академии в Петербурге):

— Скажите, а вот Байконур... Он наш?

Командующий, недопоняв, переспрашивал.

— Ну, чей Байконур? — уточняла Валентина Матвиенко.

— А, вы об этом, — кивал командующий. — Арендуем мы его пока что.

— А у кого?

— У казахов.

— Ну и как там, все нормально?

— Пока вроде да.

— Ну ладно. А вот в Плесецке мы что запускаем?

Тут командующий насторожился. Валентина Ивановна задавала вопросы, на которые он не вправе был отвечать первому встречному.

— Да по-всякому, — туманно отвечал командующий.

Тут, на его счастье, Валентина Ивановна потеряла интерес к космическим секретам и пошла встречать президента.

Владимир Путин между тем, судя по всему, опаздывал. В любой другой ситуации это было бы, так сказать, простительно, но тут все было завязано на полет МКС в зоне видимости. Потом оказалось, что президент решил погулять по Васильевскому острову и встретил там молодоженов, у которых после этого появился настоящий повод выпить.

И все же президент успел. Он вошел в зал ровно в 13.30. Его сопровождал президент Российского космического агентства Юрий Коптев. Космонавты были уже на связи и сидели перед своей видеокамерой, сложив руки на коленках, как школьники, что в условиях невесомости было, очевидно, тем более трудно.

Владимир Путин хотел было сразу сесть за стол, но господин Коптев сказал, что покажет ему лабораторию, и повел за ширму, где находились некие экспонаты. Их не было три минуты, пять, десять. Космонавты уже не могли сидеть сложа руки и стали откровенно волноваться.

— А где президент? — не выдержал Николай Бударин.

— Задерживается, — успокоили его из ЦУПа. — Ему показывают лабораторию. Там тоже важные дела. Ждите.

— Мы-то ждем, — буркнул Николай Бударин. — Да станцию-то не задержишь.

Между тем мне было хорошо видно, что за занавеской происходили и правда важные и даже драматические события. Президент хотел пройти к выходу, чтобы сесть за стол и поговорить с ребятами, а господин Коптев не пускал его, бу-

квально прижав животом к одной из колонн. Президент вынужден был слушать господина Коптева и только время от времени растерянно озирался в поисках чьей-нибудь поддержки. (А на чью поддержку может вообще-то рассчитывать президент? Только своего народа. А вот его-то рядом в секретной зоне в нужное мгновение, как назло, и не оказалось.)

Между тем господин Коптев улучил, что называется, момент и не собирался расставаться с добычей. К ним уже несколько раз подходили из службы протокола, но глава РКА рассеянно кивал и опять что-то энергично начинал говорить президенту. С таким энтузиазмом можно только денег просить. Похоже, и правда у колонны происходили более важные события, чем рядовой сеанс связи президента с космонавтами.

Наконец, когда все это стало, видимо, совсем уж неприлично, президент не очень деликатно подвинул господина Коптева и пошел к столу. Я обратил внимание, что он ни разу даже не кивнул Юрию Коптеву.

Что говорит человек, подняв трубку телефона? Вот и президент сказал космонавтам:

— Але!

Они услышали с некоторым, видимо, опозданием.

— Але, дорогие друзья! Добрый день!.. — повторил президент.

Перед Владимиром Путиным лежала речь, обращенная, судя по всему, не только к этим троим на орбите, а и ко всем людям доброй воли (наше присутствие в зале и было этому подтверждением). Оттого этот сеанс и не отличался какой-нибудь особой человечинкой. Президент поздравил экипаж с российским Днем космонавтики (не думаю, что американцам было обидно это слышать: когда года полтора назад Владимир Путин проездом на ранчо Джорджа Буша был в американском городе Хьюстоне, ему рассказывали, что 12 апреля в их ЦУПе, да и во всем городе, отмечается как праздник). Президент поздравил всех троих с тем, что они обеспечили беспрерывность полета после гибели Columbia (вот, оказывается, чем они все это время занимались), и рассказал, что мы все сопереживали народу США, когда погибли американские астронавты. Сегодня, отметил он, очень важно сохранить работоспособность станции, и добавил, что Россия и дальше будет делать все, что от нее зависит, в этом направлении.

При этом — самое главное! — он ни словом не обмолвился о дополнительном финансировании российской космической отрасли, слухи о котором в связи с гибелью «Колумбии» ходили все последнее время. Без сомнения, и работа, которую господин Коптев с такой страстью вел с президентом под колонной, была связана именно с этим делом. Конечно, ради такого проекта можно было и вообще пожертвовать сеансом связи в надежде, что потомки поймут и одобрят. Юрий Коптев действительно хотел денег. И явно не получил их.

В таких случаях надо все-таки поубедительней объяснять, зачем они нужны. Видимо, не удалось. Наверное, Владимиру Путину не трудно было дать какое-нибудь более или менее легкомысленное обещание, но даже этого не случилось. Не захотел. Мужественный поступок, учитывая стрессовую ситуацию у колонны.

Между тем Николай Бударин из своего далека пытался помочь общему делу. Он достал откуда-то из-за камеры красное знамя и показал его президенту:

— Это флаг города Ленинграда, всегда с нами!

После этого космонавт попытался скомкать знамя, а то оно в условиях невесомости плавало по станции и мешало обеспечивать беспрерывность полета. Но и знамя не сдавалось.

Когда президент ушел, с космонавтами даже успели поговорить сотрудники подмосковного ЦУПа. То есть времени все же хватило. Видимо, потому, что президент говорил даже меньше, чем планировали. Похоже, господин Коптев добился эффекта, обратного желаемому.

А напоследок, когда Николаю Бударину сказали, что приземление экипажа предполагается, как и запланировано, 4 мая и он рассказал, что все трое уже начали потихоньку паковать вещи, один из руководителей ЦУПа не удержался и сказал:

— Ну ты, Николай, как самый старший, всю документацию-то посмотри там еще раз.

То есть — да, не россиянин командир этого экипажа. Но хотя бы самый старший. А первым человеком в космосе был Юрий Гагарин. И с этим американцам ничего уже сделать не удастся.

ПРЕЗИДЕНТ РОССИИ ДОШЕЛ ДО ГРАНИЦ КАЗАХСТАНА

15 апреля в Омске президент России Владимир Путин и президент Казахстана Нурсултан Назарбаев обсуждали проблемы совместного ведения хозяйства на приграничных территориях. При этом господин Назарбаев чуть было не перешагнул границы дозволенного.

До этого заседания, в котором приняли участие по нескольку губернаторов с той и другой стороны, а также члены правительств Казахстана и России, насчет происходящего циркулировали интригующие слухи. Я своими ушами слышал, что задача российской стороны в этот день — отодвинуть границу с Казахстаном как можно дальше в глубь его территории. Источник, сообщивший эти сведения, был настроен довольно оптимистично. По словам источника, президенту Казахстана, которого приперли к стенке американцы, арестовавшие его советника господина Гиффена по подозрению, что тот брал взятки для начальника на развитие Республики Казахстан у американской нефтяной компании, просто некуда деваться и он готов пойти на любые меры, только бы найти защиту у России от произвола американского правосудия.

Если дело обстояло таким образом, то в этой ситуации можно было бы ничему не удивляться. Смущало, правда, что президент Казахстана не выглядел подавленным и припертым к стенке. Более того, он выглядел как человек, который и сам мог припереть к стенке кого угодно. Так, в какой-то момент даже показалось, что это Казахстан заявляет свои территориальные претензии:

— Россия является государством, с которым у нас общая культура, история, язык, и мы, казахи, не хотели бы все это потерять!

Стало интересно, насколько далеко простираются эти амбиции? Оказалось, президенту Казахстана самому интересно.

— Мы не должны останавливаться! — решительно заявил он.

Да, если все подтверждается, то для осуществления этого дерзкого плана чрезвычайно удачно выбрано время. В разгаре год Казахстана в России. Никто ничего и не заметит. А если и заметит, то не удивится. При этом, если времени вдруг не хватит, выразил надежду президент Казахстана, следующим годом будет год России в Казахстане.

Под конец господин Назарбаев заявил, что казахская пословица гласит: «Хороший сосед ближе, чем дальний родственник».

— Так что вы нам ближе, чем родственники! — заключил он.

Надо сказать, что все эти слова сразу дали повод казахстанским журналистам почувствовать себя чрезвычайно уверенно. Так, одна журналистка подошла ко мне, попросила документ для служебного пользования, который мне доверили подержать в руках, и, получив отказ, даже не поверила своим ушам и с упреком воскликнула:

— Да бросьте! Скоро у нас вообще никакой границы не будет! А вы...

Вот, оказывается, какие выводы можно было сделать из речи господина Назарбаева. Выходит, я еще был осторожен в своих предположениях.

А что же российский президент? Он высказывался более чем аккуратно. Владимир Путин — за упрощенный порядок пересечения границы (только сухопутный участок — 7,5 тыс. км). К тому же за последний год упал товарооборот между нашими странами, и российский президент сожалеет об этом. Причины падения пояснил вице-премьер российского правительст-

ва Виктор Христенко. Все дело в завышенных тарифах. Товары, пересекая российско-казахстанскую границу, иногда вырастают в цене в несколько раз. В результате последствия, по мнению вице-премьера, просто ужасные для Казахстана:

— Так, импорт автомобилей из России упал в полтора раза. И тут же в полтора раза увеличился импорт автомобилей из Японии. А импорт автомобилей из Чехии вырос в четыре с половиной раза!

Казалось бы, что же тут плохого? Остается только позавидовать народу Казахстана.

Но, к счастью, не все в этом мире можно измерить условными единицами надежности и комфорта. Да разве, в конце концов, в деньгах счастье? Если бы все было так безнадежно, разве сказал бы президент Казахстана, подписывая итоговое совместное заявление, что уже к концу мая порядок пересечения людьми и грузами российско-казахстанской границы будет упрощен? То есть все-таки остается надежда на то, что не мы одни будем пользоваться российскими автомобилями. И не такая уж призрачная.

РУССКИЙ СОЛДАТ ДАЛ БОЙ ПРЕЗИДЕНТУ

Таджикистан планировал встретить Владимира Путина так, как он этого и заслуживает, — с хлебом-солью, оркестром, почетным караулом и с послами иностранных государств, аккредитованными в Республике Таджикистан. Но ничего этого, к счастью, не случилось. Зато случилось много другого.

«ТАК НУЖНО ПРЕЗИДЕНТУ ТАДЖИКИСТАНА»

Таджиков долго убеждали, что этот визит не официальный, а рабочий. Они, хотя и соглашались, в душе не верили. В день приезда на аэродроме, несмотря ни на что, появилась трибуна, с которой в Таджикистане принято приветствовать настоящих гостей, приезжающих с официальным визитом.

Послам позвонили и сказали, чтобы они начинали выдвигаться в сторону аэропорта. Оркестр привезли туда еще раньше.

Неизвестно, какие титанические усилия потребовались, чтобы остановить всю эту машину традиционного таджикского гостеприимства. По каким-то причинам этот визит ни в коем случае не должен был стать официальным. И он не стал им. Трибуну зачехлили. Оркестр не сыграл. Послов отозвали.

Все это скорее всего не могло не вызвать чувства опустошения в душе президента Таджикистана Эмомали Рахмонова. В аэропорту он выглядел откровенно сосредоточенным. Ведь до этого он и так пошел на серьезные компромиссы с самим собой. Ему хотелось раскинуть в аэропорту целый шатер — такой же, какой раскинул для него не так давно президент Украины Леонид Кучма в аэропорту Борисполь города Киева.

Кроме того, президент Таджикистана согласился отменить обзорную экскурсию на Нурекскую ГЭС. Этот пункт всегда был обязательным в программе визитов всех гостей. В 1970 году ГЭС открывал генеральный секретарь ЦК КПСС Леонид Брежнев. Но даже это обстоятельство не смогло заставить Владимира Путина согласиться на поездку в Нурек. На его решимость не повлияло и то, что там же находится один из объектов космических войск России. Вместо всего этого запланировали визит в 201-ю мотострелковую дивизию, расквартированную в Душанбе.

После встречи в аэропорту президенты сели в одну (все-таки в одну) машину и приехали в гостевую резиденцию Эмомали Рахмонова. Там и разговаривали несколько часов с привлечением специалистов широкого и узкого профиля. А я, ожидая выхода двух лидеров к журналистам, понял, что все в Таджикистане делается именем президента Рахмонова. Ни одно, даже, казалось бы, самое незначительное, событие не ускользает от его высокого внимания. Вот я стою на травке возле восьмого корпуса гостевой резиденции, где идут переговоры президентов России и Таджикистана, и подходит ко мне сотрудница департамента информации таджикского МИДа.

— Отойдите на десять шагов, — требует она.

Я отхожу.

— А теперь еще на десять.

А ведь там кусты.

— Зачем? — спрашиваю.

— Так нужно, — отвечает она.

— Кому?

— Президенту Таджикистана Эмомали Шариповичу Рахмонову.

Нет, не отошел, но, видимо, только потому, что в этот момент из восьмого корпуса вышли президенты.

«МЫ ПРЕССУ НЕ КОНТРОЛИРУЕМ И НЕ НАМЕРЕНЫ»

Владимир Путин рассказал, что у него много планов насчет Таджикистана. Прежде всего его интересует Сангтудинская ГЭС. Чтобы построить ее, нужно не меньше $250 млн. Российский президент предлагает поучаствовать в этом проекте всем шести государствам ЕвроАзЭС: «Поговорим еще, конечно, завтра с коллегами, посчитаем, послушаем, что скажут...»

Потом он пару слов сказал о таджиках, приезжающих в Россию поработать. По его мнению, это желание надо приветствовать, так как процесс обоюдовыгодный. Правда, к сожалению, большинство таджиков быстро становятся незаконными мигрантами и их ожидает печальная участь возвращения на родину. Больше у него не было желания говорить об этих людях. А вот таджики позже вернулись к этой теме.

Чуть больше Путин говорил о наркотрафике. Ну, он этого и заслуживает. Наркотики из Афганистана через Таджикистан и Россию идут в Западную Европу. Президент Рахмонов рассказал, что спецслужбы России и Таджикистана работают на этом направлении очень и очень неплохо. Все больше и больше наркотиков не доходит до пункта назначения. По изъятию наркотиков Таджикистан занимает четвертое место в мире. Правда, лично у меня есть опасения, что вместе с тем все больше и больше доходит. Просто общий оборот все время увеличивается, как в любом хорошо идущем бизнесе.

Пресс-конференция двух лидеров мирно катилась к финалу, когда свой вопрос задал журналист, представившийся сотрудником Би-би-си. Между тем он был таджиком. И это многое объясняло. Российская пресса, рассказал этот таджик, допускает политически некорректные оценки в адрес других таджиков. Особенно когда те приезжают в Россию. «С чем это связано?» — спросил таджик из Би-би-си Владимира Путина. Не плата ли это за верность Таджикистана России? Владимир Путин с удовольствием квалифицировал этот вопрос как провокационный.

— Я думаю, вы знаете, что делаете, когда задаете этот вопрос, и делаете это неплохо, — сказал далее президент России. — Что же касается российской прессы, то она у нас есть разная, — добавил он. — Мы не контролируем ее и не намерены этого делать.

Хорошо-то как, господи! И даже не собираются! Ну ладно.

Уже после пресс-конференции выяснилась еще одна интересная подробность. В результате переговоров были подписаны всего два малозначительных соглашения. Договор о строительстве телерадиостанции, которая транслировала бы передачи российского телевидения на Таджикистан, не подписали. Между тем накануне об этом говорили как о деле решенном. Таджикские чиновники, к которым я потом подходил, утверждали, что этот договор не был подписан, потому что из Москвы никто с полномочиями поставить свою подпись под таким серьезным документом не приехал. Эти люди были явно обижены на Россию. Позже выяснилось, что российский министр связи Леонид Рейман прилетел в Таджикистан в составе российской делегации именно для того, чтобы подписать договор. Но в последний момент таджикская сторона выставила несколько дополнительных условий, и было решено, что господин Рейман приедет в Таджикистан еще раз через месяц.

«ВЫТАСКИВАЙТЕ РОССИЮ!»

Уже ранним вечером стало известно, что российский президент приедет в Свято-Никольский храм. Православная церковь стоит в центре Душанбе. В свое время она была перестроена из гаража «Таджик-фильма». А так сразу и не скажешь. Выглядит скорее все-таки как церковь. Батюшка, отец Сергий, к приезду Путина за три года отремонтировал храм изнутри. Снаружи церковь покрасили таджикские власти. Теперь не видно следов очереди из крупнокалиберного пулемета, которая в 1993 году, когда здесь были бои, прошла через весь фасад здания и остановилась, по словам отца Сергия, в пяти сантиметрах от изображения Христа.

Все прихожане знали, что в храм в эту ночь приедет президент России. Они радовались, что благодаря ему заасфальтировали дорогу к храму. Я поговорил с двумя прихожанами.

— Нет, мы не постились, — сказала мне женщина лет пятидесяти. — Не хватило сил. Чтобы поститься, человек должен быть один. Он должен быть сосредоточен. А мы не можем сосредоточиться. У нас зарплата 6 сомони в месяц ($2). Простые люди живут в Таджикистане как нищие или занимаются наркотиками, ведь на них за один раз можно заработать $2—3 тыс. и ни о чем больше не думать.

Они ушли, а мне стало как-то грустно от этого рассказа в светлую пасхальную ночь.

Владимира Путина ждали довольно долго и страстно. Не как Иисуса Христа, конечно, но все-таки очень ждали. И когда он появился, мужчина рядом со мной даже попытался захлопать. Президент вошел в храм, взял десятка полтора свечей и долго одну за другой зажигал их и ставил. Батюшка рассказывал ему что-то веселое, Путин переспрашивал и улыбался. У него было в эту ночь хорошее настроение. Потом началась молитва.

После молитвы с песнопениями стали готовиться к крестному ходу. Пауза тянулась минут десять. Прихожане, стоявшие рядом с Путиным, изо всех сил молчали. Им, видимо, не велели беспокоить президента в такую ночь. Тогда он сам о чем-то заговорил с ними. Когда Путин был уже у самого выхода, кто-то крикнул ему:

— Вытаскивайте Россию!

Он быстро кивнул.

«Я ЖЕ НЕ ПРОИГРАЛ»

Наутро Путина ждали в одном из полков 201-й дивизии. Туда сейчас перенесли и штаб дивизии. Здание построили только что, и Путин должен открыть его. В сегодняшнем Душанбе к дивизии относятся хорошо, все помнят, кого она защищала во время гражданской войны 1993 года. Теперь дивизии нужен статус военной базы, президент Таджикистана согласен, и это понятно, ему такое согласие ничего не будет стоить. А вот согласие Путина стоит российскому бюджету несколько десятков миллионов долларов в год. И все-таки все ждут, что после визита Путин объявит: дивизия получает свой статус.

Путин подъезжает к новому зданию штаба, принимает доклад командующего округом генерал-полковника Баранова и уходит на совещание. Через несколько минут выясняется, что в самом начале этого совещания он делает более или менее сенсационное заявление.

— В последнее время наши спецслужбы фиксируют значительную активизацию восстановления деятельности «Талибана» и «Аль-Каиды». В этой связи методы борьбы с международным терроризмом должны совершенствоваться и активизироваться.

Это, конечно, интересно. Хотя бы становится понятно, чем заняты наши спецслужбы. И очевидно, что в связи с этой информацией трудно будет переоценить роль подразделения 201-й дивизии в стабилизации обстановки. Так, значит, будет российская военная база на территории Таджикистана? Нет, необязательно. Процитированным заявлением все и ограничивается. Совещание продолжается в закрытом режиме, а президент после него идет осматривать новую казарму. В комна-

14 Зак. 3746

те отдыха два солдата показательно играют в нарды. Путин чрезвычайно оживляется.

— А ну-ка, подвинься, — внезапно говорит одному.

От Путина в последнее время что-то не ждут сюрпризов. Он перестал кататься на боевых истребителях и подводных лодках и полностью переключился на горные лыжи. И вот оказывается, что тяга к экстремальному отдыху никуда не делась.

Играют они довольно долго. Солдат сидит весь пунцовый. Но, похоже, не от смущения, а от страшного напряжения. Он думает. Он не хочет проиграть. Он хочет выиграть.

Ситуация на доске очень сложная.

— Попал солдат, — шепчет один из генералов. — Поймали тебя! Сдавайся!

Да, там какая-то сложная комбинация. Но солдат не сдается. Он настоящий боец. Министр обороны, стоящий рядом, подбадривает солдата. Но что толку от поддержки министра обороны, если солдат играет с верховным главнокомандующим?

— Стоп! — пораженно говорит президент. — Лишний ход! Да за тобой глаз да глаз нужен!

Солдат нервно кивает. Ну да, не вышло у него. Игра продолжается. Путина ждут пять лидеров ЕврАзЭС, главы пяти стран, но он сам вдруг перестал куда-нибудь спешить и играет в нарды с солдатом. И я понимаю в этот момент, что вот ведь как он освоился в должности президента.

Тут второй солдат, которого Путин попросил подвинуться, начинает подсказывать первому. Зря он это делает — положение на доске становится хуже. Но по-человечески понятно: парень тоже хочет войти в историю дивизии.

У одного из генералов сдают нервы, и он напоминает президенту, что там все ждут.

— Сдавайся, — еще раз говорит один генерал солдату.

Эти слова звучат как приказ.

— Я же не проиграл, — страдальчески улыбается солдат.

Умрет, а не сдастся.

Путин встает из-за доски с явным сожалением. Не доиграл.

У выхода его ждет рядовой состав дивизии. Много жен.

Путин идет было к солдатам, но дорогу ему властно преграждает женщина лет 45.

— Христос воскресе! — уверенно говорит она. — От имени всего нашего женсовета...

Вот и все. Поговорили. Три минуты президент слушает, как хорошо зарекомендовал себя здесь, в Душанбе, женсовет 92-го полка. Он уже уходит, а она кричит ему в спину:

— Есть у нас профессия такая — служить родине! Есть такая профессия!

Пока она говорила, чуть в стороне стояла девочка лет трех и плакала оттого, что она не может увидеть президента из-за спин десятков взрослых людей.

— Девочка, что ты плачешь? — спросил ее президент, сев на корточки.

Тут она, конечно, расплакалась по-настоящему.

Следующие несколько часов Владимир Путин провел на встрече с лидерами ЕврАзЭс. Эта встреча, как и совместная пресс-конференция, не заслуживает детального описания. Ни о чем, по сути, не договорились. Президент Рахмонов, правда, рассказал, что решили все-таки вместе за три года построить Сагтудинскую ГЭС. Но вице-премьер российского правительства Виктор Христенко в неофициальной беседе сказал, что только к осени будет готов проект технико-экономического обоснования, а что дальше, вообще пока неясно. Да и в конце концов, не для того же собирались лидеры шести не самых последних стран, чтобы решиться построить какую-то несчастную ГЭС? Нет, ну правда? И зачем приезжал президент «Русала» Олег Дерипаска, если не за акциями алюминиевого завода, едва ли не единственного серьезного предприятия в Таджикистане?

Можно, конечно, предположить, что накануне встречи с премьер-министром Великобритании господином Блэром во вторник в Москве президенту России надо продемонстрировать, что Центральная Азия у него в кармане. Но продемонстрировал ли?

Что там вообще происходило, за закрытыми дверями? Что-то темнят президенты. Нехорошо это.

На следующий день президент России Владимир Путин в новой резиденции таджикского президента «Пугус» вместе с пятью коллегами выстраивал эшелонированную систему коллективной безопасности.

Накануне сотрудники резиденции президента Таджикистана, которая находится в центре города, с увлечением рассказывали о том, что мне предстоит увидеть в Варзобском ущелье. Есть красивая горская легенда об этой истории. Легенда гласит, что два года назад президент Таджикистана проезжал по этим местам и был поражен их красотой. И вдруг он увидел трубу, которая шла от одной горы к другой. Он спросил дехкан, что находится в трубе. Оказалось, что по этой трубе текла вода. Вода была не простая, а чистейшая родниковая. Президенту рассказали, что раньше на месте трубы бил родник, единственный источник воды на 50 км вокруг, и спускался невиданной красоты водопад. Президент с недоумением спросил, почему на месте водопада теперь находится труба, и ему ответили, что жители нескольких сел на соседней горе пьют эту воду и благодарят Бога и президента Таджикистана Эмомали Рахмонова за предоставленную возможность. Президент подумал, кивнул и уехал, а через несколько дней в ущелье приехали большие бульдозеры и экскаваторы. Строители, приехавшие вместе с ними, первым делом разобрали трубу и вернули этим местам их природную красоту. С тех пор и спускается вновь с высокой горы прекрасный водопад, радуя всем своим видом гостей резиденции президента Таджикистана Эмомали Рахмонова.

Я уж не знаю, так все это было или не так, а только из резиденции «Пугус» открывается замечательный вид на горы и водопад, спускающийся с одной из них. Президенту Таджикистана очень нравится его резиденция, и он не стесняется говорить об этом. Поделился он впечатлениями и с нами, журналистами, пока ждал коллег, лидеров пяти стран, подписавших без малого 11 лет назад договор о коллективной безопасности (ДКБ). Сначала приехал президент Белоруссии Александр Лукашенко, хмурый, как и накануне, и не старающийся скрывать свои чувства. Не по душе ему ЕврАзЭс, участником которого он был вчера, и все тут. Потом прибыл президент Армении Роберт Кочарян, ровный кавказский мужчина, своим немногословием производящий впечатление интеллигентного человека. Приехал президент Казахстана Нурсултан Назарбаев, придумавший в свое время весь этот ДКБ, и был принят с преувеличенной, согласно законам гостеприимства, радостью. Сам особенной радости не выказал и прошел в беседку, где уже сидели господа Лукашенко и Кочарян в ожидании своих товарищей по ДКБ.

Опаздывали президент России и президент Киргизии. Господин Рахмонов переминался с ноги на ногу в их ожидании, а потом ему стало скучно, и он подошел к журналистам, стоявшим в нескольких метрах от него.

— Ну как вам тут вообще, нравится? — с видимым безразличием спросил он.

О, что крылось за этим безразличием! Неравнодушен был господин Рахмонов к своей новой резиденции, да еще как!

— Нравится! — нестройным хором ответили журналисты, более или менее искренне.

— Это не простые горы, — тогда рассказал президент Таджикистана. — Вон там розовый мрамор, вон там тоже мрамор, другой совсем... Мы его брали из горы и строили резиденцию...

Вдруг над одной горой показался вертолет, и через секунду с вершины повалил плотный красный дым. С вертолета сбросили дымовую шашку. Это могло означать только одно: приближается Владимир Путин. И надо сказать, что отвлекающий маневр частично удался: многие журналисты были так зачарованы зрелищем красного дыма, что не заметили, как подъехал кортеж президента России и из «Гелендвагена» вышли Владимир Путин и Аскар Акаев. Оказывается, они всю дорогу ехали в одной машине. Потом выяснилось, что президент Киргизии связался с Владимиром Путиным и сказал, что у него есть разговор. Двусторонняя встреча не была предусмотрена, и господин Путин предложил подвезти господина Акаева до «Пугуса».

В резиденции два лидера были встречены третьим, и все

вместе они на минутку зашли в беседку, откуда проследовали на заседание совета ДКБ в узком составе. Следующее заседание, в расширенном составе, должно было пройти в другом здании, чуть ниже. История обоих зданий заслуживает отдельного описания.

Одно из них, побольше, было выстроено и приготовлено для встреч на высшем уровне в соответствии с генпланом, утвержденным президентом Таджикистана. В этом здании есть овальный зал для рабочих заседаний солидных делегаций. И когда российская группа, готовившая визит, за несколько дней до саммита приехала осматривать резиденцию, все были приятно удивлены качественному подходу таджикской стороны к встрече высоких гостей. И только потом кто-то догадался спросить: а где же пройдет встреча в узком составе? Таджики задумались: и правда, где? Так далеко в своих мыслях они не заходили. Помещения, где лидеры могли бы встретиться наедине, в комплексе «Пугус» не существовало. Но таджики только и спросили членов российской делегации, что примерно требуется в таких случаях, и попросили их приехать в «Пугус» через три дня. Через три дня новый объект был построен и прошел госприемку по самым высоким стандартам.

И в результате после этого саммита ни у кого никаких претензий не возникло. Все президенты поработали с комфортом и в охоточку. Об этом свидетельствовали одухотворенные лица лидеров шести стран по окончании двух заседаний. И даже Александр Лукашенко заразительно улыбался, явно вспоминая о чем-то хорошем, и даже очень. С этим человеком вообще, похоже, приятно иметь дело. У него все написано на лице. Все горести и радости его страны, все проблемы и даже болячки можно с легкостью увидеть на этом лице.

Да и остальные президенты были довольны. И ведь оказалось, им действительно есть чем гордиться. Каждый из них ответил на один вопрос журналиста своей страны. Президента Армении спросили, как армянская армия, наиболее боеспособная, по выражению армянского журналиста, изо всех армий, впишется в этот договор.

— Я доволен, — с готовностью ответил Роберт Кочарян. — Наша организация — ДКБ — приобретает очень конкретные очертания.

Александр Лукашенко, единственный из всех, зачитал ответ на вопрос своего корреспондента по бумажке. Но хотя бы стало чуть-чуть понятно, чему он так радуется:

— Усиливается военно-политическая составляющая ДКБ. Это происходит на фоне процессов, в ходе которых определенные силы предпринимают попытки слома системы миропорядка и ее гаранта — ООН.

Видимо, господин Лукашенко надеется, что усиление военно-политической составляющей в ДКБ позволит не допустить этих процессов.

Президент Казахстана Нурсултан Назарбаев вообще назвал эту встречу поворотной. Он рассказал, что за два часа переговоров был создан объединенный штаб совета ДКБ, решены вопросы финансирования, утверждены штаты организации. Генсеком совета ДКБ утвержден, как и ожидалось, Николай Бордюжа. Офицеры, входящие в армии членов Организации договора о коллективной безопасности, будут на льготной основе обучаться в разных странах — участницах ДКБ, подчеркнул он. Кроме того, договорились, что и вооружение, главным образом российское, будет продаваться странам — участницам ДКБ на тех же условиях, что и российская армия покупает его для себя в России, то есть на очень льготных.

— Это создаст братство по оружию, — заявил президент Казахстана.

А мне показалось, что это создаст новые возможности для новых, так сказать, злоупотреблений.

И наконец, ДКБ, по мнению Нурсултана Назарбаева, приобретает статус международной организации. Ее, правда, предстоит еще регистрировать в ООН. Если, конечно, определенные силы не предпримут очередную попытку ее слома.

А президент Киргизии Аскар Акаев добавил, что лидеры шести стран договорились к тому же «утвердить порядок организации сил быстрого развертывания с военными опреде-

ленными компонентами». Это означает, что у российской авиабазы в Киргизии хорошее будущее.

Совершив все эти поступки, президенты пошли обедать. Да, этот обед они, похоже, заработали.

ОТКРЫТИЕ МЕРТВОГО СЕЗОНА

29 апреля президент России Владимир Путин в своей резиденции Ново-Огарево встретился с премьер-министром Великобритании Тони Блэром. Вопросов друг к другу накопилось много, один драматичнее другого. Ответы, в результате которых на пресс-конференции журналисты стали спрашивать господ Путина и Блэра, не грозит ли человечеству новая холодная война, произвели на меня большое впечатление.

Встреча двух лидеров в Ново-Огареве до боли напоминала кадры из фильма «Мертвый сезон». Там ведь есть эпизод обмена двух разведчиков, нашего и не нашего, на мосту. Мужчины начинают движение навстречу друг другу и, стараясь не спешить, идут в звенящей тишине, глядя прямо перед собой и не мигая. Потому что они профессионалы.

Эту сцену вчера поразительно дотошно воспроизвели Владимир Путин и Тони Блэр. Так же одновременно стартовав и пытаясь не спешить, они начали движение. Владимир Путин пару раз вынужден был сбить шаг, чтобы встреча произошла ровно в середине пути. Позже аналитики назовут происшедшее исторической прогулкой двух лидеров в Ново-Огареве.

Беседа Владимира Путина и Тони Блэра началась не менее странно. Если бы разведчиков из фильма «Мертвый сезон» не обменяли, то они, наверное, вели бы себя на допросах так же, как господа Путин и Блэр в начале беседы в резиденции: молчали бы и смеялись в лицо врагу. Владимир Путин так и не проронил ни слова. Сначала он просто молчал, сидя у камина перед телекамерами вместе с британским коллегой, а потом, когда премьер-министр не выдержал напряжения и нервно засмеялся, Владимир Путин холодно улыбнулся в ответ.

Все это ведь при желании можно было бы прокомментировать, например, и так: «Переговоры двух лидеров начались в обстановке напряженности и непонимания. Видимо, разногласия по отношению к иракской проблеме роковым образом повлияли на взаимоотношения двух стран. Вчера стало окончательно ясно, что эти взаимоотношения теперь оставляют желать много лучшего. Остается только гадать, сумеют ли два лидера на предстоящей встрече в июне в Лондоне преодолеть возникшие барьеры и сделают ли попытку найти компромисс во имя будущего двух наших народов...»

На самом деле, я думаю, все не так плохо и объясняется попроще. Президент России последнее время не считает почему-то нужным напоказ общаться со своими собеседниками для протокола в присутствии журналистов. Может, просто надоело. Решил он, видимо, не делать исключения и на этот раз. Если это так, то надо признать, что в таком поведении есть риск быть прямолинейно истолкованным.

Беседа Владимира Путина и Тони Блэра продолжалась не меньше полутора часов. По окончании они ответили на вопросы журналистов. Это было не скучно.

Все, конечно, ждали, будет ли Владимир Путин упорствовать в своем то ли заблуждении, то ли правоте насчет Ирака, и особенно насчет военных инспекторов, которых он до сих пор пытается отправить в эту страну искать оружие массового поражения. Между тем Блэр своим визитом явно давал ему шанс исправиться и не делать больше исторических ошибок. Воспользуется ли российский президент предоставленной возможностью? Оценит ли? Ведь, в конце концов, не с каждым из проигравших сейчас вообще считают нужным разговаривать. И мало кто из журналистов, с которыми я говорил, перед пресс-конференцией думали, что Путин будет, несмотря ни на что, упорствовать. Не тот, кажется, случай.

— Российская позиция остается прозрачной и последовательной, — начал Путин.

Сразу стало немного тревожно.

— Россия всегда выступала за смягчение и даже отмену санкций ООН в отношении Ирака, — продолжил он. — Но партнеры по Совету Безопасности считали, что санкции необходимо сохранить, пока не будет определенности насчет оружия массового поражения в этой стране. Есть оно или нет? ОМП, как известно, не обнаружено.

Да, Путин излагал точь-в-точь то же самое, что и до войны. Похоже, ничего не изменилось. Он продолжает упорствовать. Но оказалось, что на самом деле президент России решил пойти еще дальше:

— А вопросы остаются! Где Саддам? Где эти арсеналы, из-за которых началась война? А может, Саддам сидит на этих ящиках в своем тайном бункере и думает, не рвануть ли все это хозяйство и поставить под угрозу жизнь человечества?

Путин откровенно бил под дых. Возразить было нечего. Но можно было обидеться. Вот взять и навсегда обидеться. Британский премьер-министр, законный победитель в этой войне, мог себе это позволить. И на губах Блэра уже было какое-то подобие кривой улыбки.

— Может, ничего этого и не случится, но мы должны думать об этом, — закончил Путин свою острую мысль, и мне даже показалось, что он решил в самом конце сдать немного назад.

Увы, я ошибался.

— Что касается оружия массового поражения, то есть много вариантов для обеспечения военных инспекций даже в этих условиях. Если что-нибудь обнаружится, необязательно показывать сразу пустые бочки по телевизору (опять эти колюще-режущие намеки! — *А.К.*), а можно сразу вызвать инспекторов.

Блэру надо было что-то отвечать. В его распоряжении тоже было много вариантов, в том числе и самых крайних. И Великобритания, уверен, не упрекнула бы своего премьер-министра, если бы он ими воспользовался.

А он ответил Путину, что очень благодарен ему за приглашение посетить Россию. Кажется, Блэр хотел подчеркнуть, что это не он просил о встрече. Британский премьер добавил, что существующие расхождения насчет Ирака хорошо знакомы всем присутствующим и что он рад согласию в том, что Ирак должен стать стабильным партнером других стран в мире и что ООН будет играть существенную роль в этом процессе.

Блэр демонстрировал полную безмятежность. Он сделал вид, что ничего не заметил. И я подумал, что так и ведут себя люди, которые хорошо осознают свою силу и действительно могут позволить себе многое, в том числе и снисхождение к проигравшим.

— Еще раз спасибо за приглашение посетить вашу страну, — с приторной вежливостью закончил он.

Чуть позже Блэр добавил, что рассчитывает на трехфазный процесс урегулирования. На первом этапе управлять страной будет администрация сил коалиции. На втором установят временную администрацию Ирака, которая будет способна принять на себя функции управления страной. На третьем этапе, который вообще-то далеко, будет принята конституция Ирака и пройдут всенародные выборы.

Путин прокомментировал, что все это — хорошая база для сближения позиций. Но сам, судя по всему, пользоваться этой базой не собирался. И тут в дело вступили британские журналисты. Они явно были страшно уязвлены ответами Путина и готовились вступиться за честь своей страны.

— Мы, конечно, отметили, как вы подтрунивали над всеми нами, — сказал журналист телевидения Би-би-си, приехавший из Лондона в пуле Блэра. — Вы что, сомневаетесь, что есть в Ираке это оружие массового поражения?! — с хорошо отмеренной долей гнева спросил он российского президента.

— То, что я сказал, звучит, может, иронически, но иронии нет. Просто мы должны быть последовательны в своих действиях и основывать их на реалиях, что откуда возникло, на основе чего, — туманно ответил Путин.

Но при желании можно было бы предположить, что он все-таки оценил великодушие Блэра и решил ответить ему тем же.

— Главная причина начала войны — поиск оружия массового поражения, — продолжил Путин. — Иракский режим утверждал, что его нет, но мы сомневались в искренности иракского режима.

Тут мне показалось, что президент России в душе вообще всегда был за начало военных действий.

— Мы не знали, есть оно или нет. Я говорю безо всякой иронии: было или не было? И если было, то где оно? Уверенности, что оно уничтожено, тоже нет. А может, те, кто его производил, передали его террористическим организациям? Об этом мы тоже ничего не можем сказать. Я хочу сказать, чтобы вы меня поняли!

Да мы поняли. Мы все поняли. Не оценил великодушия. Упорствует.

— Это не значит, что мы готовы подсмеиваться над ситуацией. Мы готовы находить решения. — Путин как-то вдруг обмяк, сказав еще пару слов о том, что юридически поставить точку в деле Ирака и снять санкции может только тот, кто их наложил, то есть Совет Безопасности ООН.

— Хотите, чтобы я что-то добавил? — улыбнулся Блэр своим журналистам.

Их возмущенные жесты означали по крайней мере: «Еще бы!»

— То, что было сказано, ни в коем случае не разочаровывает меня! — упрямо повторил Блэр.

И тут налет великодушия вдруг слетел с него, и мы внезапно увидели совсем другого Блэра.

— А насчет оружия массового поражения... Мы еще узнаем о нем! Весь мир узнает! Ирак действительно имел его, это доказано, зафиксировано в резолюциях ООН. Мы найдем. Это будет. Я в этом уверен. Тогда мы покажем миру, что это так и есть!

Блэр держался из последних сил. Нет, вот если вы хотите знать мое мнение, то лучше не ссориться с этим человеком. Ну не надо! Ну зачем?! Ну все же может быть так хорошо!

А ведь Путин еще с Бушем не встретился.

Еще один британский журналист, наслушавшись всего

этого, спросил наконец, не грозит ли человечеству, если события и дальше будут так развиваться (то есть, видимо, если Путин и дальше будет так отвечать на их вопросы. — *А.К.*), новая холодная война.

Тогда британский премьер еще раз взял себя в руки и произнес несколько слов про стратегическое партнерство США, Европы и России.

— Если мы будем соперниками, тогда всем нам беда, — как-то печально сказал он.

Показалось в очередной раз, что Путин разделяет его озабоченность. Но через минуту российский президент уже говорил, что никакого партнерства не получится, «если все это большое сообщество будет обслуживать интересы только одного участника этого сообщества».

Да какая, в конце концов, муха его укусила?!

А может, Блэр просто не предложил ничего такого, из-за чего Путину стоило говорить что-нибудь другое? Торгуются ведь. Явно торгуются.

ВЛАДИМИР ПУТИН ДАЛ КОМАНДУ ЕСТЬ ПРЯНИКИ

8 мая президент РФ Владимир Путин приехал в город-герой Тулу, где так и не отдал ветеранам войны и труда самой главной команды, которой они ждут уже много лет.

ТОМЛЕНИЕ ВЕТЕРАНОВ

Президент прилетел в Тулу на вертолете. Это было отмечено всеми наблюдателями. Наблюдателей было много, практически весь город. Никто, конечно, толком не работал. Все готовились к встрече с президентом. В этот день в городе всерьез функционировало только одно предприятие — Конструкторское бюро приборостроения (КБП). Что оно производит, возникнет, может быть, вопрос. Да все. Практически

все, что нужно для того, чтобы Россия встала с колен. В том числе и новый пистолет. Такой, какого ни у кого нет и ни у кого не будет, потому что он такой, есть мнение, никому и не нужен. И еще что-то было в центре выставочного модуля, совершенно засекреченное зелеными шторками. Не уверен, что и президента туда пустили, за шторки.

Президент осматривал выставку долго, часа полтора, а может, больше. Все это время в банкетном зале КБП томились ветераны войны и труда, которых пригласили на встречу с президентом. Среди них была Мария Аргудяева, женщина с характером, прошедшая войну регулировщицей движения танковых колонн — сначала в одну, а потом в другую сторону, и Герой Советского Союза разведчик Иван Потехин, без шума и пыли захвативший вражескую переправу и сэкономивший Красной Армии не один десяток жизней ее солдат, а также генерал-майор Добровольский, готовившийся выступить перед президентом и сказать ему наконец всю правду, потому что ведь кто-то же должен это сделать. Всего их было человек шестнадцать, пожилых, уже давно плохо слышащих и видящих людей. И все-таки крепкие это были старики (и одна старушка), раз дожили они до этого, прямо скажем, хорошего дня.

Они ждали президента не в банкетном зале, а возле него, рассевшись полукругом на стульях, и минут через сорок я увидел, что им все это перестает нравиться.

— Да кто кого тут должен ждать, я хочу спросить? — не выдержал один, попросивший позже как о большом личном одолжении не называть его фамилию.

А Герой Советского Союза Иван Потехин, наоборот, с толком использовал это время и прочитал мне стихи собственного сочинения про радость бытия, а прозой добавил, что Путина нельзя равнять, по его мнению, ни с Хрущевым, ни даже с Брежневым. Путин выше — вот что предстоит понять потомкам, объяснял мне Иван Потехин в надежде, что я смогу это понять уже сейчас.

— Вот только... — замялся он на какое-то мгновение.

— Что?

— Да нет, ничего... А, ладно! — Ветеран махнул рукой, идя в душе на крайние меры. — Хотелось бы только, чтобы законы были пожестче.

— Какие?

— Какие? — Он был удивлен моему вопросу. — Все!

— Волнуетесь? — спросил я его, желая успокоить.

— Нисколько! Наоборот, приятно! Только долго уж очень. А так — приятно!

— Чего-то ждете от встречи?

— Да, жду, — твердо ответил Иван Потехин. — Команды.

Вскоре поступила команда. Не та, конечно, которой он ждет все эти годы, но все-таки команда: пятиминутная готовность! Президент должен был поздороваться с ветеранами и пригласить их к столу. Столы были накрыты хорошо. Помимо пирожков и дорогих бутербродов на них были замечены и свежая клубника, и малина, и ананасы. И повсюду, куда бы ни потянулась рука, она рано или поздно наткнулась бы на тульский пряник. И первое, что сказал президент, сев за стол, напрямую касалось этого пряника и отчасти объясняло, видимо, отчего был так широко представлен на столе этот, в сущности, глубоко сувенирный продукт, не так буквально предназначенный для еды:

— Я, как только прилетел и сел в машину, сразу спросил вашего губернатора: пряники будут?

Президенту показали пряники. Президент попробовал и явно остался доволен. Он вообще приготовился никуда не спешить. Он хотел поговорить с ветеранами. Они это заслужили всей своей нелегкой жизнью во имя отчизны.

РАЗГОВОР С ПРЕЗИДЕНТОМ ПРО АВОСЬ

Он рассказал ветеранам, что Тула очень много сделала для родины — почти невозможное, и даже больше. Он сказал все, что говорят в подобных случаях и что является вообще-то чистой правдой.

— И что не менее удивительно: за 20 дней все собрали и вывезли в эвакуацию! — воскликнул президент.

Один из ветеранов, Василий Пушкин, как раз и занимался этим удивительным делом. Он рассказал президенту, что вывезли-то ведь в Оренбургскую область, на голое поле, и через полтора месяца все уже работало.

И он еще какие-то подробности рассказывал, но слышно было плохо, потому что как раз в этот момент гендиректор КБП Аркадий Шипунов, высокий, тучный человек, встав из-за праздничного стола, за которым он сидел ровно напротив президента, принялся в соседней комнате орать на официанток, которые не спешили нести чай. Аркадий Шипунов думал, наверное, что его громкого голоса не слышно за открытой дверью, но слышно было каждое слово, и каждое производило огромное впечатление даже на меня, хотя и не мне было адресовано.

Между тем ветераны, мне казалось, плохо слушали и своего президента, и своего гендиректора. Они налегали на стол. Как же они ели! Какие молодцы! Я сразу вспомнил женщин в Тобольске, которых Владимир Путин приехал поздравлять накануне 8 Марта. Стол тогда в результате беседы из неких высоких соображений так и остался нетронутым. А что же творилось тут! На всех напал какой-то прекрасный жор.

Ел и президент, причем тоже все, что попадалось под руку. Сначала он прикончил все пирожки, которые стояли вокруг него, а потом принялся за пряники. Когда не осталось и их, он, казалось, машинально начал жевать все остальное, практически без разбору. И как же приятно было смотреть на всех на них! Вид аппетитно, с жаром питающихся людей вселяет огромный оптимизм и уверенность в завтрашнем дне. А уж когда так трескает человек с таким рейтингом, кажется, что Россия и правда встает с колен.

— А у вас что за орден? — поинтересовался Владимир Путин в перерыве между пирожком и пряником у Марии Аргудяевой, которая сидела по левую руку от него.

Она тихонько рассказала ему, как трудно работать регулировщицей танков на войне.

— А лет вам сколько было? — спросил он.

— Девятнадцать, — ответила она. — Почти.

И тут она использовала свой уникальный шанс. Она сказала, что дома у нее нет телефона. А ведь ей надо говорить с детьми и иногда вызывать «Скорую». Президент попросил у журналиста «Интерфакса» Вячеслава Терехова, стоявшего напротив, ручку и бумагу и записал фамилию старушки, а потом вопросительно поглядел на губернатора Стародубцева, который тоже сидел напротив. Губернатор нервно сказал, что не такая это уж и проблема для него — телефон. Подумаешь, телефон. Поставит он телефон, если очень надо.

— А когда она сможет говорить с детьми, возможно, и «Скорая» не понадобится, — пробормотал он.

Президент, однако, не улыбнулся этой шутке.

— Вскоре доложу о выполнении задания, — перестал улыбаться и Василий Стародубцев.

От продолжения этого разговора его спасло то, что встал еще один ветеран.

ОСЕДЛАТЬ ИЗЮМИНКУ

Ветеран произнес речь. Конечно, она напрашивалась. Ветеран рассказал, что, когда он во время войны приехал в Тулу, где-то, по некоторым данным, уже появилась атомная бомба — и надо было спешить. В Туле тогда стали делать новую пушку. Его группа тоже работала над созданием пушки, как и другие. Конкуренция была очень серьезная. Одно КБ сделало пушку, которая отказывала при боковом ветре.

— И они собрали манатки и уехали домой!

Президент громко рассмеялся. Ему нравилась эта история.

А выиграла, как и следовало ожидать, группа, где работал ветеран. Как-то они решили проблему бокового ветра.

Президент ждал продолжения.

— Ну что же еще-то рассказать? — с отчаянием взглянул на него ветеран. — Вроде все. А, нет! Ирак!

Ну как же он мог забыть!

— Тут надо хорошо смотреть. Это завтрашний день для

России. Надо много работать. А с кем? А нужно сделать так, чтобы такие люди, как Аркадий Георгиевич (гендиректор КБП Шипунов. — *А.К.*), у руля в стране стояли. И не будет казусов. В нашем деле это называется «оседлать изюминку», — со странной мукой в голосе произнес ветеран.

Да, свое дело он сделал, хоть и тяжело оно ему далось. Он справился.

— А то у нас в России это авось... Но надо же бороться! Вертолет вот этот упал. Лодка подводная... Она утонула. Как это? Неизвестно. И последнее событие. Сели в Казахстане космонавты, а могли и не встать. Да приезжайте к нам, мы вам сделаем кнопку. У нас даже нашивки для парада на Красной площади шили — и то ничего! Все было глухо! В общем, умных людей не так много в России. У нас в КБ такой человек точно есть. Подумайте крепко, не ошибитесь! Я все сказал!

Тут наступило самое время преподнести президенту главный пряник. Он весил 18 килограммов.

— Спасибо, долго есть буду, — пообещал президент и немедленно приступил к исполнению обещания.

— А вот еще пирожок есть, — сказал директор Шипунов. — Съешьте, Владимир Владимирович.

Должен же он был что-то сказать в подтверждение того, что ему можно доверить оседлать изюминку.

— Вам-то еще можно. А вот мне уже нельзя, — со льстивой грустью в голосе добавил он.

Да, ему следовало поберечься.

— Ничего, в честь праздника можно, — разрешил, торопливо жуя, президент.

— Ну тогда я съем! Спасибо! — обрадовался директор.

Видимо, он решил, что в его жизни и правда наступают новые времена.

— А вообще-то я хочу сказать, что СМИ перевернули все с ног на голову, — с беспроигрышной темы вступил в разговор губернатор Стародубцев. — Легкая жизнь... Не показывают трудности. Не показывают тех, кто у станка! Не тех показывают!

— Да, — легко согласился президент, засовывая в рот кусок пряника. — Не тех.

— А вообще, когда люди зарплату получают день в день, чувство патриотизма крепнет, — продолжил окрыленный Стародубцев. — Правда?

Президент опять согласился. Он смог в этот раз только кивнуть, потому что запивал чаем.

— Но некоторые у нас все-таки ушли в фермеры. Плюнули на все и ушли.

Президент пожал плечами: ну что ж, это их выбор — и принялся наконец за бутерброд с рыбой.

— Огромное количество посредников съедают все! — заявил Шипунов.

Прозвучало это странно. На столе все-таки еще много осталось.

— От зерна до хлеба! — добавил Стародубцев. — Мировая цена — $130—135 за тонну. А вынуждают продавать за $50.

— А вот в некоторых субъектах Федерации люди построили хранилища зерна и решили придержать его до весны, — решил президент все же поговорить с губернатором. — И не прогадали. И никто их не заставил. И сейчас выходят на этот рынок с другими ценами.

И тут он даже подмигнул Василию Стародубцеву. Тот не нашелся что ответить. Между тем ему ведь только сказали, что он не справляется со своими обязанностями. А хуже всего, конечно, что президент при этом подмигнул. Что же теперь будет-то?

В ОЖИДАНИИ КОМАНДЫ

Через пару минут президент встал из-за стола. Ему пора было возлагать цветы к Могиле Неизвестного Солдата. После возложения президент подходил к людям на площади, жал руки, а одну женщину поцеловал. Ей сделалось плохо от счастья. «Ох!» — крикнула она и начала оседать на землю. Но президент этого не видел, потому что уже целовал девочку в

десантном берете. Девочке, наоборот, стало очень хорошо. Когда президент отошел от толпы, какой-то человек страшным голосом закричал: «Владимир Владимирови-и-и-ч!» Президент остановился, потом пошел к этому человеку. Оказалось, кричал, похоже, какой-то беженец с изможденным лицом. Он сунул Владимиру Путину письмо и на исходе сил пробормотал: «Только вы можете помочь...» Но, похоже, ему никто уже не мог помочь.

Еще через несколько минут в местном театре началось торжественное заседание, посвященное 58-й годовщине победы в Великой Отечественной войне. Василий Стародубцев, на вид оправившийся от психотравмы, нанесенной ему в банкетном зале КБП, говорил про то, что после войны мы многое потеряли.

— И прежде всего не стало великой державы, с именем которой мы ходили в бой и стояли у станка... То, что не удалось Гудериану, сокрушили мальчики-реформаторы...

Ну не в такой же священный день вспоминать про этих мальчиков! Но генерал-майор Добровольский, один из ветеранов, участвовавших во встрече, беспощадно добавил:

— Плоды наших нечеловеческих усилий на войне пожинает кучка олигархов. Было бы понятно, если бы они создавали производственные мощности. Но они же не создают!

И он признался, что соскучился по настоящей работе.

А я вспомнил, что и Иван Потехин все эти годы ждет команды. И другие люди.

А ее все нет.

ГРОЗНЫЕ СИЛЫ СЛЕТЕЛИСЬ НА СВОЮ ВТОРУЮ РОДИНУ

14 мая президент России Владимир Путин встретился с иностранными выпускниками советских и российских вузов и сказал, что гордится ими. Они в свою очередь говорили, как гордятся тем, что учились в нашей стране. А я гордился тем, что сидел в одном зале со всеми этими людьми.

На трехдневный форум, который проводится впервые, собралось более 800 выпускников из 120 стран. Говорят, что идея принадлежит индийскому профессору Девендре Каушику. Она, впрочем, лежала на поверхности. Все люди, когда-то объединенные общим замыслом, хотят встретиться и скучают друг по другу, даже если никогда не видели друг друга в лицо. В этом случае общий замысел был грандиозен и держался много десятилетий. Развивающимся странам, которым симпатизировал Советский Союз, очень нужны были профессиональные кадры. И Советский Союз, в свою очередь, не меньше нуждался в профессиональных кадрах за границей.

И вот теперь Колонный зал Дома союзов был заполнен ими до отказа. В зале сидели министры и даже президенты своих стран. Все знали, что приедет Владимир Путин. Кремль явно придавал большое значение этому форуму. Важно ведь, согласитесь, показать, какие до сих пор длинные у него руки. Да и по-человечески это было понятно. Люди, съехавшиеся в Колонный зал, испытывали такие острые и вместе с тем нежные чувства к нам, россиянам, бывшим советским людям, что не поддержать их в этот момент было бы в некотором роде предательством. В конце концов, они ведь на самом деле страстно и искренне любят нашу страну. И вы полюбили бы, если бы приехали сюда в студенческие годы из Тринидада и Тобаго на пять лет за казенный счет.

— Только вместе мы можем вспомнить, какими сильными мы были раньше, — сказал министр юстиции Экваториальной Гвинеи. — Наша Экваториальная Гвинея — маленькая страна. Когда мы получили независимость, у нас в стране было четыре профессиональных кадра, все из Испании. Но потом все мы, кто хотел учиться, поехали в СССР. И теперь я, министр юстиции, а также министры образования, здравоохранения, президент страны — все из СССР!

На каждое такое слово зал отвечал громовыми аплодисментами.

— Я восемь лет выступаю в ООН, — добавил министр юстиции. — И я выступаю там только на русском. И я говорю им: «Ну что, товарищи?!»

Зал застонал от восторга. Я увидел, как над головами взметнулось несколько рук со сжатыми кулаками.

— И этот язык нам дала наша вторая Родина-мать!

После короткого перерыва появился Владимир Путин. Он сказал несколько слов о том, как ими, выпускниками, до сих пор гордятся их преподаватели. И он, президент России, тоже гордится ими. Выпускники бешено аплодировали Владимиру Путину. Позже они, как один, признавались, что до самого последнего мгновения не верили, что он придет к ним, а когда он пришел, подумали, что скажет несколько слов и уйдет работать над документами. И они торопились продемонстрировать ему пылкость своих чувств. А он никуда не ушел — сел в президиум, оживленный и интересующийся. Он чего-то ждал от них, они ему были интересны — это уж точно.

И они не подвели его. Выпускник Ленинградского политехнического института Созвагу Энди Фунди из ЮАР не постеснялся и рассказал коллегам всю свою жизнь, хотя слово ему дали, по его собственному признанию, внезапно, и он совершенно не был готов к такому рассказу.

— Но я всегда готов выполнить задачу и без подготовки. Ведь я учился в СССР! — сказал он и заслужил свою долю оглушительных аплодисментов.

Энди Фунди вспомнил, как много лет тому назад стоял перед членами приемной комиссии института, чтобы ответить на вопрос в экзаменационном билете. Это был самый важный момент в жизни Энди Фунди. Ведь он так же, как и нынче, не подготовился и не знал ответа. Но, как и теперь, встал и рассказал все, что знал. Этого оказалось более чем достаточно, чтобы его приняли.

— А уже через несколько дней в общежитии я отмечал поступление в институт. И это был лучший момент в моей жизни, хотя я его и плохо помню, — честно признался Энди Фунди.

До этого Энди Фунди уже пытался поступить в институт. Это было в ЮАР. Но его не приняли, и тогда он решил, что никогда не будет учиться в южноафриканском вузе.

— Тогда я и приехал в СССР, надеясь получить хорошее образование и присоединиться к вооруженной борьбе моего народа уже образованным человеком, — добавил он. — Там, в ЮАР, как раз началось движение черного самосознания. Но потом его запретили. А Нельсона Манделу посадили в тюрьму.

В ЮАР Энди Фунди не стал хорошим инженером. И он, по его смущенному признанию, не был среди тех, кому предложили учиться в аспирантуре. Зато он стал активистом борьбы против апартеида. И где теперь апартеид? Сам ушел в подполье. А Энди Фунди — вот он. Как был активистом, так и остался. А как вы думаете, военную академию какого государства окончил нынешний президент Южно-Африканской Республики?

— Ну все, я должен кончаться! — завершил свое выступление Энди Фунди, и зал ну просто застонал от хохота, с наслаждением демонстрируя, как хорошо он до сих пор понимает все нюансы великого и могучего языка своей второй Родины-матери.

Не все, впрочем, было так уж безоблачно на этом форуме. Представитель Ливана, например, с тревогой говорил об угнетенных народах Ближнего Востока. Он сам является ярким представителем такого народа. Угнетает его Израиль — угнетает самим фактом своего существования. И представитель Ливана выразил надежду, что Россия, как и когда-то великий Советский Союз, встанет на защиту угнетенных. Его поддержали, но, к моему удивлению, не очень активно. Я бы даже сказал, вяло поддержали. Не для этого люди, видно было, собрались. А вот для чего?

— У меня такое чувство, что мы все учились в одном институте, — сказал, словно отвечая на этот вопрос, грек, выпускник Кубанского университета. — И жили в одном общежитии. У всех у нас русский менталитет. Встречаясь в Европе, мы глазами находим друг друга, как находили бы глазами друг друга два брата... Русский язык должен стать первым в мире, Владимир Владимирович! — Грек повернулся к президенту России:

— Я был в Греции, когда вы приезжали туда год назад. Я еще крикнул: «Поздравляю вас, Владимир Владимирович!» Вы, наверное, помните?

Грек не ждал ответа. Но Владимир Путин взял микрофон и выразительно, с чувством сказал:

— Ну конечно, помню!

— Ну конечно! Вы садились тогда в машину. А меня к вам почему-то не пустили. Я не один был, с товарищем, он сейчас работает директором винного магазина «Витязь»...

Грек торопился многое сказать. И почти все уже сказал.

— Надо объединяться! Нужна всемирная организация выпускников российских вузов! Центр будет за границей и все время будет переезжать из страны в страну, чтобы нас боялись. Будем бороться за окружающую среду, за права человека... На первом этапе я, простите меня, способен возглавить такую грозную политическую силу!

Вот теперь он точно все сказал. И ведь никто не обидел его отказом. В этот день в Колонном зале люди относились друг к другу так, как будто все вместе попали в одну большую беду и понимали, что только вместе, взявшись за руки, смогут пережить ее.

— Вас любят в России, как родных, за то, что вы есть, — сказал им Владимир Путин напоследок.

Таких людей еще называют агентами влияния.

ВЛАДИМИР ПУТИН ПОНРАВИЛСЯ ПОЧТИ ВСЕМ ПРИСУТСТВОВАВШИМ

16 мая президент России Владимир Путин в Мраморном зале Кремля зачитал свое послание Федеральному собранию страны.

Чтение послания — всегда праздник. Прежде всего для тех, кто участвовал в его подготовке. Этот день означает, что всем им спасибо, все свободны. Для членов обеих палат этот день тоже явно нерабочий, так как им всего-навсего надо прийти и послушать президента. Ну, может быть, придется несколько раз поаплодировать. Зато на выходе из Мраморного зала их ждет и вовсе подарок судьбы — журналисты с просьбой прокомментировать речь президента. «Да, сильное в этом году послание», — скажут одни в этот раз, точно так же как и в прошлый. «Не был услышан голос простого народа», — добавят другие. И всем, конечно, довольно точно известно, кто и что именно скажет. И никто не обманывает ничьих ожиданий. Потому что послание президента — это определенный ритуал, и в зале, казалось, нет людей, в чьих интересах нарушить его.

Без нарушений начиналось и на этот раз. (Закончилось, правда, сразу надо сказать, с большими нарушениями.) Хотя нюансы, конечно, были с самого начала. Так, в фойе, где журналисты встречали и провожали членов Федерального собрания, есть небольшой магазин с книгами и сувенирной продукцией. До сих пор там всякий раз на продажу был выставлен большой портрет президента России. И он, надо сказать, пользовался неким спросом. На этот раз портрета не продавали. Может быть, все, кому было надо, уже купили; это ведь не тот случай, когда предложение должно постоянно опережать спрос. Есть и более романтичное предположение: а что, если наверху накануне президентских выборов принято решение не делать из личности Владимира Путина культа, и это только первый шаг в этом чудесном направлении? А скорее всего просто портреты кончились, а новых не завезли.

Кроме того, от входных дверей до лестницы, ведущей наверх, в Мраморный зал, появились канаты, за которые журналистам вход был воспрещен. То есть в прошлом году свободы у прессы было больше.

Впрочем, это было сделано и для того, чтобы предоставить свободу передвижения членам Федерального собрания. Некоторые из них пользовались своим глотком свободы и спешили по лестнице прямо в зал. Но некоторые сами подходили к журналистам и рассказывали о своих надеждах, связанных с посланием. Так, Любовь Слиска рассказала о том, что очень ждет реального перераспределения полномочий

между ветвями власти — и, кажется, настроила против себя всех, кто бросился ее слушать: цитировать это не было никакой возможности.

А, например, Павел Бородин, едва войдя в фойе, нашел знакомых журналистов и начал рассказывать им свежие анекдоты. Впрочем, цитировать их тоже не было никакой возможности. А когда мимо проходил председатель комитета Госдумы по международным делам Дмитрий Рогозин, то господин Бородин и его остановил, тоже рассказал анекдот и очень развеселил этим господина Рогозина.

Последними, уже почти в 12 часов дня, в зал очень быстро прошли мэр Москвы Юрий Лужков, несколько министров правительства России и другие официальные лица. Эти люди так проворно проскочили через металлическую рамку на входе, не выложив на стол ни одного предмета из карманов (до сих пор все без исключения участники собрания, включая, например, их коллегу господина Клебанова, делали это беспрекословно), что та еще долго свистела — расстроенно и тоскливо.

Президент читал послание один час пять минут. Время от времени он отвлекался от канонического текста на бумаге, и тогда каноническим становился произнесенный им текст. К исходу первого получаса у журналистов, с которыми я обменивался мнениями, стало складываться впечатление, что ничего революционного ждать, похоже, не приходится. Более того, пошли разговоры, что это, по сути, предвыборная речь, так как в ней нет никаких обязательств ни перед ветвями власти, ни перед народом, чтобы потом никто не смог упрекнуть за неисполнение. Президент уже, правда, сказал про ВВП, который предстоит удвоить за десятилетие, и еще ничего не сказал про партии, которым надо стать чище и прозрачней, а также про конвертируемость рубля на международных рынках и про новое сверхмощное и сверхсекретное оружие, которым Россия то ли уже обладает, то ли вот-вот будет обладать, то ли может обладать, если захочет.

Впрочем, первому впечатлению, что в послании нет ничего особенного, не следовало доверять. В конце концов, так всегда бывает в подобных случаях. Я давно заметил: для того чтобы чья-то речь сразу произвела на тебя впечатление, надо, чтобы в ней непременно содержалась угроза физической расправы или хотя бы обрезания. А умную гладкую речь воспитанного человека надо сидеть и во что бы то ни стало анализировать — и тогда обязательно найдешь в ней много чего поучительного для себя и даже для потомков. Наверняка так дело обстоит и с этой речью, надо только не отчаиваться и вновь и вновь читать ее.

Несколько раз эта речь прерывалась аплодисментами. В прошлом году такого не было, участники собрания тогда промолчали, даже когда президент закончил. А в этот раз кроме аплодисментов под занавес что-то громко выкрикнул сидевший в пятом ряду депутат Госдумы Василий Шандыбин. Спикер Госдумы Геннадий Селезнев укоризненно сказал: «Василий Иванович...» — и только после этого предложил на прощанье послушать музыку Гимна Российской Федерации.

Как только господин Шандыбин спустился с лестницы, устланной красной ковровой дорожкой, я спросил его, что же он такого сказал президенту. Оказывается, Василий Иванович крикнул ему, что в следующей Госдуме будет большинство воров, бандитов и взяточников. Неужели он и в самом деле рассчитывает, что у КПРФ и в новом составе Думы будет мощная фракция? Нет, кажется, я ошибся.

— Людей, которые писали Путину этот доклад, надо выгнать с работы! — в сердцах воскликнул Василий Шандыбин. — Ни слова не было о воровстве и коррупции!

— Как вы думаете, он вас услышал?

— Мой голос не может не быть услышан. Смотрите.

И он прокашлялся и продемонстрировал возможности своего голоса душераздирающим криком в толпу журналистов:

— Социальная часть доклада вообще никуда не годится!

Журналисты тем временем разделились на несколько равномерных кучек. В центре каждой ньюсмейкеры коммен-

тировали послание. Владимир Жириновский рассказал, что уловил в послании намеки против КПРФ, «Яблока», СПС и в поддержку политики ЛДПР. А хуже всего, по его словам, было то, что за весь этот час в речи президента не прозвучало слово «Русь».

— Я заметил, что раввин с большим вниманием слушал речь, чем православные священники, — заявил он.

Казалось бы, это говорит только о воспитанности раввина по сравнению с православными священниками, но нет, не только в этом, похоже, дело:

— Тенденция — вот о чем надо думать. А она очень и очень тревожная.

Глава администрации Чечни Ахмат Кадыров кратко сказал, что политика у президента очень правильная, но ей мешают исполнители. Очевидно, он имел в виду прежде всего исполнителей терактов. Ну и себя, конечно.

Лидер КПРФ Геннадий Зюганов, в отличие от своего коллеги Жириновского, неожиданно заявил, что в этом послании есть попытка вернуться к государственно-патриотической тематике. А может, я сгоряча что-то недослышал и он имел в виду что-то прямо противоположное. Да, скорее всего, так и было.

— И ни слова о войне в Ираке, а ведь мы потеряли в этой войне... — Геннадий Зюганов помедлил, подсчитывая, — 25 миллиардов долларов.

А Борис Немцов, начав работать с журналистами одним из первых, закончил, когда в фойе уже вообще никого не осталось. Ушел, удовлетворив профессиональное любопытство каждого журналиста, хотел тот этого или нет, даже Владимир Жириновский. Уже и свет больших люстр в фойе погас. И только Борис Немцов в двадцатый раз, стоя у лестницы, терпеливо повторял, на этот раз польской радиожурналистке, что слова в послании содержатся все правильные, но вот только непонятно, кто все это делать будет.

Намек-то ясен. Придется, видимо, Борису Немцову за всех отдуваться.

КРЕМЛЕВСКИЙ ПОЧИТАТЕЛЬ

В субботу, 24 мая, в Кремле произошла историческая встреча президента России Владимира Путина с сэром Полом Маккартни.

Нельзя, видимо, сказать, что президент России всю свою жизнь готовился к этому дню или хотя бы ждал его с большим нетерпением. Скорее уж, этой встречи очень хотел господин Маккартни. Во всяком случае, известно, что именно он попросил о ней.

А что касается Владимира Путина, то он, скорее, понимал историческую неизбежность этого свидания. Два мировых лидера рано или поздно должны были встретиться в неформальной обстановке. Оставалось только предположить, каким образом это событие повлияет на судьбу планеты Земля. Впрочем, ждать оставалось недолго.

Сначала встречу хотели провести в загородной резиденции в Ново-Огареве, где живет российский президент, но в последний момент, уже утром в субботу, было решено, что она состоится в Кремле. Изменение места встречи было связано, возможно, с тем, что музыкант в этот день не мог надолго отлучаться с Красной площади, где у него намечалась и пресс-конференция, и саундчек. На первый взгляд формат встречи сильно пострадал. Она превращалась из совсем домашней в гораздо более официальную. Хотя, с другой стороны, Кремль ведь знают все, а Ново-Огарево — нет, не все. Для фильма о пребывании Пола Маккартни в Москве вариант с Кремлем, пожалуй, даже предпочтительней.

Тем более что Владимир Путин принял Пола Маккартни в своей кремлевской квартире. Эта честь выпадает вообще единицам. Последний раз, если не ошибаюсь, российский президент поил там чаем премьер-министра Японии господина Коидзуми в самом начале этого года. В этой квартирке, оказалось, даже более или менее уютно. В комнате, где общались президент и музыкант, даже стояло фортепиано, которое в нужный момент выстрелило.

Журналистов почти не было. Приехал его личный оператор, толковый на первый взгляд парень (впечатление оказалось ошибочным), в джинсах и пиджаке, из-под полы которого торчала незаправленная белая рубаха. Своей маленькой любительской камерой он водил, как жалом, во все стороны и смущал присутствующих, маясь в ожидании своего героя. Личный оператор российского президента в ожидании своего героя вел себя не в пример спокойнее.

Впрочем, оба героя не заставили себя ждать. Они вошли в комнату ровно в 14 часов. Надо сказать, что такая пунктуальность удивила многих. Президент далеко не каждой страны может похвастаться тем, что встреча с Владимиром Путиным началась у него в назначенное время.

Не знаю, как кому, а мне именно в этот момент стало ясно, что на моих глазах происходит нечто особенное, о чем когда-нибудь потом, со временем, когда все наносное и сиюминутное с годами уляжется, я, может быть, расскажу своим сыновьям и дочери, если у них, конечно, появится желание меня выслушать.

Вместе с музыкантом, который с годами все больше становится похожим на Льва Лещенко, пришла его жена Хизер, с которой он, как известно, соединил узы не так давно, после того как овдовел. У Хизер, в прошлом манекенщицы, есть проблема: не хватает одной ноги. Каково же было мое удивление, когда я обратил внимание, что эта эффектная дама надела босоножки на босу ногу. Понять, что у Хизер что-то не в порядке, было совершенно невозможно. А ее походка выдавала в ней только ее бывшую профессию. Так держать, Хизер!

Президент сел в кресло, а гостям предложил диванчик.

— Привет! — сказал Пол Маккартни.

— Добрый день, — ответил Владимир Путин.

Да, вот оно, началось!

— Рад видеть вас в Москве и возможности принять вас здесь, в Кремле!

И разве у Владимира Путина была бы возможность произнести эту историческую фразу, если бы встреча состоялась в Ново-Огареве?

Президент рассказал Полу Маккартни, что в восьмидесятые годы тот уже пытался организовать концерт в Москве. Музыкант подтвердил эту информацию.

— Да, тогда не получилось, не знаю почему.

Похоже, великий Пол Маккартни начал этот разговор с дешевого лукавства. А то он на самом деле не знал!

— Да, я тогда ничего не знал, — подтвердил музыкант мои худшие предположения.

— Так что пришлось вернуться, — перевел переводчик, под влиянием, видимо, «Back In The USSR».

Возникла небольшая пауза. Разговор пока не клеился.

— Спасибо, что пригласили в Кремль, — поблагодарил, явно буксуя, Пол Маккартни.

Тогда Владимир Путин заговорил про Петербург, откуда музыкант только что приехал с мантией профессора Санкт-Петербургской консерватории. Музыкант сказал, что город ему понравился, что он хороший, красивый; но на самом деле при желании мог, конечно, найти слова и получше. Когда людям что-то действительно нравится, они такие слова находят.

— Это мой родной город, — осторожно предупредил его президент.

В этот момент Пол Маккартни, похоже, думая, что такая беседа вот-вот может сойти на нет, решил включить основные резервы и сказал по-русски довольно сложную фразу:

— Я очень рад... быть здесь!

Скорее всего он вспомнил, каким успехом эта фраза пользовалась в Питере, и решил повторить безотказный прием. Президент кивнул, впрочем, как-то невнимательно. Можно даже сказать, что фраза эта не произвела на него никакого впечатления. Тут же стало понятно почему. Оказалось, он только начал про Питер и не хотел отвлекаться. Последовал вопрос про мантию.

— Да, я ведь был в школе, где учился Чайковский! — сказал музыкант. — Это выдающаяся школа.

— Мы возрождаем сейчас конкурс Чайковского, — доба-

вил президент. — Он, правда, проходит здесь, в Москве. В этом году был очень хороший состав исполнителей.

Тут-то Маккартни и рассказал трогательную историю про мальчика, который исполнил ему одну мелодию. На Маккартни эта мелодия произвела такое впечатление, что он спросил, кто это написал, будучи уверенным, что это русская классика. Но выяснилось, что мальчик ее на днях и написал.

Эта история очень понравилась президенту.

— У нас в России, — с плохо скрытой гордостью сказал он, — многие с удовольствием играют и поют.

А я бы добавил: и танцуют.

— И вам подражают, — предпочел добавить президент.

Он умело контролировал этот разговор и направлял его в нужное русло. Пора ведь было и о самом Маккартни поговорить. Профессионалам ведь известно, что ничто человека не может заинтересовать так, как разговор с ним о нем самом.

— Вы, наверное, слышали песни «Битлз»? — как-то вдруг неуверенно спросил Маккартни.

Вот они, эти художники! Как они вечно не уверены в себе, как мнительны и как ранимы! Как бережно мы должны относиться к этим людям...

Ну что можно было ответить на этот вопрос? Президент успокоил музыканта, что слышал, конечно.

— Когда-то наша музыка была у вас запрещена властями? — спросил Маккартни.

С одной стороны, можно было расстроиться, что он элементарно не в состоянии поддержать разговор, о котором сам же и просил. А с другой — это все не так просто. На самом деле для Маккартни ведь это, похоже, по-настоящему больная тема, и он готов возвращаться к ней снова и снова. И «Back In The USSR» появилась не случайно. Переживал человек.

Президент рассказал ему, что как такового запрета не было, но все же «Битлз» в Москве в свое время не выступили, значит, что-то все же было. Похоже, он немного запутал сэра Пола. Впрочем, это было несложно. Словно сжалившись над музыкантом, Владимир Путин сказал то, чего от него и ждали: что все в СССР было чрезмерно заидеологизировано и считалось, что песни «Битлз» — это пропаганда чуждой идеологии, и никому не приходило в голову, что это пропаганда общечеловеческих ценностей... Он сказал и про глоток свободы, которым на самом деле стали песни «Битлз». Жалко, что ничего не сказал про статью Мэлора Стуруа в «Известиях» в 1967 году, первую положительную статью о группе в советской прессе. Это был бы хороший пример.

И тут разговор опять как-то было затих, но вступила наконец Хизер. Музыкант сказал, что она, как и он, принимает активное участие в запрещении противопехотных мин.

— Знаю, — неосмотрительно подтвердил президент.

Больше он мог ничего и не говорить. Хизер полностью взяла инициативу в свои руки, поняв, видимо, что ее муж сегодня какой-то вялый, хоть и очень старается. Ну, бывают такие дни в жизни каждого человека.

Зато оказалось, что это ее день. Следующие десять минут были посвящены полному запрету противопехотных мин. Миссис Маккартни уже жестко спрашивала президента, присоединится ли Россия к договору о запрещении этих мин, а президент, тоскливо улыбаясь, повторял, что все направленное на сохранение жизней людей очень хорошо. А она уточняла, когда же это произойдет. А он, сохраняя терпение, отвечал, что она задает хорошие вопросы. Впрочем, улыбки на его лице уже не было.

На этом мои свидетельства как очевидца этой все же во всех отношениях исторической встречи заканчиваются, так как журналистов попросили покинуть комнату. Ушли даже личные операторы. А зря. Как всегда, началось самое интересное. Может, и правда они все же расслабились. Пригодилось фортепиано, про которое Владимир Путин теперь может рассказывать своим немногочисленным гостям, что на нем знаменитый музыкант Пол Маккартни играл ему «Let It Be». И вообще, они поговорили и о том, что оба — пареньки из рабочих семей, и вот надо же кем стали; и том, что любят лошадей, и каких именно, и за что. Владимир Путин ведь, как

15 Зак. 3746

известно, почти каждое утро катается на лошади, если, конечно, не катается на горных лыжах.

Пригласил музыкант президента и на свой концерт, но президент ответил, что на этот вечер у него, к сожалению, другие планы.

Затем состоялась прогулка по Кремлю. И я опять засмотрелся на походку миссис Маккартни. Видели все это и многочисленные экскурсанты, на которых происходящее произвело, как и следовало, неизгладимое впечатление. Откуда-то появилось несколько десятков восторженных детей, которые, впрочем, держали себя в руках, в отличие от взрослых, которые хотели увидеть своими глазами каждую мелочь.

— Где он? Ну где?! — стонала немолодая женщина, пробившись почти вплотную к Владимиру Путину.

— Да вот же он, — сказал я ей, — прямо перед вами. Вы что, своего президента не знаете?

— Да нет! — воскликнула она. — Путина я уже в Туле видела. Маккартни где?!

Потом, найдя и Маккартни, она еще долго сокрушенно качала головой:

— Ой, старенький какой сэр Пол... Что время-то с людьми делает...

Между тем никакой он не старенький, сэр Пол. Концерт блестяще подтвердил это. Даже на саундчеке, генеральном, можно сказать, прогоне, сэр Пол на моих глазах придумал новую песню. Он долго наигрывал какую-то мелодию, потом начал что-то бормотать. А через несколько минут из этого бормотанья стали различимы слова: «Red square... filing in the air...» В общем, песню сочинил. Так этот человек на моих глазах из скучного собеседника Владимира Путина снова стал великим музыкантом Полом Маккартни. Этим эпизодом он мне, похоже, и запомнится.

А в 21.55, когда концерт был в разгаре, Владимир Путин все-таки нарушил свое обещание не приходить, появился в первом ряду партера и сел между Андреем Макаревичем и Юрием Лужковым. Московский мэр часто подпевал, как и остальные, стоя, и чувствовалось, что Владимиру Путину не очень удобно сидеть в это время, и он тоже дважды вставал, но не подпевал, а только хлопал, и какая-то немного растерянная улыбка была на его лице. Один раз он обратился даже с каким-то вопросом к Юрию Лужкову, словно пытаясь занять себя чем-то во время исполнения песни. Нет, он, конечно, не битломан. Но ведь все-таки пришел на концерт. Мужественный, можно сказать, поступок. Ведь других таких людей на этом концерте, пожалуй что, и не было.

ХУ ЦЗИНЬТАО УДЕРЖАЛСЯ НА КРАЮ МОГИЛЫ НЕИЗВЕСТНОГО СОЛДАТА

27 мая президент России Владимир Путин и председатель КНР Ху Цзиньтао встретились в Кремле и долго говорили с глазу на глаз о самом главном на сегодня в отношениях между нашими странами — о любви и верности.

Утром председатель КНР и президент России возлагали венки к Могиле Неизвестного Солдата в Александровском саду. Владимир Путин, у которого эта процедура давно доведена до автоматизма, и на этот раз справился с задачей и, как всегда, с душой поправил ленточку на венке.

То же самое сделал и председатель КНР. Затем он стал отступать, любуясь, видимо, творением рук своих, и опасно приблизился к самому краю ступенек, ведущих с мраморной плиты. Пятясь, он буквально завис, сам того не замечая, над первой ступенькой. Еще мгновение — и председатель КНР рухнул бы вниз, рискуя потерять не только лицо, но и голову. Вот с какого страшного эпизода мог начаться этот во всех отношениях неплохой майский денек в Александровском саду. Но ведь не начался. А все потому, что председатель КНР, зависнув на ступеньке, не упал с нее, а, показав себя отлично координированным человеком, всего-то чуть-чуть вильнул... ну, как сказать-то?.. Так делают юные спортсменки, исполняя упражнение с обручем, когда им надо поднять этот обруч с бедра...

В результате товарищ Ху не позволил спасти ему жизнь сразу нескольким официальным лицам из близкого окружения, которые, увидев, что происходит за его спиной, бросились было к председателю, а потом остановились как вкопанные, стараясь не мешать своему лидеру продемонстрировать свои широкие возможности.

Но это еще что. А как одевается этот человек! Он в явно дорогом костюме, рукав пиджака на сантиметр короче рукава рубашки, брюки нужной длины. Он говорит без бумажки, длинно и по-своему, наверное, цветисто, с очевидной легкостью не отвечая при желании на поставленные вопросы. В общем, этот человек производит, чего там, впечатление. Он, правда, не декламирует, в отличие от предшественника, стихи Пушкина на языке оригинала, но тем не менее уже два дня достойно представляет свою страну на его родине.

Вчерашний день продолжился подписанием документов в Кремле. Все они были подготовлены заранее, включая совместную декларацию, в которой стороны клянутся друг другу в любви и верности в деле соблюдения принципов суверенитета и территориальной целостности. А значит, пишется в декларации, «российская сторона подтверждает неизменность своей принципиальной позиции по проблемам Тайваня и Тибета». Есть обещание «урегулировать доставшиеся в наследство от истории пограничные вопросы на основе принципов справедливости... и взаимной уступчивости». Пишется и о том, что надо бы уже построить нефтепровод Россия — Китай. Несколько слов про Ирак есть, не без этого. Про русло ООН, в которое все должны вернуться, пока не поздно. Хорошая декларация, одним словом. Все бы декларации были такими.

Речи обоих лидеров на пресс-конференции были также полны невиданного елея. Во всем этом чувствовалась, на мой взгляд, явная обеспокоенность друг другом. Один, безусловно, не доверяет другому. Кто кому больше? А надо сравнить, чьи речи были более сладкими.

Владимир Путин говорил, на каком высоком уровне находится политическое взаимодействие и как совпадают позиции двух лидеров. Председатель отмечал, что он с Владимиром Путиным выразил искреннюю готовность принять эстафету от предыдущих поколений и что эта поездка уже, как он чувствует, удалась во всех отношениях, хотя еще и не закончилась. А председатель добавлял, что радуется от души, как вырос товарооборот между двумя нашими странами, и добавлял, что особую радость ему доставляет, что это происходит на фоне финансового кризиса в Японии (может ведь и так поставить вопрос, когда захочет, а тут, видимо, очень хотел).

А Владимир Путин на это великодушно отвечал, что ему уже просто нечего к этому добавить. Но, правда, тут же и добавлял — про регистрируемую торговлю между Китаем и Россией, которая выросла на несколько лет с $6 млрд до $12 млрд и за следующие несколько лет может вырасти до $20 млрд, если постараться и не уронить темпы роста ВВП в Китае и России (см. послание Федеральному собранию).

И тогда председатель с готовностью упоминал про веяния времен и чаяния народов и не забывал упомянуть о том, что Россия — это великая страна, крупнейший сосед Китая и страна с огромнейшим мировым авторитетом. Да, разве что вот в этом месте не удалось Владимиру Путину адекватно ответить китайскому коллеге, да и то только потому, что тот уже говорил, что приглашает российского президента приехать в Китай с дружеским визитом.

Как же бережно относились друг к другу два этих человека! Как они контролировали каждое свое слово! И как же отличалась эта встреча от встреч Владимира Путина с Джорджем Бушем, на которых два этих человека меньше всего на первый взгляд думают о том, как бы не ранить собеседника невольно вырвавшимся словом.

Да, трудно, в самом деле, и понять, кто кого вчера в Кремле переговорил.

— В результате обмена мнениями мы достигли широкого единства мнений, — отметил председатель КНР.

Да, далеко пойдет товарищ Ху. Даже не по себе, если честно. Остается надеяться, что он и с американскими коллегами будет разговаривать в таких же выражениях.

«ШАНХАЙСКАЯ ШЕСТЕРКА» ВЫБРОСИЛА БЕЛЫЙ ФЛАГ

29 мая в Москве прошло заседание лидеров стран Шанхайской организации сотрудничества (ШОС).

Дело было в Кремле. Очевидно, что протокол российского президента придавал большое значение статусу этого мероприятия. Лидеров «шанхайской шестерки» (Казахстан, Киргизия, Китай, Россия, Таджикистан, Узбекистан) старались обслужить по высочайшему классу. Положение усугублялось тем, что на этот раз среди своих был председатель КНР Ху Цзиньтао. И это, похоже, многое объясняло. Почести, оказанные ему и его делегации, по касательной коснулись не только китайских журналистов, но и всех остальных. Кремлевская пресс-служба постаралась сделать пребывание журналистов в Кремле незабываемым. Во-первых, все желающие могли в прямом эфире наблюдать трансляцию расширенного заседания ШОС. Никогда раньше в Кремле ничего подобного не было, если не считать трансляцию послания президента Федеральному собранию. Наверх подняли два телевизора, стоявшие на первом этаже еще с трансляции этого послания.

Но это пустяки по сравнению с тем, что просмотр происходил прямо во Владимирском зале Кремля. И там же, во Владимирском зале, были накрыты столы с чаем, напитками и пирожками. Это было уже настоящей фантастикой. Официанты, в основном уравновешенные немолодые люди, горько качая головами, бормотали, что во время Леонида Ильича такого безобразия и представить себе было нельзя.

Действительно, требовались явно титанические усилия, чтобы сломать сформированное десятилетиями упорного протокольного труда убеждение, что во Владимирском зале Кремля журналисты не могут есть пирожки. Нет, я даже представить себе не могу, какие усилия требовались для этого. Тем более интересно, что в Москве к этому времени почти никого из сотрудников пресс-службы и не осталось: все давно в Питере.

Потом, на пресс-конференции, президент Узбекистана Ислам Каримов, говоря о том, что честь принять следующий саммит принадлежит Ташкенту, заявил, что по этой причине следит за каждой организационной мелочью и попытается повторить явный успех Кремля. Впрочем, вот если бы меня кто-нибудь спрашивал, я бы с уверенностью сказал: нет, не выйдет. Можно и не стараться.

Правда, под конец работы расширенного заседания вдруг закралась мысль: а не было ли все это великолепие операцией прикрытия малоинтересного на первый взгляд саммита? Главная его заслуга состоит, похоже, в том, что утвердили символику — герб и флаг, а также назначили исполнительным секретарем ШОС господина Чжан Дэгуана, который, как несколько раз отметил господин Назарбаев, работал первым послом КНР в Казахстане, хотя, будем прямо говорить, гораздо важнее то, кем он работает сейчас. А работает он послом КНР в России.

Герб ШОС имеет довольно интересный вид: по бокам два лавровых венка, между которыми дугой по верху идет надпись по-китайски. Под ней изображена вся планета Земля. Внизу по-русски (это рабочий язык ШОС) написано: «Шанхайская организация сотрудничества». Вопрос: что написано сверху по-китайски? Очень надеюсь, что то же самое.

Флаг представляет собой белое полотнище с гербом в центре.

Владимир Путин заявил, что впервые заседание организации проходит на фоне эмблемы ШОС, и этим, конечно, сильно насторожил: а что, неужели других свидетельств уверенного движения вперед совсем нет?

Российский президент к тому же говорил о том, что надо уже определять конкретные сроки начала работы секретариата ШОС в Пекине и антитеррористического центра в Бишкеке. Но для того чтобы все действительно заработало, надо принимать бюджет. Эта проблема, конечно, знакома российскому президенту не понаслышке. Так что во фразе об эмблеме как единственном предмете гордости членов ШОС, может, и на самом деле содержался тот смысл, который я попытался в нее сгоряча вложить.

Довольно эмоциональным на фоне остальных стало выступление таджикского лидера Эмомали Рахмонова. Ему «хочется надеяться, что в программу деятельности ШОС будут включены реально реализуемые пункты». Вот эта фраза уж точно не была случайной. Видимо, уже есть попытки включить реально не реализуемые. Надеюсь, что к числу таких пунктов не относится борьба с наркотиками, прежде всего в Афганистане. Господин Рахмонов, по крайней мере, говорил об этой стране много и с большим увлечением. По его словам, площади, засеиваемые опиумным маком в этой стране, со сменой режима не уменьшились, а лабораторий, изготавливающих сильнодействующие наркотики, стало больше.

Президент Узбекистана Ислам Каримов в свою очередь решился на такое замечание: «Методы наведения порядка, применяемые некоторыми странами в других государствах, требуют, если говорить коротко, совершенствования». То есть он может, если потребуется, и развернуть эту мысль. Но лучше, конечно, не надо. Не те сейчас времена.

Но в целом заседание, как и пресс-конференция, на которой не прозвучало ни одного вопроса (лидеры ограничились словами благодарности Владимиру Путину и друг другу), были довольно беглыми, что ли. Похоже, мысленно все участники саммита, как и журналисты, уже и в самом деле в Петербурге. Перед событиями следующих двух дней в этом городе и правда меркнет многое, если не все.

ВЛАДИМИР ПУТИН ВЫСТУПИЛ В РОЛИ ГОСТЯ И ХОЗЯИНА

Вечером 29 мая в Петербург прилетел президент России Владимир Путин.

КАК ЗАЖИГАЛА ЛЮДМИЛА ПУТИНА

Прямо с самолета президент России поехал на Елагинский остров, где в это время был в разгаре фестиваль «Балтийская звезда». Подростки из нескольких стран, выигравшие конкурс на знание России, выходили на сцену, устроенную на свежем воздухе, и демонстрировали это знание. Как только немного стемнело, очень кстати зажгли костры — до этого было холодно. Действие на сцене было довольно вялым. Лучше всего подросткам удавалось демонстрировать неумение веселиться от души. Впрочем, а чего им в самом деле радоваться? Ведь на сцену выходили люди, которые, пройдя сквозь мелкое сито конкурса, слишком хорошо узнали нашу страну.

Все изменилось в ту секунду, когда на ступеньках Елагинского дворца показались Владимир и Людмила Путины. Подростки сразу необыкновенно оживились. Оказывается, им для искреннего веселья нужен повод не меньше чем появление главы государства. Вот она, нынешняя молодежь.

Сияла и Людмила Путина. Это было видно издалека невооруженным глазом. Это был без сомнения ее день и ее праздник. Она ведь курирует и поощряет знание русского языка в нашей стране и в других странах мира.

Подойдя к одному из костров, президент и его супруга протянули к нему руки и стали греться, хоть, наверное, и не успели продрогнуть. Но и что тут такого, в конце концов? Ведь у любого костра человеку сразу хочется погреть руки.

Подростки окружили супругов. Лицо одной девушки было выкрашено в цвета национального флага Дании — белый крест на красном фоне.

— Вы откуда? — спросил президент девушку.

— Из Дании, — ответила она.

Больше президент вопросов ей не задавал. Его супруга тоже особо никого ни о чем не спрашивала, а только счастливо улыбалась.

Потом президент вышел на сцену и сказал несколько приветственных слов. Они были встречены оглушительными криками восторга. Затем, у всех на глазах поцеловав супругу в щеку и помахав рукой всем остальным, президент уехал.

Тут-то и началось то, о чем до сих пор говорят в Петербурге и далеко за его пределами. Людмила Путина постояла некоторое время возле костра. Тем временем начался фейерверк. Ей было плохо видно, и она встала на большое бревно,

продемонстрировав хорошую координированность. Ведь не осталось незамеченным, что один из сопровождающих попытался повторить ее маневр, да, мягко говоря, не смог, примяв телом траву вокруг. А она стояла и смотрела на фейерверк, который, как мне показалось, улучшил ее и без того превосходное состояние.

В это время ведущий, объявив, что фестиваль «Балтийская звезда» открыт, крикнул:

— А теперь будем зажигать дальше! Дискотека!

Подростки, посмотрев на Людмилу Путину, начали зажигать. Они, конечно, не хотели ставить ее в неловкое положение, но и стоять на месте не собирались. Она по-прежнему улыбалась, но как-то немного растерянно. Да, странно было супруге президента стоять в танцующей толпе. Но и не танцевать же супруге президента под песню Шнура. Людмила Александровна колебалась, впрочем, недолго. В какое-то мгновение, все для себя решив, она кинула сопровождающему плащ, бросилась в гущу толпы и стала плясать. Это событие произошло как раз на словах: «Вэ-вэ-вэ, Ленинград, СПб, б.., точка ру!..»

Людмила Путина плясала умело и без конца смеялась. Было видно, что происходящее доставляет ей истинное удовольствие. Позже она охотно признавалась, что два раза в неделю занимается танцами с преподавателем. Так что в целом ничего удивительного.

Но и это была не кульминация. В какой-то момент один подросток-акселерат атлетического сложения взял госпожу Путину за руки и принялся кружить вокруг себя. И она не подвела его. А он заканчивал танец, стоя на колене. В общем, будет о чем вспомнить обоим.

КОМУ КЛАНЯЕТСЯ ВЛАДИМИР ПУТИН

Чем же мог ответить на это Владимир Путин? На следующее утро он встретился с Дзюнъитиро Коидзуми. Был ли этот ответ адекватным? Не уверен. Ведь это даже не женщина. Это премьер-министр Японии. Свидание было назначено у Центра спортивного мастерства. Руководит им Василий Шестаков, с которым Владимир Путин занимался дзюдо, когда жил в Ленинграде. Теперь этот центр готовит спортсменов к чемпионатам Европы и мира, и готовит неплохо. Последний раз, как неожиданно выяснилось из рассказа Василия Шестакова, Владимир Путин приезжал сюда 7 октября прошлого года, в день своего пятидесятилетия. Первую половину того дня он провел в Кишиневе на саммите СНГ. Теперь известно, где провел вторую. А то все тогда терялись в догадках.

Все утро в Центре спортивного мастерства шел мастер-класс господина Ямашиты, подъехавшего накануне из Японии. Ямашита, говорят, легенда мирового дзюдо. То, что человек нерядовой, было видно и по поведению Владимира Путина. Они и кланялись друг другу (так в дзюдо принято), и по инициативе российского президента обнимались (так не принято). Потом все они вместе с бывшим тренером Владимира Путина Анатолием Рахлиным, с которым президент России несколько минут разговаривал о том, как город подготовился к юбилею (наверняка оба узнали немало интересного), минут десять смотрели тренировку спортсменов. Надо сказать, что спортсмены тренировались как-то несерьезно. Они понимали, наверное, что их усердие сегодня никому не принесет пользы, а вот травму нанести может. Владимир Путин все это время в основном чрезвычайно почтительно разговаривал с легендой мирового дзюдо. Потом легенда подарила спортсменам несколько комплектов кимоно, и Владимир Путин уединился с Дзюнъитиро Коидзуми для, как было сказано, чаепития. Возможно, процедура общения с японским премьер-министром, в результате которой стороны приходят к выводам, благоприятным для отношений между двумя нашими странами, именно так и называется, но никакого чая на столе лично я не видел.

ЧТО ХОТЕЛ СКАЗАТЬ ЛЕОНИД КУЧМА?

Расставшись через полчаса с господином Коидзуми, Владимир Путин открыл красивую площадь Петра Великого, выступил перед горожанами с короткой, в меру пламенной речью, довольно внимательно изучил выставку рисунков «Петербург глазами детей» и поехал на саммит глав государств СНГ.

Саммит проходил на корабле Silver Whisper, о котором уже много писали. Этот океанский лайнер с филиппинскими матросами принадлежит американцам и сделан в Италии. Самая дешевая и маленькая каюта (36 кв. м) стоит $1 тыс. в сутки. В этих каютах живут главы государств СНГ. Приехал даже президент Туркмении господин Сапармурат Ниязов, насчет которого ходили упорные слухи, что после грубостей, которых он наслушался от председателя думского комитета по международным делам господина Рогозина, президент Туркмении вообще не появится на этом заседании. После того как Туркменбаши приехал, стали говорить о том, что ему в мягкой форме отказано во встрече с президентом России, о которой он просил. Правда, еще позже источники в российской делегации опровергли и эту информацию, заявив, что, может, господину Ниязову и отказали бы, да только он ни о чем и не просил.

Совещание продолжалось около двух часов. На заключительную пресс-конференцию на борту утопающего в роскоши лайнера ждали, разумеется, всех глав государств.

Это было объявлено. Было даже сказано, что вопросы не предусмотрены, но каждый лидер выскажется по интересующему его кругу вопросов. Каково же было удивление собравшихся журналистов, когда на сцену вышел один-одинешенек президент Украины Леонид Кучма. Выглядел он явно смущенным. Он даже как-то вызывающе пожал плечами: да, один я, ну и что? Что вы мне сделаете-то?

Речь господина Кучмы была короткой. Он проинформировал, что главы остальных государств единогласно проголосовали за то, чтобы не ходить на эту пресс-конференцию. Если бы не праздник 300-летия Петербурга, я бы назвал это актом глубокого пренебрежения к журналистам и народам стран СНГ. Более того, надо сказать, что у лидеров СНГ это входит в нехорошую привычку. То же самое случилось на неформальном саммите СНГ в Кишиневе. Тогда, правда, на пресс-конференцию пришли все же два человека: председательствующий в СНГ Владимир Путин и хозяин встречи президент Молдавии Владимир Воронин. И Владимир Путин тогда объявил, что предложил коллегам избрать другого председателя — президента Украины. Это предложение стало полной неожиданностью для коллег. Они едва не поругались. Таким образом, появление на пресс-конференции всего двух человек было более или менее объяснимо.

Очевидно, чем-то подобным следовало объяснить и вчерашнее происшествие. Не просто же так люди отказываются от довольно приятной процедуры. К тому же любое нарушение протокола, тем более в исполнении такого количества президентов, всегда является происшествием. Что же произошло?

Я попытался понять это по выступлению господина Кучмы. Он, надо сказать, держался неплохо. Назвал саммит результативным и — внимание! — бурным. Что же такого бурного произошло? Два вроде бы ничего — по его же словам. Готовились, он сказал, к исключительно важному саммиту в Ялте. Этот саммит должен пройти осенью. Правда, господин Кучма добавил интересную фразу:

— Этот саммит должен стать итоговым.

То есть неужели все, конец СНГ? И в этом все дело? Неужели решили разойтись? Тогда все, конечно, понятно. Президент Казахстана, например, давно говорил, что саммиты СНГ превратились в клуб интересных встреч. Впрочем, именно этим они ему и нравились.

Может быть, конечно, президент Украины имел в виду что-то другое. Но ведь он даже ничего больше не пояснил. Рассказал только, что коллеги договорились поддержать идею парламентских выборов в Грузии, одобрить отмену экономических санкций против Ирака и пролонгировать срок действия соглашения по вопросам, связанным с восстановлением прав депортируемых лиц, национальных меньшинств и народов. Ну и что тут может быть бурного? Так неужели же и правда следующий саммит станет итоговым? Как же мы все тогда? Что будет с нами? Надо ли?

Из кулуаров просочилась к тому же информация, что главы государств с удовольствием обсудили информацию одной из российских газет о том, что Грузия и Азербайджан готовятся предоставить свои территории Соединенным Штатам как плацдарм для нападения на Иран. Эта информация была категорически опровергнута грузинским лидером Эдуардом Шеварднадзе. Азербайджанский опровергнуть не мог, так как болен (Владимир Путин в самом начале передал коллегам горячий привет от него) и на саммит не приехал.

Хотелось, конечно, задать президенту Украины сразу накопившиеся вопросы. И он, несмотря на то что вопросы не были предусмотрены, сам сказал, что готов ответить. Но тут одна грузинская журналистка из второго ряда кокетливо пожаловалась Леониду Кучме, что организаторы запретили спрашивать его.

— Ну что же, если вы так решили, — резонно пожал он плечами, встал со своего места и в полном молчании удалился.

В результате все еще больше запуталось, а ситуация стала еще более скандальной.

Остается сказать, что вечером этого дня в Петербург съехались почти все главы государств, участвующие в празднике. Владимир Путин встречал всех, кто не испугался начавшегося дождя, у Медного всадника. Они были рады видеть его. Поднял руки вверх президент Франции господин Ширак (приготовил этот жест, наверное, для президента США и теперь репетирует целыми днями). Обнимались с президентом России и остальные. Хорошо все-таки к Владимиру Путину относятся люди.

Тем не менее надо сказать, что дождь смазал вчерашние торжества. Из-за него пришлось отменить торжественный переход глав государств к Исаакиевскому собору. Почти все подъехали к собору в автобусах. В один из этих автобусов сел и Владимир Путин. Тем, кто так и не решился вот так взять и сесть в автобус (конечно, страшно с непривычки оказаться в общественном транспорте), разрешили подъехать к собору в лимузинах.

На самом деле это была очень серьезная нештатная ситуация и испытание для всех служб, начиная с протокольной и заканчивая специальными. С утра ведь сообщали, что авиация, готовая расстрелять любое неприятельское облачко, уже поднята в воздух. Но, вместо того чтобы лично контролировать ситуацию в воздухе и докладывать наверх обо всех маневрах стихии, командующий ВВС улетел в Нижний Новгород и там тоже пытался что-то праздновать. И вот такой конфуз. А потому что природа берет свое.

ВЫХОД В ЛИДЕРЫ

2 июня в Петербурге завершились торжества в честь 300-летия города.

Едва ли не самое интересное в происходящем — наблюдать за тем, как общались между собой лидеры 40 с лишним стран, два дня без устали переезжавшие из дворца во дворец, с корабля на бал. За каждым их движением следили десятки телекамер. Многое можно было увидеть своими глазами.

Вот, например, в пятницу вечером случилось несчастье: пошел дождь. Отменена многозначительная пешая прогулка к Исаакиевскому собору, и все, кроме британского премьера Тони Блэра с женой, едут к собору на автобусе. Оттуда перебираются в Мариинский театр. В вестибюле театра в страшной тесноте мировые лидеры пьют шампанское и делают вид, что им все это очень нравится. Жена господина Блэра вежливо хвалит шампанское. Впрочем, весь ее вид говорит о том, что она пила и не такое. Ее муж, только что вернувшийся из командировки, не может наговориться с ней. Он держит ее за руку, гладит эту руку, заглядывает ей в глаза, как-то искательно смеется безо всякого повода, словно в чем-то провинился, пока был вне дома. Она, кажется, рада тому, как он себя ведет. Наверное, это одна из их игр. Приятно смотреть на эту пару.

И тут за спиной у Тони Блэра оказывается президент Туркмении Сапармурат Ниязов. Он делает вид, что не может

пройти, так как чета Блэров перегородила ему дорогу. Но на самом деле места много, и он давно бы прошел, если бы захотел. Но ведь он не хочет. Он хочет поговорить с господином Блэром и ищет повода. А тот по-прежнему занят только женой.

И тут к господину Блэру подходит господин Ширак, президент Франции. Они уже несколько раз общались в Петербурге, и такое впечатление, что общение им не в тягость.

В какой-то момент президент Франции замечает Туркменбаши, который стоит рядом в позе скучающего продавца мобильных телефонов. Они обнимаются. Весь вид президента Франции говорит: о, как же давно мы не виделись, мон ами, где же вы пропадали все это время!

Президенту Франции, похоже, нравится Туркменбаши. Еще больше ему, похоже, нравится туркменский газ. Тони Блэр в это время опять полностью переключается на жену. Но тут Жак Ширак, которому Сапармурат Ниязов уже что-то шепнул на ухо, подводит к ним туркменского президента. Англичанин улыбается ровно до той секунды, когда француз говорит ему, как зовут этого человека.

Тони Блэр становится очень серьезен. Он, наверное, думает о том, что не должен общаться со среднеазиатским диктатором. Он, видимо, понимает, что французский коллега не без умысла подставил его и сейчас наслаждается произведенным эффектом. Тони Блэр растерянно смотрит на свою жену. И она, конечно, все понимает. Ласково улыбнувшись Туркменбаши, она берет его под руку и пытается увести в сторонку. Но он не уходит и даже откровенно сопротивляется. Не для этого он, в конце концов, пришел. И — делать нечего — Тони Блэр начинает разговаривать с Сапармуратом Ниязовым. О чем же? Я думаю, о демократии как факторе политической стабильности в Средней Азии. А может быть, даже и про газ успели поговорить.

И в целом господин Ниязов вел себя в Петербурге чрезвычайно активно. Мало кто предполагал, что он вообще появится здесь. Но он не просто появился, а, единственный из лидеров СНГ, встретился наедине с Владимиром Путиным. Правда, рассчитывал на трехстороннюю встречу с участием президента Украины, чтобы поговорить на приятную тему — все про тот же газ, но не вышло. Вместо этого пришлось обсуждать с президентом России проблему поспешной отмены двойного гражданства.

А на следующий день президент Туркмении поехал в Политехнический институт. В свое время он закончил его. Теперь институт называется университетом, а Сапармурат Ниязов — президентом. Говорят, что увольнительную в университет Туркменбаши получил не без труда. В этом смысле он тоже стал исключением из правил: президентов просили не разъезжаться по Петербургу, а держаться вместе.

Туркменбаши в эти дни пропустил только одно мероприятие — обед, данный от имени Владимира и Людмилы Путиных на борту лайнера Silver Wisper. Хотя ему и на обеде, наверное, было бы полезно потолкаться.

Президент России был на этом обеде чрезвычайно оживлен. Он, конечно, радовался, что удалось собрать в Питере такое количество коллег (больше было только в Нью-Йорке на саммите тысячелетия). На обед многие приехали с женами (но не все). Было очень шумно. Я видел, как Владимир Путин что-то долго шепчет на ухо председателю Еврокомиссии Романо Проди. Потом он что-то бурно обсуждал со своим министром иностранных дел Игорем Ивановым. Господин Иванов, впрочем, почти ничего не говорил, а только успевал соглашаться.

Одним из первых Владимир Путин сел за свой стол. Столы были на 12 человек. Мужей и жен рассадили напротив друг друга. Так Владимир Путин оказался рядом с госпожой Ширак, а Людмила Путина — с господином Шираком. За этим же столом ждали Тони Блэра с супругой, премьер-министра Индии господина Ваджпаи с супругой и японского премьер-министра господина Коидзуми.

За соседним столом сидели лидеры СНГ. Только господин Шеварднадзе долго ходил, мрачный, по залу в одиноче-

стве. Президент Таджикистана Эмомали Рахмонов долго изучал меню, оно ему явно не нравилось. Там, похоже, не было блюд таджикской кухни. Господин Рахмонов морщился, тыкал в меню пальцем, приглашая коллег разделить его озабоченность. Но коллегам, наоборот, все нравилось. Особенно радовался происходящему, как это часто с ним бывает, президент Киргизии Аскар Акаев.

Сел было за свой стол господин Ширак, но, увидев Мстислава Ростроповича, вскочил и стал обниматься с ним. Рядом Тони Блэр обсуждал с министром иностранных дел Германии Йошкой Фишером что-то компромиссное. При этом они так жестикулировали, что со стороны было полное впечатление, что разговаривают двое глухонемых. Лидеры остальных стран расположились за столиками подальше. Понять, кто есть кто, было довольно трудно, так как в лицо их знает в основном их собственный народ. Впрочем, нельзя было не обратить внимание на премьер-министра Дании господина Расмуссена, который, как известно, отличился тем, что после теракта на Дубровке не запретил проведение у себя в стране чеченской научно-практической конференции, в связи с чем визит Владимира Путина в Данию был отменен, а встреча «Россия — НАТО» состоялась не в Копенгагене, а в Брюсселе. Я обратил внимание, что за все эти дни Владимир Путин общался с господином Расмуссеном только в случае крайней нужды, когда избежать этого было просто невозможно. Ничто, таким образом, не забыто.

За обедом лидеры довольно оживленно выпивали. Владимир Путин попросил налить ему водки, с демонстративным удовольствием понюхал большую рюмку, но только пригубил из нее. Председатель правительства России Михаил Касьянов, который, я бы сказал, вплыл в этот зал, когда почти все уже расселись, пил вино. Первый тост произнесли, когда все уже по паре раз выпили. После этого всем стало как-то спокойнее, и даже президент Таджикистана, раскрасневшись, уже улыбался. Только господин Шеварднадзе сидел по-прежнему насупленный. Чего-то он не получил в этот день. Скорее всего все той же двусторонней встречи с Владимиром Путиным. Впрочем, стоило вспомнить и фразу Леонида Кучмы сразу после саммита СНГ, прошедшего в этот день: «Решили мы вопрос с Грузией и Абхазией, решили...» Тогда он, сразу пожалев о сказанном, категорически отказался пояснить, что же именно они решили. Так вот, видимо, господину Шеварднадзе это решение не понравилось.

Расслабившись, лидеры много разговаривали. Те, кого не устраивали их собеседники за столами, вставали и подходили к другим. Они, похоже, дорожили такой возможностью поговорить. Это была самая интересная для них часть праздника, все старались не упустить своего. И похоже, никто тут не жалел, что приехал в Питер, если даже до этого не очень понимал, зачем он это делает.

ЛИДЕРЫ ПОВОСЬМЕРИЛИ КАК МОГЛИ

3000 журналистов работают в пресс-центре саммита «восьмерки». Этот пресс-центр находится в соседнем с Эвианом городке Пюблие. Единицы, которым удается добраться до небольшого пресс-центра возле «Ройал Парк Отеля» в Эвиане, где происходят все события, уже знают, что такое счастье. А некоторым из них удается закрепиться на этом плацдарме не для одной, а для двух протокольных съемок. И тогда журналист, по идее, должен понимать, что прожил жизнь не зря.

Утро началось с рабочего совещания членов «восьмерки». Группу журналистов из двух десятков человек вывели из технического пресс-центра. Мы попали на территорию отеля. Слева было довольно обширное поле для гольфа. Справа — палисадник из кустов роз высотой в полтора метра. Дорожки усыпаны мелкими камешками. Все деревья именные. На каждом табличка, например: «Tilia Petiolaris, 1958». В глубине парка за кустами роз спрятали пожарную машину. Это выглядит как-то искусственно. В небольшом, хорошо укрепленном бункере с приоткрытыми дверями, на которых написано «Le Garage», стоят человек десять хорошо вооруженных людей в сверкающих белых одеждах и противогазах. Белые одежды — это явно химзащита. Ясно, что эти люди, в отличие от лидеров «восьмерки», выдержат и химическую, и радиационную атаку.

Когда подходишь к отелю и оглядываешься назад, с удивлением замечаешь прямо на поле для гольфа аккуратную вертолетную площадку. Площадка, конечно, совершенно изуродовала поле, на котором до этого успешно проходил один из этапов мирового Гран-при. Впрочем, после саммита эту площадку, видимо, снесут.

По протоколу мы должны на несколько минут зайти в зал, где к этому времени, по идее, уже начнется рабочее заседание. Зал находится под центральным входом в отель и заметен, только если подплываешь к Эвиану на пароме из Лозанны. И то надо очень интересоваться «Ройал Парк Отелем» и хорошо знать, что ты хочешь увидеть.

Мы подошли почти к дверям, когда нас внезапно резко остановили. Западные журналисты — люди горячие — стали задавать ненужные вопросы. Им объяснили, что они пришли сюда, оказывается, рановато. И теперь придется отойти и подождать в сторонке. Нас попросили подвинуться метров на 50 вниз.

Через несколько минут стало понятно, к чему были все эти маневры. Из дверей зала заседаний на свежий воздух быстро вышел канцлер Германии Герхард Шредер с мобильным телефоном возле уха. Видимо, в здании был плохой прием. За ним появился и хозяин саммита Жак Ширак. Господин Шредер, как мне показалось, перед кем-то оправдывался и даже извинялся, не переставая через силу улыбаться.

Через пару минут он пальцем подозвал к себе Жака Ширака и передал трубку ему. Тот недоуменно пожал плечами, но трубку взял. И тут же выражение лица его изменилось: оно стало таким же виноватым, как и у Герхарда Шредера минуту назад.

Перед кем могли оправдываться два этих человека? Только перед одним человеком в мире, подумал я. И в это мгновенье этот человек тоже вышел из зала заседания и подошел к коллегам. Джордж Буш улыбался. Но Жак Ширак, увлеченный разговором, даже не заметил его и отвернулся. Джордж Буш внимательно посмотрел ему в спину. Даже я похолодел. Ведь это небольшое на первый взгляд происшествие могло роковым образом изменить весь ход событий на планете. И мои худшие предположения подтвердились. Джордж Буш тоже отвернулся от Жака Ширака. В это время из дверей зала заседаний, щурясь на солнышко, вышел японский премьер-министр господин Коидзуми. Джордж Буш обрадовался ему, как родному. Он буквально бросился к японцу и засыпал его вопросами. Господин Коидзуми даже, кажется, немного опешил.

В это время француз наконец-то закончил разговор, опять передал трубку немцу (тот продолжил разговор с этим во всех отношениях интересным собеседником) и осмотрелся. Он, конечно, увидел американца. Француз сразу подошел к нему, но господин Буш сделал вид, что вовсе не замечает хозяина саммита. Господин Ширак растерянно остановился. Герхард Шредер по-прежнему говорил по телефону, у которого, несмотря на раннее утро, уже, наверное, садилась батарейка. И тут я, кажется, понял, с кем они говорили по этому телефону.

Но в этот момент из дверей вышел и российский президент вместе с британским премьер-министром Блэром. Оба они подошли к господам Шираку и Шредеру, а не к господам Бушу и Коидзуми. Размахивая руками, российский президент рассказал что-то явно на английском (ни одного переводчика рядом не было), и через несколько секунд эта группа уже хохотала.

Американский президент, думаю, всей кожей чувствовал происходившее у него за спиной, но разговаривать с японским премьером не перестал. Тогда Жак Ширак отделился от своих и опять подошел к американцу. И тот снова сделал вид, что просто не замечает его.

Тут всех пригласили в зал заседаний. Джордж Буш с явным облегчением зашел туда первым. Через пару минут предложили зайти и нам. Вся «восьмерка» уже сидела в своих креслах. К ней прибавились еще двое — премьер-министр Греции Симитис и председатель Еврокомиссии Проди. Участие этих двоих в заседании до начала саммита не планировалось. Кресло Джорджа Буша по протоколу оказалось рядом с креслом Жака Ширака. По другую сторону от французского президента сидел Владимир Путин. Джордж Буш в присутствии телекамер счел своим долгом улыбнуться французу. Но не та это была улыбка, какой встречают любимую после долгой разлуки.

Через несколько минут заседание наконец началось. Обсуждали, как потом было сказано, проблемы экономического роста, снижения налогового бремени, ситуацию в Иране и КНДР, а также, по настоянию Романо Проди, ситуацию с курсом доллара и евро, такую небезразличную и для нас. Присутствие господина Проди, таким образом, исчерпывающе объяснилось.

Заседание, впрочем, продолжалось не дольше, по моим подсчетам, часа. Таким образом, с каждой темой расправлялись за несколько минут. По-моему, такое возможно, только если собеседникам абсолютно все равно, о чем идет разговор.

Сразу после рабочего совещания начались двусторонние встречи. Они проходили на первом этаже «Ройал Парка», отеля во всех отношениях богатого, но не выдающегося. Так, встреча Владимира Путина и Герхарда Шредера проходила в маленькой комнате с аляповатыми зеркальными потолками, которые к тому же мешали работать фотографам, так как вспышки бликовали.

Немецкий канцлер пришел на эту встречу первым. Половина комнаты занимали журналисты. Герхард Шредер сунул руки в карманы и посмотрел на нас. Никто его ни о чем не спрашивал. Тогда он сам спросил фотографа, стоявшего ближе всех, не немец ли тот. Господину Шредеру повезло: фотограф оказался немцем. Канцлер неожиданно спросил соотечественника, оправдываются ли его ожидания от саммита.

Фотограф сразу кивнул, и это было понятно: он же получил пул на эту встречу.

А Владимира Путина все не было. Ожидание стало не очень приличным, и канцлер вышел в коридор. Может, он подумал, что Владимир Путин стоит там. Но и там его не было.

Еще через пару минут канцлер быстро вернулся в комнату. Видимо, по протоколу он должен был встретить российского президента здесь. Владимир Путин сразу на немецком попросил прощения. Он пригласил присесть переводчика и на русском сказал, как рад, что на рабочем заседании обсудили перспективы развития мировой экономики. Господин Шредер в свою очередь добавил, что проблемы у всех стран разные, но решать их должны все вместе. Кроме того, канцлер добавил, что встреча в Эвиане может обернуться серьезным успехом для мировой экономики. Владимир Путин ухватился за эту мысль и заявил, что скоро, он уверен, все это почувствуют и рынки в Европе и Америке отреагируют соответствующим образом.

Затем журналистов попросили выйти, а канцлер, увидев, как они проходят мимо, не удержался и сказал на родном языке:

— Смотри, все журналисты тут немецкие.

— Почему? — спросил его российский президент.

— Да я их всех знаю, — преувеличил господин Шредер.

— А что, они все должны быть французами на нашей встрече? — засмеялся господин Путин. — Я своих тоже видел.

Эти двое, без сомнения, за три года на самом деле стали довольно близкими друзьями. Возможно, поэтому их двусторонняя встреча в Эвиане была явно протокольной и продолжалась всего минут двадцать.

У российского президента тут же, без перерыва, началась двусторонняя встреча с президентом Франции. Она должна была пройти на открытой веранде, но тут пошел сильный дождь. Президенты, уже начав разговор, вынуждены были

перейти на закрытую веранду. Начали, пока ждали переводчиков, на английском. Владимир Путин показывал за окно на березку, наклонившуюся к самой земле. Я бы, наверное, в такой ситуации вынужден был говорить о том, что она напомнила мне бескрайние российские просторы.

В это время у других лидеров были такие же двусторонние встречи. По бескрайней территории отеля то и дело пробегали группы журналистов по восемь-десять человек. Допущенные в святая святых вели себя благоразумно и старались не ступать с дорожек даже на траву, про которую из-за ее отчаянно зеленого цвета я бы с уверенностью сказал, если бы дело происходило в России, что она специально покрашена к этому дню.

Впрочем, идиллия продолжалась до того момента, когда из большого пресс-центра прибыла новая группа счастливчиков. Эти ребята приехали на церемонию официального фотографирования глав государств «восьмерки». Волки протокольных съемок, они начали драться за точку съемки еще в автобусе. А войдя на территорию отеля, сразу развернулись в боевой порядок. Их долго пытались поставить в затылок друг другу и провести ровно по дорожке, но служба безопасности просто не понимала, с кем имеет дело. Парни порвали оцепление и побежали к отелю. Между тем фотографы добрались до отеля. Там их все-таки остановили: со всех сторон к опозорившимся сотрудникам подоспела помощь. Но ненадолго: эти люди опять прорвались и ринулись на трибуны занимать места. Поднялся страшный грохот, упали металлические столбики, ограждавшие трибуны. Через секунду я, оставшись в одиночестве, с потрясением наблюдал, как на месте сражения остался лежать только ботинок и чудом не тронутые ничьим каблуком солнцезащитные очки. Никакая сила не смогла бы заставить теперь обладателей того и другого сдвинуться с места, доставшегося им в результате сражения. Самые сильные духом и телом встали внизу, чтобы быть на одном уровне с членами «восьмерки». Те, кому в этот день не повезло, переминались с ноги на ногу на верхней трибуне.

ВЛАДИМИР ПУТИН ДОКРУТИЛ ГЛАВНУЮ ИНТРИГУ САММИТА

3 июня во французском Эвиане закончила работу «большая восьмерка». Одним из последних Эвиан покинул президент России Владимир Путин, с которым связана теперь самая большая интрига этого саммита.

Шум поднялся из-за публикаций в утренней британской прессе. Со ссылкой на утечку из источника в британской делегации было рассказано, как накануне на обеде в честь глав государств «восьмерки» Владимир Путин заявил, что Россия прекращает всякое ядерное сотрудничество с Ираном. Это сообщение было с огромным энтузиазмом встречено всеми журналистами, освещающими саммит. Все уже думали, что ничего интересного в Эвиане произойти уже не может. И вот произошло. Ведь до сих пор Россия настаивала, что сотрудничала, сотрудничает и будет сотрудничать с этой страной — прежде всего в деле строительства атомной станции в иранском городе Бушере. Если дело обстояло именно таким образом, как его изложила британская пресса, то, конечно, речь шла о сенсации.

Российские журналисты (и я в том числе) были, разумеется, смертельно обижены на все без исключения источники в российской делегации: то есть мы, как всегда, узнаем о самом сладком позже всех. А все-таки именно эту новость первыми должны были бы сообщить мы. Это было бы справедливо.

Впрочем, нас попытались успокоить тем, что британский источник, рассказав о драматичных событиях за обедом, грубо попрал все нормы международного права и этикета. В соответствии с жесткими договоренностями, достигнутыми еще три года назад во время саммита «восьмерки» на Окинаве, члены делегации не имели права допускать никаких утечек в прессу, пока встреча лидеров не закончилась. Договорились об этом из гуманных соображений — чтобы не вызывать раздражения глав государств и не заставлять их комментировать их же собственные слова. Британцев именно на этом самми-

те уже несколько раз ловили на нарушении этих договоренностей. Так, в самом начале саммита они распространили информацию, что «восьмерка» будет активно обсуждать довольно деликатную тему: представляет ли Северная Корея опасность для мирового сообщества.

На этот раз британцы провинились по-крупному. Но на самом деле для нас, журналистов, все это не имело никакого значения. Было или не было, вот в чем вопрос. Что сказал Владимир Путин? И что имел в виду? Неужели и в самом деле может отказаться от многострадального иранского контракта?

В общем, вчера утром на пресс-конференцию президента России, которую хотели сделать для «своих» сразу после заключительного заседания «восьмерки», в автобусах из большого пресс-центра в Пюблие до Эвиана было большое количество «незапланированных» журналистов, прежде всего иностранных.

Пресс-конференция проходила на лужайке технического пресс-центра недалеко от «Ройал Парк Отеля». Владимир Путин подъехал к этому пресс-центру на машине. За несколько минут до него появился его советник по экономическим вопросам Андрей Илларионов. Он работал на этих переговорах шерпой (то есть сидел за спиной президента и при необходимости консультировал его по самым злободневным вопросам современности).

Появление господина Илларионова было встречено с некоторым оживлением. Дело в том, что он каждый вечер в Эвиане обещал заехать в пресс-центр и доходчиво рассказать нам, российским журналистам, что же происходит на переговорах. Нас настойчиво просили обязательно дождаться его и объясняли, что это в наших интересах: господин Илларионов слишком много знает. Возможно, поэтому он так и не приехал ни в первый, ни во второй вечер. Вчера порядком измотанные еще с Питера журналисты ждали его в ночи около двух часов. Международный пресс-центр давно опустел, в помещениях начали выключать свет, а мы терпеливо сидели, ожидая, когда господин Илларионов наполнит нас обещанной информацией. Потом терпение лопнуло, и многие уехали. Остались только дисциплинированные сотрудники информационных агентств. Впрочем, господин Илларионов все равно не приехал (и даже не счел нужным объяснить почему). Тем более приятно было видеть его этим утром среди нас.

Владимир Путин был, напротив, отчего-то пунктуален. Нас, правда, предупредили, что у него очень мало времени: в 10.55 по местному времени он должен покинуть Эвиан. Почему именно в 10.55? Это выглядело немного странным, но позже разъяснилось довольно неожиданным образом.

Президент России начал с дежурных слов в адрес организаторов. Правда, надо сказать, что организация саммита была и правда просто блестящей. Хотелось бы, честно говоря, к чему-нибудь придраться, но не получается.

Президент упомянул о том, что впервые Россия участвовала в формировании всего пакета финансово-экономических документов встречи. Это стало возможным благодаря тому, что наша страна списала $35 млрд долга и является не только, как сказал президент, реципиентом различных программ, но и источником финансирования. То есть, грубо говоря, донором.

У Владимира Путина на этой пресс-конференции были, конечно, свои задачи. Так, ему надо было похвалить президента Франции — и он похвалил. Напряженность между некоторыми странами «восьмерки», возникшая после ситуации в Ираке, по мнению Владимира Путина, спала (впрочем, из-за господина Ширака она в основном ведь и возникла).

— Может, даже хорошо, что саммит проходил во Франции, — с некоторым все же сомнением сказал Владимир Путин, — и Ширак был хозяином. Кому-то другому, может, и не удалось бы...

Надо сказать, это признание прозвучало очень искренне.

Президент рассказал и о решении «восьмерки» создать международную группу антитеррора. Формально она создается в поддержку контртеррористического комитета Совбеза ООН. Владимир Путин, как я понял из его слов, будет в этой группе отвечать за направление, связанное со странами СНГ. Это обещает быть интересным.

Подробно ответил Владимир Путин и на мой вопрос (см. далее). Из этого ответа можно сделать вывод, что, как всегда, все висело на волоске. Мог Джордж Буш и в Петербург не приехать, и многое еще чего мог сделать. Но, как всегда, обошлось. Ну и слава богу.

Американская журналистка спросила, конечно, Владимира Путина про Иран. Все, мягко говоря, насторожились. Ответ был важен для будущего этой страны, да и, пожалуй, нашей.

У Владимира Путина были варианты ответа. Но сначала показалось, что он предпочел, как и в случае с Ираком, глухую защиту:

— Мы сотрудничали, сотрудничаем с Ираном — это наш сосед — и будем сотрудничать и дальше. Мы не допустим, чтобы для недобросовестной конкуренции вытаскивались некие проблемы...

Но все-таки на этот раз господин Путин оставил себе очевидный путь к отступлению. Он заметил, что если какие-то проблемы у Ирана есть, то их надо устранять. Эта его фраза «сыграет», видимо, через несколько месяцев. Хотя хотелось бы, конечно, уже сейчас понять, что он имел в виду на этот раз. Саммит к этому моменту закончился, так что высокопоставленный источник в российской делегации никаких договоренностей, организуя утечку информации в этом направлении, к счастью, не нарушил. Он рассказал, что еще в феврале этого года, после того как Иран с инспекцией посетила делегация МАГАТЭ, у ее инспекторов появились вопросы к этой стране. Пока их четыре. Все они, по словам источника, технические. Российские эксперты участвовали в их формулировании. И теперь ждут, когда Иран им ответит. Конкретных сроков, как несколько раз подчеркнул источник, никто не называл.

Главная интрига этого саммита оказалась, таким образом, докручена практически до конца. Значит, говорил Владимир Путин что-то такое за обедом. Конечно, говорил. И, похоже, на этот раз все будет не так, как в истории с Ираком. Есть все-таки, значит, для России что-то важнее национальных интересов Ирака и Ирана.

Пресс-конференцию Владимир Путин закончил даже чуть раньше, чем планировали. Его вертолет поднялся в воздух ровно в 10.55. Мне стало известно, почему надо было обязательно взлететь именно в это время. В 11.00 в нескольких десятках метров начиналась пресс-конференция президента Франции, и Владимир Путин не хотел ему мешать шумом своего вертолета.

Под конец хотелось бы рассказать маленькую историю. Я так и не нашел места в этом тексте, куда можно было бы ее вставить, поэтому просто рассказываю и все. В первый вечер в Эвиане организаторы давали торжественный прием в честь членов делегаций и журналистов. Столы накрыли прямо на травке, на берегу Женевского озера. Закат, горы, у самых ног плещется водичка. Столы со всем, на что способна французская кухня, растянулись метров на сто. Лучше, очень может быть, и не бывает. Я иду с гроздью винограда на тарелке. И вдруг слышу, как мне напряженно по-русски кто-то говорит откуда-то справа:

— Молодой человек, а вы этот виноград помыли?

Оборачиваюсь. И вижу главного санитарного врача России господина Онищенко. И в глазах у него искренняя озабоченность моим ближайшим будущим. Вот это и есть контроль над ситуацией. Нигде человек не может позволить себе расслабиться хотя бы на минуту. Всем бы нам так. И тогда Россия из реципиента быстро бы окончательно превратилась в донора для ведущих мировых держав.

ОТВЕТ ПРЕЗИДЕНТА РФ ВЛАДИМИРА ПУТИНА НА ВОПРОС СПЕЦИАЛЬНОГО КОРРЕСПОНДЕНТА «Ъ» АНДРЕЯ КОЛЕСНИКОВА НА ИТОГОВОЙ ПРЕСС-КОНФЕРЕНЦИИ В ЭВИАНЕ

— Такое ощущение, что в последние несколько дней, начиная с саммита Шанхайской организации сотрудничества в Москве, продолжая петербургскими торжествами и заканчивая здешним саммитом, на наших глазах формировалась

новая мировая иерархия. Россия в этой иерархии, безусловно, в ряду великих, избранных стран. Но Соединенные Штаты все же стоят в этой иерархии особняком. И получается, что этот ряд все равно второй. Соответствует ли, на ваш взгляд, это ощущение истине?

— Несколько мудрено вы изложили, но я постараюсь ответить на ваш вопрос так, как я его понял. Я бы не сказал, что кто-то, даже такая страна, как США, хочет стоять особняком, и, зная президента Буша, уверен, что он не хочет для своей страны такого положения. И более того, как бы кому-нибудь ни хотелось, чтобы это было так, этого не произойдет. Для нас США — один из ведущих партнеров, прежде всего в экономической и политической сфере, а в некоторых направлениях роль и значение США являются для России абсолютно уникальными — я имею в виду прежде всего сотрудничество в области международной безопасности и стратегической стабильности. Не будем забывать, что США и Россия являются крупнейшими ядерными державами и от нашего поведения, от наших взаимоотношений очень многое зависит в мире.

Я не буду говорить об экономической составляющей нашего партнерства. Имея в виду все эти обстоятельства, а также некоторые направления, очень чувствительные, для нас США являются последовательным и надежным партнером. Так что я не согласен с такой постановкой вопроса, что США находятся как-то особняком. Ну и, кроме того, в прежние времена, когда Соединенные Штаты возглавляли один лагерь, а СССР — другой лагерь, можно было и вести себя по-лагерному. Сегодня совсем другая обстановка в мире. Сегодня мы хотим, чтобы мир был сбалансированным, он должен развиваться на демократических принципах. Уверяю вас, это все понимают.

Если вы имеете в виду те сложности, которые возникли в связи с событиями в Ираке, то объяснений здесь много, и одно из них, не единственное, заключается в угрозе, которую чувствовали для себя сами США, в уязвленности национального самолюбия после 11 сентября и в необходимости самоутвердиться. Не думаю, что это было сделано лучшим образом, но это один из побудительных мотивов, и в принципе мы, конечно, должны это понимать. Но вы знаете нашу позицию: мы вели себя не только последовательно в отношении иракских событий, но и достаточно жестко. И президент США тоже мог себя по-разному повести. Мог обидеться, мог просто не приехать в Петербург. Мог еще много чего сделать, чтобы усугубить российско-американские отношения. Но избрал другую тактику, другой путь — повел себя как серьезный политик, человек, который хочет развивать отношения с Россией и со всем миром. И в Петербург приехал. Было бы глупо с нашей стороны не видеть всех этих знаков, отталкивать протянутую руку, было бы ошибкой пренебрегать этим и самим надуть губы и развернуться, создавать какие-то коалиции и раскачивать международное сообщество. Мы и дальше будем взаимодействовать по принципиальным вопросам, по которым у нас есть собственное мнение, мы и дальше будем при реализации наших целей учитывать прежде всего наши национальные интересы.

ВЛАДИМИР ПУТИН ПОГОВОРИЛ СО СТУДЕНТАМИ О ВЕЧНОМ: ПРО ЛЮБОВЬ, ИПОТЕКУ И РЕФОРМУ АРМИИ

5 июня президент России Владимир Путин встретился с финалистами конкурса сочинений «Мой дом. Мой город. Моя страна». Студенты-финалисты считают себя представителями нового поколения, а перспектив у старого, по мнению финалистов, давно нет.

Идея этого конкурса принадлежит газете «Известия». Так сказал министр культуры Михаил Швыдкой перед самой встречей. У господина Швыдкого, как и министра образования Владимира Филиппова, было время поговорить и с журналистами, и с конкурсантами, так как в какой-то момент

стало ясно, что встреча в Ново-Огареве вовремя не начнется. И я даже могу рассказать, в какой именно.

Мы стояли на крыльце резиденции, когда минут за двадцать до начала встречи из дверей неожиданно вышли президент России Владимир Путин и глава президентской администрации Александр Волошин. Президент подошел к «Мерседесу», который стоял у входа, но не сел в него. Он ждал кого-то еще. Ожидание, можно сказать, затянулось. Это было, конечно, очень и очень странно. Кого могли ждать президент страны и глава его администрации? Это их должны, по идее, все ждать. Президент, кажется, даже сделался немного озабоченным, но никого не просил поторопиться, а стоял и ждал, о чем-то негромко переговариваясь с господином Волошиным.

Наконец, когда даже мое терпение уже иссякло, из дверей резиденции не спеша выбежала лабрадор Кони и, приветливо виляя хвостом, первой запрыгнула в предупредительно открытую дверцу и неплохо устроилась на заднем сиденье. Похоже, она так делает всегда и исключений не бывает. Александр Волошин забрался на заднее сиденье вслед за ней. Владимир Путин вынужден был обойти машину и сел с другой стороны. Таким образом, Кони оказалась посередине. И все они куда-то уехали. Так и стало понятно, что начало встречи откладывается.

Тем временем Михаил Швыдкой и делился с нами подробностями конкурса. Выяснилось, что, узнав про инициативу «Известий», он позвонил министру образования и сказал, что если студенты намерены писать сочинения, то ведь надо срочно подключаться Министерству образования. Конкурс должен был пройти в три этапа. Сначала студенты пишут сочинение, потом члены жюри проводят с ними два собеседования. Членов жюри долго искать не пришлось. Его любезно согласилась возглавить автор детективов Александра Маринина. Кроме нее не обошлось без участия президента Фонда эффективной политики Глеба Павловского, актера и продюсера Сергея Жигунова и сопредседателя партии «Единая Россия» Олега Морозова. Собралась, таким образом, компания единомышленников, в задачу которой входило из 10 000 номинантов выбрать нескольких. Сам Михаил Швыдкой стать членом жюри предусмотрительно отказался и Владимиру Филиппову тоже отсоветовал.

Президенту России хотели сначала показать четырех студентов. Потом решили остановиться на семи. А потом решили, видимо, что и остальных стыдиться не надо. Все-таки эти люди, как сказал Швыдкой, о чем бы ни собирались писать, а все равно писали о любви. А это по-прежнему еще дорогого, как ему кажется, стоит.

Главный редактор газеты «Известия» Михаил Кожокин отметил, что среди победителей конкурса нет ни одного москвича или петербуржца. Это было, признаться, странно: неужели те и другие не любят ни свой дом, ни свой город, ни свою страну? Или любят, но не в состоянии выразить эту любовь в словах? Неизвестно еще, что хуже.

Тут к крыльцу подвезли финалистов. С одним из них, Александром Деготьковым, студентом Елабужского désинститута, я поговорил.

— Я первый раз в Москве, — застенчиво сказал он, — и рад и счастлив, что попал сюда. Хочу сказать, что культура, которая у нас была, уходит в небытие. Вместе с языком, кстати. Склонения, спряжения — все уходит... А мы говорим на новорусском сленге.

— А Маринина носителем какого языка является?

— Я люблю Маринину и читаю ее, — предупредил он.

— Но ведь не Достоевский.

— Ну, трудно сравнивать! Мне нравится ее язык... Не столько даже язык, — поправился, впрочем, Александр, — сколько ее образы. Точнее, не ее образы, а ее сюжеты... Понимаете меня?

Я не стал расстраивать его.

— Как вы добрались до финала?

— Мы много разговаривали с членами жюри. И я понял, что у молодого поколения проблем не больше, чем у них. Мы — поколение 80-х. Половина жизни у нас прошла в СССР (до десяти лет), а еще половина в России.

— А в чем ваше отличие от прежнего поколения?

Я задавал юноше эти вопросы, так как мне казалось, что он очень хочет на них ответить. И я, кажется, не ошибался.

— Олигархи очень не нравятся, — честно сказал он.

— А что такое?

— Будем с ними бороться.

— Как?

Я даже не спросил почему.

— Они сами поймут, что ничего у них нет тут, никакого будущего.

— Да что не нравится в олигархах?

— Все.

— Так это вы написали, что они раковая опухоль на теле страны? Нам об этом только что рассказали.

— Нет, не я. Это другая девушка, тоже финалистка конкурса. Но мы все так думаем.

— А кто именно больше всех не нравится?

— Ну, не скажу! Я еще хочу доучиться в своем институте.

Александр Деготьков подумал, наверное, что и так сболтнул лишнего.

— Я вообще-то не против них как людей. Я против них как олигархов.

Тут подъехал еще один человек, который тоже не является большим любителем олигархов. Он приехал уже без Александра Волошина и лабрадора Кони, пожал финалистам руки и пригласил на второй этаж резиденции. Впрочем, он почти не опоздал.

Люди из ближайшего окружения президента попросили студентов вести себя как можно раскованней и не стесняться задавать любые вопросы. Но попробуйте вести себя раскованней, когда вы первый раз в жизни приехали в Москву, увидели президента да еще ненавидите олигархов. К тому же, похоже, они заранее распределили вопросы, которые должны были задать.

Владимир Путин, впрочем, поначалу сам демонстрировал большую раскованность. Он рассказал, как ему сказали, что среди финалистов не оказалось никого из Москвы и Питера.

— Вас обманывают, — раскованно ответила одна студентка. — Я, например, из Петербурга.

Президент сказал, что надо бы подумать, как организовать для студентов хорошие стажировки, как за границей, так и внутри страны, и стал подробно расспрашивать, как студенты выяснили, что идет такой конкурс, и решились принять в нем участие. Другая студентка рассказала, что случайно зашла на кафедру и узнала и вот что из этого вышло.

— То есть вы редко заходите на кафедру? — спросил Путин.

В таком духе он продолжал минут десять. Но студенты ничего не могли с собой поделать. Они должны были задать свои вопросы. Поэтому спросили, не сбрасывает ли президент со счетов наше прошлое и если не сбрасывает, то в каком времени и в каком событии хотел бы оказаться. И могут ли его заинтересовать какие-нибудь битвы и перевороты. Владимир Путин ответил, что в перевороте ему не хотелось бы принимать участие. (А зачем, действительно: он ведь и так президент. О перевороте сейчас должны думать другие люди.) Но потом добавил, что из исторических событий переходных периодов его больше всего интересует Февральская революция. Вот в ней он хотел бы поучаствовать. Но не сказал, на чьей стороне.

— А в битве на Куликовом поле хотели бы участвовать?

— Я подумаю над вашим предложением, — ответил он.

Подробно ответил Владимир Путин на вопрос, как он борется с информационной блокадой, в которой он живет уже не первый год. С блокадой он борется, накладывая друг на друга разные источники информации. Если наложить, всегда останется что-то общее. Именно это, по мнению президента, и есть правда. На вопрос, доволен ли он командой, президент отвечал, что он и собой-то недоволен, а не то что командой, но, спохватившись, добавлял, что присутствующие здесь члены команды его вполне устраивают. Не стану на всякий слу-

чай говорить, кто из команды присутствовал в эту минуту в зале.

Президент рассказывал, что дети его не хотят пока учиться за границей, хотя он считает, что это было бы логично, так как сейчас они учатся по немецкой программе в немецкой школе с немецким языком. Но вообще-то человек, по его мнению, должен быть свободным:

— Сегодня там поработал, завтра вернулся.

Поговорили и про поколения. Президент великодушно сказал, что каждое следующее лучше предыдущего. Студенты не спорили.

Постепенно стало ясно, что определенного задора, с которым президент пришел на эту встречу, все меньше и меньше. Студенты задавали такие вопросы, что было впечатление, как будто они ни разу за несколько лет не слышали своего президента. Впрочем, возможно, так оно и было.

Оживился он еще только пару раз. Заговорили о демографической проблеме. Пути и способы ее решения очень интересуют студентов. Один веско сказал, что все тут зависит от его поколения.

— Я очень на вас надеюсь, — оживился и Владимир Путин. — Ну, не на вас лично... — поправился он. — А на всех, кто здесь собрался.

Одна девушка в ответ сказала, что ей страшно рожать, так как повышен риск родовой травмы и антисанитария в роддомах.

— А какой смысл мучиться с ребенком, если у него будет родовая травма? — спросила эта несчастная.

Президент довольно мягко ответил ей, что раньше в деревнях рожали по пятеро-шестеро детей, и всех в страшной антисанитарии, а потом рассказал, что надо просто не бояться. Он вспомнил, как гениально во время питерских торжеств танцевала Ульяна Лопаткина, а когда он подошел к ней и сказал, что восхищен, она ответила, что это ее первый танец за два последних года: рожала и кормила ребенка.

— Не побоялась же... — пожал плечами президент.

Потом он опять вынужден был говорить на вечные темы:

про ипотеку, про реформу армии (неожиданно похвалил СПС за участие в подготовке концепции ее реформы) и в конце концов про бюджетное недофинансирование.

Оживился он только еще два раза: когда один студент предложил, чтобы президента избирали на три срока («Когда человек долго находится у власти, — ответил Путин, — кураж пропадает... Человек обрастает всякими околотворческими коллективами, которые в простонародье называют камарильями»), а потом, когда его спросили, чего он не может себе позволить, а очень хотел бы, сказал:

— Не могу выйти за рамки Конституции РФ. Иногда очень хочется.

Хорошо, что он себя пересиливает.

ВЛАДИМИР ПУТИН ПОЖАЛ 112 РУК

10 июня президент России Владимир Путин в Кремле без устали вручал государственные награды деятелям культуры и науки нашей страны.

Вручение госнаград и госпремий — церемония регулярная и, по идее, чрезвычайно приятная для всех ее участников. Она означает некую вершину в жизни и творчестве награждаемых. Чего, конечно, не скажешь об одном из главных участников процедуры — президенте страны. Его роль, впрочем, как всегда, трудно переоценить. Иногда складывается впечатление, что это из-за него затевается все это торжество в Екатерининском зале Кремля. Впрочем, как правило, главная заслуга в этом принадлежит награждаемым. Они с такой нечеловеческой энергией благодарят президента за доставленное удовольствие, что становится просто завидно: сколько же неистраченных сил, оказывается, сохранилось у людей после создания произведений, с легкой руки жюри попавших в копилку сокровищ мировой культуры.

Чрезвычайно интересно наблюдать за приглашенными до начала церемонии. Многое становится понятным. Вот на-

родный артист Олег Табаков входит в зал одним из последних и скромно протискивается в последний ряд. Он рассеянно кивает многочисленным знакомым, раскланивается с коллегой Константином Райкиным, но, увы, надолго удержаться в последнем ряду не может, хотя, допускаю, и очень хочет. Вот он как-то между прочим встает, задумчиво движется к проходу, вот уже целует ручки трем сотрудницам администрации президента, стесняющимся таких шалостей в душной атмосфере протокола, и вот он уже стоит у краешка первого ряда. А вот уже и сидит в самом его центре. Все, дальше идти некуда. Пройден долгий, нелегкий и плодотворный жизненный путь.

И про многих из пришедших на награждение можно рассказать такие поучительные истории. Так что не такое уж это приятное занятие. Скорее нервное и хлопотное, требующее особого артистизма и готовности к самопожертвованию, что ли, — для тех, конечно, кто понимает, что тут к чему.

И Владимир Путин сосредоточен — он не имеет права на ошибку. Ему надо пожать 112 рук, и рукопожатие это не должно быть слишком коротким и чересчур длинным, я уж не говорю черствым или мягким; надо 112 раз с душой улыбнуться; надо что-то сказать, и лучше разное, а то ведь лауреаты будут потом обмениваться впечатлениями от этих его слов друг с другом и с журналистами; и надо, в конце концов, не уронить ни одну из этих бесчисленных коробочек со значками и дипломами, а ведь попробуй не урони на втором часе церемонии...

Приветственное слово Владимира Путина, как правило, короткое. На этот раз он с особым чувством поздравляет народного артиста СССР Тихона Хренникова, которому именно в этот день исполняется 90 лет, и говорит о том, что среди премий в области литературы и искусства есть и требующая особого внимания — за дизайн авиационной техники создателям самолетов «Су-26», «Су-29», «Су-31» и их модификаций.

— Как хорошо, что у художников нынче есть возможность работать так, как диктует им собственное представление о прекрасном! — восклицает Владимир Путин.

И правда, что же может быть прекрасней, чем «Су-31»? Только его модификация.

Получивший премию в области литературы прозаик Вацлав Михальский считает необходимым подарить президенту экземпляр своего романа «Весна в Карфагене». Президент кажется растроганным. Может сгоряча и прочитать.

— Мы люди маленькие! — говорит господин Михальский.

Зал добродушно смеется и аплодирует. Этот зал очень доброжелательно настроен к тем, кто получает награды из рук президента. Ведь все сидящие в зале получат такие награды. Так что завистников тут нет. Такой редкий случай.

— Наша задача — охранять русский язык, — продолжает прозаик Михальский. — Так говорил поэт Ходасевич...

Он рассказывает, что его скромная задача — уберечь русский язык от отравы, что язык этот очень болен, но выздоровление уже идет.

— В наше антисоветское время не было ни одного целомудренного фильма, — говорит он, — но сегодня мы уже чествуем «Звезду»! Взять хотя бы и мой маленький пример — роман «Весна в Карфагене». Еще несколько лет назад он, уверен, никого бы не заинтересовал... — Тут Вацлав Михальский спохватывается: — Кроме читателей, конечно! А сейчас я получаю Госпремию!

Искренние аплодисменты, и с искусно перефразированной цитатой Джона Кеннеди («Не говорите, что Россия сделала для вас. Подумайте, что сделали для нее вы!») господин Михальский с явным, кажется, сожалением отходит от микрофона.

Француз Ролан Пети, поставивший балет «Пиковая дама», танцует 10 метров, отделяющих его от стула до президента (мало ему этих 10 метров, ах как мало!), и рассказывает, что он дитя, маленькое дитя...

Все, таким образом, кажется маленьким на фоне нашего президента — и Вацлаву Михальскому его собственный ро-

ман, и Ролан Пети кажется сам себе маленьким и признается, что поскольку он дитя, то очень любит, просто обожает все русское. (Нет логики? А если подумать? Все равно нет? Вот и мне так кажется.)

А композитор Жанна Плиева просто и коротко признается:

— Я очень люблю президента своего!

И я ей верю, потому что трудно, если не любишь, решиться на такое признание, ведь слишком хорошо понимаешь, как молва может истолковать его. В лучшем случае ведь скажут, что заискивает.

И в знак своей большой любви она дарит ему свой маленький диск, и он растроган.

Марк Захаров, художественный руководитель театра «Ленком», получает из рук президента Госпремию за спектакль «Шут Балакирев» и что-то еще хочет получить, судя по выражению его лица, из этих рук. Но не получает и отходит, немного смущенный. Зато президент подходит к микрофону и говорит, наклонясь к нему, чтобы весь зал услышал. Микрофон, правда, выключен, однако я слышу:

— Цветочков еще захотел! А цветочки у нас только дамам!

Марк Захаров, сидя уже на стуле, виновато пожимает плечами: ну да, захотел цветочков, с кем не бывает...

Олег Янковский, получая награду за тот же спектакль, тоже не в силах совладать с собой и говорит, что сейчас скажет от имени императора российского (хотя мог бы сказать, заметил потом Владимир Путин, и от имени барона). Олег Янковский становится, таким образом, едва ли не единственным человеком, который не показался себе в этот день маленьким.

— Неплохой город я построил! — говорит Олег Янковский от имени, как обещал, императора, и голос его уверенно звучит под сводами Екатерининского зала. — Господи Владыка! Ну пожалей ты нас, православных, ну подсоби ты нам еще разок, ну последний раз подсоби!

Звучит, впрочем, как предложение выдвинуть кандидатуру Владимира Путина на второй президентский срок.

Олег Табаков, получивший президентскую премию в области литературы и искусства (конечно, лауреату такой премии и сидеть напротив президента в первом ряду), признается, что есть доля горечи в такой премии, потому что вроде больше и ждать-то нечего от жизни.

— Однако, обладая неплохим венозным и артериальным давлением, надеюсь сделать что-то еще! — все-таки добавляет он и рассказывает, что премиальные перечисляет на благотворительность, в фонд своего театра, и надеется на то, что Михаил Касьянов и Алексей Кудрин таким же образом смогут выразить свою любовь к театру.

Композитор Хренников ничего не говорит. Зал тем не менее встает.

Одним из последних президент вручает премию актеру Сергею Юрскому, и тот признается, что вот ведь, со стола, который в начале церемонии был завален коробочками, исчезло практически все и сидел он последние минуты со странным чувством: «А вдруг не хватит?» Но и ему хватило.

Не надо бояться. Там всем хватит.

РАЗГЛАШЕНИЕ О РАЗДЕЛЕ ПРОДУКЦИИ

15 июня президент России Владимир Путин вручал международную премию «Глобальная энергия». Это невинное мероприятие неожиданно превратилось в тяжелый энергодиалог с участием лидеров крупнейших энергетических компаний.

Церемония вручения премий происходила в Мраморном зале Константиновского дворца. Это один из самых больших его залов. Здесь же недавно проходил саммит Россия — ЕС. Зал, как и весь дворец, производит хорошее впечатление даже на человека, который готовился увидеть нечто умопомрачительное. Людям, которые занимались реставрацией, нельзя отказать в известном вкусе. Правда, смущают запахи — краски, паркетного лака и всего того, что связано со счастьем окончания ремонта.

На вручение премий приехали несколько нобелевских лауреатов (в том числе и Михаил Горбачев), а также лидеры крупнейших энергетических компаний мира. Присутствовали и спонсоры премии, которая обошлась им в почти круглую сумму $900 тыс.: глава «Газпрома» Алексей Миллер, президент РАО ЕЭС Анатолий Чубайс и глава нефтяной компании ЮКОС Михаил Ходорковский.

За информационное обеспечение проекта отвечал советник президента Сергей Ястржембский (очевидно, именно по этой причине он занял место в центре первого ряда, прямо напротив лауреатов).

Рядом с президентом РФ сидела Валентина Матвиенко, его представитель в Северо-Западном федеральном округе. Очень, не скрою, насторожило, что на такое важное мероприятие взял и не приехал губернатор Санкт-Петербурга Владимир Яковлев. На мой взгляд, это явный знак. Вопрос: на что указывает этот знак? Может, и правда, как говорят, он уже написал заявление? И опять же: тогда о чем? Об уходе по собственному желанию? Или в связи с переходом на другую работу? Судя по его отсутствию на вчерашнем мероприятии, все это вот-вот выяснится.

Владимир Путин на церемонии говорил о том, что международная энергетическая премия — награда нового тысячелетия и логично, что именно Россия, один из лидеров энергетического рынка, учредила ее. Объяснение можно было признать удовлетворительным.

Нобелевский лауреат Жорес Алферов, один из организаторов этой церемонии, ее, так сказать, лицо, любит, похоже, выступать на публике. Нравится ему это дело. Все, чего он не выплеснул на думской трибуне (как известно, он член фракции КПРФ), господин Алферов выплескивает сейчас в самых разных местах.

Так, в течение шести-семи минут ему удалось три раза поблагодарить спонсоров церемонии, господ Миллера и Ходорковского, за то, что они помогают исследованиям, которые в конце концов поставят крест на их компаниях.

Без благодарности в этот момент оказался один господин Чубайс. Но позже Жорес Алферов поблагодарил солнечную энергию за то, что ее нельзя приватизировать. Это был, конечно, привет все с той же думской трибуны господину Чубайсу. Впрочем, легкая рассеянная улыбка, бродившая в эту секунду по лицу самого сегодняшнего именинника (день рождения господина Чубайса приходится на 16 июня), говорила о том, что он так ни в коем случае не считает.

Церемония закончилась вручением дипломов и памятных знаков. Но оказалось, что не она была главной в этот вечер. Через несколько минут уже в Овальном зале Константиновского дворца лауреаты и президенты энергетических компаний ждали Владимира Путина. Один из лауреатов «Глобальной энергии» — российский академик Геннадий Месяц громко спрашивал через весь стол господина Алферова:

— Жорес, а сколько в киловатт-часе джоулей?

— Что, что? — господин Алферов делал вид, что не может расслышать.

Другой лауреат, американский профессор Ник Холоньяк, очень хотел пить, налил себе газированной водички «Дюшес» и долго не решался выпить, с огромным сомнением нюхая стаканчик. Наконец жажда победила все. Третий лауреат, тоже американец Ян Дуглас Смит, глядя на него, начал внимательно изучать этикетку на бутылке, но так и не смог пересилить себя и в итоге налил себе прозрачного и бесцветного «Святого источника».

— Жорес, Ник спрашивает, кого это мы ждем, — вновь обратился к господину Алферову господин Месяц.

— Скажи ему, что президента! — ответил господин Алферов.

— Он спрашивает, какого?

— Скажи, что России!

Тут и вошел президент России. После его короткого выступления, в котором президент повторил мысль, высказанную на саммите Россия — ЕС о том, что Россия может стать важнейшим звеном глобальной энергетической безопасно-

сти (очевидно, что это мысль дорога ему и продешевить в этом вопросе он не намерен), слово получил снова Жорес Алферов. Он говорил долго и временами, честно говоря, совсем уж путано. Смысл, впрочем, был в том, что если бы не было военной промышленности с ее гигантскими средствами и людскими ресурсами, то мы и об атомной энергетике, которая является отходами ядерной и водородной бомбы, говорили бы как и о солнечной, то есть даже не надеясь всерьез использовать ее в ближайшие десятилетия.

Очевидно, зная свою главную беду, Жорес Алферов сказал, что заканчивает, потому что иначе может говорить несколько дней подряд.

— Сколько энергии у нашего нобелевского лауреата! — удивился Путин.

Он спросил, кто еще хотел бы высказаться. Сначала показалось, что желающих-то и нет. Но на самом деле записалась целая очередь, и первым в ней был глава наблюдательного совета Ruhrgas и компании E.ON Вульф Бернотат, представляющий Германию. Просто он почему-то замешкался. Господин Бернотат прочитал свое выступление по бумажке и отвлекся от нее только один раз:

— К сожалению, практика в России не такова, чтобы вступать в долгосрочные договорные отношения.

Господин Путин поднял брови, а господа Чубайс, Миллер и Ходорковский, сидевшие вместе, начали оживленно перешептываться.

Российский президент, впрочем, не стал реагировать на это замечание. Видимо, у него в запасе было что-то посерьезнее. Он дал слово президенту Gaz de France Пьеру Гадоннэ. Тот долго говорил о том, что Россия не должна увеличивать цены на энергоносители без веских причин.

Из праздничного мероприятия встреча в Константиновском дворце на глазах стала превращаться в довольно жесткие переговоры западных энергетиков с российским президентом.

Владимир Путин отвечал, пожимая плечами, что Россия

не заинтересована в увеличении цен на энергоносители, так как они в конечном счете ударят по самим производителям, и даже подробно объяснял, как именно это произойдет. Президент Gaz de France, впрочем, только один раз сдержанно кивнул.

Но главным в этот день стал монолог старшего вице-президента Exxon-Mobil Рекса Тиллерсона. Этому не нужны были никакие бумажки.

— В ближайшее время потребуется увеличить производство нефти на 18 млн баррелей в год, — сказал он.

Господин Ходорковский быстро записал эту цифру. Поглядев на него, то же самое на всякий случай немедленно сделали господа Миллер и Чубайс.

— И все равно это полпроцента от тех потребностей, которые нефтяным предприятиям придется обеспечивать к 2020 году, — добавил господин Тиллерсон.

В блокнотах «Петербургу — 300 лет», розданных каждому участнику, тут же была увековечена и эта цифра.

Американец поблагодарил за то, что успешно идет проект «Сахалин-1», в котором Exxon-Mobil участвует с 1989 года, уже потратила $5 млрд и собирается потратить еще семь, и перешел к главному:

— Наше разочарование вызвали новые элементы, введенные в закон о разделе продукции, принятый не так давно. Эти элементы изменили условия заключения контактов по проекту «Сахалин-3» по шельфовым зонам, — заявил господин Тиллерсон.

Переводчик, правда, перепутал сначала шельфовые зоны с офшорными, но господин Путин хорошо, похоже, понимал, о чем тут идет речь. Он поблагодарил Exxon-Mobil за то, что та пришла на российский рынок, когда российская экономика подавала только первые признаки выздоровления, и ответил. Оказалось, что цель новых поправок — поставить всех без исключения участников рынка, как российских, так и зарубежных, как частных, так и государственных, в равные, как обычно, условия. Владимир Путин вспомнил, что Exxon-

Mobil показала себя крайне трудным переговорщиком по «Сахалину-1», и довольно несдержанно поблагодарил за то, что тогда компромисс был найден и все получилось. Кроме того, он еще добавил, что любые преференции и исключения из новых правил могут быть сделаны только для тех, кто очень сильно рискует. А ведь в новой стабильной России не рискует практически никто.

Смысл этого монолога был очевиден. По «Сахалину-1» ведь договорились? Ну вот договоритесь теперь и по «Сахалину-3», если очень надо. Тогда, в конце 80-х, вам платили за риск. Теперь в этом нет смысла. Мне показалось, что господин Тиллерсон не удовлетворен этим ответом. Он в своем выступлении тоже ведь явно не случайно сказал, что на следующей неделе Exxon-Mobil назовет российские фирмы, которые получат от его компании заказы на дополнительные $2 млрд по проекту «Сахалин-1». Что же ему теперь, дезавуировать это заявление?

После этой дискуссии говорить было особенно не о чем. Интересно только, что по одной из проблем на этой встрече господин Путин впервые публично высказался на английском языке. Речь зашла об одной французской фирме. Переводчик не смог воспроизвести ее название.

— Это слишком трудно для нашего переводчика, — перебил его президент России на английском, и сам еще раз назвал эту фирму.

Остается понять, почему журналисты вдруг оказались допущены в святая святых — переговорную комнату, на обсуждение энергетических проблем с участием главных хищников этого рынка? По словам одного из высокопоставленных источников в Кремле, слишком часто зарубежные участники этих переговоров позволяют себе интерпретировать слова российского президента в свою пользу. Вчера их попытались лишить этой возможности.

Откровенно довольными после этой встречи выглядели только лауреаты премии «Глобальная энергия», не проронившие за эти два часа ни слова.

КАЖДОМУ СУБЪЕКТУ — ПО КУЛЬТУРНОМУ СТАНДАРТУ

На следующий день в Эрмитаже в обстановке музейного великолепия прошло заседание Госсовета страны. Президент, руководители 89 субъектов Федерации и члены правительства ломали голову над тем, что делать с культурой. Потом с облегчением позанимались другой вечной темой — подготовкой к зиме.

На этот Госсовет губернаторы приехали с женами. Ведь речь шла о культуре, в том числе и о культуре поведения. Впрочем, губернаторские жены, по смущенным признаниям некоторых из них, вели довольно свободный образ жизни в эти два дня в Северной столице. Так, накануне Госсовета они отправились гулять по ночному Петербургу. Участие мужей в этом проекте предусмотрено не было. Наутро супругов разлучили уже насильно: господа пошли на Госсовет, а не очень уверенные в себе с утра дамы отправились осматривать экспозицию Эрмитажа.

Перед заседанием руководители субъектов были настроены довольно решительно. Так, Ахмат Кадыров на мой вопрос, какие культурные преференции он хотел бы получить для своей республики на Госсовете, уверенно ответил, что он для своей республики хочет сначала войну закончить.

А президент Татарстана Минтимер Шаймиев, говоря о том, как могут взаимодействовать центр и национальные республики, подчеркнул:

— Люди мудрее нас!

Вопрос: кто же тогда, собственно говоря, сам Минтимер Шаймиев?

Стол для заседания смонтировали в Георгиевском зале. Журналисты смотрели прямую трансляцию в соседнем Фельдмаршальском зале. Телемониторы установили рядом с едва ли не самой большой (по размерам) гордостью Эрмитажа — каретой, которую в свое время на всякий случай купил

Петр Первый в Париже. В организации этого мероприятия чувствовался почерк художника уровня Бориса Краснова.

Но не все зависит от художника. Госсовет начался с опозданием в 30 минут. Ждали президента. На Госсовет он до сих пор не опаздывал. Но это, конечно, не значило, что он теперь никогда и не опоздает. Появившись, президент начал разрабатывать тему культуры с самого на сегодняшний день дорогого — с Константиновского дворца. Он рассказал, что на дворец было потрачено всего 10 млн рублей из бюджета, и то только для того, чтобы иметь возможность контролировать весь процесс реконструкции. Говоря о культуре в целом, президент признался, как ему не нравится, что во многих учреждениях культуры прочно обосновались мебельные магазины и автосалоны. Это прозвучало бы штормовым предупреждением для тех и других, если бы господин Путин не оговорился, что не имеет ничего против и магазинов, и салонов, только бы они были на своем месте. Да, но остался вопрос, где же теперь их место.

Это было, пожалуй, самым острым моментом в выступлении господина Путина. Основная тяжесть разговора о культуре должна была, видимо, по замыслу лечь на плечи губернатора Свердловской области господина Росселя, который был председателем рабочей группы по подготовке Госсовета. Эдуард Россель осмысленно, как он заявил, опустил положительные тенденции и достижения в российской культуре, чтобы сосредоточиться на ее недостатках.

Недостатков у нашей культуры еще много. Так, государственное влияние на нее осуществляется по ведомственному принципу. То есть на культуру влияет только Министерство культуры. Это очень плохо.

— Государственная культурная политика должна охватывать и физическую культуру, и культуру производства, — отметил господин Россель. То есть ясно, что ею обязаны заниматься и другие ведомства. Только в этом случае государство, по меткому замечанию господина Росселя, сможет стать подлинной теплицей для талантов. А пока не стало, в «каждом субъекте Федерации должен быть минимальный культурный стандарт: гранты и премии».

При этом, как ни сложно будет этого достичь, надо соблюсти «нормы и права всех потребителей культуры».

— От имени рабочей группы заявляю: мы знаем куда плыть! — заявил господин Россель.

Для остальных участников совещания и, например, для меня это, впрочем, осталось большой загадкой.

Однако многое прояснилось после выступления министра культуры господина Швыдкого. Его можно без преувеличения назвать блестящим. Господин Швыдкой говорил, не заглянув в лежащие перед ним бумаги, и, в отличие от его предшественника, который читал доклад, говорил связно. Культура, по мнению министра, вступила в экономику рыночного общества и приобретает черты, которых мы не знали прежде. Но так ли ужасны эти черты? Нет! Например, появление телеканала «Культура» полностью, по его словам, изменило ситуацию на телевидении. И скорее всего наверняка благодаря центральной передаче этого канала «Культурная революция», ведущим которой является, как известно, сам господин Швыдкой. По количеству наименований книг, издающихся за год, Россия вообще вышла на пятое место в мире. Спасибо за это госпожам Марининой и Дашковой. Наконец, господин Швыдкой заявил, что необходимо разрешить приватизацию архитектурных памятников и других объектов культуры вне зависимости от уровня их охраны. Это означало, что, по его мнению, приватизировать надо и те памятники, которые охраняются государством, и те, которые не охраняются никем. Это заявление следовало признать революционным, хотя о том, что оно готовилось, было известно еще за пару недель до Госсовета.

Сделал господин Швыдкой и еще одно заявление, не такое, правда, революционное:

— Я был бы идиотом, если бы не согласился с тем, что культура недофинансирована!

Подумав, он, правда, не согласился с этим:

— Протекционизм государства по отношению к культуре должен иметь границы.

Министр предложил уйти от единой тарифной сетки в культуре, потом не удержался и признался, что на самом деле культура давно уже ушла от единой тарифной сетки к контрактной системе.

— Многие люди у нас теперь получают осмысленно, — подчеркнул он.

В заключение господин Швыдкой с большой публицистической силой пролоббировал интересы крупных компаний, которым по роду своей деятельности (в основном занимаются нефтью и газом) приходится уделять внимание благотворительности в сфере культуры.

— Раньше Министерство культуры считалось прачечной, а теперь любая льгота считается прачечной, — с жаром сказал он. — Но ведь и меценатам надо оказывать услуги.

Все на первый взгляд довольно понятно: услуга за услугу. Но уверен, что схема тут не такая прямолинейная. Жизнь, как всегда, сложнее.

После министра выступил директор Эрмитажа господин Пиотровский. Он рассказал поучительную историю. 27 мая этого года, в дни празднования 300-летия Петербурга, Эрмитаж, как известно, был открыт всю ночь. И вот люди, которые пришли сюда в эту ночь, продемонстрировали удивительные свойства души.

— Им не хватало урн, — рассказал господин Пиотровский. — И люди несли бутылки из-под кока-колы через все экспозиции, выходили из дверей музея и шли через весь двор. И только выйдя со двора Эрмитажа, они выбрасывали бутылки на улицу!

Господин Пиотровский до сих пор испытывает огромную благодарность ко всем этим людям и на этом основании считает, что культура не умерла, нет. Хотелось бы еще, конечно, узнать мнение на этот счет дворников соседних с Эрмитажем улиц.

И еще одну идею закинул для обсуждения на Госсовете господин Пиотровский. Это, он сказал, его любимая идея.

Он очень хочет стать организатором государственной лотереи.

— Но никак не получается, — с досадой воскликнул господин Пиотровский, — никто не хочет делиться!

Последняя серьезная проблема, которая беспокоит директора Эрмитажа, — «черная» археология. Борьба с нею пока бесперспективна, а изловить «черных» археологов не получается. Таким образом, «черная» археология процветает.

— Тех, кого, вы сказали, надо изловить, мы обязательно изловим, — пообещал господину Пиотровскому президент.

Слово получил министр информации господин Лесин. Он должен был, как ни странно, рассказать, что делать с культурой на селе. Господин Лесин рассказал. Фестивали народного творчества «Душа России» показали, а программа «Играй, гармонь!» на телевидении вообще выходит регулярно и популярностью на селе пользуется. Через эту передачу государство и влияет, таким образом, на сельскую культуру. Не иначе, в этой программе используется пресловутый 25-й кадр. Ведь больше ничем такую силу воздействия на сельских зрителей объяснить нельзя.

Режиссера Карена Шахназарова шокировало выступление нашей футбольной сборной перед отборочным матчем со швейцарской командой. Швейцарцы перед видеокамерами говорили, что будут биться, а россияне — что выиграют, если повезет. По мнению господина Шахназарова, это означает следующее:

— Эти россияне не знают, что лучшие романы в мире были написаны русскими писателями! Что три главных достояния человечества — вертолет, телевидение и запуск человека в космос — были сделаны их соотечественниками.

Потом режиссер рассказал историю, которая впоследствии имела неожиданное продолжение. Дело в том, что господин Шахназаров однажды сел в такси. Он, конечно, зря так поступил и потом, наверное, много раз ругал себя за это. Ведь таксист сказал Карену Шахназарову, что ему неинтересно смотреть российские фильмы и что лучше он будет смотреть американские.

— А мне было бы интереснее ездить с китайским таксистом! — обиженно воскликнул тогда господин Шахназаров. — Они не пьют и не выражаются!

И совсем уж на прощание он побаловал членов Госсовета историей о том, как он, став директором Мосфильма, решил начать с установки жидкого мыла в туалетах концерна. Сотрудники несколько месяцев методично сливали это мыло и выносили его через проходную. Всем, кроме господина Шахназарова, эта ситуация казалась безвыходной. Всем, но не ему. И ведь он оказался прав. Сотрудникам это надоело, и они оставили мыло в покое. Происшедшее господин Шахназаров считает большой победой всей отечественной культуры.

Президент, выслушав Карена Шахназарова, вдруг сказал, что в дискуссии режиссера с таксистом он на стороне таксиста.

— Такой протекционизм в странах с недостаточным развитием экономики — это путь к дальнейшей деградации, — уверенно, но не очень понятно сказал президент.

Очевидно, ему очень хотелось защитить таксиста.

Артист Олег Басилашвили взял с собой на трибуну «Декларацию прав культуры» Дмитрия Сергеевича Лихачева.

— Может быть, как-нибудь изменится сама собой и статья в Конституции РФ, которая говорит о культуре кратко: «Культура в России свободна!»

Кто-то скажет, что такое цитирование некорректно, что нельзя вырывать из контекста... Между тем, если такая фраза в основном законе действительно есть, ее просто необходимо навсегда вырвать из контекста Конституции РФ. Ведь это в наших общих интересах. (А то ведь еще можно было написать, например, что культура у России отдыхает.)

Мэр Москвы Юрий Лужков, выйдя на трибуну и сразу почесав правую ногу где-то в районе лодыжки (чтобы больше, видимо, не отвлекаться на это), предложил «как следует врезать Минфину, который недостаточно финансирует культуру» и «передавать объекты культуры тем, кто еще может».

— Стоило ли Шостаковичу писать свою симфонию во время войны? — неожиданно спросил он членов Госсовета.

Казалось бы, что это вдруг? Но на самом деле Юрий Лужков исчерпывающе ответил главе временной администрации Чечни Ахмату Кадырову, который вместо того, чтобы сосредоточиться на культуре, хочет сначала закончить войну в своей республике.

В заключение Юрий Лужков признался, что боится подпускать своих детей к телевизору:

— В любое время там есть все: секс, насилие, вандализм... Ничего нашего там нет!

Секса, таким образом, в нашей стране, увы, опять нет.

Председатель Российского фонда культуры Никита Михалков с некоторой обидой подарил членам Госсовета книгу об охране памятников, изданную его фондом. (Обиделся он потому, что об этом фонде, он сказал, ни разу никто не вспомнил за время заседания.) В речи господина Михалкова было несколько важных замечаний, как то:

— С русским человеком надо разговаривать. Если с ним не разговаривать, тогда он замыкается, а потом берется за дубину.

Если мы считаем, что культура — мать народа, то мы не должны сделать народ сиротой.

Его выступление в этом месте явно перекликалось с мыслью губернатора Камчатки господина Машковцева:

— Мы должны сделать так, чтобы пошел человек в музей и начал закладывать в себе основы патриотического воспитания.

— Тема, за которую мы взялись, бесконечна, как космос, как сама жизнь, — вынужден был признать президент России.

И он неожиданно перешел к другой такой же бесконечной теме — подготовке к зиме. Правда, упомянул, что ее освещение носит информационный характер. Информировал вице-премьер господин Христенко. Не очень было понятно, зачем президент решил соединить напоследок коня и трепетную лань. Но потом все стало на свои места.

А пока выступал господин Христенко, в фельдмаршальском зале появились уже три часа скитающиеся по Эрмитажу губернаторские жены. Они покорно осмотрели карету Петра I.

— Что с ними теперь делать? — с отчаянием спросил один распорядитель другого.

— А надолго еще там?

— Да минут на 20.

— Ну тогда покажите им еще Малахитовый зал!

И дамы обреченно пошли в Малахитовый зал. Они твердо решили дождаться своих мужей. После заседания супругов пригласили на обед.

Между тем в Георгиевском зале никто уже давно не вспоминал про культуру. И даже подготовка к зиме была с прошлым. Президент напоминал о том, что каждый руководитель субъекта Федерации должен стать руководителем антитеррористической группы, если еще не стал... Зачем все это было нужно? Госсовет ведь по культуре. Это прояснилось, когда президент перешел к личности губернатора Петербурга господина Яковлева и связанной с этим долгожданной новости. Между темой культуры и темой нового назначения господина Яковлева обязательно нужен был какой-то буфер. Иначе переход получился бы слишком резким. Ведь сами по себе две эти темы не имеют ничего общего.

Заседание Госсовета заканчивалось, когда президент сказал, что решил своим указом ввести в правительстве должность еще одного вице-премьера. Этот человек будет заниматься проблемами жилищно-коммунального хозяйства (то есть его реформой), а также строительством, архитектурой, политикой развития российских городов, координацией развития транспортного комплекса, в том числе и международными транспортными коридорами, которые проходят через страну. То есть, грубо говоря, новому вице-премьеру отдают полстраны.

И пока президент говорил это, всем стало ясно кому. Речь шла даже не о назначении Владимира Яковлева на пост вице-премьера, а скорее об отставке его с поста губернатора Петербурга. О ней говорили накануне. Ее ждали в этот день. Интересовало только, какова цена этого вопроса. И вот цена была названа.

— Много положительного, — добавил президент, — было

сделано губернатором Санкт-Петербурга. Он согласился, я ему благодарен. И был подписан соответствующий указ. Поздравляю вас.

По совокупности заслуг перед отечеством президент тут же наградил бывшего губернатора одноименным орденом IV степени.

После этого президент должен был встретиться с председателем правительства Михаилом Касьяновым, своим представителем в Северо-Западном округе Валентиной Матвиенко и бывшим губернатором. Встречу запланировали в небольшом зале Эрмитажа, среди холодного хрусталя на фоне синих стен. Президент задерживался, и я задал Владимиру Яковлеву, который стоял рядом, несколько вопросов.

— Решение, как говорится, созрело?

— Да я только что узнал об этом!

— О чем? О новом назначении? Или об отставке с поста губернатора?

— Ну да! О назначении!

— Но вам, говорят, давно уже предлагали?

— Еще как давно! Несколько месяцев назад. Но я сказал, что на эту должность не пойду, а пойду на другую. И вот этот указ...

— Должность вице-премьера — это та или другая?

— Ни та ни другая!

— Переедете в Москву?

— Да нет, здесь останусь! — как-то горько засмеялся Владимир Яковлев. — Буду отсюда руководить! К тому же здесь много транспортных артерий.

Как-то он не весел был все-таки. Но почему?

— Неужели расстроились?

— Да нет, — не удивился он вопросу. — Мне достаточно.

— Чего достаточно: должности вице-премьера? Или двух сроков в чине губернатора?

— Да двух сроков, конечно. Уже давно хотел это сделать, если честно. — Владимир Яковлев посмотрел куда-то в сторону. — Надо было как-то снять только эту нагрузку, связан-

ную с 300-летием Петербурга. Вот и занимался, снимал, а не думал на посторонние темы: кем ты будешь, как ты будешь?

Он вздохнул и посмотрел на этот раз туда, откуда должен был подойти президент. Но президент все не шел. Тогда Владимир Яковлев сказал:

— Вообще, тошно будет жить, если начнешь думать, как жить дальше.

— Да, — поддержал я его. — Тогда ведь придется думать и о том, что это правительство после президентских выборов будет отправлено в отставку. То есть через месяц.

— Да, не хочу думать об этом, — как-то вяло подтвердил Владимир Яковлев.

Мне почему-то хотелось в этот момент как-то приободрить этого человека. А то было такое впечатление, что он плохо держит удар.

— Не расстраивайтесь, — сказал я. — Тогда вам, наверное, сделают новое предложение.

Он помолчал, внимательно глядя на меня и обдумывая эту мысль.

— Новое? — наконец переспросил. — Рыбу, что ли, предложат ловить?

Он тяжело вздохнул. Тут подошел наконец президент. Владимир Путин был, напротив, оживлен. Он рассказал, что сделал свое предложение господину Яковлеву по инициативе и предложению, в свою очередь, господина Касьянова. Что-то тут было не так. Ведь Владимир Яковлев только что говорил, каким сюрпризом стал для него указ. А оказывается, прошла целая цепь непростых согласований.

— Ну что ж, нужно работать! — бодро воскликнул президент.

— А он хотел еще немножко отдохнуть, пока белые ночи идут! — засмеялся Михаил Касьянов.

— Ну так они через неделю заканчиваются! — Президент хорошо знал все предательские особенности белых ночей. — Вот неделя есть у вас.

— Хотелось бы, чтобы уже сейчас начали, ведь завтра заседание правительства, — пробормотал господин Касьянов. — Меня, правда, не будет...

— Да... Знаю, вы предлагали до новых выборов назначить исполняющим ваши обязанности... — продолжил Владимир Путин. — Напомните, пожалуйста, кого.

— Беглова, руководителя канцелярии, — проронил господин Яковлев.

Он уже перестал было реагировать на происходящее вокруг него. Эта интрига была ему не по зубам. А может, он еще помнил, что десять минут назад говорил мне, как только что узнал об этом указе.

— Ну вот, — обрадовался президент. — Мы сделаем так, как просил Владимир Анатольевич! И теперь Михаил Михайлович вправе просить, чтобы ваш отпускной период не затягивался! Да? Итак, завтра в Москве — заседание правительства.

У меня только один вопрос. Неужели нельзя было просто взять и повысить человека? Без вот этого цинизма?

ВЛАДИМИР ПУТИН ПОЦЕРЕМОНИЛСЯ

24 июня начался государственный визит президента России Владимира Путина в Великобританию. Первая из его церемоний открылась в чисто российском политическом стиле. Я с гордостью наблюдал за опозданием Владимира Путина к английской королеве.

Не зря несколько дней назад посол Великобритании в Москве сказал, встречаясь с журналистами и тщательно подбирая слова, что государственный визит — это самый большой дипломатический комплимент, который Великобритания может предложить другой стране.

Накануне Владимир Путин на своей большой пресс-конференции немного легкомысленно высказался в том смысле, что в Англии будет, конечно, много церемоний, но сам он считает чрезвычайно важными прежде всего переговоры с премьер-министром Тони Блэром.

Недооценил господин Путин всей силы этих церемоний. Вчера в аэропорту его встретил принц Чарльз. В одной машине с господином Путиным он отправился в центр Лондона, на Хорсгардс — площадь, на которой должна была пройти главная церемония встречи. Там все было давно готово. За полчаса до начала свои позиции занял конно-гвардейский полк. Лошади поднимали страшную пыль. Командиры эскадронов нечеловеческими голосами перекликались друг с другом, от чего лошади страшно страдали. От всего этого нехорошо пахло.

Мы немного опоздали, хотя приехали вовремя. И мое место рядом с королевой так и осталось свободным. Полицейские не пропустили нас. Так что за церемонией пришлось наблюдать издалека, метров с пятидесяти. Российские журналисты, которых англичане 20 раз перед поездкой попросили одеться в темные деловые костюмы, смотрелись диковато на фоне английских коллег в майках и шортах. И все-таки мы удостоились похвалы от лорда Брукборо, который по протоколу сопровождал российского президента, чтобы в любой момент дать ему справку, какую тот только пожелает. Сэр Брукборо поставил нас в пример английским журналистам, среди которых прилично выглядели только те, которые записывали стэнд-апы перед камерами.

Минут за двадцать до начала мимо нас прошел господин Блэр. Он не был главным человеком на этом празднике. Главным была королева. Она подъехала на машине вместе с мужем — принцем Эдинбургским Филиппом. Принц, немолодой человек, был в шляпе, которую очень быстро снял. В шляпах, таким образом, остались только дамы. Королева поздоровалась со своим двором и поглядела на часы на башне. Она все сделала правильно: приехала за пять минут до начала. Последним, явно опаздывая, быстро прошел невысокого роста человек с собакой. Потом выяснилось, что этот человек — министр внутренних дел Великобритании. Он слепой (как-то, видимо, это может быть связано с Фемидой, но за недостатком времени на заметку не успеваю обнаружить эту связь). Возможно, министр немного заплутал. Но его в отличие от нас полицейские пропустили.

Пора было начинать. Но в 14.50 российский президент не приехал. Его не было и через пять минут, и через десять. Ну и что? У англичан свои традиции, а у нас — свои.

Один телеведущий рядом со мной хватался за голову. У него начинался прямой эфир. Первые фразы его были крайне сбивчивыми. Чаще других мелькала слово «пробка». Справившись с волнением, этот человек сказал, что за 40 лет освещения таких церемоний не помнит, чтобы кто-нибудь опаздывал к королеве. Это было очень похоже на дипломатический скандал.

В это время господин Путин вместе с принцем Чарльзом действительно стоял в «пробке». Он пропускал карету, которая должна была позже вести его из Хорсгардса в Букингемский дворец. Так традиции англичан одержали верх над их здравым смыслом, а Владимир Путин — над знаменитым британским протоколом. Он, в отличие от британцев, не изменил своей традиции и даже не приложил к этому никаких специальных усилий.

Поздним вечером по московскому времени в Букингемском дворце королева давала прием в честь господина Путина. Мне удалось побывать во дворце перед самым началом мероприятия, которое происходило в Бальном зале. Мимо гуськом прошли два десятка юношей с шотландскими дудочками. Они наигрывали веселую мелодию и старались ступать шаг в шаг. Получалось не очень хорошо. Их за это поругивали.

Неожиданно из глубины одного из покоев Букингемского дворца, а именно из Музыкального зала, вышла сама королева Елизавета II с мужем и тремя собачками неизвестной мне породы (но точно породистые). Собачки были похожи на такс, но побольше размером. Королева о чем-то весело болтала с мужем, но, войдя в Бальный зал, сосредоточилась. Это, как потом выяснилось, было частью церемонии. Королева должна осмотреть обеденный стол до начала приема. Она осмотрела и не сделала никаких замечаний.

Я тоже осмотрел. И тоже — никаких замечаний. Много золотой посуды. Но попалась и серебряная. Я уточнил у одного из официантов, точно ли это столовое серебро.

— Нет, сэр, — ответил официант. — Это платина.

На следующий день президент России летал в столицу Шотландии город Эдинбург, чтобы немного развеяться после бессмысленного и беспощадного лондонского протокола.

Государственный визит состоит из огромного количества формальностей. Государственный визит в Англию на первый взгляд состоит только из формальностей. По этой причине он, конечно, является страшным испытанием для любого российского государственного деятеля. Разумеется, президент нашей страны не исключение. И все его действия на этом посту в течение трех лет предполагают, что к нему просто необходимо относиться безо всяких скидок. Я уверен, он бы обиделся, если бы узнал, что к нему относятся со скидками. И поэтому я хочу задать вопрос, который вот уже второй день не дает мне покоя. Какого размера должна быть бабочка у президента страны на приеме в Букингемском дворце?

Почему возник вопрос? Что-то было не так? Да, показалось, что великовата. Показалось, что бабочка была просто огромная. Не может быть такой бабочка. И конечно, никто ничего не сказал. Наутро никаких комментариев в прессе. Что это значит? Природная английская деликатность? Или ничего другого и не ожидали? Или все было в порядке?

А вообще, хоть кто-нибудь знает, чего стоит надеть на прием к королеве эту бабочку? Ведь ее надо сначала примерить и решить: да, подходит, как ни странно.

Или даже: о, да мне это идет! Или: ну и ладно, помирать — так с музыкой! И с холодным бесстрашием, с ясным осознанием того, что терять уже нечего, — на прием к английской королеве, где рабочий язык — английский, и начало речи надо бы произнести именно на этом языке... И это бесконечно в эти мучительные три с половиной дня.

Если бы, впрочем, участники приема увидели то, что видел я, они, возможно, хоть немного успокоились бы. Ведь и для англичан это было испытание, вот в чем дело. Я видел, как за час до начала в Бальном зале пожилой человек во фраке орал на юношу официанта, который не очень хорошо, на его взгляд, протер позолоченные канделябры. Старик заставлял его тереть и тереть их, пока юноша не взмолился пощадить его. В глазах у официанта стояли слезы. Похоже, именно это, а не что-нибудь другое и есть знаменитая английская дедовщина.

Потом я видел, как официанты поджигали длинные палочки, чтобы дотянуться ими до свечей на стенах Бального зала. Пока их подносили к свечам, палочки, конечно, гасли. Но официанты делали это снова и снова, однако этот сизифов труд все-таки не принес стопроцентного результата. Несколько свечей в зале так и не горели.

Или давайте вернемся к одному из драматичнейших моментов этого визита — к опозданию господина Путина на церемонию встречи с королевой в Хорсгардс. Знаете ли вы, как англичане разгоняли автомобильную пробку, в которую попал кортеж президента Российской Федерации? Они делали это с вертолета. Энергично и даже страстно, порой вдохновенно, но, увы, на этот раз абсолютно безрезультатно. Они и кричали, и руками махали... (Правда, после того позора в первый день визита, которого натерпелась со своими подданными английская королева, ожидая Владимира Путина в Хорсгардс, организаторы сделали выводы и вчера вечером, когда российский президент вернулся из Эдинбурга в аэропорт Хитроу и поехал на прием в ратушу лондонского Сити, добавили кортежу Владимира Путина сил и средств и зачищали лондонские улицы так образцово, что им позавидовал бы наш спецназ в Грозном.)

Конечно, на фоне этих грандиозных событий как-то померкли незаметные миру подвиги простых российских губернаторов. А ведь Михаил Прусак весь вечер в Букингемском дворце просидел во фраке рядом с леди Кромвель — и ничего. Выбрался невредим и из этой передряги. Возможно, даже сможет в скором времени вернуться к руководству Новгородской областью.

Прилетев вчера в Эдинбург, члены российской делегации, уверен, вздохнули с облегчением.

Эдинбург, хоть и столица Шотландии, город небольшой. Мне рассказали, что когда россиянам, готовившим этот визит, сказали, что во встрече с Владимиром Путиным очень хочет поучаствовать вся интеллектуальная, политическая и бизнес-элита Шотландии, они очень испугались: «Может, не надо? Это ведь нужен очень большой зал». Но их успокоили: «Ничего страшного, хватит и Западной гостиной дворца Хогирудсхаус». Удалось собрать в итоге человек 90.

Да, город, может быть, и небольшой. Но разве в этом дело? Как сказал директор Шотландской юридической библиотеки Джон Макгрегор, который вел встречу Владимира Путина с представителями деловых кругов Шотландии, зато шотландцы живут практически во всех странах мира.

— А миллионы граждан других стран посвящают частичку своего сердца нашей стране, — с некоторым жаром добавил он.

Вот и все, значит, уравновешивается в мире таким удивительным и простым способом.

Господин Макгрегор подчеркнул огромное влияние Шотландии и на глубокие внутренние процессы, происходящие в России:

— Вы строите очень мощную Россию, так как делаете это на основе нашего энергетического напитка Irn Bru. Ведь он очень популярен, я знаю, у вас в стране.

Более того, господин Макгрегор напомнил президенту России, что Шотландия сейчас «хочет вернуть себе место на мировой арене». Эти слова вызвали оживленную заинтересованную реакцию у представителей деловых кругов. Очевидно, что эта мысль давно не дает им покоя.

Владимир Путин, выступая, много импровизировал, чего от него в этот раз никто не ожидал. Так, он рассказал о своем вчерашнем разговоре с британским премьером Тони Блэром, шотландцем. Господин Путин прямо спросил его: «Ты умеешь играть на волынке?» И Тони Блэр не моргнув глазом ответил: «Нет!» — и добавил, что именно поэтому рекомендует

Владимиру Путину поехать в Шотландию, где он обязательно найдет человека, умеющего играть на волынке. Вот Владимир Путин и приехал.

Между тем людей с волынками в читальном зале юридической библиотеки отчего-то не было.

— Зато, — заметил господин Путин, — здесь царит приятная атмосфера приверженности закону.

Таким образом, он счел необходимым лишний раз подчеркнуть, что именно такая, а не какая-то другая атмосфера приятна ему.

После недлинного выступления, в котором, к счастью, не содержалось никаких сенсационных заявлений, Владимир Путин выступил с интересным почином. Он предложил бизнесменам задавать ему интересующие их вопросы. Присутствующие не растерялись. Правда, тут-то и оказалось, что представителей деловой элиты среди них нет (или не удалось заполнить ими весь читальный зал?). Один шотландец представился как член попечительского совета при папе римском и спросил, как бы наладить более тесные отношения между православной и католической церквями.

Президент, который в этой истории не может, конечно, отвечать за всех, сказал, что в курсе намерений патриарха Московского и всея Руси Алексия:

— Он настроен очень по-доброму.

С некоторой опаской Владимира Путина спросили, как ему кажется, собирается ли Россия при его жизни вступить в ЕС. Российский президент частично успокоил шотландцев (которые так же, как и вся Великобритания, членами ЕС не являются. И видимо, от ответа нашего президента в какой-то степени зависит и их решение). Он сказал, что Россия не планирует вступать в ЕС в полном формате.

— Но Россия, без сомнения, часть Европы. И она продолжается и за Уральским хребтом. Люди, живущие во Владивостоке, — это хороший потенциал для развития Европы. В будущем, конечно, — опять не стал пугать шотландцев наш президент.

Затем он не поддался на очевидную провокацию и на вопрос, что бы он посоветовал лидерам США и Великобритании в отношении Ирака, ответил, что лучше он сделает это при личной встрече с ними.

Среди шотландцев оказался, конечно, и один грузин. Он спросил, ожидает ли господин Путин потепления в отношениях между Россией и Грузией.

— От грузин никуда не деться, даже в Шотландии, — пожал плечами президент и не поленился в точности воспроизвести свой ответ на этот же вопрос, который он дал на своей недавней большой пресс-конференции с российскими журналистами (там этот вопрос тоже задала грузинка).

Никто не ожидал, что Владимир Путин будет так долго отвечать на вопросы. Руководитель службы российского протокола Игорь Щеголев передал президенту записку, в которой речь шла о том, что давно пора заканчивать. Однако президент сказал, что ответит на последний вопрос.

— Как вам видится роль России в будущих международных отношениях? — с готовностью спросила его британская журналистка.

Тут, конечно, стало ясно, что президент безнадежно опоздает на прием в Западную гостиную. Впрочем, президент справился на удивление быстро. Возможно, потому, что не стал преувеличивать эту роль.

На следующий день президент России Владимир Путин активно участвовал в общественной жизни Лондона. Мне стало ясно, почему господин Путин так хотел поскорее перейти от протокольных церемоний к общению с британским премьер-министром Тони Блэром.

В 9 утра начался энергетический форум Россия — Великобритания. А в 6 утра телеканал Би-би-си уже анонсировал его прямым включением из зала заседания. В этом зале висела одна большая таблица, на которой были продемонстрированы главные достижения российской экономики в период с 1991 по 2001 год. Так, нельзя было не заметить, как кривая, обозначающая валовый внутренний продукт (ВВП), опускалась с каждым годом все ниже и ниже, пока не достигла к

2001 году какой-то совсем уж позорной отметки в правом нижнем углу таблицы. Для тех, кто еще чего-то не понял, в конце кривой была выведена огромных размеров цифра 53. На столько процентов, по мнению британских аналитиков, снизился ВВП нашей страны за эти десять лет. То же самое происходило и с другими показателями, которые отразила эта таблица.

Было только не очень понятно, почему 2001 год стал для составителей таблицы последней вехой хронологии. Но потом эта загадка прояснилась.

На форум приехала вся энергетическая элита России. Ее принимали в частном особняке Ланкастер-хаус, своим великолепием отдаленно напоминающем Константиновский дворец в Стрельне после его стремительной реконструкции.

Надо сказать, что в зале заседаний таблицы с этими унылыми кривыми я уже не увидел. (Может быть, Би-би-си вообще привезла ее с собой, а потом увезла куда-нибудь еще?)

Господин Путин появился в особняке вместе с господином Блэром. Нашему президенту первому предоставили слово, и сразу же обнаружилась нерушимая связь между исчезнувшей таблицей и господином Путиным. Ведь он, предупредив, что, прежде чем будет говорить об энергетике, введет присутствующих в курс российской экономики, начал ее дотошный анализ, и именно с 2001 года. По странному стечению обстоятельств именно с этого времени начался ее бурный рост. Так, отметил российский президент, тот самый ВВП, о котором в 1991—2001 годах и вспоминать было неловко, за три последних года вырос на 20%. На треть увеличились, по словам нашего президента, инвестиции в основной капитал. И так далее.

— А сейчас речь идет об удвоении нашего ВВП за десять лет, — не мог не добить президент составителей унизительной для нашей большой страны таблицы.

Президент сказал и о грядущих инвестициях двух крупнейших британских нефтяных компаний в российскую экономику. Если все пройдет по плану, это сразу выведет Великобританию на почетное первое место в мире по инвестициям

17 Зак. 3746

в Россию. (Правда, что-то пока не видно других желающих поспорить за место на этом пьедестале.)

— Для начала неплохо, — сказал между тем российский президент, намекая, похоже, что всех нас ждут гораздо более масштабные события.

Через некоторое время, говоря про те же инвестиции, он вдруг как-то неуверенно заметил: «А можно было бы и лучше...» И тут же поспешил рассказать о том, «с каким драматизмом развивается экономика стран Юго-Восточного региона».

— У них есть только одна проблема — энергетика! Им нужны энергетические мощности. Мы сейчас обсуждаем с ними просто грандиозные проекты! — воскликнул господин Путин.

Тони Блэр как-то обеспокоенно посмотрел на него. Было понятно, почему российский президент вдруг вспомнил про Юго-Восточный регион. Его фраза выглядела как откровенный шантаж.

И она, похоже, достигла своей цели. Получив слово, господин Блэр выступил с совершенно беспрецедентными комплиментами в адрес России и лично господина Путина, который, по его мнению, за эти несколько дней заручился поддержкой и восхищением всего народа Великобритании.

— Он демонстрирует превосходное руководство страной! Какие бы разногласия по Ираку между нами ни были, сегодняшние наши отношения так же крепки, как всегда, — заявил он.

Но и этого британскому премьеру показалось мало.

— Да нет, — вскричал он, — они самые сильные и крепкие за все годы!

Пока что трудно было понять, чем вызван такой энтузиазм господина Блэра. Ведь в британской прессе, например, в эти дни всякое пишут. И чаще всего упрямо говорят о Владимире Путине в связи с Чечней, а не в связи с поездкой в одной карете с королевой с Хорсгардс в Букингемский дворец.

Владимир Путин между тем не отрываясь глядел на своего коллегу. Для этого ему пришлось стать вполоборота к залу. Он был полностью поглощен монологом британского премьера. Тот и правда говорил заслуживающие внимания вещи.

— Да, Британия станет крупнейшим инвестором в российскую экономику. Но в этом есть гораздо больший глубинный смысл, которого многие не замечают. На территории России сосредоточено 30% мировых запасов газа! Она уже сейчас добывает столько же нефти, сколько Саудовская Аравия! Это удивительная мысль! — был, казалось, потрясен господин Блэр.

Но тут хотя бы стал понятен его общий замысел. На самом деле британский премьер, похоже, просто оправдывался перед своими избирателями за эту великую дружбу с нашей страной.

— В ближайшее десятилетие Великобритания станет импортером энергоносителей, — совсем уж простым и понятным языком добавил Тони Блэр. — Вот почему я с таким восторгом отношусь к нашему партнерству!

Тут господин Блэр, наверное, решил, что надо все же замаскироваться, и добавил:

— В XXI веке именно Россия будет центральной и краеугольной державой в мире. Для меня отношения с Россией являются определяющими.

Господин Блэр в этот момент явно рисковал в своей безудержной лести. Ведь эти слова можно истолковать и в том смысле, что определяющими для него являются отношения именно с Россией, а не с США. И что именно Россия, а не США будет центральной и краеугольной державой в мире.

Надо заметить, что господин Блэр сказал все это еще перед началом двусторонних переговоров на Даунинг-стрит, 10 — в резиденции британского премьер-министра. Не исключено, что он хотел получить что-нибудь за свои слова на экономическом форуме прямо на этих переговорах.

Владимир Путин и Тони Блэр вошли в резиденцию часа через два, осмотрев собор Святого Павла и Тауэр. Журналистов никогда не пускают внутрь резиденции. Мы тоже ждали напротив входа. Говорят, впрочем, что в самом доме доволь-

но тесно (если это может, конечно, служить утешением). Вдоль лестницы с первого на второй этаж много фотопортретов британских премьер-министров с их подписями. Портрет господина Черчилля — и в начале, и в конце этой галереи.

О чем говорили президент и премьер-министр? Да кто ж его знает. Явно имел продолжение только энергодиалог (это же позже подтвердила и пресс-конференция). Так или иначе, на сторожевой корабль «Неустрашимый», который стоял на рейде в Темзе в ожидании своего президента, Владимир Путин приехал в откровенно хорошем расположении духа.

Я приехал в лондонский пригород Гринвич за два часа до президента. На пристани стояла бригантина «Катти Сарк», в честь которой названы соседняя таверна, неплохое виски, а также сложено несколько баллад. Бригантина вот уже полтора века нуждается в срочном ремонте. На ремонт, как мне и сказала хозяйка таверны, надо найти 10 млн фунтов. Хорошо, если их не найдут, потому что тогда «Катти Сарк» может уйти куда-нибудь с этого места. Наш фрегат (по натовской классификации), а проще сторожевой корабль «Неустрашимый», стоял на рейде рядом с бригантиной. Небольшой круизный пароходик ходил между причалом и фрегатом. Уже второй день «Неустрашимый» принимал всех желающих. Им, как рассказал начальник штаба корабля Владимир Соколов, никаких секретов, конечно, не показали, да еще два курсанта роты почетного караула Балтийского военно-морского института в английском попрактиковались. Секретов-то здесь, на фрегате, и нет, кроме разве небольшого вертолета, под винтами которого в ожидании президента разместился оркестр. Дирижеров у оркестра было сразу два. Да и сам оркестр собрали из двух. И два дня музыканты играли «Боже, храни королеву», чтобы лучше почувствовать друг друга, «ну и королеву, конечно, тоже».

Роту почетного караула выравнивали в одну линию леской.

— Вниз посмотрели! Никто не шевелится! — раздалась команда.

До приезда главнокомандующего оставался примерно

час. Матросы честно пытались не шелохнуться. Вокруг фрегата кругами заходил катер. Два матроса крепко держали за руку водолаза. Голова его была погружена в воду. Мне объяснили, что водолаз не может самостоятельно преодолеть течение Темзы.

— А видимость хорошая? — поинтересовался я.

— Да нет. Видимость — ноль, — с готовностью ответили мне.

Наконец показалась яхта с гвардейцами в красных мундирах. Яхту окружали четыре надувных катера настоящих гвардейцев с автоматами.

Президент поднялся на борт, обошел строй. Курсант со знаменем корабля не мигая смотрел на президента и иногда отчаянно косил взглядом на меня. Дело в том, что он дал мне фотоаппарат, чтобы я снял его с президентом, а президент стоял лицом с нему, а ко мне спиной. Это была проблема. До конца мне ее так и не удалось разрешить.

Вместе с главнокомандующим на борт поднялся и герцог Йоркский. Он уже второй день сопровождал российского президента в поездках по Великобритании. Накануне он был с ним в Эдинбурге.

В кают-компании собрались офицеры, несколько матросов, посол России в Великобритании Григорий Карасин, замкомандующего Балтийским флотом Василий Апакович. Президент вкратце рассказал им о перспективах развития российского флота. Перспективы, коротко говоря, есть.

— Герцог, между прочим, военный моряк, — рассказал собеседникам Владимир Путин. — 20 лет служил на королевском флоте. Пока ездили в Эдинбург, подробно рассказал мне о своей службе.

— Я не должен был этого делать! — испуг герцога был неподдельным.

— Тем не менее сделал это. Было интересно, — поставил точку президент.

Он добавил, что любая уважающая себя страна не может обойтись без флота, и прямо спросил окружающих:

— Ну и что скажете?

Начал говорить замкомандующего Балтийским флотом господин Апакович. Он объяснил, что на Балтийском флоте все готово к учениям, все ждут главнокомандующего.

— Хотите, вместе полетим на вертолете? — неожиданно спросил президент у герцога.

— Спасибо. А будет где заправиться? — переспросил тот.

Герцог на первый взгляд хорошо держал удар.

— Будет. Здесь и заправимся. Прямо сейчас. Чего-нибудь нам, наверное, принесут?

Переводчик, молодой англичанин, держал удар хуже герцога. Он беспомощно глядел на президента. Он не мог совладать со словом «заправимся».

— Недавно мы принимали участие в совместных учениях НАТО на Балтийском море, — пришел ему на помощь господин Апакович. — Так ведь только российские моряки смогли высадиться на берег в шторм. Натовцы смотрели на них с завистью.

— Ну а вы что скажете? — спросил президент у командира корабля.

Тот рассказал, что все у них хорошо. Были на экскурсии в Лондоне, видели британские сокровища.

— А корону их видели? — оживился президент.

— Видели. Невольно напрашивается сравнение с Грановитой палатой.

— И что?

— У нас, конечно, побогаче, — смущенно сказал командир корабля и скосил глаза налево, на герцога. Да, ему на этот раз перевели. — В общем, проблем никаких нет, — повторил командир.

— А матросы на берегу были? — допытывался президент.

— Были, — ответил матрос. — Я из Тульской области, — на всякий случай пояснил он.

— А как корабль прошел сюда? Легко?

— Легко. Даже очень.

— Глубокая какая Темза-то! — удивился главнокомандующий.

— Восемь с половиной метров. Плюс приливы, отливы...

Но для нас страха не было! — решительно сказал Василий Апакович. — Зашли и все!

— А в Неве сколько метров глубина?

— Десять-двенадцать.

— Спасибо! — удовлетворенно сказал президент. — А вы давно служите на этом корабле? — по-доброму спросил он у командира корабля. Казалось, ему хотелось поговорить именно с ним, морским волком, а не с начальством Балтфлота.

— Десять лет. Начинал лейтенантом.

— Карьерист! — неожиданно обрадовался президент.

Командир не ожидал такого удара в спину и только подавленно кивнул.

— Ну теперь и дальше, наверное, пойдете?

Командир как-то сразу просветлел лицом.

Началась раздача подарков. Президенту и герцогу личный состав подарил герб корабля. А вице-адмирал Апакович вручил им медали «300 лет Балтийскому флоту». На оборотной стороне был изображен фрагмент Полтавской битвы.

— А почему Полтавской? — спросил президент.

— Да ведь там произошла наша первая победа над шведами, — со знанием дела сказал вице-адмирал.

— А вы знаете, кто командовал российскими войсками под Полтавой? — в упор спросил президент вице-адмирала.

Василий Апакович ошарашенно посмотрел на Владимира Путина. Вице-адмирал в эти дни готовился к любым вопросам. Он проштудировал массу инструкций и аналитических записок. Он, наверное, плохо спал последнюю ночь перед этой встречей, прокручивая в голове все эти данные. И только одного вопроса он не ожидал — того, который только что прозвучал.

— Петр Первый? — еле слышно переспросил вице-адмирал.

Он и сам уже знал, что ответ неверный.

— Нет! — со странной радостью в голосе воскликнул президент. — Нашими войсками под Полтавой командовал выходец из Шотландии!

И президент начал тепло прощаться с присутствующими.

Попрощался он и с вице-адмиралом. Когда президент уже почти отошел от него, Василий Апакович пробормотал:

— Одним был из командующих этот шотландец. Я помню...

В голосе его звучала страшная обида.

Президент ушел, а для вице-адмирала в эти дни лучший собеседник, похоже, психотерапевт.

Ах, если бы вице-адмиралы умели переписывать историю! Василий Апакович теперь посвятил бы всего себя этому занятию без остатка.

ВЛАДИМИР ПУТИН РАЗРЕШИЛ ФИЛОСОФСКИЙ ВОПРОС НА РОДИНЕ ИММАНУИЛА КАНТА

Вчера, 27 июня, президент России Владимир Путин долго прощался с королевой Великобритании Елизаветой II в Букингемском дворце, прежде чем вылететь в Калининград, чтобы уже сегодня утром возглавить военные учения в Балтийском море. Образовавшуюся после обеда паузу он заполнил встречей со студентами Калининградского университета, на которой рассказал им, что если объявит о решении баллотироваться на второй президентский срок, то не будет ездить по российским городам, бить себя в грудь и даже перестанет шутить. По моему мнению, все это очень серьезно.

Приехав из далекого Лондона на родину своей жены в Калининград, господин Путин накануне масштабных учений в Балтийском море не удержался и встретился со студентами Калининградского государственного университета. Между тем сначала у руководства области были более грандиозные планы насчет президента страны. Его визит на родину философа Иммануила Канта планировалось начать с посещения Музея боевой славы и еще ряда мест. Но в итоге протокол российского президента недрогнувшей рукой вычеркнул их из списка объектов, заслуживающих внимания главы государства.

Это было сделано, конечно, из гуманных соображений. Государственный визит отнял, казалось, много физических сил у Владимира Путина. Я уж не говорю про душевные муки, которых, безусловно, также было достаточно. Может быть, кто-то и правда думает, что прогулка в одной карете с английской королевой — самое безмятежное времяпрепровождение на свете? Ну и о чем с ней говорить? А найдя тему, интересующую обоих (ну да, нет таких, согласен), как не ранить неосторожным словом? И не поцеловать ли ей руку? Ну, на всякий случай. Хуже-то не будет. Или лучше все же не надо?

Оказавшись в Калининграде, Владимир Путин все-таки не отказал себе в удовольствии провести перед встречей со студентами пару производственных совещаний с руководством области и Северо-Западного федерального округа. Правда, он все же почти не опоздал к студентам. Слова ректора о незапланированном совещании, из-за которого президент задерживается, вызвали ажиотаж среди сотрудников областной администрации, которые тоже приехали к студентам.

— Слыхали? Опаздывает! Совещание. Может, кого-то уже сняли?

— А что, если назначили?

Встреча со студентами происходила довольно живо, несмотря на обилие хорошо сформулированных вопросов. Владимир Путин предложил, только войдя, пустить в зал всех, кто собрался во дворе университета и не попал в университетскую аудиторию.

— Ну давайте впустим ребят! — предложил он.

Ректору Андрею Клемешеву эта идея очень не понравилась.

— Лучше не надо. Здесь ведь только наши!

Конечно, его тревога была понятна. Только обо всем договорились, расписали вопросы — и вот все может пойти прахом.

Президент, оказавшись среди своих, тоже формулировал гладко. Например, когда речь зашла о прозрачности наших южных границ, президент рассказал, что и северные границы

не так уж надежны, как могло бы показаться на первый взгляд. Так, финны в последнее время ведут себя очень агрессивно:

— Хотя ребята очень милые. Любят водки выпить на выходные дни у нас в стране. И делают это с большим удовольствием.

Из других международных новостей: в «Силиконовой долине», по данным президента, уже сотни тысяч россиян.

Когда студент спросил президента, почему же в Калининградской области, анклаве, отделенном от России, все же процветает торговля наркотиками и кража автомобилей, президент замолчал так надолго, что и весь зал замер.

— Виноват, — наконец ответил Владимир Путин.

Когда его спросили, почему не работают законы, господин Путин очень оживился:

— Тех, кто пишет законы, тысячи, а тех, кто думает, как их обойти, миллионы.

Кроме того, президент заявил, что XXI век будет веком биологии, и пообещал присоединиться к Киотскому протоколу. Видимо, последней каплей стала демонстрация сторонников этого протокола в Лондоне, на Даунинг-стрит, 10, с плакатом на русском языке «Путин, присоединись к Киотскому протоколу. Пожалуйста!». Российский президент увидел этот плакат, подъезжая к резиденции британского премьер-министра. И вот результат.

Одна девушка спросила его, доколе будет продолжаться разврат по телевидению в сочетании с беспринципной и бессмысленной рекламой. Господин Путин, вначале заявив, что обычно такие вопросы задают ветераны труда и вооруженных сил, затем сказал, что проблема есть, но вопрос очень тонкий, общество должно его решать, но аккуратно и не спеша. И что это значит? Ведь решить проблему свободы слова — значит уничтожить ее, пусть даже аккуратно и не спеша. Других вариантов нет.

Впрочем, есть и хорошая новость. Студент философского факультета спросил господина Путина, нужна ли стране единая философия. Ответив, что единой философии быть не должно, президент добавил:

— Самое главное достижение последних лет — страна стала свободной. Прежнее руководство страны иногда ругали, причем подчас обоснованно, но есть одно важнейшее обстоятельство: страна почувствовала, что такое демократия.

Правда, моему нервному уху и в этом слышится какая-то недосказанность. Ну да, почувствовала. Не спешить, что ли, привыкать к этому чувству?

КТО СТРЕЛЯЛ В ПРЕЗИДЕНТА ПУТИНА

В субботу президент России Владимир Путин вместе с президентом Польши Александром Квасьневским ходил в море.

ПОЕСТЬ КАК ЧЕЛОВЕКУ

Господин Путин постарался сделать свое короткое пребывание в Калининграде незабываемым. Так, поздно вечером накануне учений он поехал ужинать в придорожный ресторан с кандидатом в губернаторы Петербурга Валентиной Матвиенко. Съел с ней угря. На ужине присутствовал министр обороны Российской Федерации Сергей Иванов. Подозреваю, что незапланированный ужин в калининградском ресторане был вызван прежде всего тем, что после иезуитского британского протокола Владимиру Путину хотелось расслабиться и поесть как человеку. (Позже он, отвечая на мой вопрос об особенностях этого протокола, признался, что фрак надевал в первый раз в жизни и не может сказать, что ему это понравилось, так как «одежда не очень удобная, для меня, во всяком случае».)

Ночь президент провел на базе отдыха Центробанка РФ на Куршской косе. Говорят, база производит неизгладимое впечатление на неподготовленного зрителя, каким, очевидно, следует считать и президента страны. Разве можно было

ожидать от гостиницы, где время от времени приходится по ведомственным путевкам отдыхать простым сотрудникам Центробанка, такого ослепительного великолепия? Будем говорить прямо: тема пятизведного отеля со всеми удобствами закрыта не где-нибудь на Лазурном берегу, а на нашей Куршской косе. Считаю своим долгом сообщить, что фонтан там цветной, а набережная мраморная. Правда, ради справедливости следует сказать, что, по некоторым отзывам, все это великолепие разбивается о знаменитый калининградский сервис и тонет в мутной, заросшей водорослями прибрежной воде Балтийского моря.

Между тем ни то ни другое не могло помешать некоторым высокопоставленным членам российской делегации в пятницу вечером искупаться в этом море, что характеризует их все-таки с лучшей, а не с худшей стороны.

ИДУ НА «ТЫ»

Ранним утром президент поехал с базы отдыха Центробанка на военно-морскую базу Балтийского флота. И я думаю, не пожалел об этом. Его ждали «Адмирал Устинов» (большой противолодочный корабль) и Александр Квасьневский (президент Польши). Господин Квасьневский прилетел минут за десять до российского президента из своей резиденции в Польше. Летел он, как сам позже с явным удивлением признался, всего минут 20. Для многих так и осталось неясным, с какой целью Александр Квасьневский принимал участие в этих учениях. Выглядело это и правда немного странно. Впрочем, по неофициальной информации из дипломатических источников, встреча планировалась давно, так как польский президент очень хотел поговорить с российским в спокойной, непринужденной обстановке. Узнав, что господин Путин летит в Калининград, господин Квасьневский очень обрадовался. Правда, потом узнал, что его коллега приезжает всего на сутки и что уже расписана их каждая минута. Но оказалось, не он один хотел встретиться с президентом. И Владимир Путин предложил ему морскую прогулку.

Непринужденная обстановка была создана в кают-компании. Оказалось, что президенты на «ты».

— Я привез тебе маленький подарок, — негромко сказал польский президент своему коллеге. — Смотри, это архитектурные рисунки Растрелли! А знаешь, что он рисовал тут?

Александр Квасьневский говорил на русском по крайней мере не хуже меня.

— Знаю, — ответил Владимир Путин. — Это петербуржские дворцы.

Александр Квасьневский кивнул.

— Всего 56 рисунков. Мы нашли их для тебя.

— Спасибо, — президент России был искренне растроган.

— Сделали с них копии и вот привезли, — добавил Александр Квасьневский.

Очень хочется написать, что тут благодарная улыбка слетела с лица российского президента. Но нет, она просто постепенно сошла.

Впрочем, на «вы» с коллегой он перешел не поэтому, а потому, что начал громко говорить для телекамер (господин Квасьневский-то тут и вовсе перешел на польский язык). Российский президент поблагодарил польского за то, что тот считает, что в мире вообще не должно быть никаких границ, и частности за чрезвычайно либеральную позицию Польши по визовому транзиту из Калининградской области через Литву. Стоит заметить, что на саммите «восьмерки» в Эвиане и Петербурге господин Путин искренне благодарил за то же самое господ Берлускони, Шредера и Ширака.

— И Польша, и Россия понимают процессы, происходящие в мире, и стараются получить максимальную, чего там скрывать, экономическую выгоду.

На самом деле Владимир Путин имел в виду явно не Россию, а Польшу (в связи с войной в Ираке) и ее глобальную роль в послевоенном переустройстве мира. Так они и поговорили.

СКОЛЬКО СТОИТ БЕЛАЯ МАЙКА

Тем временем «Адмирал Устинов» уже подходил к району учений. Все корабли (всего в учениях принимали участие больше 30 судов с Балтийского и Северного флотов) уже заняли свои позиции. Группировка, которую возглавлял «Устинов», должна была выдержать ракетную и торпедную атаку группировки, которой руководил командующий Балтийским флотом. Весь обозримый горизонт был усеян военными кораблями. Учения и в самом деле должны были стать беспрецедентными.

В боевой рубке вот-вот должны были появиться президенты.

— Время «Ч» утверждено, — рапортовал командир корабля главнокомандующему ВМФ России господину Куроедову. — 14 часов по московскому времени.

В рубке появился министр обороны Сергей Иванов. Он переоделся в форму морского офицера. Бросалась в глаза тельняшка. Пилотку Сергей Иванов засунул под левый погон. Это выглядело впечатляюще.

В такую же форму переоделся замглавы президентской администрации Александр Абрамов, отвечавший за подготовку визита президента в Калининградскую область на суше. Вид господина Абрамова, честно говоря, производил еще большее впечатление. Больше того. Офицерская форма шла ему гораздо больше, чем цивильный костюм. Правда, ему выдали не тельняшку, а простую белую майку. Это его довольно сильно расстроило. Тогда ему рассказали, что в недалеком будущем весь флот перейдет на такие майки. Через некоторое время господин Абрамов уже улыбался.

Вид замглавы администрации в пилотке на капитанском мостике никого не мог оставить равнодушным. Проходившая мимо него Валентина Матвиенко просто ахнула и остановилась. Господин Абрамов едва заметно пожал плечами. «Ну а как же вы хотели, Валентина Николаевна?» — похоже, означал этот жест.

Я спросил у господина Абрамова, оставят ли ему эту форму после учений.

— Конечно, — ответил он. — Правда, пришлось пообещать за это спонсорскую помощь.

— Кому?

— Флоту.

— Балтийскому или Северному?

— Обоим.

Все шло к тому, что в морской военной форме появится в рубке и Владимир Путин. Но не случилось. А жаль. Можно только представить, какую спонсорскую помощь могли бы получить флоты за эту форму. Может, поэтому он ее и не надел.

ПРОТОКОЛЬНАЯ СЪЕМКА

Владимир Путин пришел в боевую рубку вместе с Александром Квасьневским. Туда же подошла Валентина Матвиенко. Увидеть ее в простого покроя теплой офицерской куртке синего цвета тоже было событием в жизни журналиста. Владимир Куроедов рассказал, что еще предстоит увидеть. Через несколько минут ожидалась атака нашей группировки ракетами. Мы должны были ответить залпами из противозенитных ракетных комплексов (ПЗРК). В принципе мы могли ни о чем особенно не беспокоиться. Ведь на нашей стороне был ПБК «Петр Великий», лучший военный корабль России. Да и «Адмирал Левченко», и «Адмирал Устинов» — не последние корабли на Северном флоте. Честно говоря, мне казалось, что силы противников неравны. Нам противостояли какие-то катера и одна подводная лодка. Правда, на подлете была еще кое-какая авиация. Но все это, я был тогда уверен, просто курам на смех. Один «Петр Великий», для которого Балтийского море просто лужа, мог распугать их одним своим видом. Боже, как же жестоко я ошибался!

Корабли уже демонстрировали, как они умеют ставить дымовые завесы. Через несколько минут дымом заволокло весь горизонт. Смысл завес довольно хитрый. Температура

завесы выше, чем температура корабля. Ракета, которая наводится по тепловым целям, по идее, должна растеряться. Правда, ведь не ясно, как она себя поведет, растерявшись. Мне, по крайней мере, не ясно.

В это время в боевой рубке из микрофонов неожиданно раздалась немецкая речь. Владимир Путин очень оживился:

— О, а это кто?

— Немцы вызывают, — объяснил ему адмирал Куроедов после некоторого замешательства. — Разведчик. Имеет название «Оккер». Приближается к нашему кораблю. А ну-ка узнаем, чего хочет.

«Оккер» хотел хотел подойти к нашему кораблю как можно ближе и сфотографировать его. Да, губа у него была не дура. Я был, мягко говоря, удивлен, что ему разрешили.

— В конце концов, он же на работе, — нехотя объяснили мне офицеры.

Может быть, они понимали, что если не разрешат, «Оккер» и сам подойдет.

Офицеры рассказали, что «Оккер» на Балтийском флоте, мягко говоря, недолюбливают. Корабль этот известный. «Оккер» отвечает за этот флот перед немецким военно-морским командованием уже не первый год. Говорят, справляется со своими обязанностями очень хорошо, даже слишком. Ну, и такие масштабные учения «Оккер», конечно, не мог пропустить. Через несколько минут «Оккер» подошел к «Адмиралу Устинову» едва не вплотную. Президенты стояли именно на том борту, с которого он приблизился, и делали вид, что странный этот корабль их совершенно не интересует. Действительно, ведь они давно привыкли, что их все фотографируют.

ВСЕ УЙДУТ НА ФРОНТ

Президент России был спокоен. Может быть, излишне, демонстративно спокоен. Он улыбался, даже смеялся, разговаривая с Александром Квасьневским на капитанском мостике. Но потом все же здравый смысл взял верх, и он с коллегой зашел в боевую рубку. На какое-то время их разлучили, рассадив в кресла в разных сторонах рубки. Александр Квасьневский начал честно вглядываться в выданный ему бинокль. Но Владимир Путин быстро заскучал и снова вывел коллегу на капитанский мостик.

— Ракетная опасность! 270 градусов! Гриша! Работать без жалоб! — раздалась команда из боевой рубки.

Пуск ракет по нашим кораблям был произведен с расстояния 50 километров. В принципе сбить их могли с нескольких наших кораблей. Но никто почему-то не спешил. Через минуту-полторы эти ракеты можно было легко разглядеть. Они шли очень низко, словно облетая нашу группировку и решая, на что следует обратить самое пристальное внимание. За каждой ракетой тянулся хвост белого дыма. Одну наконец сбили первым же выстрелом с «Настойчивого». Вторая летала довольно долго. Ее даже теряли из виду. Кто-то из гражданских громко разволновался, что так она может и в нас попасть.

— Не бойтесь, не попадет, — успокоил министр обороны. — Если все промахнутся, она просто упадет в воду.

— А если не упадет?

Сергей Иванов не успел ответить на этот истеричный вопрос. Ракета была сбита залпом, кажется, с «Петра Великого». В это же мгновение наш «Адмирал Устинов» выпустил еще две ракеты, которые, потеряв цель, тут же бесславно ушли под воду.

— Промах в норме! — доложил главком ВМФ.

Владимир Путин со спокойным интересом наблюдал за этой картиной. А Александр Квасьневский, мне показалось, и вовсе охладел к происходящему. Он о чем-то не договорил с коллегой. Кажется, речь шла об энергетических проблемах Польши. И он хотел договорить. В результате они снова увлеклись друг другом.

Через 10 минут Владимир Путин ненадолго прервался, чтобы выслушать доклад министра обороны о предстоящих

флоту учениях. Надо сказать, что российский флот развоевался. С 7 по 11 июля Северному флоту предстоят совместные российско-французские учения в акватории Норвежского моря, а уже в августе покажет себя, хочет он этого или нет, Тихоокеанский флот. (Он, конечно, хочет.) Там пройдут командно-штабные учения, в которых будут задействованы 20 тысяч военнослужащих, 10 тысяч гражданских, а также 18 федеральных министерств и ведомств. В общем, все уйдут на фронт.

Владимир Путин утвердил те и другие учения, демонстративно расписавшись в документах и картах, и опять отошел на капитанский мостик к Александру Квасьневскому.

— А что это у нас по правому борту? — вдруг озабоченно спросил он.

— По-моему, это просто яхта какая-то, — прищурившись, ответил министр обороны.

— В районе учений? Да не может быть! — воскликнул президент.

Господин Квасьневский с интересом смотрел на них. Между тем министр обороны быстро все выяснил.

— И правда яхта. Наша, российская, — успокоил он. — К тому же вне зоны учений. Далеко она. Это только кажется, что рядом.

— А сколько до нее километров? — решился поинтересоваться я.

— Сколько кабельтовых? — холодно переспросил министр. — И это сейчас уточним... 11 кабельтовых. Сами сосчитаете, сколько километров?

Я не был уверен в себе.

— Пять с половиной километров, — закончил министр. — Я же говорю: далеко. Не бойтесь.

Бояться яхты и правда, видимо, не стоило. Я, вообще-то, с самого начала боялся за яхту.

Между тем адмирал Куроедов рассказывал президентам, что через полчаса подводная лодка выпустит по ним четыре торпеды. Если не удастся сбить эти торпеды, они пройдут под кораблями на глубине 15 метров. Осадка самого большого корабля нашей группировки, «Петра Великого», — 10 метров. Так что все, следует быть уверенными, обойдется.

УВИДЕТЬ ВЛАДИМИРА ПУТИНА И УМЕРЕТЬ

Тем временем в небольшой каюте рядом с боевой рубкой сидели три ветерана флота. Они повидали все в своей жизни. Не видели они только живого Владимира Путина. Но и такую возможность им решили предоставить.

Вместе с Владимиром Путиным к ветеранам зашел и Александр Квасьневский. Те, едва успев поздороваться, приступили к рассказу о том, какие у них хорошие отношения с польскими ветеранскими администрациями и командованием флота.

— Хотите, я раскрою тайну их хороших отношений? — вдруг спросил господин Квасьневский коллегу. — Они знают, что надо делать во время этих встреч.

Ветераны ничего не отрицали. Они и в самом деле все знали. И прежде всего они знали, кого и за что благодарить. Один поблагодарил главнокомандующего ВМФ — за отношение к людям. Второй был благодарен верховному главнокомандующему — за то, что тот есть у страны. Третий выразил искреннюю благодарность командующему Балтийским флотом — за хорошую боевую и политическую подготовку.

— Балтийским флотом? — озабоченно переспросил Владимир Путин. — Это тот, который обстреливает нас ракетами?

Ему подтвердили. Да, тот самый. Президент покачал головой, попрощался с ветеранами и вышел из каюты.

ШАНС ПОДВОДНИКОВ

Тем временем было обнаружено еще одно разведывательное судно, на этот раз норвежское.

— Оно нам тоже хорошо известно, — пояснил мне ми-

нистр обороны. — Называется «Марята». Оно нам иногда, вообще-то, здорово мешает. Связь нарушает...

«Маряте» подходить к «Адмиралу Устинову» запретили. Она подчинилась. Наверное, и так узнала все, что нужно. А на подходе уже был, как сообщили, и шведский разведывательный корабль «Орион». Это действовало на нервы даже мне.

Было ровно 13.00 по московскому времени. Раздалась команда:

— Атаковать подводную лодку!

Но увы, она атаковала нас раньше.

— Стрелять будет «Адмирал Левченко»! — с плохо, казалось, скрываемой гордостью сказал Владимиру Путину Сергей Иванов.

— А если промажут? — спросил президент.

Он с господином Квасьневским в этот момент стоял на капитанском мостике и по предложению главкома ВМФ вглядывался в воду, рассчитывая увидеть там торпеду.

— Если с «Левченко» промажут, на нас торпеда пойдет.

— Так они с «Петра»-то долбанут по ней? — озабоченно спросил президент.

— Долбанут, — успокоил его главком.

— А если и они промажут?

— Ничего страшного. Торпеде установлена такая глубина хода, чтобы она не попала в корабль. Ого, да «Петр» поражен!

Владимир Куроедов был по крайней мере заинтересован этим фактом. Он сбегал в рубку и что-то уточнил.

— Да, так точно. Молодцы подводники! Дело в том, что это — наша лучшая подводная лодка! — бодро обратился он к Александру Квасьневскому. — Практически бесшумная...

— Саш, а Саш! — обратился к польскому президенту и Владимир Путин. — Пора валить отсюда!

— Да ну что вы, — расстроился адмирал. — Все нормально! Вы знаете, какая на «Петре» система противоторпедной защиты? Очень серьезная.

— А что же она не сработала?

— А мы ее не включили, — сказал адмирал Куроедов.

Президент вопросительно посмотрел на него. И вопрос в его глазах стоял очень серьезный.

— А зачем? — продолжил адмирал. — У подводников тоже должен быть шанс.

— Александр, остаемся! — воскликнул Владимир Путин. — Будем биться до конца! Врагу не сдается наш гордый «Варяг»!

Польский президент только кивнул.

Обстановку разрядила Валентина Матвиенко.

— Ой, я тоже хочу на торпеду посмотреть! — с чувством сказала она, выходя из боевой рубки на свежий воздух.

Но было поздно. Три торпеды прекратили свое существование, одна упрямо билась за выживание где-то в глубинах Балтийского моря. Но и она была обречена.

Владимир Куроедов зато пообещал Валентине Матвиенко пролет боевых самолетов, участвовавших в учениях, над «Адмиралом Устиновым». Так я понял, что учения закончены.

— Секунду, — сказал адмирал. — Сейчас я уточню, по какому борту они пройдут... Вот, мне сообщают, что по левому. А, вот уже прошли... Что, не видно было?

— Быстро летают, — миролюбиво сказал Владимир Путин.

— Скажите им, чтобы летали медленно, — посоветовал Александр Квасьневский.

Он еще пару минут постоял с Владимиром Путиным на мостике, а потом спустился с ним вниз. За эти шесть часов они обсудили все, что должны были и что могли. Уже через час «Устинов» швартовался к причалу на базе. Принимая рапорт у командира Балтийского флота, Владимир Путин, выслушав его, вдруг хмуро спросил:

— Так это вы стреляли по нашему кораблю?

Командующий растерялся. Он явно ни за что не хотел признаваться, что это он стрелял. Но и скрывать правду было страшно. В итоге фраза, которую он произнес, дорогого стоила:

— Относительно да!

— Поздравляю. Хорошо стреляли! — без улыбки пожал ему руку Владимир Путин.

На берегу Александр Квасьневский рассказал журналистам, что все было очень интересно, и главное, что все живы и здоровы.

Владимир Путин оценил учения на «удовлетворительно».

Да, но вот по какой шкале?

ЛАМПОЧКА ВЛАДИМИРОВИЧА

9 июля президент России Владимир Путин в 300 км от города Благовещенска Амурской области привел в действие кнопку пуска Бурейской ГЭС.

Открытие Бурейской ГЭС произошло, несмотря на присутствие президента страны, до обидного буднично. Владимир Путин зашел в машинный зал, огляделся по сторонам и нажал на кнопку. Я, честно скажу, ожидал чего-то другого. Я, вообще-то, чего угодно ожидал. Я не удивился, например, если бы завыла какая-нибудь праздничная сирена. Или разбили бы бутылку шампанского о ротор или хотя бы о статор турбины. Но ничего такого не произошло. Просто в машинном зале загорелся свет. Я даже подумал, что президент нажал не на ту кнопку.

Но все было, увы, так, как надо. Известно ведь, что первый гидроагрегат станции работает уже десять дней. Вот как описывает реальный пуск этого гидроагрегата многотиражная газета «Курьер Бурейской ГЭС»:

«У пульта — начальник оперативной службы гидроэлектростанции Игорь Голубцов. Сегодня он — главный дирижер предстоящего концерта. Только вместо дирижерской палочки в руке у него трубка портативной радиостанции. Слышны переговоры.

— Подать возбуждение на машину!

— Подаем.

— Четвертый, где восьмой?

— Восьмой рядом с тобой.

— Машина возбуждена, переводим на дистанционное. Пусть начинают управлять с пульта. Разрешаю.

— Понял.

— Восьмой. Разрешаю синхронизацию, включение в сеть.

— Третий понял, начинаю синхронизацию и включение в сеть. Меняю напряжение.

— Голову убери, пожалуйста!

— Генератор в сети.

— Есть! Ура-а-а!»

Мне не дает покоя эта кнопка. Что-то тут не так. Как-то нечестно.

— Может, честней было бы ленточку перерезать, что ли? — Я разговариваю с начальником турбинного цеха Родионом Гребенюком.

— Да думали об этом. Но нам сказали, что это немодно. Тогда мы и сделали эту кнопку. Нам самим, честно говоря, не очень нравится. А так-то у нас все по-настоящему, поверьте! Вы, например, видели мемориальный камень в честь первых строителей Бурейской ГЭС?

— Да, — оживился я. — Конечно. Меня еще надпись расстроила: «Они строили Бурейскую ГЭС». И фамилии... Много, человек сорок. Как они погибли? Что это была за драма?

— Что вы! Они все живы, — обрадовал меня Родион Гребенюк. — Просто так написали. На память. Камень по всей Бурее искали. Там, под мемориальной доской, есть еще рисунок.

Родион Гребенюк не успел досказать, что еще есть под доской. В машинный зал вошел президент.

Господин Путин приземлился в поселке Талакан за полчаса до этого мгновения. Прямо на вертолетной стоянке укрепили стенды, рассказывающие о непростой, но такой интересной истории Бурейской ГЭС. Президент более или менее внимательно изучил стенд. Главное внимание его оказалось приковано к фотографии станции в разрезе. Когда ему сказа-

ли, что вот есть фото ГЭС в разрезе, он тут же расхохотался. Чем-то его очень насмешило слово «разрез».

В таком же оживленном состоянии Владимир Путин появился в машинном зале. Президент крутил головой и улыбался. Правда, он не надел, к страшному разочарованию десятков фотографов, строительную каску, которую ему вручили по прилете. От этого и сопровождающие не знали, что им делать со своими касками. Больше других маялся председатель РАО ЕЭС господин Чубайс. Он дважды снимал и надевал свою каску. Страдания его закончились, как обычно, волевым решением: опять надел и, несмотря на духоту в машинном зале, больше не снял.

После того как президент нажал кнопку и в зале загорелся свет, Анатолий Чубайс стал энергично объяснять Владимиру Путину принцип работы электростанции. Президенту доставляло явное удовольствие слушать. Ему вообще нравилось все происходящее. Впервые в новой России открывали гидроэлектростанцию. Страна вставала с колен. И он помогал ей в этом. По мере своих скромных сил и возможностей. А я честно старался запечатлеть все эти по меньшей мере исторические процессы. Если бы только не та фальш-кнопка, все выглядело бы просто грандиозно.

Перекричав шум турбин, Владимир Путин сказал, что за три-четыре года в Талакане произошло буквально чудо. Чудо, впрочем, состояло, судя по его следующим словам, в том, что стройку поддержал федеральный центр. Представители РАО ЕЭС, правда, намекали перед церемонией, что после ввода в действие первого гидроагрегата все чудеса заканчиваются и строительство будет полностью финансировать РАО ЕЭС.

Между тем Владимир Путин явно не зря еще раз сказал, что Бурейскую ГЭС строила вся страна.

Эта мысль позволила ему дальше заявить, что теперь законно ожидать снижения тарифов на электроэнергию, по крайней мере на Дальнем Востоке. Не думаю, что это понравилось господину Чубайсу. Он и так уже после ввода первого гидроагрегата снизил эти тарифы на 5 копеек за киловатт-час. Ну разве для этого он строил Бурейскую ГЭС?

ЖДИТЕ ОТВЕТА

11 июля президент Владимир Путин предпринял отчаянную попытку консолидировать общество, для чего собрал в Екатерининском зале довольно ярких его представителей. Главной новости журналисты ждали, впрочем, не от президента РФ, а от президента РСПП с его долгожданным ультиматумом власти. Ультиматума не прозвучало. Опередив господина Вольского, президент предложил конкретную схему консолидации общества вокруг основных проблем современности. Я с сожалением констатировал, что ситуация вокруг компании ЮКОС в число этих проблем явно не входит.

Во встрече участвовали председатель правительства Михаил Касьянов, лидеры основных партий и думских фракций, несколько губернаторов и лидеры некоторых общественных организаций, таких, как Федерация независимых профсоюзов России (ФНПР) и Российский союз промышленников и предпринимателей (РСПП). От руководителя РСПП журналисты ждали многого. Он должен был передать Владимиру Путину письмо РСПП. Хотелось бы, чтобы он что-нибудь при этом еще и сказал президенту — прямо в глаза. Ведь есть мнение, что наступил момент истины в отношениях бизнеса и власти. Да, есть такое мнение. А главное — все ждали, что господин Вольский получит ответ, так сказать, не отходя от кассы. И вопрос как-нибудь наконец решится. Очень, честно говоря, хотелось, чтобы все наконец устроилось на благо нашей просторной отчизны.

Встреча началась с двадцатиминутным опозданием. В это время в офисе компании ЮКОС уже начались обыски. А господин Вольский безмятежно, ни о чем таком не подозревая, беседовал с одним из рядовых участников встречи. Напротив его места за круглым столом лежала довольно больших размеров черная папка. В такую папочку могло поместиться много различных писем.

Я окликнул президента РСПП и спросил, точно ли он будет передавать письмо. А то с утра разное уже говорили.

— Буду! — воскликнул господин Вольский. — Конечно! Но только когда пресса уйдет, за закрытыми, так сказать, дверями!

Он был как будто даже обрадован собственной решимостью. Подошел ко мне и, словно демонстрируя максимальную серьезность своих намерений, с неожиданной силой сдавил рукой мою шею и попытался нагнуть меня к полу. Он, ей-богу, как будто тренировался на мне. Я, надеюсь, показал себя неплохим спарринг-партнером.

Между тем происходящее выдавало по крайней мере волнение господина Вольского. Впрочем, при большой симпатии к нему все это можно было расценить и как извинение за то, что процесса передачи обращения мы, журналисты, не увидим.

— А вы знаете повестку дня? — отдышавшись, спросил я господина Вольского.

Он улыбнулся. (Ну и что означала эта улыбка? Как же все-таки хорошо устраиваются ньюсмейкеры! Давно хотел сказать об этом. Вот он улыбнулся — и свободен. А ты потом мучайся, трактуй эту улыбку до полного изнеможения.)

— Так что же будете обсуждать? — продолжил тем не менее я. — Говорят, послание президента?

— Я бы сказал, не само послание.

— А что тогда?

— Вещи, вытекающие из послания.

— Да у вас в папке свое послание президенту лежит. Об этом, может, и надо прежде всего говорить? А из послания президента столько всего вытекает! Практически все!

— Но прежде всего вытекает удвоение ВВП.

— Вы считаете, это возможно?

— Да, по-моему, уже все сейчас так считают.

И господин Вольский опять улыбнулся этой, надеюсь, теперь уже знаменитой улыбкой.

В нескольких метрах от председателя РСПП, дисциплинированно рассевшись за отведенными им местами за круглым столом, обменивались существенными мыслями о будущем страны лидеры фракций Госдумы.

— Интересно получается! — громко, в расчете на то, что его услышат не только коллеги, но прежде всего журналисты, рассуждал Борис Немцов. — Раньше у нас в стране что-то строили, а потом кого-то сажали. А теперь сначала кого-то сажают, а потом всех строят.

Он явно имел в виду, что процесс постройки всех произойдет через несколько минут в этом зале. Если бы я как-то предвзято относился к господину Немцову, то именно в этом месте напомнил бы, что глава ЮКОСа господин Ходорковский, по его собственным словам, финансирует партию господина Немцова. Но я не буду этого делать, потому что считаю это некорректным.

— А почему не видно Геннадия Зюганова? — спросил кто-то из журналистов.

— А вместо него Валентин Купцов, — снова откликнулся Борис Немцов.

Господин Купцов, сидящий к нам спиной, как-то резко дернулся, словно подтверждая, что так оно и есть. Ну и что, мол, дальше?

— Вот он, главный коммунист, — продолжил Борис Немцов. — А не тот, кого вам по телевизору показывают.

— Уже не показывают, — с неожиданно злой и безжалостной усмешкой бросил кто-то из сотрудников администрации президента.

Да, в воздухе чувствовалось приближение думских выборов. И атмосфера была грозовая.

Господин Купцов, не оборачиваясь, опять мучительно дернулся всей спиной, словно говоря, что, мол, и не надо нас показывать, не очень-то и хотелось.

— Так где же Зюганов? — спросил я эту так много говорящую спину.

Спина на этот раз даже не дернулась.

— Да в отпуске он! — с готовностью продолжал отвечать на все поступающие вопросы Борис Немцов.

— А куда поехал, не знаете?

— Как куда? В Северную Корею! — резвился лидер СПС.

Валентин Купцов неожиданно повернулся лицом к Борису Немцову и вполоборота ко мне. Он должен был, конечно, что-то ответить. И что-то очень веское. Что-нибудь про то, где сейчас отдыхает Ирина Хакамада.

Но, увы, полемистом господин Купцов оказался никаким. Он долго и страшно, с какой-то невыразимой в словах болью смотрел на господина Немцова, а потом отвернулся от него — да и все. В этот момент в зал вошел главный рефери, и бой был прекращен за явным преимуществом одного из противников.

Владимир Путин демонстрировал удивительную жизнерадостность. Он очень активно улыбался. Это было легко объяснимо. Так и должен выглядеть человек, который справился уже со многими задачами, а с теми, которые еще по какому-то недоразумению остались, справится через несколько минут.

Здороваясь с участниками встречи, он продолжал улыбаться. Остановился возле губернатора Свердловской области Эдуарда Росселя и с особой улыбкой сказал ему несколько добрых слов, в очередной раз оказав таким образом неоценимую моральную поддержку в условиях начинающейся предвыборной борьбы за новый губернаторский срок.

Вступительная речь господина Путина была посвящена проблеме консолидации общества.

— Общество, разбитое на мелкие группировки по интересам, не способно сплотиться для решения глобальных задач. А именно они стоят сейчас перед нами, — сказал президент.

И еще раз он сказал, что выше групповых интересов надо ставить интересы страны. Вот тогда-то все и устроится лучшим образом. Удвоится ВВП, модернизируются вооруженные силы, будет побеждена бедность.

И еще раз Владимир Путин сказал, что полное единство будет вряд ли, но по основным вопросам придется договориться. Это было не предложение. Это была даже не рекомендация. Эта фраза, на мой взгляд, и является подлинным ультиматумом власти на текущий момент. Я вспомнил, как только что господин Немцов обращался с господином Купцовым и как господин Купцов в ответ смотрел на господина Немцова, и подумал, что другого способа достичь единства по основным вопросам, наверное, и правда нету.

Президент, по сути, предложил разложить ответственность за происходящее в стране на всю ее политическую и экономическую верхушку. Каждый теперь должен подумать, чем он может помочь Российской Федерации. И выступавшие честно старались сформулировать свои предложения. Валентин Купцов готов содействовать в деле снижения цен на лекарства. Ну просто все, что в его силах. Хотя ему лично, по его собственному признанию, это совершенно не нужно, ведь он, как депутат, чувствует себя со всех сторон социально защищенным, хотя и пьет по многу таблеток за раз. Борис Немцов предложил существенно облегчить процесс модернизации вооруженных сил. Никто почему-то не взял на себя задачу удвоения ВВП. Даже председатель правительства Михаил Касьянов сумел, по сути, не коснуться этой амбициозной темы. Впрочем, ведь задача ставится на десятилетие, а правительство господина Касьянова может уйти уже через полгода. У лидера «Яблока» под рукой как нельзя более кстати оказалась целая программа борьбы с бедностью. Он ее без устали озвучивал.

А вот господин Вольский, от которого все устали ждать слов про письмо РСПП или хотя бы про консолидацию, долго рассказывал про китайскую модель развития экономики, с которой надо брать пример. Похоже, по его мнению, в этом случае можно обойтись и без чрезмерной консолидации.

Закончив о китайской модели, вместо письма господин Вольский перешел к вопросу о концессиях и даже вспомнил то чудесное время, когда он и господин Явлинский работали вице-премьерами в правительстве Ивана Силаева. С особым удовольствием господин Вольский вспомнил, как они не раз поднимали вопрос об этих самых концессиях. Какое же отношение концессии имеют к теме консолидации общества?

Очевидно, президент РСПП и сам понимал, что никакого, так как затем сказал:

— И еще не по теме. Мы тут в РСПП подготовили письмо...

Наконец-то! А то все заждались! Но тут, чего никак нельзя было ожидать, господин Вольский стал оправдываться. Он сказал:

— В письме ничего нет ни про Платона Лебедева, ни про ЮКОС! Вообще ни слова.

Господин Вольский даже признался, что слова эти вообще-то были, но из окончательного письма президенту исчезли.

— Мы лично вычеркнули и про Платона Лебедева, и про ЮКОС, — сообщил он. — Дело вообще не в этом.

Интересно было, конечно, узнать, в чем же тогда дело. Аркадий Вольский рассказал и об этом. Все дело, по его словам, в политической стабильности. Это тот участок работы, за который он готов взяться в любой момент. Да, ради нее он, похоже, готов на все.

Оставалось дождаться заключительного слова президента. Он ведь практически ничего не комментировал. Встреча продолжалась уже три часа, и он опаздывал к президенту Швейцарской Конфедерации. Поэтому речь его была недлинной. А самым продолжительным в ней был ответ Аркадию Вольскому. Но не про письмо РСПП, а про китайскую модель развития. Не надо, в общем, брать с нее пример. У России ведь, к сожалению, особый путь.

И все-таки Владимир Путин упомянул о проблеме ЮКОСа. Правда, накануне его позицию практически дословно озвучили председатель правительства Михаил Касьянов и спикер Совета Федерации Сергей Миронов, которые говорили, что неправильно применять излишне репрессивные меры при экономических преступлениях. Такие, как арест. Примерно то же самое сказал и президент. Действительно, зачем арестовывать? Это явно лишнее. Результата можно добиться и гораздо менее драматичным способом.

Когда президент, проходя вдоль круглого стола с прощальным рукопожатием, подошел к президенту РСПП, тот достал из большой черной кожаной папки небольшую зеленую и передал президенту. Это и было письмо РСПП.

Господин Вольский, безусловно, знал, что делал. Он не раз бывал в кабинете президента страны. Да и у него самого в правительстве был когда-то свой кабинет. Работа высших чиновников и Кремле, и в Белом доме организована одинаково. На столах лежат папочки — зеленого, красного цвета. В красных — секретные документы. В зеленых — срочные, требующие немедленного рассмотрения.

Аркадий Вольский передал письмо в зеленой папке. На что он рассчитывал? На взрыв в подсознании президента? Не исключено.

Но главное не в этом. Главное — в какую папку это письмо переложит президент.

Свое мнение о книге можно направить автору по электронному адресу: www.kommersant.ru/kolesnikov

Колесников Андрей Иванович

Я ПУТИНА ВИДЕЛ!

Ответственный редактор *А. Корин*
Художественный редактор *М. Левыкин*
Технический редактор *Н. Носова*
Компьютерная верстка *Т. Комарова*
Корректор *Т. Павлова*

ООО «Издательство «Эксмо»
127299, Москва, ул. Клары Цеткин, д. 18, корп. 5. Тел.: 411-68-86, 956-39-21.
Home page: www.eksmo.ru E-mail: info@eksmo.ru

Подписано в печать с готовых диапозитивов 26.10.2004.
Формат 84×108 1/32. Гарнитура «Таймс».
Печать офсетная. Бум. тип. Усл. печ. л. 25,2 + вкл.
Тираж 15 000 экз. Заказ № 3746.

Отпечатано с готовых диапозитивов
в полиграфической фирме «КРАСНЫЙ ПРОЛЕТАРИЙ»
127473, Москва, Краснопролетарская, 16